U0474046

本书由浙江省哲学社会科学发展规划办公室全额资助出版,特此致谢!

浙江省哲学社会科学规划后期资助课题(项目编号:15HQZZ026)

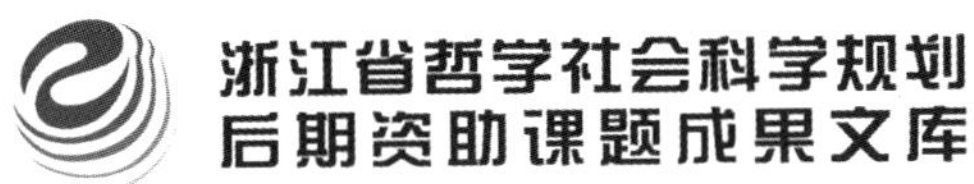

公司创业投资对技术创新和价值创造的影响机制研究

Gongsi Chuangye Touzi Dui Jishu Chuangxin He Jiazhi Chuangzao De Yingxiang Jizhi Yanjiu

万坤扬 著

中国社会科学出版社

图书在版编目(CIP)数据

公司创业投资对技术创新和价值创造的影响机制研究／万坤扬著.—北京：中国社会科学出版社，2016.4

ISBN 978－7－5161－7753－2

Ⅰ.①公… Ⅱ.①万… Ⅲ.①公司－创业投资－研究 Ⅳ.①F276.6②F830.59

中国版本图书馆 CIP 数据核字(2016)第 051489 号

出 版 人 赵剑英
责任编辑 宫京蕾
责任校对 秦 婵
责任印制 何 艳

出 版 中国社会科学出版社
社 址 北京鼓楼西大街甲 158 号
邮 编 100720
网 址 http：//www.csspw.cn
发 行 部 010－84083685
门 市 部 010－84029450
经 销 新华书店及其他书店

印刷装订 北京市兴怀印刷厂
版 次 2016 年 4 月第 1 版
印 次 2016 年 4 月第 1 次印刷

开 本 710×1000 1/16
印 张 21
插 页 2
字 数 381 千字
定 价 78.00 元

凡购买中国社会科学出版社图书，如有质量问题请与本社营销中心联系调换
电话：010－84083683

目　　录

第一章

导　论

第一节　研究背景

一　现实背景

在当前日益激烈的国内外市场竞争、快速技术变革和新兴业务不断兴起的动态复杂环境下，企业面对的市场环境特点也趋于更加开放化、复杂化和多变化，企业需要快速地创新和变革以保持和获取可持续的竞争优势。超越组织边界的开放创新（Open Innovation，简称 OI）和以创新、变革为主要特征的公司创业活动（Corporate Venturing，简称 CV）成为企业应对动态复杂环境的关键途径和战略选择重点，作为开放创新获取外部技术源的重要模式和价值创造的主要工具以及公司创业活动的重要形式，公司创业投资（Corporate Venture Capital，简称 CVC）在中国得到快速的发展，并成为创新和创业研究的重点和热点。

（1）企业创新和变革的关键途径是实施开放创新。在如今技术变革日益加剧的时代，伴随着开发成本急剧增加、快速的技术扩散、产品生命周期的缩短、产品和市场的不确定性和经济全球化的竞争，“创造性破坏”（Schumpeter，1934；Abernathy 和 Clark，1985；Tripsas，1997）成为动态竞争的潮流，并且这种潮流彻底改变了竞争的本质（Bettis 和 Hitt，1995），技术创新变成高投入、高失败率和充满风险的经济活动（陈劲，陈钰芬，2006）。如今，没有一家企业能够像以往那样垄断创新所需的所有知识（Kirschbaum，2005；Lichtenthaler 和 Ernst，2008）、技术和资源。因此，组织创新不得不超越组织边界，向开放创新（Chesbrough，2003）发展。开放创新模式能减小技术创新的技术和市场的不确定性（陈劲，陈钰芬，2006；Sandulli，Fernandez - Menendez 和 Rodriguez - Duarte et al.，2012），与自主创新相辅相成，成为当前技术创新的重要模式（陈劲，陈钰芬，2007）。例如，70% 的欧洲公司声称采用开放或半开放创新（Schroll 和 Mild，2011）；中国的技术交易，2011 年、2012 年和 2013 年技术合同成交额分别为 4764 亿元、6437 亿元和 7469 亿元[①]。开放创新要求企业不能仅局限于组织内部的力量（Ilax 和 Wilde，2003），能够使用由其他组织发展的技术或知识，或者让其他组织使用其技术或知识等集体性知识创造和分享活动来创造或捕获价值（Chesbrough，Vanhaverbeke 和 West，2006；Chesbrough 和 Appleyard，2007）。

（2）企业应对动态复杂环境的战略选择重点是开展公司创业活动。全球化、缩短的产品生命周期和激烈变动的市场迫使公司将战略管理的焦点放在通过创新和业务模式发展来努力获取快速适应市场变革的能力上（Engel，2011），拥有快速的产品研发和工艺创新能力成为很多行业中企业获取或维持竞争优势日益重要的能力（Bettis 和 Hitt，1995），战略管理的导向也从原来的市场导向向不断创新、承担风险与超前行动的创业导向转变（Miller，1983；Covin 和 Slevin，1991；王重鸣，刘帮成，2005）。以创新、变革为主要特征的公司创业现象开始兴起，成为企业应对动态复杂环境并推动管理变革的战略选择重点（Ireland，Hitt 和 Sirmon，2003；张玉利，2005）。公司创业对企业生存、复兴和财富创造至关重要（Zahra 和 Covin，1995；Barringer 和 Bluedorn，1999），在激励和培育组织学习方面扮演了重要的角色（Dess，Ireland 和 Zahra et al.，2003）。公司创业的本质是企业内部资源与外部资源“新的组合”过程（姚先国，温伟祥，任洲麒，2008），包括公司创业活动（Corporate Venturing）、创新（Innovation）和战略更新（Strategic renewal）（Sharma 和 Chrisman，1999）。其中，公司创业活动是在组织内或组织外（Sharma 和 Chrisman，1999）创造或开发新企业（Lin 和 Lee，2011）的创业努力的过程，包括一系列的权益投资和合作战略（Sharma 和 Chrisman，1999；Keil，2000）。公司创业活动最直接的动机包括开发未被充分利用的资源、进一步利用现有资源的价值、给内部供应商引入竞争性压力、分散产品开发的成本、风险和剥

① 数据来源：科学技术部发展计划司《2012 年全国技术市场统计年度报告》、《2013 年全国技术市场统计年度报告》和《2014 年全国技术市场统计年度报告》。

离非核心业务（Kuratko 和 Audretsch，2013），或者其目的在于进入新市场或发展新业务部门、发展或创造新的能力和技术、扩张产品组合、支持创新性组织文化和通过研究进行学习，其最终目的是创造一个全新的业务（Covin 和 Miles，2007）。公司创业活动包括内部创业活动（Internal Corporate Venturing，简称 ICV）和外部创业活动（External Corporate Venturing，简称 ECV）（Sharma 和 Chrisman，1999）。内部创业活动的主要目的在于为创新发展提供支持，增加创新性的初始活动以便更具竞争力（Burgelman 和 Syles，1988；Keil，2000；Maula，2001），通过把创业思想和组织不同部门的有多元化知识和技术诀窍的员工聚合在一起（Burgelman，1983），最终成为一个在组织内的实体组织（Sharma 和 Chrisman，1999）；外部创业活动会产生存在于组织外的半自治或完全自治的组织（Sharma 和 Chrisman，1999）。

（3）CVC 是开放创新获取外部技术源的重要模式和价值创造的主要工具以及公司创业活动的重要形式。开放创新的关键是获取创新所需的外部技术源，主要获取模式包括“联盟和并购、技术市场、CVC”（Vanhaverbeke，Duysters 和 Noorderhaven，2002；Chesbrough，2003；Wang，Vanhaverbeke 和 Roijakkers，2012）。CVC 与许可、合作等成为开放创新价值创造的主要工具（Herskovits，Grijalbo 和 Tafur，2013）。相关实证研究也显示，利用投资前的尽职调查和投资后的互动交流机制，CVC 投资公司有权接触创业企业的技术和实践，及时监控技术与市场变革，从而有助于其技术创新（Dushnitsky 和 Lenox，2002，2005b；万坤扬，陆文聪，2014b）。公司创业活动中，外部创业包括三种类型：联盟、过渡性安排和 CVC 投资，（具体如图 1.1 所示）。CVC 投资作为公司创业活动，特别是外部创业活动的一种组织形式（Kann，2000；Keil，2000，2004；Henderson 和 Leleux，2002；Narayanan，Yang 和 Zahra，2009；Reimsbach 和 Hauschild，2012），也是最重要的形式，能帮助企业出于创造或维持竞争优势而返老还童或对组织、市场或产业重新定位（Covin 和 Miles，1999），在技术进步大的行业尤其受欢迎（Dushnitsky 和 Lenox，2005a）。

（4）CVC 在中国得到一定的发展，但 CVC 资本使用率偏低，上市公司参与不足，CVC 投资绩效成为制约中国 CVC 投资进一步发展的关键因素之一。CVC 首先在美国被公司广泛采用，并随着其对公司财务收益和战略目标，特别是战略目标的重要作用被广泛研究和实践，快速地在全球

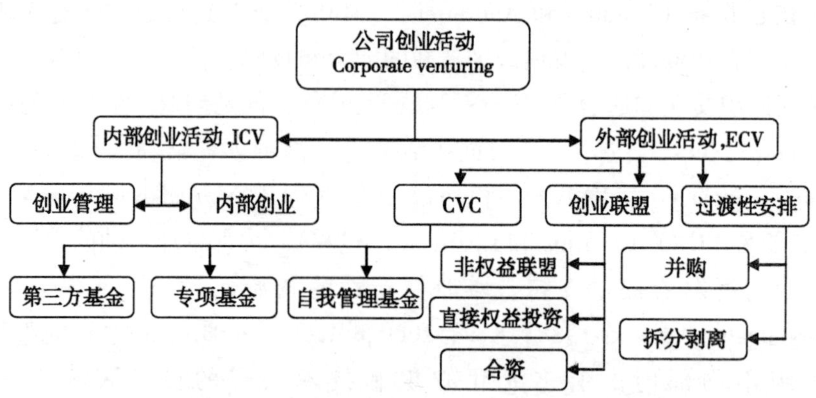

图 1.1 公司创业活动（CV）的类型

[资料来源：改编自 Sharma 和 Chrisman（1999）、keil（2000）、Maula（2001）和 Narayanan，Yang 和 Zahra（2009）]

得到普及和发展。作为 CVC 投资后起之秀的中国，资本规模在 2013 年达到创纪录的 1659 亿元人民币（具体如图 1.2 所示）。但是，中国 CVC 投资也存在一些问题：首先，中国 CVC 资本占创业投资（Venture Capital，简称 VC）资本比例虽高（1994—2013 年期间平均占比为 29.2%①），但 CVC 资本使用效率不高，仅扮演了资本提供者的角色，并没有把 CVC 当作实现战略目标的工具，从而没有积极地对创业企业进行投资。从美国的经验来看，1995—2012 年期间仅占到美国 VC 资本总额 3.2% 的 CVC 资本承担了美国 VC 年度投资的 8.4%，涉及 CVC 投资的金额更是占到 VC 投资总额的 16.2%②；其次，2004—2013 年期间，中国上市公司提供的资本仅占到中国 VC 资本的 4.0% 和中国 CVC 资本的 11.5%③，上市公司参与 CVC 投资动力不足，上市公司 CVC 投资参与率偏低④，并且 2010 年后呈下降趋势。那么，是什么因素造成中国 CVC 资本使用率偏低，上市公司参与不足呢？公司参与 CVC 的投资动机除了追求财务目标外，还包括包罗万象的战略动机，例如学习、建立期权和杠杆作用（Maula，2001）；监

① 数据来源：《中国创业风险投资发展报告》（2002—2014 各年）。

② 数据来源：NVCA Yearbook 2014。

③ 数据来源：《中国创业风险投资发展报告》（2005—2014 各年）。

④ 根据梁晓燕（2007）的统计，上市公司 1998—2006 年期间，CVC 投资参与率为 13.4%；本书研究统计 1998—2012 年期间上市公司 CVC 投资参与率为 15.9%。

控市场、学习新的市场和技术、获取增长期权、进行市场设定（Keil，2002）；获取与公司核心活动相关的新颖技术、学习潜在的并购目标、投资互补性企业而刺激核心产品需求、发展许可或联盟等战略关系、接触创业企业思想和文化、开发现有知识和探索新知识（Dushnitsky 和 Lenox，2006）；扩张市场（Napp，Minshall 和 Probert，2009），并购创业企业（Napp，Minshall 和 Probert，2009）；识别和监控不连续的技术变革（Maula，Keil 和 Zahra，2013）。显然，这些战略目标能否实现直接影响了 CVC 投资的动力。因此，CVC 投资公司迫切关注和急需解答如下问题：中国公司 CVC 投资绩效（例如，战略绩效：技术创新；综合绩效：价值创造）究竟如何？什么因素影响 CVC 投资的技术创新和价值创造绩效？为此，大公司究竟该如何有效组织 CVC 投资活动？由于国内学术界尚未对 CVC 投资的研究给予足够的重视，研究整体尚处于探索阶段和起步阶段，因此目前的研究成果尚无法从理论和经验证据上对中国公司 CVC 投资实践提供支持和指导，从而造成中国 CVC 资本使用效率偏低，上市公司 CVC 投资参与不足，这必然会限制中国企业利用 CVC 投资进行开放创新和公司创业活动的实践，从而影响中国企业的创新和变革能力，因此研究 CVC 投资对技术创新和价值创造的影响机制具有重要的现实意义。

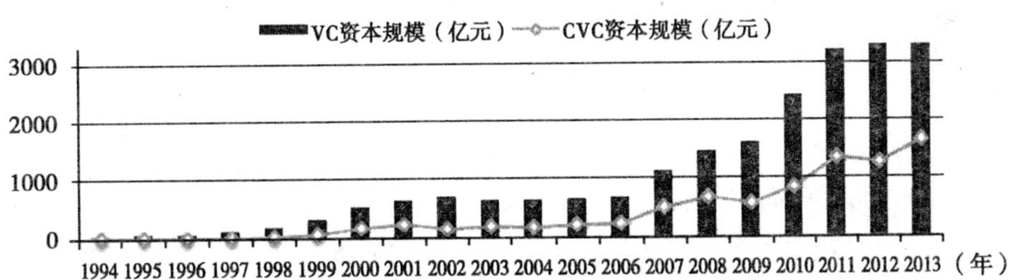

图 1.2　中国 CVC 资本规模

［数据来源：《中国创业风险投资发展报告》（2002—2014 各年）］

二　理论背景

随着 CVC 投资在全球的兴起，CVC 投资的研究也得到了重视和发展。尽管如此，相较于在实践中的重要性，CVC 投资的研究只是近几年才获得学术界的广泛关注（Dushnitsky 和 Lenox，2006）。作为开放创新获取外部技术源的重要模式和价值创造的主要工具以及公司创业活动的重要形式，公司开展 CVC 投资的主要动机就在于进行技术创新和促使公司成长。因此，研究 CVC 投资对公司投资者技术创新和价值创造的影响机制具有很强的理论意义。回顾相关研究文献后发现，尽管国内外 CVC 投资对技术创新绩效和价值创造绩效的影响机制方面的研究已经取得了一定的成果，但仍存在一定的理论缺口：

（1）中国 CVC 投资研究尚处起步和探索阶段，主要是对欧美学者研究文献的总结和归纳，缺乏自主性成果，对 CVC 投资与公司投资者技术创新和价值创造关系的实证研究稀少并且存在一定的局限。针对 CVC 投资对公司投资者技术创新和价值创造的实证研究，国内学者（例如翟丽，鹿溪，宋学明，2010；孙健，白全民，2010；戴维奇，魏江，余纯国，2012；林子尧，李新春，2012；陆方舟，陈德棉，乔明哲，2014；宋效中，程玮，2014）采用的研究思路是“CVC 投资公司 - CVC 项目”二元分析框架，未涉及被投资的创业企业。因此研究往往以投资强度（上市公司首年度投入风险投资公司资金额/上市公司该年度总资产）、占股比例（上市公司占有风险投资公司的股权比例）、关联度（风险投资公司偏好与上市公司主营业务或知识之间关联性）等作为自变量进行线性回归实证分析，未涉及被投资的创业企业（以投资金额、投资数量、投资组合多元化、知识关联度等测量）。对公司投资者而言，CVC 投资绩效源自于与被投资的创业企业（用投资数量、金额、投资组合等测量）进行的双边组织学习，CVC 项目只是投资中介。因此，国内这种二元分析框架存在潜在的科学性和可靠性问题，得出的研究结论对公司 CVC 投资实践的现实启示价值也存在局限性。

（2）国外学者虽然对 CVC 投资与公司投资者技术创新和价值创造之间的关系进行了大量的理论分析和实证研究并取得了一定的成果，但研究仍存在一定的不足。例如，基于资源基础观（例如 Maula，2007；Basu，Phelps 和 Kotha，2011；Wadhwa 和 Basu，2013）、知识基础观（例如 Chesbrough 和 Tucci，2003；Dushnitsky 和 Lenox，2005b；Wadhwa 和 Kotha，2006；Yang，Nomoto 和 Kurokawa，2013）、创新搜寻与组织学习理论（例如 Schildt，Maula 和 Keil，2005；Wadhwa 和 Kotha，2006；Wadhwa，Phelps 和 Kotha，2010；Yang，2012；Kim，Gopal 和 Hoberg，2013）和实物期权理论（例如 Wadhwa 和 Phelps，2010；Tong 和 Li，2011；Basu 和 Wadhwa，2013；Van de Vrande 和 Vanhaverbeke，2013；

Yang，Narayanan 和 De Carolis，2014），国外学者采用 CVC 双元（Dyads）"CVC 投资公司 - 创业企业"或 CVC 三元（Triads）"CVC 投资公司 - CVC 项目/单元 - 创业企业"（例如 Dushnitsky 和 Lenox，2005；Schildt，Maula 和 Keil，2005；Wadhwa 和 Kotha，2006；Dushnitsky 和 Shaver，2009；Sahaym，Steensma 和 Barden，2010；Yang，2012）逻辑分析框架，根据档案研究获取的纵向数据，使用负二项回归模型或多元线性回归模型针对 CVC 投资与公司投资者技术创新（例如 Dushnitsky 和 Lenox，2002，2005a；Wadhwa 和 Kotha，2006；Keil，Maula 和 Schildt et al.，2008；Wadhwa，Phelps 和 Kotha，2010；Schildt，Keil 和 Maula，2012；Yang，2012；Smith 和 Shah，2013）和价值创造（例如 Dushnitsky 和 Lenox，2006；Uotila，Maula 和 Keil et al.，2009；Yang，Narayanan 和 De Carolis，2014）进行了实证研究。但是，现有文献一般专注于独立的或总体的 CVC 投资活动，学者们研究往往假定 CVC 项目和 CVC 投资的创业企业是"黑箱、同质"的，因此会产生同样的投资绩效。事实上大量的研究显示，一方面，CVC 项目根据投资目标、组织设计和管理风格而在治理结构方面存在显著的差异（例如 Birkinshaw 和 Hill，2005；Weber 和 Weber，2005；Souitaris 和 Zerbinati，2014），并会对投资绩效产生不同的影响（Kann，2000；Hill，Maula 和 Birkinshaw et al.，2009）；另一方面，大量的实证研究显示企业间存在显著的异质性（Lööf 和 Heshmati，2002）。由于能力是追求竞争优势的关键（Teece，Pisano 和 Shuen，1997），不同的企业会在不同的领域发展自己独特的竞争能力。因此，目前学者们关于 CVC 项目"黑箱"和创业企业"同质性"假设可能会影响研究结论的科学性和可靠性。

（3）已有的研究基本都是以美国 CVC 投资为研究情景，对中国 CVC 投资缺乏关注。中美 CVC 投资情景存在显著性差异，例如，就 CVC 项目治理结构而言，美国形式多样（McNally，1995；Dushnitsky，2006；Yang，2006），而中国 CVC 投资往往通过参股、控股或设立 CVC 项目等方式（谈毅，叶岑，2003）进行；就 CVC 投资公司的行业背景而言，美国主要是信息通信、电信设备制造业、医疗器械行业和生物医药行业，而中国主要是制造业和信息技术行业①；就 CVC 投资的创业企业而言，美国

① 作者根据相关数据统计整理得出，具体可参考第三章相关内容。

CVC 投资的创业企业前三名主要集中在生物、软件和通信行业（MacMillan，2008），而中国则是计算机、通信和其他电子设备制造业、专用设备制造业、电气机械和器材制造业①；就投资阶段而言，美国 CVC 主要投资于扩张期和获利期的创业企业（MacMillan，2008），中国 CVC 主要投资于发展期和扩张期的创业企业②。CVC 投资情景的显著差异会造成投资结果的显著差异，因此，针对美国 CVC 投资的研究结论不一定适合中国 CVC 投资的情景。

综上所述，中国 CVC 投资的研究尚处于起步和探索阶段，许多问题都有待深入分析和探讨。由于 CVC 投资绩效是造成中国 CVC 资本使用效率偏低、上市公司 CVC 投资参与率不足的主要因素之一，因此目前最为紧迫的问题是回答 CVC 投资绩效的问题，研究 CVC 投资对公司投资者技术创新（战略绩效）和价值创造（综合绩效）的影响机制。但是，国内现有针对 CVC 投资与公司投资者技术创新和价值创造之间关系的实证研究不仅数量稀少，研究思路也因采用“CVC 投资公司 - CVC 项目”二元分析框架，未涉及被投资的创业企业而存在潜在的科学性和可靠性问题。国外学者主要针对美国 CVC 投资进行了大量的研究并取得了显著的成果，从研究的理论基础（资源基础观、知识基础观、创新搜寻与组织学习理论、实物期权理论）、实证研究框架（CVC 双元框架“CVC 投资公司 - 创业企业”或 CVC 三元框架“CVC 投资公司 - CVC 项目/单元 - 创业企业”）及变量设置，实证研究方法（负二项回归模型、广义线性回归等）等方面对中国 CVC 投资研究提供了借鉴和启示，但中美 CVC 投资情景的显著性差异和国外学者对 CVC 项目“黑箱”和创业企业“同质性”假设也影响到研究结论的普适性、科学性和可靠性。因此，在“取其精华去其糟粕”的基础上，基于“CVC 投资公司 - CVC 项目 - 创业企业”三元结构逻辑分析框架，从创业企业、CVC 项目“异质性”视角，研究中国公司 CVC 投资绩效影响机制问题，对 CVC 投资的理论文献以及开放创新、公司创业活动等相关领域的理论研究均有重大的意义和贡献。

---

① 作者根据相关数据统计整理得出，具体可参考第三章相关内容。

② 同上。

第二节 研究问题

根据上述现实背景和理论背景，本书围绕公司投资者 CVC 投资绩效这一主题，聚焦 CVC 投资对公司投资者技术创新（战略绩效）和价值创造（综合绩效）的影响机制这两个基本理论问题展开研究。在对已有研究成果“取其精华去其糟粕”的基础上，本书尝试以中国上市公司 CVC 投资为研究情景，基于创业企业、CVC 项目“异质性”视角，采用“CVC 投资公司 - CVC 项目 - 创业企业”三元结构逻辑分析框架，借鉴“资源基础观、知识基础观、创新搜寻与组织学习理论和实物期权理论”，研究中国 CVC 投资对公司投资者技术创新和价值创造的影响机制。根据研究的视角和聚焦的焦点的不同，把本书研究的两个基本理论问题进一步细分为六个子问题，具体如图 1.3 的研究理论框架所示。

研究问题 1：CVC 投资对公司投资者技术创新（战略绩效）的影响机制

学习新知识以便开发现有知识和探索新知识等技术创新活动是 CVC 投资的最重要目标之一（Schildt，Maula 和 Keil，2005）。通过权益投资，利用投资前的尽职调查和投资后的互动交流机制，CVC 投资公司有权接触创业企业的技术和实践，及时地监控市场与技术的变革（Maula，Autio 和 Murray，2003；Dushnitsky 和 Lenox，2005a；Schildt，Maula 和 Keil，2005；Sahaym，Steensma 和 Barden，2010；Maula，Keil 和 Zahra，2013），激发额外的企业创新活动（Sahaym，Steensma 和 Barden，2010）并提供无实体实验的机会（Keil，Autio 和 George，2008），从而实现企业的技术创新。因此，本书研究问题 1 重点探讨 CVC 投资对公司投资者技术创新的影响机制问题，并根据研究假设和聚焦的焦点细分为三个子问题。

子问题 1 - 1：在创业企业“同质性”假设的基础上，聚焦 CVC 投资组合的创业企业数量与公司投资者技术创新的关系，并分析吸收能力、卷入程度和治理结构对两者关系的调节作用。以往的研究中，CVC 投资关系对母公司专利授权率有积极的影响（Dushnitsky 和 Lenox，2002）。CVC 投资创业企业的金额与母公司技术创新效率有积极的线性关系（Dushnitsky 和 Lenox，2005b），CVC 投资创业企业的数量与母公司知识创造或技术创新呈“倒 U 形”关系（Wadhwa 和 Kotha，2006；Kim，2011）。但

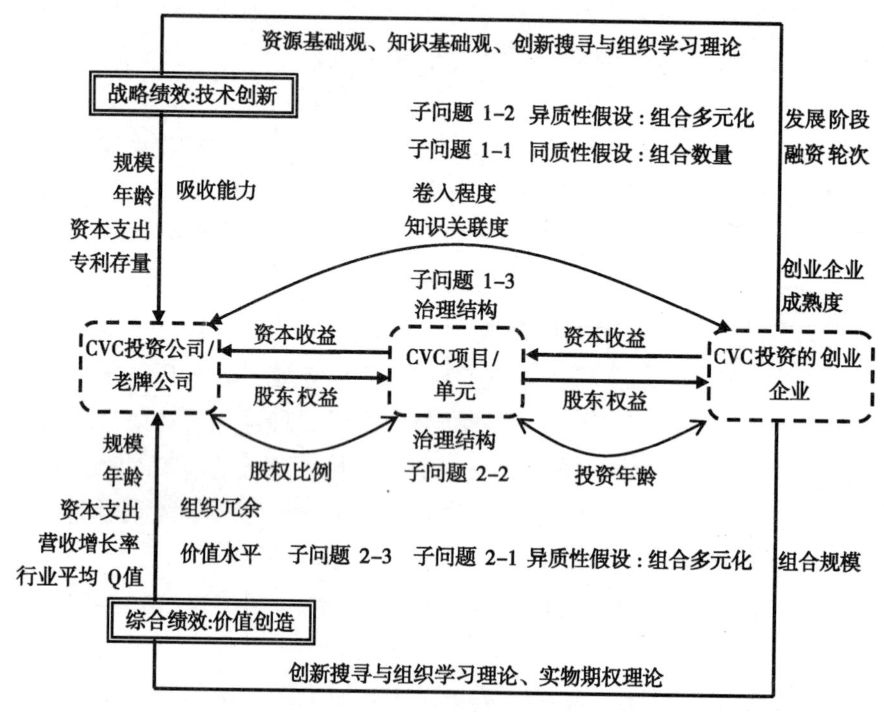

图 1.3 本书研究的理论框架

是，辛燕飞（2009）与鹿溪（2010）基于“CVC 投资公司－CVC 项目”二元分析框架实证研究发现，CVC 投资强度（上市公司首年度投入风险投资公司资金额/上市公司该年度总资产）和企业技术创新绩效之间没有显著相关关系。真相究竟如何？是由于中美 CVC 投资情景的差异还是辛燕飞（2009）与鹿溪（2010）的分析框架局限？本书决定采用“CVC 投资公司－CVC 项目－创业企业”三元结构逻辑分析框架，借鉴国内外同类研究的变量设计和实证研究方法，以“发明和实用新型专利”来测量技术创新，并控制公司投资者的“规模、年龄、资本支出和专利存量”等潜在影响技术创新的组织特征因素，以 CVC 项目投资组合的“创业企业数量”为自变量，并同时控制“创业企业成熟度”等创业企业组织特征因素。除此之外，本研究还控制了创业企业与公司投资者之间的“知识关联度”。在此基础上，论文研究了 CVC 投资组合的创业企业数量与公司投资者技术创新之间的关系并进一步探讨公司投资者“吸收能力”、与创业企业“卷入程度”和 CVC 项目“治理结构”对两者关系的调节作用，采用负二项回归模型（含固定效应和随机效应）进行实证检验。

子问题1-2：在创业企业“异质性”假设的基础上，聚焦CVC投资的创业企业组合知识多元化对公司投资者技术创新的影响机制以及吸收能力、卷入程度对两者关系的调节作用。现有研究专注于独立的或总体的CVC投资活动，把被投资的创业企业视为“黑箱、同质”。尽管古典经济学中关于企业假设是“黑箱”、非异质性，但后来随着科斯把“交易费用”纳入经济分析后，交易费用经济学、企业资源观经济学和创新经济学等大量从企业异质性角度研究公司竞争优势（郭斌，2002）。由于能力是追求竞争优势的关键（Teece，Pisano和Shuen，1997），不同的企业会在不同的领域发展自己独特的竞争能力，产生路径依赖（David，1985）、不确定的可模仿性（Lippman和Rumelt，1982）并形成自己固有的内部资源、社交、经济及专业网络（Granovetter，1985）等“社会嵌入”对联盟（Gulati，1995）、组织间交流（Uzzi，1997）和组织的生存产生不同影响，大量的实证研究也显示企业间存在显著的异质性（Lööf和Heshmati，2002）。因此，Dushnitsky和Lenox（2005b）、Wadhwa和Kotha（2006）等学者的研究可能存在潜在的科学性和可靠性问题，例如在与CVC类似的VC背景下，Matusik和Fitza（2012）实证研究发现组合多元化与公司绩效之间存在“U形”关系。综上，在子问题1-1的基础上，把“同质性”假设的自变量，CVC投资组合的“创业企业数量”换成“异质性”假设的CVC投资的创业企业“组合知识多元化”，并增加创业企业融资时所处的“发展阶段”和“融资轮次”控制变量，探讨CVC投资的创业企业组合知识多元化对公司投资者技术创新的影响以及吸收能力、卷入程度对两者关系的调节作用，同样采用负二项回归模型进行实证检验。

子问题1-3：在子问题1-2的基础上，进一步分析控股与非控股CVC项目治理结构下创业企业组合知识多元化与公司投资者技术创新关系的差异以及吸收能力对两者关系调节效应的差异。现有调查CVC投资绩效的研究往往把CVC项目作为一个“黑箱”，假定它们是同质的。然而，根据目标、组织设计和管理风格，不同的CVC项目在结构和管理特征方面有着显著性差异（Birkinshaw和Hill，2005），也会形成不同的战略逻辑（Hill和Birkinshaw，2008）和组织同构焦点（Souitaris，Zerbinati和Liu，2012；Souitaris和Zerbinati，2014）。一些经验证据和案例研究也证实CVC项目治理结构、管理风格对CVC投资绩效的影响有着显著性差异（Kann，2000；Hill，Maula和Birkinshaw et al.，2009）。因此，针对中国上市公司通过参股、控股或设立 CVC 项目等方式（谈毅，叶岑，2003）进行 CVC 投资的实践，论文把母公司持有 CVC 项目权益比例是否≥50%划分为“控股型 CVC 项目治理结构”和“非控股型 CVC 项目治理结构”，采用对比分析探讨两种治理结构下创业企业组合知识多元化与公司投资者技术创新关系的差异以及吸收能力对两者关系调节效应的差异。

研究问题 2：CVC 投资对公司投资者价值创造（综合绩效）的影响机制

CVC 投资是企业价值的一个重要来源（Dushnitsky 和 Lenox，2006），因提供了增长的多重选择平台而充满战略吸引力（Allen 和 Hevert，2007），不仅有助于获取开发性战略价值（获得互补性技术，充分利用现有技术和资源，扩张市场），还有助于获取探索性战略价值（获取新的市场知识和技术窗口，为后续的战略提供期权）（Napp，Minshall 和 Probert，2009）。另外，由于投资的不可逆性，实物期权理论建议企业最好做一个较小的初始投资或权益投资（创建期权），以便推迟投资决策直到投资项目不确定性降低到可以接受的程度（Barnett，2008）。这种初始投资可以通过 CVC 的形式来进行（Allen 和 Hevert，2007；Benson 和 Ziedonis，2009；Basu 和 Wadhwa，2013）。通过 CVC 去投资许多新兴技术使 CVC 投资公司获得未来战略选择的优势（Gompers 和 Lerner，2001），提供公司投资者评估后续投资机会（增长期权）的特权（Li 和 Mahoney，2006；Napp，Minshall 和 Probert，2009），而增长期权是投资者可用来发展新资源和对未来机会做出反应的灵活平台（Kogut 和 Kulatilaka，2001），不仅获得开发新产品、发展新技术、进入新市场的机会，而且为未来的增长机会打开一扇窗（Chesbrough，2002）。除了传统的净现值外，CVC 投资活动还获得了增长期权价值（Trigeorgis，1993；Vassolo，Anand 和 Folta，2004；万坤扬，陆文聪，2014a）。因此，本书研究问题 2 重点探讨 CVC 投资对公司投资者价值创造的影响机制，并根据研究假设和聚焦的焦点细分为三个子问题。

子问题 2-1：在创业企业“异质性”假设的基础上，聚焦 CVC 投资组合多元化与公司投资者价值创造的关系以及组织冗余对两者关系的调节作用。现有的研究中，Dushnitsky 和 Lenox（2006）针对美国 1990—1999 年期间上市公司的实证研究发现，CVC 投资金额与企业价值（Tobin's Q 值）存在积极的线性关系，但 Allen 和 Hevert（2007）同样对美国 1990—

2002 年期间企业的实证研究发现 CVC 投资没有得到预期的回报；Uotila, Maula 和 Keil et al.，（2009）研究发现探索性 CVC 投资与企业价值呈“倒 U 形”，而 Yang，Narayanan 和 De Carolis（2014）研究发现投资组合多元化与企业价值之间存在“U 形”关系。同样地，国内学者翟丽，鹿溪和宋学明（2010）、林子尧和李新春（2012）实证发现上市公司投资 CVC 项目的金额与企业价值呈消极关系，但孙健和白全民（2010）实证发现企业投资 CVC 项目的金额对企业价值有积极影响。在这些混乱的研究结论中，CVC 投资对公司投资者价值创造的影响究竟如何？影响机制究竟是什么？考虑到国内上述三篇文献采用“CVC 投资公司 – CVC 项目”二元分析框架的局限，本书采用“CVC 投资公司 – CVC 项目 – 创业企业”三元结构逻辑分析框架，借鉴国内外同类研究的变量设计和实证研究方法，在创新搜寻与组织学习理论和实物期权理论的基础上，基于创业企业“异质性”视角，以 CVC 投资公司 Tobin's Q 值为因变量来测量企业价值，同时控制公司投资者的规模、年龄、资本支出、营收增长率和行业平均 Q 值等潜在影响价值创造的组织特征因素，以 CVC 投资的“创业企业组合多元化”为自变量，同时控制投资组合的规模。除此之外，论文还控制公司投资者与 CVC 项目之间的权益关系“股权比例”和 CVC 项目投资创业企业时的“投资年龄”等。在此基础上，论文采用广义面板数据线性回归随机效应模型研究 CVC 投资组合多元化与公司投资者价值创造之间的关系，并进一步探讨组织冗余对两者关系的调节作用机制。

子问题 2 – 2：在子问题 2 – 1 的基础上，进一步探讨控股与非控股 CVC 项目治理结构下创业企业组合多元化与公司投资者价值创造关系的差异以及组织冗余对两者关系调节效应的差异。正如上面的分析，CVC 项目治理结构是异质的，会在投资目标、组织结构、管理风格、组织同构以及投资绩效方面有着显著的不同。例如，Dushnitsky（2002）实证研究认为，财务目标和创新相关目标积极影响公司绩效（股东价值），但刺激销售的目标消极影响股东价值。Weber 和 Weber（2005）针对德国 CVC 的实证研究也发现 CVC 在财务收益或战略收益中仅聚焦其一的要比同时追求财务收益和战略收益的表现更为成功。宋效中，程玮（2014）对中国的实证研究也发现 CVC 投资强度对以战略发展为目标的上市公司经营绩效的影响大于以财务收益为目标的上市公司。对中国上市公司通过参股、控股或设立 CVC 项目等方式（谈毅，叶岑，2003）进行 CVC 投资的实践，是否控股 CVC 项目会直接影响到 CVC 项目的投资目标和投资实践。因此，论文把母公司持有 CVC 项目权益比例是否≥50% 划分为“控股型 CVC 项目治理结构”和“非控股型 CVC 项目治理结构”，采用对比分析探讨两种治理结构下创业企业组合多元化与公司投资者价值创造关系的差异以及组织冗余对两者关系调节效应的差异，采用广义面板数据线性回归随机效应模型进行实证检验。

子问题 2－3：在子问题 2－1 的基础上，聚焦不同企业价值水平的 CVC 投资公司，CVC 投资组合多元化与其价值创造之间关系的差异以及组织冗余调节效应的差异。资源基础观认为，企业特有的资源是企业获取竞争优势和经济绩效的源泉（Barney，1991），企业战略的精髓在于企业如何使用现有的资源和获取、开发新的资源（Wernerfelt，1984），企业发展会产生路径依赖（David，1985）。因此，需要考虑公司投资者本身的“异质性”，根据 CVC 投资公司高度差异的价值和组织冗余等“资源禀赋”条件进一步分析 CVC 投资对公司投资者价值创造影响的差异。因此，论文在子问题 2－1 的基础上，采用分位数回归模型（Quantile regression）探讨不同企业价值水平下的公司投资者，CVC 投资组合多元化对其价值创造的影响差异以及组织冗余调节效应的差异。

第三节　概念界定

一　创业投资

“Venture Capital，简称 VC”作为一种金融创新工具，由于其与技术创新之间存在长期稳定的相关关系（万坤扬，袁利金，2006），是造成国内技术创新区域变化的主要影响因素之一（万坤扬，陆文聪，2010）而受到广泛的关注和研究，但国内究竟翻译为“创业投资”还是“风险投资”，一直是学术界争论不休的话题（刘健钧，2003，2004），不同的学者使用不同的术语。例如《经济研究》期刊上四篇高引用率的文章，吴超鹏，吴世农和程静雅等（2012）、陈工孟，俞欣和寇祥河（2011）、张学勇和廖理（2011）使用的是“风险投资”术语，钱苹和张帏（2007）使用的是“创业投资”术语。除了学术期刊上的文章，在中国官方文件中，也存在多种用语。例如，国家发展与改革委员会、科技部、商务部经常使用“创业投资”一词，人大和“中国风险投资研究院（香港）”则使用“风险投资”一词。《中国创业风险投资发展报告2006》、《国家中长期科学和技术发展规划纲要（2006—2020）》则首次把VC译为“创业风险投资”。本书不介入译名之争①，使用“创业投资”一词，并借用刘健钧（1999）发表在《管理世界》上文章的观点，把VC定义为“向具有高增长潜力的未上市公司进行股权投资，并通过提供创业管理服务参与所投企业的创业过程，以期在所投资企业发育成熟后即通过股权转让实现高资本增值收益的资本运营方式”。VC的目的在于追求财务收益，通过IPO等方式退出投资，在产权交易中实现资本回报。VC资本来源主要包括上市/非上市公司、银行、非银行金融机构、外资、政府、个人、事业单位以及养老基金等，以VC基金、VC机构、VC企业（包括有限合伙企业）和商业天使等组织形式进行投资。其中，来自有主营业务的非金融公司参股、控股或设立的VC基金/机构/企业进行的投资，如果其投资动机是出于战略目的或战略目标优先，就构成CVC投资的一种形式。从这个意义上，在特定条件下，CVC包含在VC中，或者说，CVC会以VC的形式运作。但是，由于VC与CVC在投资动机上有着显著性差异，因此VC与CVC在实践中有着根本性差异，CVC区别于VC。

二 公司创业投资

由于VC译名混乱，CVC在国内也被不同的学者翻译为“公司风险投资”、“企业风险投资”、“公司创业投资”、“企业创业投资”、“企业主导型创业投资”、“公司风险投资资本”……同样，本书不介入译名之争，使用“公司创业投资”一词，但在文献引用中，为保证引用完整性，会完整保留作者使用的词语。

在CVC的界定上，少数中外学者把CVC等同于“Corporate Venturing，简称CV”。例如，McNally（1995）认为CVC投资涉及法人组织对小的、非挂牌公司的少数权益投资，也经常被称之CV。Bannock Consulting（2002）与McNally（1995）的定义一致，但强调是大公司出于战略、财

① 学者刘健钧分别于2003年和2004年出版了《创业投资原理与方略：对“风险投资”范式的反思与超越》和《创业投资制度创新论：对“风险投资”范式的检讨》这两本专著进行过专门分析和探讨，但至今学术界仍然未有一致的翻译译名。

务或社会责任等原因。另外，与 McNally（1995）和 Consulting（2002）类似，国内部分学者也把 CVC 等同于 CV（例如，裘炜，2002；谈毅，仝允桓，2005；胡金玉，夏若江，2007；魏江，戴维奇，2010；戴维奇，魏江，余纯国，2012；郑丹辉，韩晓燕，李新，2013），借鉴 Sharma 和 Chrisman（1999）的定义指在位企业向新创企业进行投资或者直接创办分支企业的创业努力（魏江，戴维奇，2010；戴维奇，魏江，余纯国，2012），或"有明确主营业务的非金融企业在其内部和外部所进行的风险投资"（裘炜，2002；谈毅，仝允桓，2005）。被注资的创新小公司被称为风险企业，投入的风险资金称为公司风险投资资本。但更多学者认为 CVC 是 CV 的一种特殊形式，CVC 不等同于 CV。

首先，从国外学者的界定来看，普遍认为 CVC 指大公司对寻求资本支持以便发展的创业型企业的直接或间接少数权益投资（Gompers 和 Lerner，1998；Kann，2000；Chesbrough 和 Tucci，2003；Dushnitsky，2006；Hill，Maula 和 Birkinshaw et al.，2009；Dushnitsky 和 Shapira，2010）。因此，对创业企业来说，CVC 是私募股权市场（例如独立创业基金、商业天使、政府基金等）的一种替代融资来源。从 CVC 投资公司来看，CVC 投资往往受战略利益驱动，通常是为了与创业企业建立一种业务关系或加强现有的客户/供应商关系或技术交互协议等（Kann，2000），与其他私募基金投资者受财务利益驱动形成显著性区别，纯粹追求财务收益的权益投资不属于 CVC（Chesbrough 和 Tucci，2003）。作为 CV 的一种特殊的形式（Narayanan，Yang 和 Zahra，2009；Reimsbach 和 Hauschild，2012），涉及作为投资中介的专项基金（Keil，2000；Miles 和 Covin，2002；Dushnitsky，2006；Yang，2006）、第三方基金和自我管理基金（Keil，2000，2002；Dushnitsky，2006；Yang，2006），具有三个共同点（Dushnitsky，2006）：第一，CVC 往往把战略目标而不是财务回报作为主要目标和关键考虑；第二，投资创新性创业企业往往是私下进行并且采用独立于母公司的运作方式；第三，母公司仅承担少数股东权益风险。CVC 投资与 CV、独立创业投资（Independent Venture Capital，简称 IVC）、金融公司的投资和对公开上市公司、合资企业的股权投资四种投资活动相区别（Kann，2000），也与内部公司创业活动（ICV）相区别（Yang，2006）。从外部公司创业活动（ECV）的角度，ECV 包括 CVC（第三方基金、专项基金和自我管理基金）、创业联盟（非权益联盟、直接少数权益投资和合资）、过渡性安排（并购和剥离）（Keil，2000）。因此，CVC 也与并购、剥离、非权益联盟和合资相区别（Yang，2006）。并购是外部创业企业内部化的过程，剥离是内部企业外部化的过程，非权益联盟不涉及权益投资（Yang，2006）。合资则不涉及创业型新兴企业从而与 CVC 相区别（Maula，2001）。因此，CVC 强调的是非金融类公司对年轻的创业型企业进行的直接投资或间接权益投资（Maula，2001），非权益基础的组织间关系、其他权益基础的组织间关系及衍生公司、金融公司的多元化金融组合投资、独立的创投基金等都不应该包含于 CVC 活动中（Kim，2011）。美国创业投资协会（NVCA）认为 CVC 是非金融公司的 VC 项目或子公司对创业企业的直接投资。这些投资工具寻求发现对母公司战略技术或能提供协同效应或节省成本的有价值的投资机会（Zu Knyphausen - Aufseß，2005）。从中可以看出，CVC 投资有两个基本特征区别于其他投资者：CVC 关注战略目标，例如增加母公司核心产品的需求或获得新技术（Fast，1978；Siegel，Siegel 和 MacMillan，1988），而其他类型投资者往往把财务回报作为主要目标；CVC 投资往往使用母公司的资本进行投资，而其他类型投资往往使用企业外的资本进行投资。综上所述，国外学者或机构均认为 CVC 是 CV 的一种特殊形式并与并购、权益或非权益联盟、合资、剥离等相区别，是非金融公司出于战略目的（或战略利益优先），直接由公司通过内部流程，或通过公司全资子公司的自我管理基金、独立 VC 的专项基金或联合基金，对创业企业的直接或间接的少数权益投资。

其次，国内学者普遍把 CVC 定义为“有明确主营业务的非金融公司（一般是比较大的公司）在其内部和外部所进行的风险投资或创业投资”（例如，晏钢，2002；郭鲁伟，张健，2002；丛海涛，唐元虎，2003；李欣，2005；胡金玉，夏若江，2007；刘建香，2008a）。CVC 投资的外部形式指公司直接投资于新创企业并按照自身需求管理风投组合；内部形式指公司利用其研发、市场、财务等资源鼓励企业家创业，并把这些创业活动按照 VC 的方式进行管理（李欣，2005）。也有学者认为 CVC 投资是公司对未上市的科技型中小企业以风险资本的形式进行的权益投资（崔远淼，陈可庭，2004）。CVC 是 CV 的四种模式“项目小组、内部创业、创业孵化器和公司风险投资”之一（郭鲁伟，张健，2002），强调出于战略目的（晏钢，2002；刘建香，2008a）。与 CVC 相对应的，是由职业金融家对创业企业进行的权益投资，称之传统创业投资（Traditional Venture

Capital，简称 TVC）（刘建香，2008a），或者不受大企业控制的独立的创业投资（Independent Venture Capital，简称 IVC）（崔远淼，吴国新，2005），或私募创业投资（Private Venture Capital，简称 PVC）（李欣，2005）。CVC 与 IVC[①] 在投资目的、资金来源和投资规模、与风险企业的关系等方面有着显著不同（刘建香，2008a），CVC 比 IVC 更能有效地满足融资和投资项目的需要，并带有较强的社会责任，能为技术创新等提供良好的机制与环境，加强资本、技术和市场的融合（崔远淼，吴国新，2005）。

通过国内外学者对 CVC 的界定可以看出，CVC 的界定既存在共识又存在分歧。学者们均强调 CVC 的出资主体是非金融企业，投资动机是主要出于战略目的（至少战略利益优先），投资方式是通过公司内部流程或全资子公司自我管理基金、独立管理的专项基金或联合基金等投资中介直接或间接的少数权益投资。但是，学者们在 CVC 投资究竟是外部投资还是包括内部投资存在一定的差异。本书认为 CVC 与 CV 有显著区别，CVC 是 CV 的一种特殊形式，强调的是在企业外部进行的投资。因此，结合中国实际，本书把 CVC 定义为"有主营业务的非金融公司出于战略目的（或至少战略利益优先）对组织外部的创业型企业通过内部流程或全资 VC 子公司/基金、专项 VC 公司/基金及联合 VC 公司/基金等投资中介进行的直接或间接的少数权益投资"。

三 公司创业活动

由于国内学者经常把 CVC 翻译为"公司风险投资或企业风险投资"，而一些学者又把"Corporate Venturing，简称 CV"也翻译成"公司风险投资或企业风险投资"（例如，裘炜，2002；谈毅，仝允桓，2005；胡金玉，夏若江，2007；魏江，戴维奇，2010；戴维奇，魏江，余纯国，2012），这造成了极大的概念混乱。正如前面的分析，CVC 是 CV 的一种形式。因此，把 CVC 与 CV 翻译成同样的术语有不妥之处。本书把 CV 翻译成"公司创业活动"，不使用"公司风险投资或企业风险投资"这一术语，除了避免重名外，主要是基于 CV 与公司创业（Corporate Entrepre-

---

① 为简化起见，非特别说明，本书把不是由有主营业务的非金融公司出于战略目的或战略目标优先的出资或参与的 VC 都称之为 IVC。

neurship，简称 CE）的关系：首先，Entrepreneurship 国内学者有翻译成“创业”（例如，倪宁，王重鸣，2005；王重鸣，刘帮成，2005；张刚，彭学兵，2008）、“创业学”（例如，熊飞，邱菀华，2006）、“企业家精神”（例如，蒋春燕，2006；蒋春燕，赵曙明，2006），因此 CE 主要被翻译为“公司创业” （例如，戚振江，赵映振，2003；李璟琰，焦豪，2008；张玉利，李乾文，2009；王世权，王丹，武立东，2012），较少的学者翻译为“公司企业家精神” （例如，蒋春燕，2006；蒋春燕，赵曙明，2006）。因此，CE 使用“公司创业”这一术语没有太大争议；其次，在国外学者的文献中，Sharma 和 Chrisman（1999）对 CE 的定义做了详细的研究。根据 Sharma 和 Chrisman（1999）的观点，创业（Entrepreneurship）可以分为个体创业（Independent entrepreneurship）和 CE，其中 CE 包含“CV、创新和战略更新”。CE 的独特标准是“组织创造，更新或创新，由现存的组织实体驱动”，CV 的独特标准是“组织创造，由现存的组织实体驱动，当作新的业务”（Sharma 和 Chrisman，1999）。CV 与战略更新的区别主要在于 CV 创造新的业务而战略更新是公司资源的重新配置（Sharma 和 Chrisman，1999）。总之，CV 是 CE 的一种形式（Narayanan，Yang 和 Zahra，2009；Reimsbach 和 Hauschild，2012），主要目的是创造新业务（Covin 和 Miles，2007）；最后，CV 与企业发展流程“CE、组织学习和创新管理”相互影响，CV 需要这些流程，也能促进这些流程的发展（Backholm，1999）。按照 Backholm（1999）的观点，企业发展的流程通过 CV 行为产生企业发展的结果“多元化、能力发展和新产品开发”。综上所述，本书认为把 CV 翻译为“公司创业活动”更适合 CV 的本质。当然，为了引用的完整性，在引用中国学者 CV 文献时，还是会完整保留作者的原文翻译“公司风险投资或企业风险投资”，但会同时标出英文“Corporate Venturing 或 CV”以示区别。

四 CVC 投资公司、CVC 项目和创业企业

CVC 投资涉及投资方、投资中介和被投资方。投资方，即 CVC 投资公司，在英文文献中，根据不同语境使用“Established companies/firms，Corporate investors，Incumbent companies/firms，Big company，Parents”等，因此论文中老牌公司、公司投资者、在位企业、大公司、母公司等术语均指 CVC 投资公司，并且基于英文文献主要使用“Established companies”

或“Corporate investors”的术语，本书根据语境主要用“老牌公司”或“公司投资者”术语来替代表述 CVC 投资公司；投资中介，例如全资 VC 子公司/基金、专项 VC 公司/基金及联合 VC 公司/基金以及直接进行 CVC 投资的公司业务单元或新创业务发展部，英文文献中使用“CVC programs”或“CVC units”表述，因此论文把这些投资中介称之为 CVC 项目或 CVC 单元；被投资方，即 CVC 投资的未上市新创企业、技术型小企业、创业型企业等，本书称之为创业企业。

五 CVC 投资绩效

老牌公司进行 CVC 投资的动机除了追求财务目标外，还包括包罗万象的战略目标，并且往往以战略目标为主或战略动机优先。例如，通过 CVC 投资，公司投资者被授权接触创业企业的技术和实践（Chesbrough 和 Tucci，2003），及时地监控市场与技术的变革，有机会获得行业中的新技术或新产品甚至行业的最新发展方向，及时把握市场趋势（Dushnitsky 和 Lenox，2005a；Schildt，Maula 和 Keil，2005；Yang，2006；Sahaym，Steensma 和 Barden，2010），激发额外的企业创新活动（Chesbrough 和 Tucci，2003；Sahaym，Steensma 和 Barden，2010），识别和监控不连续的技术变革（Maula，Keil 和 Zahra，2003，2013）并提供无实体实验的机会（Keil，Autio 和 George，2008）。除此之外，通过 CVC 投资，公司投资者还能与被投资的创业企业建立进一步的业务关系（McNally，1994；Dushnitsky 和 Lenox，2006），激发创业企业使用或运用其技术或产品而刺激需求（Keil，2000；Dushnitsky 和 Lenox，2006），或通过操纵、促进非官方标准的发展而主动的塑造市场（Keil，2000）、进行市场设定（Keil，2000，2002）或扩张市场（Napp，Minshall 和 Probert，2009），通过 CVC 项目试图访问和发展进入新市场所需的资源和能力（Kann，2000），帮助公司投资者建立实物期权以便并购创业企业（Maula，2001；McNally，2002；Napp，Minshall 和 Probert，2009），或获得增长期权（Keil，2000，2002），不仅可获得开发性战略价值，还有助于获取探索性战略价值（Napp，Minshall 和 Probert，2009）。

正是由于 CVC 投资目标包罗万象，因此 CVC 投资绩效的界定和测量在学术界尚未有一致的标准和方法（Macmillan，Roberts 和 Livada et al.，2008）。从公司投资者的角度，实证中绩效指标可以分为战略绩效和综合绩效（李新春，林子尧，2012）。其中，战略绩效主要体现在技术溢出、知识转移和组织学习等方面的技术创新或知识创造，用技术创新指标来测量；综合绩效主要体现在财务、市场/业务、期权、联盟、并购等给公司投资者带来的企业价值增加或成长方面，用价值创造指标来测量。

第四节 研究设计

本书以沪深主板上市公司 CVC 投资作为研究对象，以提升公司投资者 CVC 投资的战略绩效（技术创新）和综合绩效（价值创造）、促进中国 CVC 投资实践、助力中国企业创新和变革为导向，采用“CVC 投资公司—CVC 项目—创业企业”三元结构逻辑分析框架，逐层深入剖析上市公司 CVC 投资对其技术创新和价值创造的影响机制。

一 研究方法

本书在国内外已有研究的基础上，研究 CVC 投资对公司投资者技术创新（战略绩效）和价值创造（综合绩效）的影响机制，综合采用文献研究、档案研究、计量经济模型等方法，具体如下：

（1）文献研究方法。在本书研究问题形成之前，收集、整理和分析开放创新（OI）、公司创业（CE）及公司创业活动（CV）、CVC 投资、企业异质性等领域的研究文献，以此奠定本书研究的重要理论基础。论文依托浙江大学图书馆数据库资源平台提供的海量国内外文献检索源、社会科学网络（Social Science Research Network，SSRN）① 开源研究平台以及 Google 学术搜索平台进行文献检索和收集工作。涉及本书研究核心领域的文献主要来源于战略管理顶级期刊“*Strategic Management Journal*，*SMJ*”，管理领域顶级期刊“*Administrative Science Quarterly*，*ASQ*”、“*Academy of Management Journal*，*AMJ*”、“*Academy of Management Review*，*AMR*”、“*Management Science*，*MS*”和“*Organization Science*，*OS*”，创业或 VC 方面的期刊“*Journal of Business Venturing*，*JBV*”、“*Entrepreneurship Theory* 和 *Practice*，*ET* 和 *P*”和“*Strategic Entrepreneurship Journal*，*SEJ*”等。通过

① http：//www. ssrn. com/en。SSRN 作为社会科学研究的开源网络学术平台，收集了大量学者最新但仍在修改、完善中的学术论文。

对相关文献的系统性梳理，分析现有文献研究的贡献与不足，结合现实背景，提出了本书要研究的问题。通过文献研究，也为如何解决研究问题提供了研究理论基础、逻辑分析框架以及实证研究的理论假设、变量设置、模型构建和计量检验方法。

（2）计量经济模型分析方法。本书根据不同研究问题采用针对性的计量经济模型进行实证检验。针对研究问题1：CVC 投资对公司投资者技术创新的影响机制，由于因变量是计数的非负变量，不满足普通最小二乘法估计所假定的“同方差、标准残差”条件（Hausman，Hall 和 Griliches，1984），用普通最小二乘法（OLS）进行估计是不合适的。此类情况主要采用非线性回归方法，例如泊松回归（Ahuja，2000b）、负二项回归（Cameron 和 Trivedi，2013）。但由于论文因变量的方差大于均值，存在过度离散问题，不满足泊松回归的基本假设（Hausman，Hall 和 Griliches，1984），因此负二项回归是更合适的回归模型（Cameron 和 Trivedi，2013）；针对研究问题2：CVC 投资对公司投资者价值创造的影响机制，论文采用广义面板数据线性回归随机效应模型进行计量估计，并且子问题2－3 采用分位数回归模型（Quantile regression）进行计量估计。计量经济模型分析主要借助 STATA12 计量软件进行。

（3）统计定量分析方法。针对沪深主板上市公司 CVC 投资现状以及各研究问题的变量的描述性统计等，本书采用统计定量分析方法进行了统计性分析，主要借助 Excel 软件和 STATA12 计量软件进行。

（4）档案研究方法。作为管理研究的九种研究策略（McGrath，1981）之一，现场研究（Field study）（二手资料，Secondary data）在组织研究领域得到了越来越多的应用（Scandura 和 Williams，2000）。二手资料的主要来源就是相关档案资料（Archival material），并在现有 CVC 投资实证研究文献中被广泛采用。论文通过上市公司年报档案资料、国泰安 CSMAR 数据库、投中集团 CVSources 数据库和佰腾网专利检索数据库等档案资料进行数据挖掘以获取统计分析和计量分析等定量分析的数据资料。

（5）规范分析方法。基于 CVC 投资的相关理论基础文献，采用多视角交叉的方式进行理论推导、归纳，从而针对研究问题提出一系列的研究假设。

（6）归纳演绎方法。文末对前述各类计量经济模型分析研究方法为基础所得到的计量估计结果进行了演绎分析。在此基础上，采用归纳方法得出本书的研究结论与启示。

二　技术路线

本书研究的技术路线如图 1.4 所示。在现实背景和理论文献分析的基础上，提出本书研究的核心问题：公司投资者 CVC 投资绩效的影响机制问题。继而根据相关文献将 CVC 投资绩效划分为战略绩效和综合绩效两个维度，分别用技术创新指标和价值创造指标进行测量，从而划分为两个基本研究问题：研究问题 1，研究 CVC 投资对公司投资者技术创新的影响机制问题；研究问题 2，研究 CVC 投资对公司投资者价值创造的影响机制问题。本书进一步根据研究的视角和关注的焦点不同将两个基本研究问题细化为六个研究子问题。各子问题的研究均根据相应的研究理论基础，基于“CVC 投资公司—CVC 项目—创业企业”三元结构逻辑分析框架，采用负二项回归模型、广义面板数据线性回归随机效应模型和分位数回归模型等计量经济模型进行实证检验。在完成所有的子问题研究之后，归纳出本书研究的主要结论，分析探讨本书的理论贡献并提出文本研究的管理启示以及研究的不足和未来研究展望。

三　章节安排

根据本书的研究问题和技术路线，全书共分为六章，其中第一章为导论，第二章为文献综述与理论基础，第三章为中国沪深主板上市公司 CVC 投资现状分析，第四章为 CVC 投资对公司投资者技术创新的影响机制，第五章为 CVC 投资对公司投资者价值创造的影响机制，最后一章为本书的研究结论和展望。

第一章，主要交代研究的理论背景和现实背景，并据此提出本书研究的具体问题（包含研究理论框架），界定了相关概念。在此基础上，描述了本书研究方法、技术路线、章节安排和数据来源（含论文研究数据收集流程及详细来源）。另外，本章还阐述了本研究可能的创新之处。

第二章，考虑到 CVC 只是近几年才获得学术界的广泛关注（Dushnitsky 和 Lenox，2006），因此论文分别从国外聚焦 CVC 投资公司视角、聚焦 CVC 投资的创业企业视角的研究文献以及国内 CVC 研究文献三个方面对 CVC 投资相关文献进行了全面的梳理，并对 CVC 投资的“资源基础观、知识基础观、创新搜寻与组织学习理论和实物期权理论”的主要观点

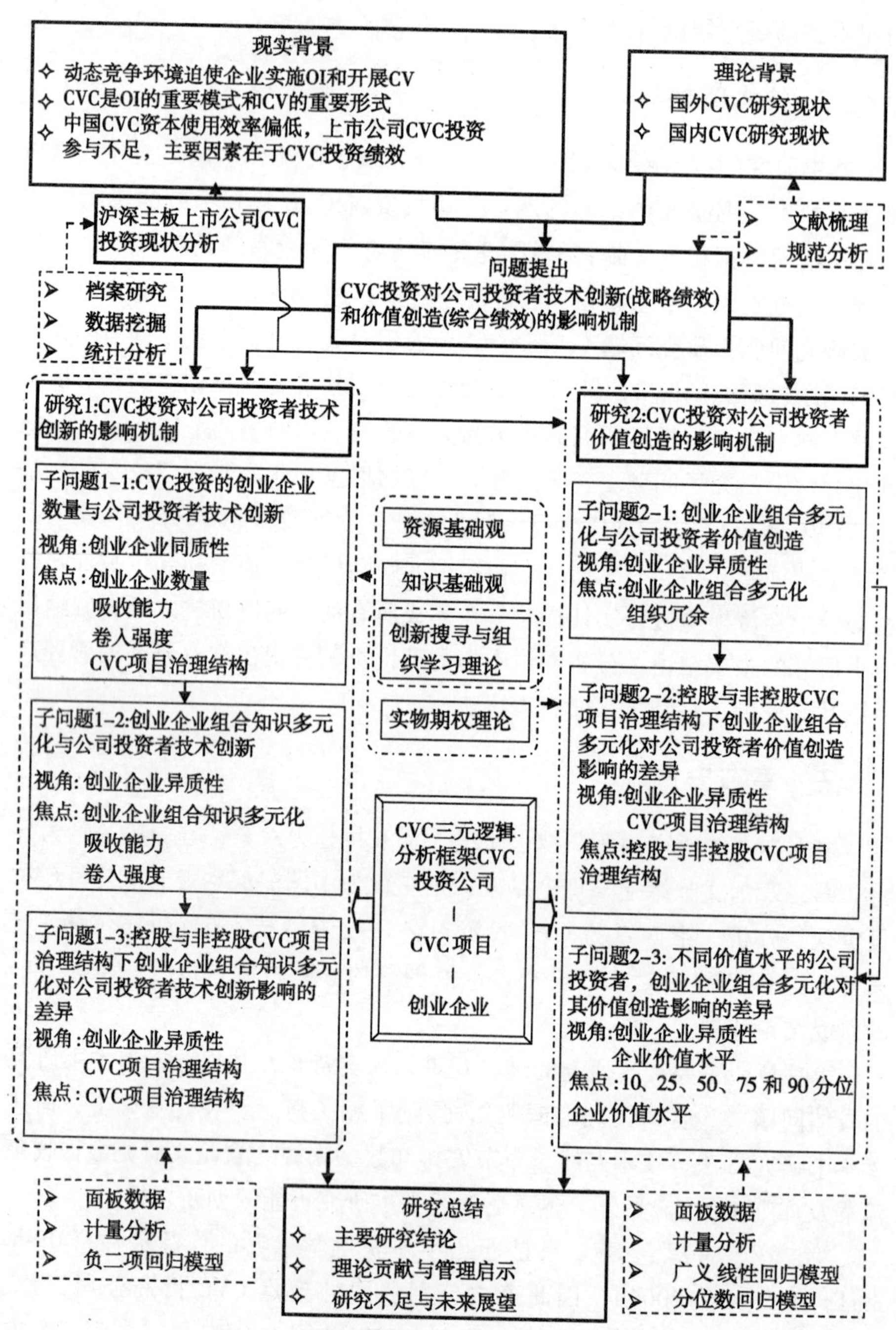

图 1.4 研究技术路线图

进行了归纳并分析其在 CVC 投资背景下的应用。第二章为本书的理论归纳、分析框架和模型构建等奠定了基础。

第三章，根据《中国创业风险投资发展报告》和作者利用“档案研究法”对沪深主板上市公司年报的信息甄别和相关数据挖掘，对中国企业1994—2012年期间CVC投资现状、沪深主板上市公司1998—2012年期间CVC投资现状以及其参与的CVC项目对创业企业的投资特征和受资企业的特征进行深入分析，为后续研究提供了一个情景快照。

第四章，实证研究CVC投资对公司投资者技术创新（战略绩效）的影响机制（研究问题1）。以资源基础观、知识基础观、创新搜寻与组织学习理论为基础，基于“CVC投资公司－CVC项目－创业企业”三元结构逻辑分析框架，以发明和实用新型授权专利为因变量，根据2000—2011年期间沪深主板62家上市公司投资的471个企业－年观测样本构成的非平衡面板数据，采用负二项回归模型实证研究CVC投资对公司投资者技术创新的影响机制。根据研究的视角和关注的焦点不同，细分为三个子问题：子问题1－1基于创业企业同质性假设，关注CVC投资的创业企业数量与公司投资者技术创新的关系以及公司投资者吸收能力、与创业企业的卷入程度和CVC项目治理结构对两者关系的调节作用；子问题1－2在子问题1－1的基础上，基于创业企业异质性假设，关注CVC投资的创业企业组合知识多元化与公司投资者技术创新的关系以及吸收能力、卷入程度对两者关系的调节作用；子问题1－3在子问题1－2的基础上，基于CVC项目异质性假设，关注控股与非控股CVC项目治理结构下，CVC投资的创业企业组合知识多元化与公司投资者技术创新关系的差异以及吸收能力对两者关系的调节效应的差异。

第五章，实证研究CVC投资对公司投资者价值创造（综合绩效）的影响机制（研究问题2）。以创新搜寻与组织学习理论和实物期权理论为基础，基于“CVC投资公司－CVC项目－创业企业”三元结构逻辑分析框架，以CVC投资公司的Tobin's Q值为因变量，根据2000—2012年期间沪深主板78家上市公司投资的686个企业—年观察样本组成的非平衡面板数据，分别采用广义面板数据线性回归随机效应模型和分位数回归模型，实证检验CVC投资对公司投资者价值创造的影响机制。根据研究视角和聚焦焦点的不同细分为三个子问题：子问题2－1基于创业企业异质性视角，关注CVC投资组合多元化对公司投资者价值创造的影响以及组织冗余对两者关系的调节效应；子问题2－2在子问题2－1的基础上，基于 CVC 项目异质性假设，关注控股与非控股 CVC 项目治理结构下，CVC 投资组合多元化与公司投资者价值创造关系的差异以及组织冗余对两者关系的调节效应的差异；子问题 2 - 3 在子问题 2 - 1 的基础上，关注 0.1、0.25、0.5、0.75 和 0.9 分位下不同企业价值水平的公司投资者，CVC 投资组合多元化与其价值创造之间关系的差异以及组织冗余调节效应的差异。

第六章，研究结论与展望。本章对本书研究的重点结论进行总结，阐述本研究可能的理论贡献和管理启示，反思本研究存在的局限性并对未来可能的研究方向进行了展望。

第五节　数据来源

本书的统计分析和计量经济模型分析涉及大量的数据。由于本书的数据涉及多个来源（包括巨潮资讯网发布的 15700 余份上市公司年报、国泰安 CSMAR 数据库、CVSources 数据库、佰腾网专利检索数据库和《中国创业风险投资发展报告》），并且需要手工逐条查询、整理、匹配和计算，因此耗时、耗力，工作量极大。为此，本书构建了如图 1.5 所示数据收集流程框架用以指导相关数据的收集工作。加粗的实线表示主要的数据收集逻辑流程，虚线表示主要收集的具体数据。

按照图 1.5 的逻辑流程指导，本书首先根据沪深主板上市公司 2001—2012 年期间 15700 余份年报中关于投资或设立子公司以及长期股权投资的信息披露，按照被投资的公司主营业务中是否包含创业投资或风险投资，来确定该上市公司是否从事 CVC 投资实践。这一步，剔除金融上市公司投资的样本以及上市公司持股 CVC 项目不足 3 年的样本和 * ST 类上市公司参与的 CVC 投资样本，最终确定了 195 家上市公司作为 CVC 投资公司，这些上市公司参股、控股或设立了 249 个 CVC 项目。然后根据确定的 CVC 项目，并经过历史事件追踪确定其名称变更历史，采用 CVSources 数据库逐个进行查询，手工摘抄查询到的投资记录数据。有完整投资记录（包括被投资的创业企业名称、投资金额/股权比例、投资时间、融资轮次和创业企业发展阶段）的 CVC 项目共计 96 个，1998—2012 年期间累计投资了 633 家创业企业。CVC 投资公司通过国泰安 CSMAR 数据库和佰腾网专利检索数据库等逐项收集相应的财务数据和专利数据，并

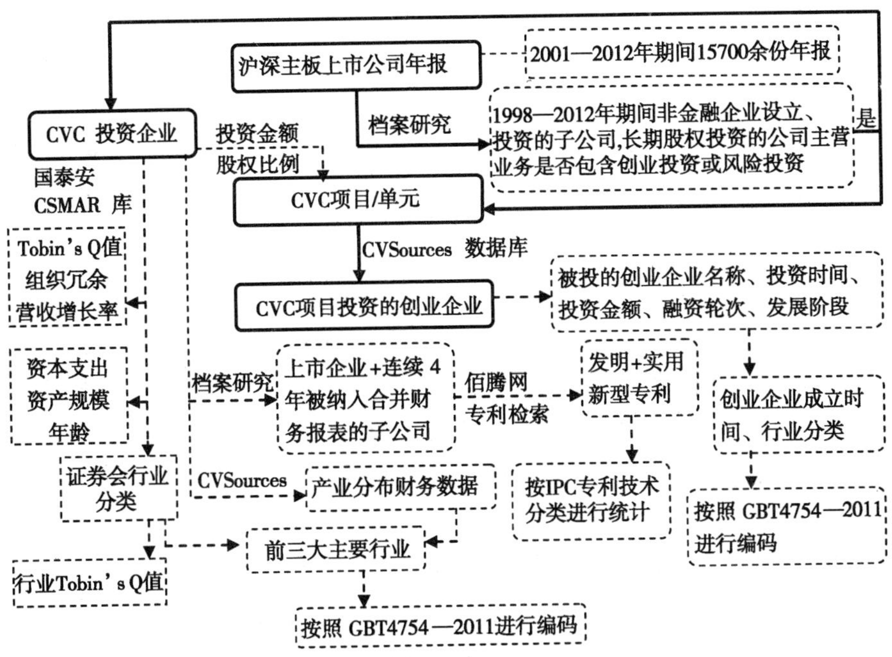

图 1.5　研究数据收集流程及来源

按照时间以及“CVC 投资公司—CVC 项目—创业企业”逻辑结构进行数据匹配，最终构成面板数据。

第二章

文献综述与理论基础

尽管CVC投资在全球得到快速的发展和壮大，但相较于在实践中的重要性，CVC投资的研究也只是近几年才获得学术界的广泛关注（Dushnitsky和Lenox，2006），因此本章将对CVC研究的文献和CVC研究的理论基础进行全面的文献回顾。CVC研究的文献，本书将从国外聚焦CVC投资公司视角的研究文献、国外聚焦CVC投资的创业企业视角的研究文献和国内CVC投资研究文献三个方面进行综述；CVC研究的理论基础，本书将从资源基础观（Resource - based view）、知识基础观（Knowledge - based view）、创新搜寻与组织学习理论（Innovation search and inter - organizational learning theory）和实物期权理论（Real options theory）四个基础理论进行综述。

第一节　国外学者基于CVC投资公司视角的研究文献

国外学者现有的研究主要从投资创业企业的老牌公司的角度进行研究。国外学者从老牌公司为什么要进行CVC投资（CVC投资动机及目标）、采取什么样的形式进行CVC投资（CVC治理结构）、如何进行CVC投资（CVC投资实践及相关影响因素）以及CVC投资绩效四个方面进行了细致严谨的研究（其中，国外学者基于CVC投资公司视角的实证研究文献列表具体如附表1所示）。下面本书将分别就这四方面的研究进行文献回顾与分析。

一　公司CVC投资的动机和目标

部分学者从实证的角度研究了老牌公司CVC投资的动机和目标。总体而言，战略收益而不是财务回报是老牌公司进行CVC投资的主要动机，例如

Reichardt 和 Weber（2006）把德国 CVC 项目 2000 年前后都存在、2000 年后结束和 2000 年后新成立分为“幸存者、失败者和新进者”三种类别，比较三种类别 CVC 项目的战略、投资和组织。统计发现，主要追求财务收益的 CVC 项目比例 2000 年为 21%，2003 年为 9%，呈下降趋势；追求财务收益和战略平衡的比例从 37% 降到 30%；追求战略目标的从 42% 增加到 61%。Siegel，Siegel 和 MacMillan（1988）根据调查数据得出 CVC 最重要的战略目标包括接触新市场和新技术、激发生产和销售的潜能。除了以上目标，Sykes（1990）指出还包括识别新机会、发展新的商业关系。McNally（1994）根据英国 28 家 CVC 投资公司的调查显示，间接型 CVC 投资模式相比直接型 CVC 投资，老牌公司更加关心社会责任和对投资公司有关 VC 流程的教育。直接投资相比间接投资更有可能是出自于识别新市场机会。但是，无论是直接还是间接投资，都试图获取新技术和市场的窗口（Hurry，Miller 和 Bowman，1992），与被投资的创业企业建立进一步的业务关系（McNally，1994）。除此之外，CVC 投资还被认定为满足财务和社会责任的有效的公司工具（Rind，1981；Siegel，Siegel 和 MacMillan，1988；Sykes，1990；Block 和 MacMillan，1993）。Broady 和 Ehrlich（1998）根据咨询的经验认为，在不同的情况下，CVC 项目有四种适当的战略目标：（1）对能够开发传统资产（例如世界级的生产技能、广泛的分销网络或强大的品牌知名度）的公司，提高从战略资产中捕获的价值；（2）对善于创新但难于商业化其想法的企业，提高从好的创意中捕获的价值；（3）帮助那些快速发展行业中的企业对环境做出快速响应以提高竞争力；（4）如果核心产品的需求受单独细分市场演变的影响，CVC 项目可刺激对核心产品的需求。Kann（2000）根据 152 个 CVC 项目的档案进行深入研究，识别出三类战略目标：外部研发，企业通过 CVC 项目获取创业企业的资源和知识产权来提高其内部研发能力；加快进入市场，企业通过 CVC 项目试图访问和发展进入新市场所需的资源和能力；优化需求，通过 CVC 项目投资充分利用企业的资源，刺激对企业技术或产品产生新的需求。按照目标的进取性和被投资创业企业的可感知性，通过外部 R&D 获取资源是最具有进取性的战略目标，其次为加快进入市场，最后为刺激需求。Keil（2000，2002）根据信息和通信技术行业 7 个公司外部创业的案例研究提出 CVC 投资四个主要的战略目标：监控市场，CVC 项目作为一个预警系统收集市场未来发展的蛛丝马迹；学习新的市场和技术，通过 CVC 项目投资从创业企业学习新的市场和技术；增长期权，如果市场被证明是重要的和有价值的，通过 CVC 投资获得进入新市场的机会；市场设定，通过 CVC 投资来塑造市场、设定规则和刺激需求。

更多学者从理论上对老牌公司 CVC 投资的动机和目标进行了归纳和总结。Lantz，Sahut 和 Teulon（2011）把 CVC 投资的动机归纳为五个方面：技术兴趣、增加内部 R&D 价值、追踪市场和经验效应、实施新实践和财务收益。但大多数非财务公司进行 CVC 投资都是战略导向的（Rind，1981；Sykes，1990；Block 和 MacMillan，1993；McNally，1994，1995）。例如，相比内部创业，CVC 投资能为老牌公司提供三种战略收益：管理风险和不确定性、学习和增加议价能力（Henley，2007）。CVC 投资的战略目标还包括获取与公司核心活动相关的新颖技术、对技术间断进行识别和做出响应、学习潜在的并购目标、投资互补性企业而刺激核心产品需求、发展许可或联盟等战略关系、接触创业企业思想和文化、开发现有知识和探索新知识（Dushnitsky 和 Lenox，2006）。另外，从组织学习和创新的角度，研究者把 CVC 看作外部 R&D 的一种形式，能够激发 CVC 投资公司创新效率、开发其知识基础、技术、产品和工艺（Chesbrough 和 Tucci，2003；Dushnitsky 和 Lenox，2005b），监控新市场和新技术（Wadhwa 和 Kotha，2006）。除此之外，CVC 项目提供母公司接触 VC 领域前沿的机会，从而帮助企业形成交易流程和优化内部创业流程（Winter 和 Murfin，1988；McNally，2002）；通过 CVC 投资激发创业企业使用或运用其技术或产品而刺激需求（Keil，2000），或通过操纵或促进非官方标准的发展而主动塑造市场（Keil，2000）。CVC 投资能增加母公司与创业企业产品的互补性，互补性增加效应对事后的产品市场与竞争对手产品的市场竞争有缓和作用，因此母公司面临两种权衡：要么在事后产品市场积极竞争，要么通过 CVC 投资来缓和与替代品的竞争关系（Riyanto 和 Schwienbacher，2006）；建立实物期权以便并购创业企业（McNally，2002），识别并购机会、成为潜在并购者是 CVC 投资的主要动机之一（Siegel，Siegel 和 MacMillan，1988；MacMillan，Roberts 和 Livada et al.，2008）。CVC 投资可以作为技术市场的事前评价机制，通过 CVC 投资获取潜在并购目标详细的知识（Benson 和 Ziedonis，2009）并进一步帮助公司选择未来的并购企业或专利许可伙伴（Ceccagnoli，Higgins 和 Kang，2011）。Maula（2001）在 Kann（2000）和 Keil（2000）的基础上，把 CVC 投资的战略目标归纳为三类：学习、建立期权和杠杆作用。CVC 投资作为学习的工具，不仅能够学习市场，还可学习专业知识；CVC 投资可以建立两种期权，如果被证明创业企业具有战略价值，CVC 投资可以获取并购创业企业的期权和进入新市场的期权；CVC 投资可以起到杠杆作用，充分利用企业的分销渠道和生产设备，或者迫使创业企业充分使用和运用企业的技术或平台。除以上动机和目标，Napp，Minshall 和 Probert（2009）在文献回顾的基础上总结了 CVC 投资对老牌公司和创业企业的财务价值和战略价值，具体如图 2.1 所示。就战略价值而言，CVC 投资有助于公司投资者获取探索性和开发性战略价值。其中，探索性战略价值包括获取新的市场知识和技术窗口，为后续的战略提供期权；开发性战略价值包括获得互补性技术，充分利用现有技术和资源，扩张市场。

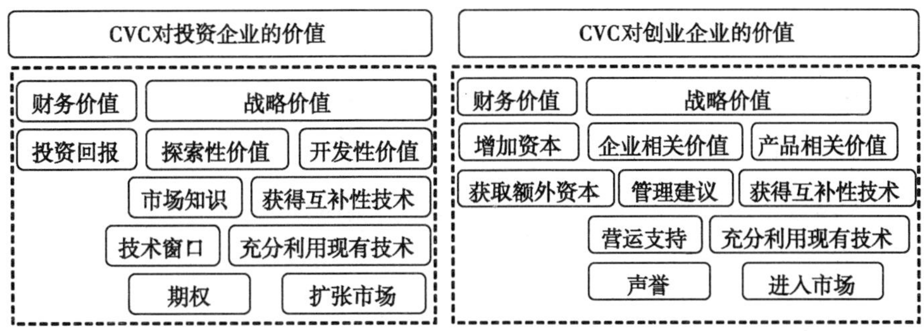

图 2.1　CVC 投资的战略价值（Napp，Minshall 和 Probert，2009）

二　CVC 项目的治理结构

CVC 投资根据投资模式（直接投资和间接投资；内部和外部）、投资工具或渠道（例如独立管理基金、独立专项基金、第三方联合基金等等）、母公司卷入程度（独立、非独立）、投资目标等的不同，会形成有显著差异的治理结构（Kann，2000；Gompers，2002；Yang，2006）。

（一）不同投资模式及投资渠道下的 CVC 项目治理结构

CVC 投资主要有两种形式（ACOST，1990；Sykes，1993）：通过外部管理的 VC 基金间接投资和自己管理的 VC 基金直接投资，或通过母公司直接投资，或者由母公司参与的创业基金或专项创业投资基金进行间接投资（Reimsbach 和 Hauschild，2012），具体如图 2.2 所示。

除了以上两种模式和渠道外，公司还可以通过内部管理组织（Kann，2000），或者以子公司设立的独立的自我管理基金（Keil，2002）直接投资创业企业；通过专项基金、由第三方管理的、多家公司参与的联合基金

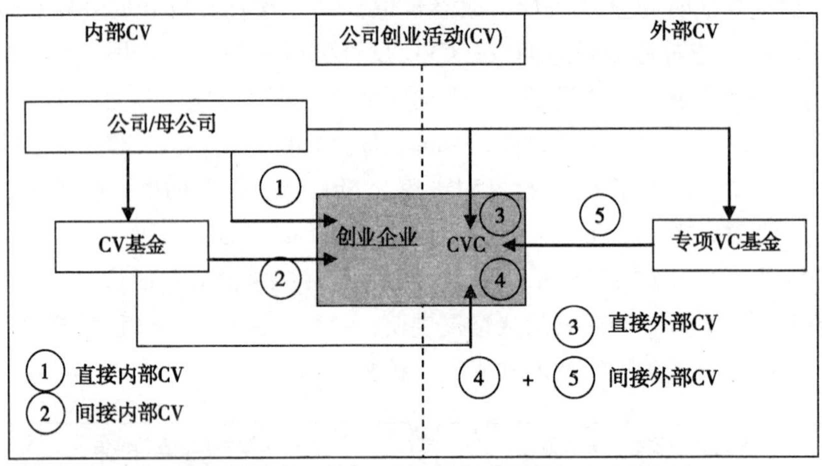

图 2.2 内部和外部公司创业活动（Reimsbach 和 Hauschild，2012）

进行间接投资（Kann，2000；Keil，2002）；通过“直接投资、全资子公司、专用基金和联合基金”进行 CVC 投资（Dushnitsky，2006）。CVC 项目可以通过完全内部化的公司的新创业务发展部的中央基金或业务单元的新创业务发展部的分散基金对创业企业直接进行投资，也可以通过独立的联合基金、专项基金或者完全所有的自行管理基金进行间接投资（Yang，2006），每种投资手段都有对应的组织结构类型，具体如表 2.1 所示。

表 2.1　　CVC 项目的组织设计

投资类型	间接投资			直接投资	
自治权	独立		完全所有	完全内部化	
投资手段类型	联合基金	专项基金	自行管理基金	公司 NVD 的中央基金	业务单元的 NVDs 的分散基金
组织结构	公司 公司 独立VC 创业企业	公司 独立VC 创业企业	公司 自理基金 创业企业	公司 NVD 创业企业	公司 BU BU NVD NVD 创业企业

资料来源：Yang（2006）；NVD 为新创业务发展部（*New Venture Development*），BU 为业务单元（*Business Unit*）

与美国不同，德国 CVC 组织结构往往是由母公司投资成立一个独立的 CVC 公司进行投资（Ernst，Witt 和 Brachtendorf，2005），具体如图 2.3 所示。

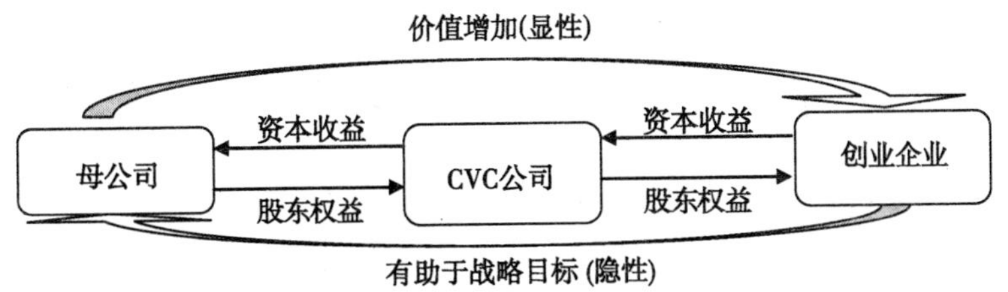

图 2.3 德国典型的 CVC 项目治理结构（Ernst，Witt 和 Brachtendorf，2005）

（二）不同卷入关系下的 CVC 项目治理结构

从卷入关系来看，母公司与创业企业总会形成某种卷入关系。一个极端是，母公司与创业企业除了权益投资外，没有任何关系；另一个极端是，母公司除了权益投资，会积极提供创业企业所需资源而与之形成深度卷入关系（Kann，2000；Chesbrough，2002）。因此，母公司会根据投资的不同需要，设计不同的 CVC 项目治理结构。Ernst 和 Young（2002）根据投资是在公司内还是公司外以及母公司卷入的程度调查发现有四种类型：外部－直接 & 间接和内部－直接 & 间接。Aernoudt 和 San（2003）在此基础上勾画出公司创业的四种组织结构，具体如图 2.4 所示。

Dushnitsky（2006）则根据母公司卷入 CVC 项目程度的不同，把 CVC 项目的组织结构按照卷入关系由“紧”到“松”区分为四种类型：直接投资型、全资子公司、专用基金和联合基金，具体如图 2.5 所示。直接投资型结构，由母公司目前的经营业务单元负责 CVC 投资活动；全资子公司结构，母公司单独设立一个全资子公司负责 CVC 投资活动；专用基金结构，母公司的子公司与 IVC 共同出资成立一个共同基金并共同管理 CVC 投资活动；联合基金，母公司作为有限合伙人投资现有的 IVC 机构。

学者 Lantz，Sahut 和 Teulon（2011）根据母公司对 CVC 控制的不同，划分为“半圈养基金”，母公司控制该基金，该基金也可能对其他企业投资者开放。该基金投资目标主要围绕基金控股方母公司的核心业务或活动进行投资；“专属基金”，母公司完全所有该基金，该基金投资目标完全根据母公司的战略和财务兴趣而定。

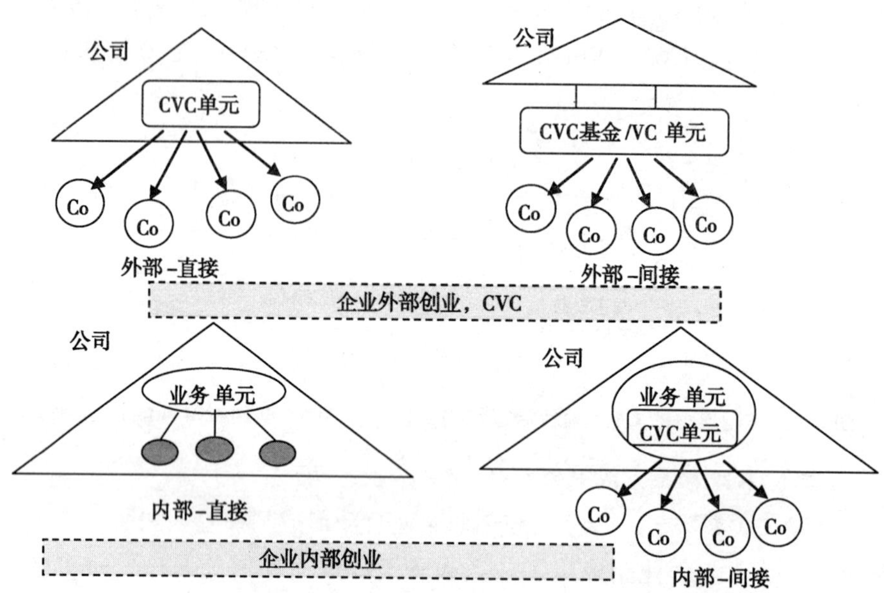

图 2.4　公司创业四种结构图（Aernoudt & San，2003）

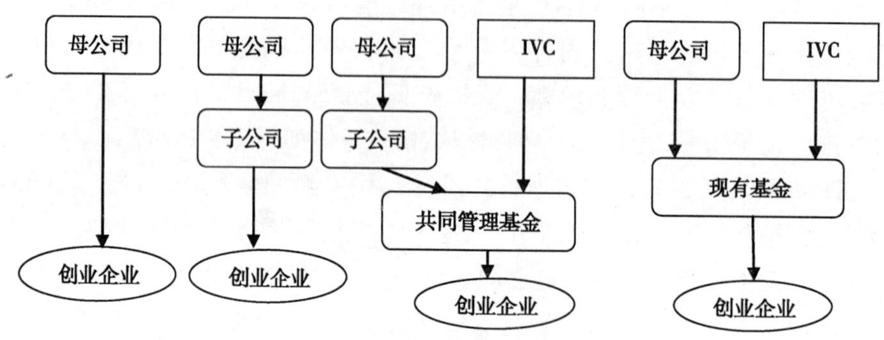

图 2.5　CVC 结构类型（Dushnitsky，2006）

（三）不同投资目标和战略逻辑下的 CVC 项目治理结构

欧洲学者 Weber 和 Weber（2005）对 Birkinshaw，Van Basten Batenburg 和 Murray（2002）、Chesbrough（2002）和 Mackewicz 和 Partner（2003）的研究进行归纳和总结，并对三位学者的研究进行了比较，具体如图 2.6 所示。例如，Chesbrough（2002）根据投资的目标（战略或财务）、母公司的营运能力与创业企业联系的程度（松或紧），依据长期业务能力和营运能力分为：（1）主动投资，典型特征是追求战略目标，创业企业与母公司营运能力联系紧密；（2）授权投资，典型特征是追求战略目标，但营运能力与创业企业联系不密切；（3）新兴投资，主要受财务收益驱动，但未来对母公司有潜在的战略潜力；（4）被动投资，仅追求财务回报。Mackewicz 和 Partner（2003）根据 CVC 的核心目标划分为六类：创新者（Innovators）、推销员（Salespeople）、观察者（Observer）、重建者（Renewer）、创业者（Entrepreneurs）和投资者（Investors）。这六种类型在“与母公司的互动、创业成熟度、投资期限、与外部投资者的伙伴关系”等方面有着显著差异（Mackewicz 和 Partner，2003）。Birkinshaw，Van Basten Batenburg 和 Murray（2002）依据对跨国 CVC 投资的调查发现，根据投资的战略目标划分为四种类型：外部金融，其外部业务机会的投资主要目的在于获得财务回报；外部战略，其外部业务机会的投资主要目的在于获得战略回报；内部增长，其内部业务机会的投资主要目的在于获得财务回报及其他内部原因；内部剥离，其内部业务机会的投资主要目的在于充分使用知识产权和对不适合的业务单元进行清算剥离。

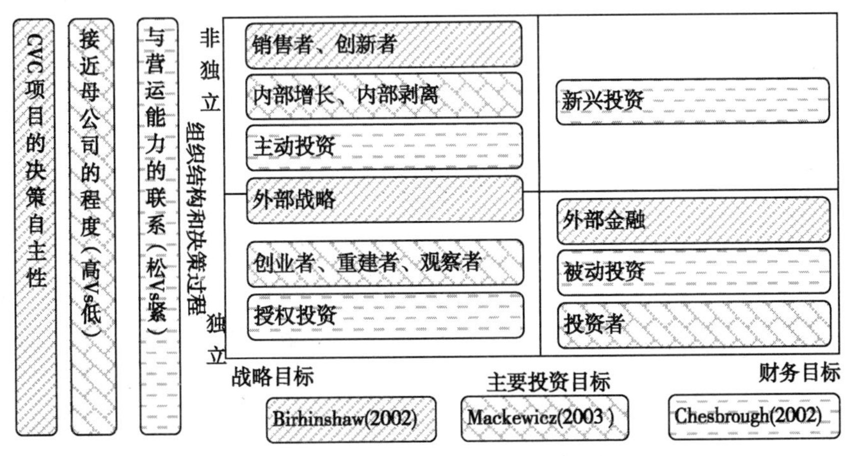

图 2.6　CVC 投资类别的比较（Weber 和 Weber，2005）

Hill 和 Birkinshaw（2008）根据 CVC 单元的战略逻辑是探索还是开发、机会的焦点放在内部还是外部，把 CVC 单元归结为四种不同的类型（具体如图 2.7 所示），每种类型都有理想的组织架构。

（四）不同 CVC 项目治理结构的特征

不同 CVC 项目治理结构有自己独特的组织结构、投资工具和投资特征（McNally，1995），具体如表 2.2 所示。例如间接型投资，可以通过外

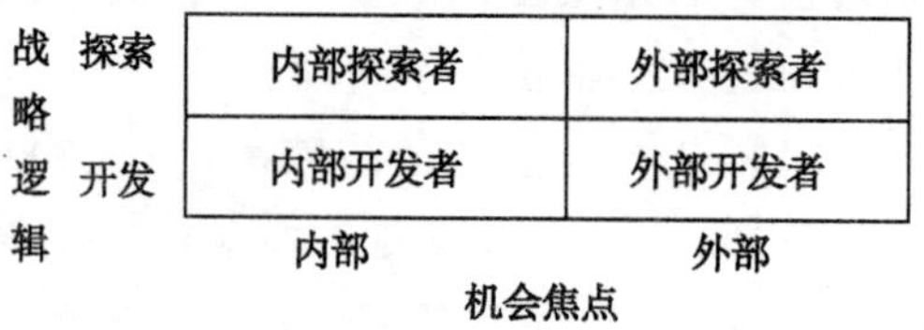

图 2.7　公司创业单元的类型（Hill 和 Birkinshaw，2008）

部独立管理的 VC 基金进行；而直接型投资，可以通过内部管理基金、专项或一次性基金直接认购创业企业的少数权益。

表 2.2　CVC 投资的类型、工具、特征及组织结构（McNally，1995）

投资类型	外部管理（间接）：通过独立管理的 VC 基金进行投资	内部管理（直接）：直接认购少数权益股份
投资工具	独立管理基金：联合基金，多个投资者独立管理的专项基金：客户定制/专项	内部公司管理基金 专案/一次性投资
投资特征	基金再投资到小的创新性企业 投资公司可能亲自动手或与被投资的创业企业建立战略伙伴关系：客户、供应商、许可、研究合同、联合生产/销售等	亲自投资和构建关系，培育创业企业，在市场、产品和 R&D 等方面提供支持；形成更进一步战略伙伴关系，可能与独立管理 VC 基金一起投资（平行投资）
组织结构	公司投资可能与一个独立的子公司（全资或部分拥有）或内部部门/业务部门/功能等共同管理。无论哪种情况，外部和（或）内部管理战略是焦点 一个集成的、内部 VC 项目可能集成好几个 CVC 工具或其他公司发展战略	

资料来源：McNally（1995）

学者 Yang（2006）对 CVC 项目的组织设计进行了全面的总结（具体如表 2.1 所示）发现：（1）在联合基金这种投资手段下，母公司通过有限合伙人的身份与其他公司一起参与由一个或多个 IVC 管理的联合创投基金从事 CVC 投资活动。这种结构下，母公司很少有机会或完全没有机会接触创业企业，因此只能获得有限的战略利益。对于没有经验的母公司或者虽然经验老到但想在新的行业或区域投资的母公司而言，这种形式都是个不错的选择（Meyer 和 Gaba，2003）；（2）在专项基金这种投资手段下，母公司与 IVC 建立一种持久的伙伴关系，合作设立一家跟母公司战略紧密联系的投资基金，母公司是唯一的有限合伙人。这种组织结构下，母公司被嵌入到 IVC 企业的投资网络并被授予更多的机会学习第一手的创业投资流程。由于这是为母公司专门定制的投资基金，因此这种组织结构下母公司有望获得更多的战略利益；（3）在自行管理基金这种投资手段下，母公司创立一个全资有限责任子公司。这种组织结构下，母公司对 CVC 项目的创投实践有更多的控制权。对于完全内部化的 CVC 项目而言，母公司创立自己的基金、建立自己的网络和交易流程，对创业企业实施直接投资。这种组织结构下，投资活动会与业务单元的战略利益紧密相连，从创业企业获取的战略回报能够更加有效地在业务部门实施转移。

CVC 不同的投资类型有不同的资源投入和特定的投资目标（Lantz，Sahut 和 Teulon，2011），具体如表 2.3 所示。例如，间接型 CVC 投资的主要目的在于财务收益，因此若要追求战略回报，最好采取直接型 CVC 投资（内部部门 CVC、内部投资基金、衍生创业、合作创业和逐步投资）的方式。

表 2.3　CVC 类型学（Lantz，Sahut 和 Teulon，2011）

	CVC 类型	资源投入	投入水平	投资目标
直接 CVC 投资	内部部门 CVC	财务和组织	高	创造致力于 VC 投资去尝试组织外的外部技术
	内部投资基金	财务和组织	中或高	与其他公共或私人基金共同投资以获取财务收益或新技术窗口
	衍生创业	财务和组织	中或高	通过公司内部专长寻求外部发展
	合作创业	财务和组织	中	与创新型中小企业合作开发项目
	逐步投资	财务	低	基于较弱的决策和技术控制与其他投资者一起偶尔进行投资
间接 CVC 投资	外部投资基金	财务	低	作为 VC 企业投资不同的创新性中小企业以获取财务回报

资料来源：Lantz，Sahut 和 Teulon（2011）

（五）CVC 项目的管理风格

不同治理结构必然导致 CVC 与 IVC 不同的管理风格。从联合投资[①]的角度来看，IVC 采用联合投资的比例非常高（Yang，2006），美国超过 60% 的交易都是两家或更多家 VC 联合投资的（Manigart，Lockett 和 Meuleman et al.，2002）。IVC 采用联合投资的可能原因在于降低风险（Lockett 和 Wright，2001），分享经验和分担资金（Lerner，1994），在后几轮投资中避免先期投资者的投机行为（Admati 和 Pfleiderer，1994）。联

① 联合投资（Syndicates）是两家或多家 VC 企业共同投资创业企业并分享债务的组织间联盟的一种形式（Wright 和 Lockett，2003）。

合投资能帮助小的、年轻的 VC 增强自己的声望，提高其在 VC 行业的合法性和地位（Lerner，1994；Lockett 和 Wright，2001；Manigart，Lockett 和 Meuleman et al.，2002）。由于很多公司在 VC 行业实施创业活动时是新手，因此像年轻的、小的 VC 一样，CVC 项目也倾向于跟老牌 VC 企业联合投资以便学习经验和获得交易机会，但以交易机会交换为基础的联合投资会迫使 CVC 项目去投资一些并不符合母公司战略目标的创业企业（Yang，2006）。从监控模式上来看，由于投资者与创业企业间存在信息不对称（Gompers，1995），为控制创业企业的代理行为，IVC 经理通过月度访问、董事会席位、定期要求财务或其他报告（Gompers 和 Lerner，2001；Lerner，1995）等形式密切监控创业企业，并在初期就建立管理惯例和发展高层管理团队（Maula，Autio 和 Murray，2005）。与 IVC 不同的是，CVC 项目经理与 IVC 经理相比，没有动力去实施这些监控（Yang，2006）。公司投资者最青睐的是董事会席位这种监控形式。董事会席位除了能保护其投资外，还能获得一些战略利益，例如能够洞察行业趋势或新技术秘密（Gompers 和 Lerner，2001），作为董事会表决权或观察权的成员确保母公司可以密切跟踪创业企业的技术演进和接触到创业企业的技术专家（Pisano，1989）。

（六）不同 CVC 项目治理结构下的绩效差异

首先，不同的投资模式对公司投资者在战略收益和财务回报的效率上存在差异。例如，直接投资模式可为公司投资者提供根据自身的特殊需求来构建投资组合（Gompers 和 Lerner，1998）。通过建立附属子公司的方式来进行 CVC 投资是实现战略收益最大化的有效方式，而通过创业基金的方式进行 CVC 投资对优先考虑财务回报的投资目标来说是比较有效的方式（Winters 和 Murfin，1988）。

其次，从控制权角度来看，如果公司投资者对创业企业的控制权要求不高，那么无论 CVC 投资目标是长期战略收益还是短期财务回报，间接模式都是可取的 CVC 投资模式（Miles 和 Covin，2002）。

最后，不同投资模式的投资绩效有着显著差异（Kann，2000；Hill，Maula，Birkinshaw et al.，2009）。例如，Kann（2000）认为投资模式的选择会对交易流的数量、质量和契约成本产生影响。与直接投资相比，通过 IVC 这种间接方式来管理 CVC 投资能够获得更大的交易流，接近那些担心被不当挪用而刻意回避 CVC 投资的创业企业，并且能有效避免针对

CVC 投资经理的激励方案引起的内部利益冲突。Hill，Maula 和 Birkinshaw et al.，(2009) 研究了公司创业单元采用 VC 模式其绩效（战略绩效、财务绩效）的影响。根据 95 个公司创业单元的调查数据，采用相依回归 (Seemingly unrelated regression) 和 Logit 回归实证研究发现，公司创业单元采用 VC 模式（比如高效激励方案、组织自治、联合投资、分期投资、关联投资等），与公司创业单元绩效正相关。

三 公司 CVC 投资实践及相关影响因素

CVC 投资能为老牌公司带来战略收益和财务回报，那么哪些因素（行业层面或企业层面）会影响公司采用 CVC 投资这种方式？老牌公司是如何进行 CVC 投资实践的？什么因素影响 CVC 项目/单元的幸存率？为此，欧美学者采用理论分析和实证研究对这些问题进行了细致的分析和探索，并取得了丰硕的成果，下面选择一些主要学者的观点进行阐述。

（一）影响老牌公司采用 CVC 投资的因素

欧美学者根据实证研究发现，行业环境条件，例如知识产权保护状况 (Dushnitsky 和 Lenox，2005a)、技术变革（Dushnitsky 和 Lenox，2005a；Basu，Phelps 和 Kotha，2011)、R&D 投入（Sahaym，Steensma 和 Barden，2010)、市场竞争（Fulghieri 和 Sevilir，2009；Sahaym，Steensma 和 Barden，2010；Basu，Phelps 和 Kotha，2011；Kim，Gopal 和 Hoberg，2013)、资产专用性（Basu，Phelps 和 Kotha，2011)、环境不确定性 (Tong 和 Li，2011)、地区 VC 行业的发展状况（Gaba 和 Meyer，2008)、创新创业环境（Fulghieri 和 Sevilir，2009；Da Gbadji，Gailly 和 Schwienbacher，2014）等是影响 CVC 投资的主要行业层面因素；企业自身特征，例如内部研发（Rice，O'Connor 和 Leifer et al.，2000)、吸收能力（Dushnitsky 和 Lenox，2005a；Ceccagnoli，Higgins 和 Kang，2011)、组织目标 (Gaba 和 Bhattacharya，2012)、企业联盟（Dushnitsky 和 Lavie，2010)、社会网络（Noyes，Brush 和 Hatten et al.，2013）等会影响企业采用 CVC 的投资决策。

（1）影响老牌公司采用 CVC 投资的行业层面因素。Dushnitsky 和 Lenox（2005a）根据美国 1990—1999 年期间上市公司 CVC 投资的数据实证研究发现，知识产权保护弱、高技术变革、互补性营销能力重要的行业最受 CVC 投资青睐。创新和创业环境等会影响大公司是否投资 CVC（Da

Gbadji，Gailly 和 Schwienbacher，2014）。学者 Fulghieri 和 Sevilir（2009）聚焦研究创新密集型行业竞争对组织优化和融资结构的影响，认为组织优化和融资结构是对产品市场竞争强度的战略反应。根据理论模型推导，作者发现企业能够与外部的专业创业企业合作从而抑制竞争对手的 R&D 努力以获得战略优势。这合理地解释了对于创新竞争激烈的行业，战略联盟（大公司把 R&D 活动外包给专业的、更有效率的创业企业）这种组织结构为什么会出现。因此，作者认为随着竞争加剧，老牌公司更有可能与外部的独立的、专业的创业企业合作来组织其研发投资；在高竞争的环境下，企业可以通过增加 CVC 投资来提升创业企业的研发动力从而获得战略优势。竞争越激烈，CVC 投资的战略优势越大。因此，竞争越激烈，老牌公司越会增加针对外部创业企业的 CVC 投资数量。Sahaym，Steensma 和 Barden（2010）根据 1997—1999 年期间美国的相关数据，实证研究发现 R&D 投资增加了行业 CVC 投资的交易数量，特别是在销售增长迅速和技术变革快的行业。Basu，Phelps 和 Kotha（2011）从资源基础观的视角，根据 1990—2000 年期间财富 500 强企业中 477 家企业 312 个主要行业的相关数据，以第 t 年老牌公司 CVC 投资的创业企业数为因变量，行业技术变革率、行业竞争强度、行业资产专用性、企业拥有的技术资源（专利存量）、市场资源（广告支出）、投资多元化等为自变量，采用负二项回归模型实证研究发现技术变革快、竞争强度高和资产专用性低的行业中的公司更易从事 CVC 投资。类似的，Kim，Gopal 和 Hoberg（2013）根据美国 IT 行业 140 家上市公司 1997—2007 年期间 CVC 投资构成的 1119 个企业 - 年样本和 600 个企业 - 年对照组样本的实证研究显示，处于产品竞争激烈市场中的公司更倾向于采用 CVC 投资，并且 CVC 投资往往伴随着内部研发投资的减少。Tong 和 Li（2011）则基于实物期权理论，根据美国 2003—2005 年期间 99 家上市公司 546 项 CVC 投资记录和同期 1193 家企业的 2229 项并购交易记录，采用两阶段估计模型实证研究发现，市场不确定性越大，公司越倾向于采用 CVC 投资。在不确定性大的情况下，投资不可逆越大，公司越倾向于采用 CVC 投资，增长机会、竞争强度会减缓不确定性与 CVC 投资偏好的正相关关系。另外，VC 行业的发展状况会显著影响到公司 CVC 投资决策。Gaba 和 Meyer（2008）从跨界扩散的视角聚焦研究影响公司采用 CVC 项目的因素。根据 1992—2001 年期间 264 家 IT 企业，采用离散时间历史事件分析方法研究发现，地理上接近 VC 发达地区的IT企业更可能采用CVC项目；VC发达地区投资效果与IT企业采用CVC项目的可能性、IT行业已经采用CVC项目的数量、IT行业杰出公司采用CVC项目的程度、IT行业先前采用CVC项目的产出效果等因素都可能积极地影响到IT企业采用CVC项目的可能性；地理上接近VC发达地区的IT企业比远离VC发达地区的IT企业更不易受到IT行业内公司采用CVC项目的行为的影响。

（2）影响老牌公司采用CVC投资的企业特征因素。Rice，O' Connor和Leifer（2000）认为，无效力或无效率的项目融资机制占用项目团队大量的时间和精力，从而减少项目团队聚焦于解决技术和市场不确定性的能力，迫使组织努力获取资源，采取CVC模式；拥有高内部生产率的企业更有可能从事CVC投资而不是收购或许可贸易，但CVC投资技术多元化的创业企业更有可能在后续进行收购或许可贸易（Ceccagnoli，Higgins和Kang，2011）。Dushnitsky和Lenox（2005a）根据美国1990—1999年期间上市公司CVC投资的数据实证研究发现，上市公司现金流越强、吸收能力越大越倾向于进行CVC投资。与此研究结论相反的是，Ceccagnoli，Higgins和Kang（2011）根据59家全球性的制药企业1985—2007年期间的1210个观察样本的内外研发活动数据，采用顺序逻辑模型进行实证研究发现拥有高吸收能力的企业相对于从事收购或许可，更不可能从事CVC投资。组织内创新相关目标的管理期望是驱动CVC投资的重要因素（Gaba和Bhattacharya，2012）。基于组织决策视角，从行为理论的角度，Gaba和Bhattacharya（2012）根据1992—2003年期间71家信息技术企业采用或终止CVC单元的样本，以采用CVC单元测量外部研发决策，终止CVC单元测量内部研发决策，以专利/R&D比测量创新绩效，期望水平、创新绩效相对于期望水平等作为自变量，采用Heckman估计实证研究发现当创新绩效高于期望水平时，企业较不可能采用CVC单元；在采用CVC单元的情况下，创新绩效增加越高于期望水平，终止CVC项目的可能性越大；创新绩效减少越低于期望越有可能终止CVC单元。除了创新绩效，较低的资产回报率会影响大公司是否投资CVC（Da Gbadji，Gailly和Schwienbacher，2014）。作为一种外部创业模式，企业拥有的社会资本也会影响是否采用CVC投资决策。Dushnitsky和Lavie（2010）基于资源基础观，聚焦研究联盟会加强还是阻碍老牌公司对创业企业进行投资？利用1990s时期372个联盟和CVC投资的软件企业的数据，发现CVC投资与形成联盟的关系呈“倒 U 形”：一开始 CVC 投资增加，但随着联盟的形成，CVC 投资开始下降；Noyes，Brush 和 Hatten 等（2013）基于社会网络视角，根据标准普尔 500 指数企业 1996—2006 年期间 CVC 投资的情况，以投资总年限为因变量，与已经从事 CVC 投资的企业的网络联接位置（直接、一级联接和二级联接）为自变量，实证研究显示与采用 CVC 投资的公司有直接网络联接的企业更有可能从事 CVC 投资，二级联接与采用 CVC 投资可能性负相关，三级联接与采用 CVC 投资可能性正相关，占据网络中心位置的企业更有可能从事 CVC 投资。

（二）老牌公司 CVC 投资的具体实践

老牌公司 CVC 投资的操作实践的研究可以归纳为三方面的内容：CVC 项目会投资什么样的创业企业、如何联合投资以及如何进行组织同构。

（1）CVC 项目会投资什么样的创业企业？“经验强度、经验多元化和习得经验”对发展能帮助老牌公司获得短期财务收益回报和长期战略收益回报的选择和评估创业企业的能力有影响（Yang，Narayanan 和 Zahra，2009）。根据 1990—2001 年期间美国上市公司 2110 个 CVC 投资案例的数据，采用 Logit 回归实证检验，Yang，Narayanan 和 Zahra（2009）研究发现，行业多元化方面的经验有助于选择相对财务回报潜力高的创业企业；CVC 项目的经验强度、投资阶段多元化方面的经验、联合投资等有助于选择更高战略回报的创业企业；投资阶段多元化方面的经验有助于增强评估能力，并且 CVC 项目投资创业企业后期阶段比投资早期阶段对经验积累更为有效。但尽管投资新创企业提供大公司获得新技术和未来战略收益的机会，大公司很少进行种子期的投资（Aernoudt 和 San，2003），一些学者也证实 CVC 投资倾向于投资后期发展阶段的创业企业（Gompers，2002；Dushnitsky 和 Shapira，2010；Park 和 Steensma，2013）。例如，Gompers（2002）实证研究发现，CVC 较少投资于初创企业和成熟的私营企业，更倾向于投资后期的和大的创业融资；Dushnitsky 和 Shapira（2010）实证研究也发现，CVC 比 IVC 更倾向于投资企业发展阶段的后期和更倾向于大的联合投资规模；同样，Park 和 Steensma（2013）实证研究发现，与 IVC 相比，CVC 投资更倾向于投资于融资前创新率高的创业企业。那怎样才能使 CVC 投资早期阶段的创业企业呢？Aernoudt 和 San（2003）定性分析认为亲自动手管理的商业天使与寻求战略收益的 CVC 投资一起共同投资具有科学背景和管理技能的年轻的创业企业是最有效的，只有确保得到种子期的融资，创业企业才会充分开发专利申请潜能。因此，大公司应该承担社会责任，政府规划应该起到催化剂作用以便拉动资金投资到早期阶段（Aernoudt 和 San，2003）；Dushnitsky 和 Shapira（2010）实证研究 CVC 与 IVC 不同薪酬激励方案对投资行为（投资阶段和联合投资规模）和投资绩效的影响发现，在有绩效激励下，CVC 比 IVC 无论是投资阶段的差距还是联合投资规模的差距都会缩小。

（2）CVC 投资者如何快速获取联合投资网络中心位置？联合投资是 CVC 投资实践中一种常见形态，有助于选择创业企业（Yang，Narayanan 和 Zahra，2009）并影响投资绩效（Dushnitsky 和 Shapira，2010）。Keil，Maula 和 Wilson（2010）基于美国 1996—2005 年期间 358 个 CVC 投资的数据，采用动态面板数据回归模型研究发现，先前处于联合投资网络中心位置意味着未来也将处于网络的中心位置，清楚地支持了社会资本理论。但是，过去中心位置与公司资源存在负相关关系，意味着 CVC 投资者的资源能够替代缺乏先前网络中心位置的不足，在刚性联合投资网络中快速获得网络中心位置。

（3）CVC 项目/单元是如何进行组织同构的？同构（Isomorphism），指迫使群体中面临同样环境条件的一个单元类似于其他单元的约束过程（DiMaggio 和 Powell，1983）。CVC 项目或单元作为组织重要的二级单位，究竟是如何组织实践的？首先，CVC 单元执行经理职业生涯经历对 CVC 单元组织同构会产生影响。Dokko 和 Gaba（2012）根据 70 家 CVC 单元 1992—2008 年期间（共投资 1778 家创业企业）相关数据，以投资目标（财务导向，IPO 或被收购的比例；战略导向，被 CVC 母公司收购的比例）、经营策略（早期阶段投资比例；投资组合多元化，HHI）为因变量，CVC 经理职业生涯（实践经验，CVC 单元中有 IVC 经验的人员比例；组织匹配经验，CVC 单元中有 CVC 内部雇佣的人员比例；技术匹配经验，CVC 单元中工程经历或工程师人员比例）为自变量，采用 Arellano - Bond 方差估计方法实证研究发现，CVC 单元管理人员中有 IVC 实践经验的比例越大，CVC 单元的投资目标和经营策略（相比 IVC）被改变的程度越小；CVC 单元管理人员中有组织匹配经验的人员比例或技术匹配经验的人员比例越高，CVC 单元的投资目标和经营策略（相比 IVC）被改变的程度越大。其次，高层管理团队的专业知识会影响 CVC 项目的组织同构。

组织理论认为同构有三种机制：强制同构（Greenwood，Oliver 和 Sahlin et al.，2008）、模仿同构（Souitaris，Zerbinati 和 Liu，2012）和规范同构（DiMaggio 和 Powell，1983）。在此基础上，Souitaris，Zerbinati 和 Liu（2012）通过 6 个 CVC 单元 12 位最高行政长官的半结构面试和 24 位高层管理团队成员 E－mail 调查和独立的专家系统的调查得到的信息，寻求不同方面的组织合法性和高层管理团队的专业知识会影响 CVC 单元是内向同构还是外向同构。例如，寻求与母公司的组织合法性、高层管理团队公司管理方面的专业知识会分别通过强制机制和规范机制促使 CVC 单元按照母公司标准内向同构；寻求与创业企业或 VC 行业组织合法性以及高层管理团队 VC 方面的专业知识会分别通过模仿机制和规范机制促使 CVC 单元按照 VC 标准外向同构。最后，不同利益相关者产生的压力会影响 CVC 项目组织同构。更进一步，Souitaris 和 Zerbinati（2014）根据有目的地选取的 13 家公司建立的 CVC 项目经理和知情者的访谈以及 CVC 项目的档案文献的资料数据研究发现，CVC 单元在战略匹配、母公司参与以及使用母公司资源与能力的机会的压力下，CVC 投资实践可以分化为两种截然不同的投资逻辑：整合投资和保持距离投资。对内部和外部利益相关者同构焦点的不同可以解释这种投资逻辑：同构焦点在内部，遵循母公司标准会采用整合投资逻辑；同构焦点在外部，遵循 VC 行业的标准会采用保持适当距离的投资逻辑。

（三）CVC 项目幸存率影响因素

老牌公司进行 CVC 投资的目的在于获取长期战略利益，但 CVC 项目存在“猝死综合征”现象（Teppo 和 Wustenhagen，2009）。Teppo 和 Wustenhagen（2009）根据 27 个能源行业的 CVC 和 IVC 的深度访谈所做的定性分析发现，母公司组织文化（创新的观点、行业发展的观点和组织精神状态）会影响到 CVC 幸存，母公司决策实践（参与尽职调查、参与投资决策）、管理和评估成功的技能会调节两者的关系。Hill，Maula 和 Birkinshaw et al.，（2009）根据 95 个公司创业单元的调查数据，采用相依回归和 Logit 回归实证研究发现，公司创业单元采用 VC 模式有助于公司创业单元的生存，并部分受公司创业单元绩效调节。但在采用 CVC 单元的情况下，创新绩效增加越高于期望水平，终止 CVC 项目的可能性越大；创新绩效减少越低于期望越有可能终止 CVC 单元（Gaba 和 Bhattacharya，2012）。另外，战略－组织配置对 CVC 单元的幸存也会产生影响（Hill 和

Birkinshaw，2008）。CVC 单元是寻求开发还是探索、内部搜寻还是外部搜寻可以划分为不同的类型，每种类型都有理想的组织架构，按照理想组织架构能确保 CVC 单元更长的生存期（Hill 和 Birkinshaw，2008）。

四 公司 CVC 投资绩效

CVC 投资的目标包括财务目标和战略目标。首先，财务目标和战略目标之间可能不是竞争关系。例如，Kang 和 Vikram（2011）根据 1985—2005 期间美国 71 家生物医药公司投资的 1491 个企业 - 年观察样本构成的面板数据实证研究发现，财务收益与战略回报存在互补性，并且如果投资发生在 IPO 后或技术多元化的创业企业，这种互补关系更加明显。在此基础上，Kang 和 Nanda（2014）根据美国 71 家生物制药企业在 1985—2005 年期间对 352 家创业企业进行的 CVC 投资构成的 893 个企业 - 年观察样本进一步实证研究发现，技术溢出与资本收益彼此正相关，特别是如果 CVC 投资发生在创业企业 IPO 之后，或者创业企业组合技术多元化情况下，这种正相关关系更为显著。其次，正如前面文献分析的那样，CVC 投资除了财务回报外，更主要的是追求战略目标，例如监控或获取与公司核心活动相关的新技术或新市场（Hurry，Miller 和 Bowman，1992；Dushnitsky 和 Lenox，2006；Wadhwa 和 Kotha，2006）、对技术间断进行识别和做出响应（Dushnitsky 和 Lenox，2006；Maula，Keil 和 Zahra，2013）、发现潜在的并购目标（Siegel，Siegel 和 MacMillan，1988；MacMillan，Roberts 和 Livada et al.，2008）、投资互补性企业而刺激核心产品需求（Keil，2000；Dushnitsky 和 Lenox，2006）或主动塑造市场（Keil，2000）、发展许可或联盟等战略关系（Dushnitsky 和 Lenox，2006；Ceccagnoli，Higgins 和 Kang，2011；Van de Vrande 和 Vanhaverbeke，2013）、接触创业企业思想和文化（Dushnitsky 和 Lenox，2006）、开发现有知识和探索新知识（Schildt，Maula 和 Keil，2005）、建立期权（Keil，2000；Maula，2001）等。

正是由于 CVC 投资目标包罗万象，因此 CVC 投资绩效的界定和测量在学术界尚未有一致的标准和方法（Macmillan，Roberts 和 Livada et al.，2008）。仔细甄别 CVC 投资目标，可以大致划分为两类：第一类目标主要体现在通过 CVC 投资实现的技术溢出、知识转移和组织学习等技术创新或知识创造方面；第二类目标主要体现在 CVC 投资带来的财务、市场/业务、期权、联盟、并购等给 CVC 投资公司带来的企业价值增加或成长方面。第一类反映的是公司投资者的战略绩效，第二类反映的是公司投资者的综合绩效（李新春，林子尧，2012）。

（一）战略绩效：CVC 投资与公司投资者技术创新

知识基础观认为知识是企业最重要的资源（Grant，1996），生产、转移和整合知识是企业存在的主要依据（Kogut 和 Zander，1992；Grant，1996）。知识对任何组织来说都是关键的、核心的和主要的有价值的资源（Cohen 和 Levinthal，1990；Grant，1996；Dyer 和 Singh，1998；Lane 和 Lubatkin，1998）。对力争创新和获取竞争优势的组织而言，新知识、知识转移和知识创造是非常关键的，他们不仅能够打开新的生产机会（Penrose，1959），还能提高开发这些机会的能力（Yli-Renko，Autio 和 Sapienza，2001）。近年来，大公司把创业型企业作为获取新知识的关键外部资源，纷纷采用 CVC 投资对这些创业型企业进行投资以获取外部知识。

（1）CVC 投资与组织创新搜寻。学习是吸收新信息并整合到现有知识基础的搜寻过程。组织搜寻可以分为两种类型：开发和探索（March，1991）。探索搜寻强调发展新知识和能力的深思熟虑的变化和有计划的实验过程（Levinthal 和 March，1993），也被称为远距离的，非局部（Nelson 和 Winter，1982）或创新搜寻（Cyert 和 March，1963；Levinthal 和 March，1981）。开发搜寻强调在既存的惯例中的经验的提炼和选择（March，1991）。组织采用开发性搜寻来利用现有的技能、知识基础、技术和能力等优势，也被称为局部搜寻或近距离搜寻（Nelson 和 Winter，1982）。组织搜寻与先前的知识基础紧密相关（Helfat，1994；Stuart 和 Podolny，1996），组织结构和资源禀赋等初始条件决定了学习的轨迹（Holbrook，Cohen 和 Hounshell et al.，2000；Keil，2004）并影响学习的效率（Levinthal 和 March，1993），因为先前有关的知识有利于识别、解释和同化相关的知识，因此企业从近距离和近似资源学习是非常有效率的（Cohen 和 Levinthal，1989，1990，1994；McGrath，2001）。例如，Keil（2004）通过欧洲信息通信技术行业两个大公司案例的纵向研究来分析企业如何构建新的外部创业能力以适应其核心战略响应外部环境的变革。研究发现企业通过体验式学习和探究式学习来实现，组织结构和资源禀赋的初始条件对学习过程有重要影响；知识清晰度、知识编码和交换网络影响学习的方向和学习过程的有效性。但是，局部搜寻或开发性学习可能造成

“学习近视，The myopia of learning”（Levinthal 和 March，1993），知识存量缺乏变异会导致渐进式创新或退化（Baum，Li 和 Usher，2000），产生“熟悉陷阱、成熟陷阱和临近陷阱”，从而阻碍突破性创新（Ahuja 和 Lampert，2001）。因此，企业越来越致力于远距离搜寻或探索性学习活动，通过公司创业来超越组织边界从外部学习。不同的公司外部创业形式或治理模式，例如 CVC 投资、联盟、合资和并购创业企业等（Sharma 和 Chrisman，1999；Keil，2002；Miles 和 Covin，2002；Schildt，Maula 和 Keil，2005），都能使企业进行跨组织学习的探索性学习活动，CVC 投资是企业开展远距探索性搜寻的重要方式之一。Fulghieri 和 Sevilir（2009）理论模型推导认为，CVC 投资的外部研发创新效率更大。

创新搜寻需要老牌公司能够监控新市场和新技术，并注意到技术间断或技术突破。CVC 投资使企业能够监控新市场和新技术（Wadhwa 和 Kotha，2006），并且作为预警机制，有助于高层管理者注意到不连续的技术变革（Maula，Keil 和 Zahra，2013）。Maula，Keil 和 Zahra（2013）拓展了注意力基础观，聚焦研究组织间关系是否会影响以及如何影响高层经理注意或忽视技术间断（突破）。基于 1989—2000 年期间信息和通信技术门类四个行业的纵向数据，采用历史事件分析技术（用风险模型）和固定效应的面板数据回归模型实证研究发现，同质性关系（例如与行业先锋联盟）会有碍于公司高层经理及时注意到技术间断；异质性关系（例如 CVC 与风险投资家共同投资）有助于高层经理及时注意到技术间断。共同投资的伙伴地位（例如声名显赫的 IVC）会加强同质性和异质性关系对高层经理及时注意到技术间断的作用。CVC 通过共同投资与 IVC 高层资深管理人员有联系对确保母公司高层管理人员注意到技术间断和随后的商业机会作用显著。

（2）创新搜寻与组织学习。CVC 投资作为创新搜寻的工具之一，架起了老牌公司与创业企业之间组织学习的桥梁。组织学习包括探索性学习和开发性学习，CVC 投资既有利于探索性学习，还有利于开发性学习（Schildt，Maula 和 Keil，2005）。根据美国 1992—2000 年期间 110 家信息和通信技术行业的上市公司研究企业不同的外部创业活动（CVC、联盟、合资和并购）与组织学习的关系的相关数据，Schildt，Maula 和 Keil（2005）以专利引用率为因变量，外部创业形式、行业关联、垂直关联和技术关联等为自变量，利用 Logistic 回归实证研究发现，CVC 投资模式和技术关联度显著地影响到公司的探索性学习。因此，Schildt，Maula 和 Keil（2005）认为 CVC 项目有助于探索性学习，或者帮助 CVC 投资公司快速接触创业企业的新知识从而避免耗时耗力的内部 R&D（Dushnitsky 和 Lenox，2005b；Basu，Phelps 和 Kotha，2009）。

CVC 投资与组织探索性学习受诸多因素影响。首先，探索性程度与老牌公司初始资源投入有关（Wadhwa 和 Basu，2013）。根据 1996—2000 年期间计算机、半导体和电信行业 43 家老牌公司对 228 家创业企业投资构成的 248 个双边组织关系，Wadhwa 和 Basu（2013）以最初资源投入（投入创业企业资金/年度 CVC 投资总额）为因变量，探索性程度、CVC 投资经验多元化为自变量，采用 Tobit 回归实证研究发现：探索性程度与老牌公司初始资源投入呈“U 形”关系，投资者经验多元化、与杰出风险资本家共同投资会调节两者的关系。其次，老牌公司投资目标会影响组织通过 CVC 投资进行探索性学习。Ernst，Witt 和 Brachtendorf（2005）根据德国 21 个 CVC 单元调查问卷的实证研究发现，聚焦短期财务收益投资目标往往会阻碍从外部创新获取的长期战略收益的实现。其三，创业企业投资组合多元化、成熟度和编码知识会影响 CVC 投资公司的探索性学习。Wadhwa，Phelps 和 Kotha（2010）基于重组搜寻和跨组织学习的视角，根据 1989—1999 年期间电信设备制造业 40 家企业对创业企业进行的 419 项投资构成的面板数据，用专利引用率因变量测量探索性知识创造，用反向放大赫芬达尔指数（HHI）测量组合多元化、创业企业拥有的专利测量的知识编码和创业企业年龄测量的成熟度作为自变量，利用负二项回归模型进行的实证研究发现，组合多元化与探索性知识创造之间呈“倒 U 形”关系，知识编码和创业企业成熟度对两者关系有积极的调节作用。因此当投资的创业企业组合适度多元化、成熟度适中和拥有编码的技术知识的时候，老牌公司更可能进行探索性知识创造。其四，Kim，Gopal 和 Hoberg（2013）实证研究发现利用 CVC 投资探索外部知识仅对技术领袖企业有效，并且 CVC 投资确实能增加事后的创新。最后，老牌公司常常把从用户而不是非用户得到的知识合并到自己的新技术中和新产品中（Smith 和 Shah，2013）。根据四家医疗器械行业在 1978—2007 年期间进行的 CVC 投资，并把母公司与创业企业配对，构成 128 个母公司－创业企业截面样本数据，Smith 和 Shah（2013）以母公司引用创业企业专利的次数和母公司利用创业企业专利进行产品更新换代的次数为因变量，创业企业是否由执业医师发起（是 = 1，其他医师发起 = 0）为自变量，采用负二项回归模型进行的实证研究发现老牌公司常常把从用户而不是非用户得到的知识合并到自己的新技术中和新产品中。

（3）组织学习与知识转移。组织学习和知识转移会随时间发生变化（Schildt，Keil 和 Maula，2012）并受 CVC 项目治理机制影响（Yang，2012；Yang，Nomoto 和 Kurokawa，2013），因为公司投资者与创业企业并不是从对方那里直接学习，典型的情况是 CVC 项目在双边组织学习中扮演了重要的角色（Yang，2012）。Schildt，Keil 和 Maula（2012）基于纵向专利引用数据，采用负二项回归模型实证研究发现，学习随时间变化呈“倒 U 形”关系。技术相似性在最初阶段仅略微促进学习，但中等水平的技术相似性在后期实质上增加了知识的流动；高技术多元化在联盟初期导致高的学习效率，但这种积极效应随着时间逐渐消失；研发强度不利于初始阶段的学习效率，但在后期非常有利于学习效率。联盟中初始学习效率受吸收能力限制，但后期的学习受开发能力制约。Yang（2012）基于1996—2000 年期间 18 家老牌公司 CVC 项目投资的 232 家创业企业（其中 202 家是信息技术行业）的问卷调查数据，以加权专利总数作为公司投资者创新绩效的因变量，研究“激励方案、自主性、监控模式、知识流动”等对公司投资者创新绩效的影响。根据 OLS 回归、多重 Logistic 回归和负二项回归进行的实证研究发现：激励方案、自主性会促进从创业企业向公司投资者的知识流动从而影响 CVC 投资公司和创业企业的创新绩效。Yang，Nomoto 和 Kurokawa（2013）进一步证实控制机制（自主性、激励计划）会对母公司与创业企业间知识转移产生影响。Yang，Nomoto 和 Kurokawa（2013）假设自主性和激励计划可能会刺激或消除公司创业活动中组织间的知识流动，并且这种关系受公司创业活动的目标（探索新技术和新市场）所调节。基于知识基础理论，根据美国和日本 61 家公司的调查问卷得到数据，在因子分析法的基础上采用线性回归模型实证研究发现，自主性与知识流动负相关，基于财务绩效的激励计划与知识流动和从母公司的知识流出负相关，基于战略绩效的激励计划与知识流动正相关并有助于知识流入创业企业或流入母公司。根据公司创业目标的不同，自主性和激励计划对组织间知识转移会产生不同的影响。

（4）知识转移与公司投资者知识创造或技术创新。企业期望能够成长，维持其竞争优势或致力于更新、补充组织学习过程，以促进知识、能力的获取和积累对当前和未来的竞争能力非常关键（Wadhwa 和 Kotha，2006）。CVC 投资就可为双边组织创造新信息和知识的来源。在 CVC 投资活动中，知识转移有两个方向：知识流入和知识流出母公司。就知识流入母公司而言，知识流入提供了一个学习的工具，可以帮助母公司更新知识基础激发内部技术创新（Dushnitsky 和 Lenox，2005a，b；Keil，Maula 和 Schildt et al.，2008），从而有可能改变母公司的竞争态势（Narayanan，Yang 和 Zahra，2009）。CVC 投资可能会使母公司与创业企业实现 1 + 1 > 2 的协同效应，也可能由于投机行为不当使用对方资源为自己谋利，对双方产生消极影响（Kang，2014a）。那么，CVC 投资对母公司和创业企业的技术创新究竟产生积极、消极的还是完全无关的影响？什么因素影响这种关系？Kang（2014a）根据美国生物制药企业 1986—2005 年期间至少有过一次 CVC 投资关系的母公司与创业企业，包含 34 家老牌公司和 85 家创业企业构成的 118 次 CVC 投资关系样本数据，实证研究发现 CVC 投资关系积极的影响了母公司与创业企业的技术收益，母公司与创业企业之间的技术关联度对这种积极关系有消极影响，但技术成熟度能够增强这种积极关系。其他学者也做了细致的实证研究工作来寻求 CVC 支持公司投资者知识创造的经验证据。例如，Dushnitsky 和 Lenox（2002）实证研究发现，CVC 投资积极影响 CVC 投资公司专利授权率。其中，知识产权保护是重要的影响因素：知识产权保护越弱，CVC 投资对 CVC 投资公司专利授权率影响越大。在此基础上，Dushnitsky 和 Lenox（2005b）基于 20 年的面板数据以年度 CVC 投资金额为自变量，专利引用率为因变量，采用负二项回归模型进行的实证研究发现在知识产权保护弱和公司投资者吸收能力强时，CVC 投资对公司投资者知识创造最为有效。Wadhwa 和 Kotha（2006）聚焦研究公司创业投资的数量与老牌公司知识创造的关系以及卷入、吸收能力对两者关系的调节作用。根据 1989—1999 年期间 36 家电信设备制造行业的大公司投资的 383 家创业企业的数据，以年度申请的专利授权数量为因变量，年度投资的创业企业数量为自变量，联盟或董事会席位测量的卷入和技术多元化测量的吸收能力为调节变量，采用固定效应的负二项回归模型实证研究发现，CVC 投资的创业企业数量与公司投资者知识创造之间呈“倒 U 形”关系，卷入程度对两者关系有积极的调节作用。Kim（2011）根据美国信息与通信技术行业 1995—2005 年期间 29 家老牌公司，178 个企业 - 年观察样本构成的面板数据，以专利引用率为因变量，CVC 投资的创业企业数量为自变量，CVC 项目治理结构和老牌公司技术多元化为调节变量，采用泊松回归模型实证研究发现，CVC 投资的创业企业数量与老牌公司技术创新之间存在“倒 U 形”关系，治理结构、技术多元化对两者关系有调节作用。以上学者实证研究表明，CVC 投资的金额或数量会影响到 CVC 投资公司的技术创新或知识创造，知识产权保护程度、吸收能力、卷入关系等会调节 CVC 投资与母公司技术创新之间的关系。除此之外，CVC 投资与其他外部搜寻模式（非权益联盟、权益联盟、并购等）的关系也会对组织间知识转移和老牌公司技术创新产生影响。Keil，Maula 和 Schildt et al.，（2008）针对信息通信领域四个行业的相关数据，采用年度专利申请量为因变量，CVC 投资、联盟、合资、并购的数量以及创业关联度等为自变量，利用随机效应的负二项回归模型实证研究发现，联盟、合资和 CVC 投资在重大关联度情况下能显著促进企业创新绩效。Van de Vrande，Vanhaverbeke 和 Duysters（2011a）根据 1990—2000 年期间制药行业的活跃的企业在 1985—1996 年期间 CVC 投资、技术联盟、少数股权、合资、并购的相关数据，以加权专利数量作为测量创新绩效的因变量，CVC 投资的数量等作为自变量，采用固定效应的负二项回归模型实证研究发现当 CVC 投资与其他技术搜寻模式（非权益联盟、权益联盟、并购等）组合使用时会对组织创新绩效产生积极影响。在此基础上，Van de Vrande，Vanhaverbeke 和 Duysters（2011b）进一步研究不同外部技术搜寻模式（非权益联盟、权益联盟、CVC 投资、并购等）对企业开创性技术创新的影响以及技术新奇度、技术距离等对两者关系的调节作用。根据美国 1990—2000 年期间 153 家制药企业的相关数据，以 t 年申请的没有引用任何其他专利的专利授权测量开创性技术创新，外部技术搜寻模式为自变量，技术距离（母公司与创业企业间的技术相似性）、技术新奇度为调节变量，折旧的专利存量等为控制变量，采用负二项回归模型进行的实证研究发现，战略联盟和 CVC 投资与企业开创性技术创新存在积极的相关关系，但并购会消极影响企业开创性技术的创造；技术新奇度弱化了 CVC 投资、非权益联盟对企业开创性技术创新的影响，技术距离增加了战略联盟对企业开创性技术创新的影响。

（二）综合绩效：CVC 投资与公司投资者价值创造

从企业成长方面的综合绩效来看，CVC 投资有助于老牌公司的战略更新、并购和形成战略联盟。

首先，公司创业活动最终会形成两种结果：创业和更新（Guth 和 Ginsberg，1990；Zahra，1993）。创业涉及企业在现存业务上创造新的业务（与现有业务并存）（Roberts，1980；Block 和 Macmillan，1993；Sharma 和 Chrisman，1999），而更新涉及根本性的变革，例如战略或组织结构的改变（Rindova 和 Kotha，2001）。战略更新由于要放弃使用现有能力创造回报，因此充满不确定性和风险（Agarwal 和 Helfat，2009）。CVC 作为外部公司创业活动的一种特殊形式，能够及时地监控市场与技术的变革，有机会获得行业中的新技术、新产品，甚至行业最新发展方向，及时把握市场趋势（Schildt，Maula 和 Keil，2005；Dushnitsky 和 Lenox，2006；Sahaym，Steensma 和 Barden，2010）。那么，CVC 投资有助于企业战略更新吗？Basu 和 Wadhwa（2013）基于实物期权理论视角，认为 CVC 投资创造新的和现存业务的增长期权但并不会导致企业从现有业务中退出，处于动态行业和拥有极强内部能力的企业从现有业务退出的收益更低，成本更大。根据 1990—2000 年期间美国财富 500 强企业中 4747 个企业 - 年观察样本构成的非平衡面板数据，采用负二项回归模型进行的实证研究发现 CVC 投资的次数与企业突破性战略更新负相关，并在高技术密度、高竞争强度和企业有强劲技术能力和市场能力的情况下，负相关效应更为显著。

其次，识别并购机会、成为潜在并购者是企业 CVC 投资的主要动机之一（Siegel，Siegel 和 MacMillan，1988；MacMillan，Roberts 和 Livada et al.，2008）。CVC 投资作为技术市场的事前评价机制，通过建立实物期权以便并购创业企业（McNally，2002），或帮助公司选择未来的并购企业或专利许可伙伴（Ceccagnoli，Higgins 和 Kang，2011），识别新机会、发展新的商业关系（Sykes，1990）。从并购创业企业的功能来看，虽然 CVC 投资的一个突出动机就是识别并购创业企业的机会，但实证研究显示 CVC 投资并购绩效并不显著。Benson 和 Ziedonis（2009）通过美国 IT 行业 1987—2003 年期间 34 家老牌公司并购 242 家技术型创业企业的事件分析发现，CVC 投资对并购绩效的影响主要取决于并购方内部知识基础的实力：随着 CVC 投资相对于并购方总的研发支出［CVC 投资额/（CVC + R&D）］逐渐增加，并购绩效以递减的速率增加；即使控制了企业的获利能力、规模和并购经验，一贯从事创业投资的并购方相比偶尔从事创业投资的并购方从并购创业企业中获益更多。Benson 和 Ziedonis（2010）通过标准历史事件分析研究发现并购创业企业显著破坏了贪得无厌的 CVC 投资者的股东价值，其根本原因在于管理层过分自信或项目水平的委托代理问题。

最后，CVC 投资会影响老牌公司战略联盟。从 CVC 投资对战略联盟形成的影响来看，Wadhwa 和 Phelps（2010）基于实物期权理论，根据 28 家电信设备行业的上市公司在 1995—1999 年期间对 227 家创业企业投资形成的 256 条投资关系，采用二元 Logit 模型进行的实证研究发现：创业企业生命周期不确定性、创业企业技术不确定性会降低形成战略联盟的可能性，但 CVC 投资公司的技术资源会减弱这种负相关关系；竞争不确定性增加了形成战略联盟的可能性。先前的 CVC 投资关系对后来能否形成战略联盟关系会产生影响（Van de Vrande 和 Vanhaverbeke，2013）。Van de Vrande 和 Vanhaverbeke（2013）根据 1985—2000 年期间的美国大企业 CVC 投资和战略技术联盟的相关数据，采用互补性双对数模型实证研究发现，先前 CVC 投资增加了后期形成战略联盟的可能性，并且老牌公司与创业企业的技术相似性越大、最后投资时被投资创业企业发展阶段越后等因素越有利于形成战略联盟。

CVC 投资对公司投资者成长方面的价值创造的主要途径是获得期权。按照实物期权逻辑（Haspeslagh 和 Jemison，1991；Kogut，1991；Bowman 和 Hurry，1993；Folta，1998；Hagedoorn 和 Sadowski，1999；Vanhaverbeke，Duysters 和 Noorderhaven，2002），当不确定性高时，由于投资的不可逆性，实物期权理论建议企业最好做一个较小的初始投资或权益投资（创建期权）以便推迟投资决策直到投资项目不确定性降低到可以接受的程度（Roberts 和 Berry，1985；Kogut，1991；Kogut 和 Kulatilaka，1994；Folta，1998；Van de Vrande，Lemmens 和 Vanhaverbeke，2006；Barnett，2008），这种小号实验能增加组织长期的适应性（March，2006）。这种初始投资可以通过 CVC 投资的形式来进行（Van de Vrande，Lemmens 和 Vanhaverbeke，2006；Allen 和 Hevert，2007；Benson 和 Ziedonis，2009；Basu 和 Wadhwa，2013）。通过初始投资，CVC 投资公司获得了增长、转换、放弃或递延的选择（期权）（Hurry，Miller 和 Bowman，1992；Li 和 Mahoney，2006；Allen 和 Hevert，2007；Tong 和 Li，2011；Basu 和 Wadhwa，2013；Van de Vrande 和 Vanhaverbeke，2013），从而影响公司的价值。CVC 投资对公司投资者价值创造而言，大多数价值来源于识别新

机会和发展新业务关系，并且母公司与创业企业沟通越好，价值创造越大（Sykes，1990）。因此，不同的投资目标会影响到企业通过CVC投资创造价值。Dushnitsky（2002）实证研究认为，财务目标和创新相关目标积极影响公司绩效（股东价值），但刺激销售的目标消极影响股东价值。CVC投资对母公司无形资产价值有积极的影响，特别是在老牌公司进行CVC投资时追求战略目标而不是财务收益的情况下，影响更为显著（Dushnitsky和Lenox，2003）。Weber和Weber（2005）使用20个CVC项目调查问卷分析德国战略投资下的目标、组织结构、决策过程和投资标准，并与德国IVC投资和欧洲、美国的CVC投资进行了比较。研究发现，德国CVC投资在财务收益或战略收益中仅聚焦其一的要比同时追求财务收益和战略收益的表现更为成功，并且强调财务收益目标的CVC投资在经济上和战略上比强调战略目标的CVC投资表现更为成功。

CVC投资与企业价值创造之间存在复杂的关系，学者们的研究得出了包括“消极”、“线性”、“倒U形”和“U形”关系的矛盾性结论。就直接财务收益而言，Allen和Hevert（2007）根据美国1990—2002年期间信息技术行业223家企业的相关数据，实证研究发现，平均而言，CVC项目的投资回报率低于母公司的资金成本，仅39%的CVC项目投资回报率超过母公司资金成本。Dushnitsky和Lenox（2006）根据美国上市公司1990—1999年期间CVC投资构成的面板数据，以Tobin's Q值衡量企业价值（因变量），以年度CVC投资创业企业的金额为自变量，采用回归分析，实证结果显示如果老牌公司CVC投资目标明确定位于获取新技术时，CVC投资显著提升了企业的价值，CVC投资金额与公司投资者价值创造之间存在积极的线性关系。但Uotila，Maula和Keil et al.，（2009）对1989—2004年期间279家S&P 500制造企业探索性和开发性活动对企业财务业绩（以Tobin's Q值衡量）的影响进行研究，系统GMM估计模型实证发现探索性活动的相对份额与财务绩效之间呈“倒U形”关系，研发强度对两者关系有积极的调节作用。与Dushnitsky和Lenox（2006）和Uotila，Maula和Keil et al.，（2009）研究结论不同的是，Yang，Narayanan和De Carolis（2014）聚焦于研究CVC投资组合多元化与企业价值的关系以及资金约束对两者关系的调节作用。基于实物期权理论，根据美国1990—2004年期间189家上市公司投资的1233个企业-年观察样本进行的固定效应的OLS回归实证研究发现，投资组合多元化与企业价值

(Tobin's Q) 之间存在 "U 形" 关系，资金约束积极的调节两者的关系。

五 国外学者基于 CVC 投资公司视角研究评述

总的来说，随着 CVC 投资在美国的兴起和逐步在全球其他经济体的快速发展，特别是美国 VC 在 2000 年左右的 "互联网泡沫破灭" 和 2008 年金融危机之后急剧下降的背景下，美国 CVC 投资却长期保持稳定 (1995—2012 年期间美国 CVC 投资额占 VC 投资额的 16.2%)① 并呈递增趋势，国外学者对 CVC 的研究也越发关注和投入，从理论和实证方面基于 CVC 投资公司的视角对 CVC 投资做了严谨和细致的研究，取得了丰硕的成果，对理解和指导公司 CVC 投资实践做出了卓越的贡献，补充、丰富、拓展和完善了 CVC 投资的理论文献。下面从研究的主要内容、理论基础、分析框架、研究方法等方面进行简要概括：

(1) 研究的主要内容。国外学者从老牌公司为什么要进行 CVC 投资 (投资动机及目标)、采取什么样的形式进行 CVC 投资 (CVC 治理结构)、如何进行 CVC 投资 (CVC 投资实践及相关影响因素) 以及如何从 CVC 投资中创造价值 (CVC 投资绩效) 四个方面进行了细致严谨的研究。在这些研究内容中，学者们重点研究了 CVC 投资绩效及相关影响因素，特别是 CVC 投资动机或目标中最为重要和核心的技术创新方面的战略绩效以及价值创造方面的综合绩效，更是进行了大量细致、严谨的实证研究。

(2) 研究的理论基础。国外学者基于 CVC 投资公司视角的研究主要基于四个理论基础：资源基础观 (例如 Keil, 2002; Li 和 Mahoney, 2006; Allen 和 Hevert, 2007; Maula, 2007; Basu, Phelps 和 Kotha, 2011; Wadhwa 和 Basu, 2013); 知识基础观 (例如 Dushnitsky 和 Lenox, 2005b; Wadhwa 和 Kotha, 2006; Yang, Nomoto 和 Kurokawa, 2013); 创新搜寻与组织学习理论 (例如 Schildt, Maula 和 Keil, 2005; Wadhwa 和 Kotha, 2006; Wadhwa, Phelps 和 Kotha, 2010; Yang, 2012; Kim, Gopal 和 Hoberg, 2013); 实物期权理论 (例如 Wadhwa 和 Phelps, 2010; Tong 和 Li, 2011; Basu 和 Wadhwa, 2013; Van de Vrande 和 Vanhaverbeke, 2013; Yang, Narayanan 和 De Carolis, 2014)。

(3) 实证分析框架。国外学者主要采用档案研究获取数据，采用纵

① 数据来源，NVCA Yearbook 2014。

向数据及相关研究进行实证研究。由于老牌公司 CVC 投资要么直接进行投资，要么通过 CVC 单元/项目直接或间接投资，因此，国外学者在实证分析框架上，往往采用 CVC 双元（Dyads）“CVC 投资公司 - 创业企业”或 CVC 三元（Triads）“CVC 投资公司 - CVC 项目/单元 - 创业企业”作为分析的逻辑框架。基于 CVC 双元或三元逻辑分析框架，学者们实证研究 CVC 投资绩效时，反映战略绩效的技术创新变量往往是以专利或专利相关指标进行测量（例如 Dushnitsky 和 Lenox，2002，2005a；Wadhwa 和 Kotha，2006；Keil，Maula 和 Schildt et al.，2008；Wadhwa，Phelps 和 Kotha，2010；Schildt，Keil 和 Maula，2012；Yang，2012；Smith 和 Shah，2013），反映综合绩效的价值创造变量往往以 Tobin's Q 值来测量（例如 Dushnitsky 和 Lenox，2006；Uotila，Maula 和 Keil et al.，2009；Yang，Narayanan 和 De Carolis，2014）。影响 CVC 投资绩效的自变量往往是 CVC 投资创业企业的金额、数量或创业企业投资组合、母公司与创业企业知识关联性（用公司投资者与创业企业的专利或行业来匹配测量）等。

（4）实证研究方法。根据研究变量的不同，主要采用负二项回归（例如 Dushnitsky 和 Lenox，2005b；Wadhwa 和 Kotha，2006；Keil，Maula 和 Schildt et al.，2008；Wadhwa，Phelps 和 Kotha，2010；Basu，Phelps 和 Kotha，2011；Van de Vrande，Vanhaverbeke 和 Duysters，2011a，b；Schildt，Keil 和 Maula，2012；Yang，2012；Basu 和 Wadhwa，2013；Smith 和 Shah，2013）、Logistic 回归（Schildt，Maula 和 Keil，2005）或多重 Logistic 回归（Yang，2012）、Tobit 回归（Wadhwa 和 Basu，2013）、二元 Logit 模型（Wadhwa 和 Phelps，2010）以及多元线性回归模型进行实证研究。

（5）研究对象及行业背景。国外学者主要针对美国 CVC 投资进行研究，行业主要集中在信息和通信（Schildt，Maula 和 Keil，2005；Keil，Maula 和 Schildt et al.，2008；Maula，Keil 和 Yang，2012；Zahra，2013）、电信设备制造业（Wadhwa 和 Kotha，2006；Wadhwa 和 Phelps，2010；Wadhwa，Phelps 和 Kotha，2010）、医疗器械行业（Smith 和 Shah，2013）、生物医药（Kang，2014a）和制药企业（Van de Vrande，Vanhaverbeke 和 Duysters，2011a，b）。

尽管国外学者基于 CVC 投资公司视角的研究取得了丰富的成果，但正如 Dushnitsky 和 Lenox（2006）所言，CVC 只是近几年才获得学术界的广泛关注。因此，国外学者基于CVC投资公司视角的研究还存在以下不足：

（1）CVC投资绩效的研究往往基于创业企业“同质性”和CVC项目“黑箱”假设，研究结论存在科学性和可靠性问题。一些学者实证发现CVC投资与公司投资者技术创新（例如Dushnitsky和Lenox，2002，2005a，b；Keil，Maula和Schildt et al.，2008；Wadhwa，Phelps和Kotha，2010）、知识创造（例如Wadhwa和Kotha，2006；Van de Vrande，Vanhaverbeke和Duysters，2011a）或价值创造（例如Dushnitsky和Lenox，2006；Uotila，Maula和Keil et al.，2009）存在积极的线性关系或“U形”“倒U形”关系。但是，学者们研究往往把CVC项目视作“黑箱”，假定CVC投资的创业企业是“同质”的因此会产生同样的战略收益。事实上大量的研究显示，一方面，CVC项目根据目标、组织设计和管理风格而在治理结构方面存在显著的差异（Souitaris和Zerbinati，2014）并会对投资绩效产生不同的影响（Hill，Maula和Birkinshaw et al.，2009）；另一方面，大量的实证研究显示企业间存在显著的异质性（Lööf和Heshmati，2002）。由于能力是追求竞争优势的关键（Teece，Pisano和Shuen，1997），不同的企业会在不同的领域发展自己独特的竞争能力。因此，目前学者们关于CVC项目“黑箱”、创业企业“同质性”的假设可能会影响研究结论的科学性和可靠性。

（2）现有研究基本都是以美国CVC投资为研究对象，尚未拓展到对中国CVC投资的研究上，而中美CVC投资无论是环境背景还是投资实践都存在显著性差异，因此针对美国的研究结论不一定适合中国的CVC投资情景。例如，就CVC项目的组织结构而言，美国CVC投资形式多样，而中国CVC投资往往是采用参股、控股独立的VC机构进行CVC投资；就CVC投资公司的行业背景而言，美国主要是信息通信、电信设备制造业、医疗器械行业和生物医药行业，而中国主要是制造业和信息技术行业；就CVC投资的创业企业而言，美国CVC投资的创业企业前三名主要集中在生物、软件和通信行业（MacMillan，2008），而中国则是计算机、通信和其他电子设备制造业、专用设备制造业和电气机械和器材制造业[①]；就投资阶段而言，美国CVC主要投资于扩张期和获利期的创业企业

① 作者根据相关数据统计整理得出。

(MacMillan, 2008), 中国 CVC 主要投资于发展期或扩张期的创业企业①。环境背景和投资实践的差异会造成投资结果的差异，因此，针对美国 CVC 投资的研究结论不一定适合中国的 CVC 投资情景。

第二节 国外学者基于 CVC 投资的创业企业视角的研究文献

相对于聚焦 CVC 投资公司的角度，学术界从 CVC 投资的创业企业角度进行研究的文献相对较少。在这些文献中，学者们从创业企业为什么向 CVC 进行融资（创业企业向 CVC 融资的动机、影响因素及融资风险）、创业企业如何从 CVC 融资中获取价值（CVC 融资对创业企业绩效的影响）以及 CVC 与 IVC 等对创业企业绩效影响的差异比较等三方面进行了大量的理论分析和实证研究工作（其中，实证研究文献具体见附表 2 所示）。

一 创业企业向 CVC 融资的动机及影响因素

（一）创业企业从 CVC 处融资的动机

对创业企业而言，CVC 与独立创业投资（IVC）在投资目标、投资时限、能力、互补性资产等方面有着显著的不同（Bottazzi, Da Rin 和 Hellmann, 2008），造成对创业企业价值的影响不同。例如，Maula, Autio 和 Murray（2005）研究发现 CVC 比 IVC 更能帮助创业企业吸引新的国内外客户并提供客户需求的信息和新技术、建立商业信誉和商业能力、提供技术支持等“商业构建”方面。但 IVC 比 CVC 更有助于帮助创业企业获得充足的资金、招聘新雇员、提供有关竞争的信息和筹办早期的增长等“企业培育”方面。尽管与其他融资渠道（例如 IVC）相比，CVC 融资关系更为复杂，原因在于 CVC 投资公司在这些投资关系中追求的战略利益（Katila, Rosenberger 和 Eisenhardt, 2008; MacMillan, Roberts 和 Livada et al., 2008; Dokko 和 Gaba, 2012），但 CVC 对创业企业而言越来越成为充满吸引力的融资选择来源（Katila, Rosenberger 和 Eisenhardt, 2008; Park 和 Steensma, 2011）。从创业企业向 CVC 进行融资的动机来看，创业

① 作者根据相关数据统计整理得出。

企业从公司投资者处进行企业融资往往是为获取无法从 IVC 融资得到的战略收益，例如生产能力、分销网络和营运经验，并且 CVC 投资有助于创业企业与老牌公司建立联系从而提高创业企业声誉并在客户、供应商和其他投资者前合法化其商业模式（Kann，2000）。Maula（2001）实证也发现创业企业能从 CVC 投资公司获取生产、分销相关的资源和知识以及背书效应。CVC 能为被投资的创业企业提供接触 CVC 母公司特有的能力和专业资产（例如应用新技术的能力、生产资源、销售队伍和分销渠道）的机会，而这些 IVC 无法提供（Maula，Autio 和 Murray，2005；Katila，Rosenberger 和 Eisenhardt，2008）。类似的，McNally（1997）也证实小企业能从 CVC 融资中获得一些可感知优势：提高信誉、帮助解决短期问题、接近 CVC 母公司管理团队和技术专家。Zu Knyphausen - Aufseß（2005）总结了 Kann（2000）、Maula（2001）、Maula 和 Murray（2002）和 Gompers 和 Lerner（2004）的文献，认为除了资金外，CVC 投资对创业企业有 5 个主要贡献：声望效应或企业认证、通过首批订货刺激业务、获得销售渠道、提供 R&D 支持和安排国内外行业关系。但不同的实证研究发现创业企业关注有所不同：出于刺激业务和行业关系方面考虑，创业企业更倾向于向 CVC 而不是 IVC 进行融资，更多的学者研究发现声望效应或企业认证最为重要（Kelley 和 Spinelli，2001；Maula 和 Murray，2001；Maula，2001；Maula，Autio 和 Murray，2003，2005）。

（二）影响创业企业向 CVC 融资的因素

从影响创业企业向 CVC 融资的因素来看，创业企业与 CVC 投资公司的产品关系（Hellmann，2002）、创业企业资源需求、防御机制和替代伙伴（Katila，Rosenberger 和 Eisenhardt，2008）、知识产权保护状态（Dushnitsky 和 Shaver，2009）和创业企业的技术水平（Kang，2014b）都会影响创业企业向 CVC 融资的决策。具体来看，Hellmann（2002）通过理论模型分析认为：如果创业企业与战略投资者是互补的，其最优融资对象是战略投资者；如果创业企业存在温和的替代关系，创业企业家的最佳融资对象是独立的风险资本家；如果存在强替代关系，同时向 CVC 和 IVC 进行融资是最佳的，IVC 是积极的领导投资者，CVC 是被动的共同投资者。Katila，Rosenberger 和 Eisenhardt（2008）根据美国五个行业（生物、医疗、通信、电子和软件）首次创业融资在 1979—1995 年期间的近 700 家技术型企业 1979—2003 年期间 4077 次融资的 18168 次融资事件的实证研究发现，如果创业企业需要的资源只有那家老牌公司能提供时（例如资金、制造和销售）或者创业企业有自己的防御机制（例如秘密和时间）来保护自己的资源时，创业企业会冒险选择有高潜在可能不当占用其资源的老牌公司作为伙伴。总之，关系的形成是一个取决于资源需求、防御机制和替代伙伴的谈判过程（Katila，Rosenberger 和 Eisenhardt，2008）。Dushnitsky 和 Shaver（2009）根据 1646 个接受 CVC 投资的创业企业的数据实证研究发现，在较弱的知识产权保护地区，如果创业企业的技术发明与老牌公司产品是互补的而不是潜在替代关系，这种情况下更有可能建立 CVC 投资关系；但在知识产权保护强的地区，行业重叠更有可能形成 CVC 投资关系。Kang（2014b）根据 1985—2006 年期间 616 家生物制药企业 3885 次融资记录的相关数据，以融资选择为因变量（内部融资 = 0，IVC 融资 = 1 和 CVC 融资 = 2），技术水平（根据专利存量，按 15% 折旧和技术许可合同数的均值把样本分为四类，高技术高许可合同，取值为 1，其他情况 = 0）、未来的产品（处于临床医疗前的产品数量）等为自变量，采用多项 Logistic 回归模型进行的实证研究发现：拥有高技术的创业企业更倾向于向 IVC 进行融资而不是向 CVC 进行融资；创业企业研究管道包含多种产品时，更倾向于向 CVC 进行融资。

（三）创业企业向 CVC 融资的风险

从 CVC 进行融资也存在一些风险（Maula 和 Murray，2001），毕竟 CVC 投资公司很可能追求战略目标，目的在于获取“技术窗口”和“强化能力”（Siegel，Siegel 和 MacMillan，1988；Ernst，Witt 和 Brachtendorf，2005；Dushnitsky 和 Lenox 2006；Benson 和 Ziedonis，2009），可能不太关注创业企业本身的绩效，因此可能造成创业企业很难与 CVC 母公司的竞争者成为客户或伙伴，其技术诀窍会被不当利用等（Katila，Rosenberger 和 Eisenhardt，2008；Dushnitsky 和 Shaver，2009）。就 CVC 投资而言，有限合伙人（资金提供者）和管理伙伴（投资基金者）处于同一公司可通过共同的目标减少代理问题，但可能会增加潜在的道德风险，特别是如果创业企业可能被母公司收购的情况下，CVC 单元不一定会寻求创业企业价值最大化，创业企业的知识产权可能更容易被 CVC 母公司不当挪用（Maula 和 Murray，2002）。解决这些风险的办法主要取决于有利的商业模式（Alvarez 和 Barney，2001）和清晰的专利权利界定（Kann，2001）。

二 CVC对创业企业绩效的影响

（一）CVC母公司向创业企业的知识转移和能力发展

知识对任何组织来说都是关键的、核心的和主要的有价值的资源（Cohen和Levinthal，1990；Grant，1996；Dyer和Singh，1998；Lane和Lubatkin，1998）。对力争创新和获取竞争优势的组织而言，新知识、知识转移和知识创造是非常关键的（Penrose，1959）。CVC投资就可为双边组织创造新信息和知识的来源。在CVC投资活动中，从创业企业的角度，知识转移有两个方向：知识流出创业企业和知识流入创业企业。CVC投资活动中，知识需要从母公司转移到被投资的创业企业，以便改善创业企业的绩效。新创企业往往是建立在新理念和新技术上的，但是，新业务发展是一个复杂和多学科的过程。新企业往往缺乏宽广范围的技能、专门知识和能力来单独完成任务（Teece，1986；Deeds和Hill，1996）。生产和转移知识对创新驱动型企业或技术型创业企业等需要持续不断更新知识的企业非常重要（Lane和Lubatkin，1998）。与新创企业不同的是，由于多年的知识积累，CVC母公司往往拥有极大的有关R&D、市场、人力资源管理等方面的知识存量。另外，一些老牌公司还是市场领导者，新创企业可以通过观察和模仿学习其最好的实践。因此，从CVC母公司的知识流入能给创业企业提供广泛的支持，无论是操作层面的技术和市场支持（Maula，Autio和Murray，2009）还是战略层面的任务和愿景，弥补创业企业的经验缺乏（Block和MacMillan，1993；Pisano，1994；Teece，1986）。总之，除了财务支持，任何CVC投资对向创业企业转移相关知识（事实、技巧、经验、其他互补资源、社会网络）都是有效的（Maula，Autio和Murray，2005）。一些学者的实证研究支持了CVC融资促进创业企业的知识转移和创造。例如，Weber和Weber（2007）通过对德国7个CVC项目12位投资专家的调查问卷实证研究发现，公司投资者与创业企业关系匹配（社会资本，包括认知匹配和情感匹配；知识关联度）促进创业企业关键创新的知识转移和创造，提升创业企业组织绩效。在此基础上，Weber和Weber（2010）进一步细化社会资本（结构维度、关系维度：认知匹配、情感匹配、分享标准、信任）和知识关联度（是什么和如何做），实证研究同样支持关系匹配（社会资本和知识关联）促进知识的转移和创造并积极的影响组织绩效。类似的，Weber（2009）通过对德国6个母公司25个CVC项目的调查数据实证研究也发现CVC社会网络和社会资本结构能使知识转移和创新更为容易，但随着时间的变化可能会变成阻碍，社会资本会变成一种责任。在此基础上，Weber 和 Weber (2011) 从社会网络视角研究德国 CVC 项目、老牌公司业务单元和被投资的创业企业三者之间组织内和组织间社会责任对组织间知识转移和创造的影响。社会资本最初能有效促进知识转移和创造，但结构锁定和个人锁定最终会使社会资本变成社会责任（Weber，2009；Weber 和 Weber，2011）。在知识转移过程中，公司投资者与创业企业的互补性对社会互动有积极的影响，但对创业企业使用不同类型的防护措施有消极影响；使用保护措施对关系的风险和社会互动都产生消极影响；社会互动积极影响学习效益（Maula，Autio 和 Murray，2009）。

有学者发现不同特征的公司投资者会对创业企业能力产生不同的影响 (Zu Knyphausen - Aufseß，2005)。对创业企业而言，四类资源或能力最为重要：创业导向、发展和实施战略的能力、技术能力和社会资本（Hitt，Ireland 和 Camp et al.，2001；Lee，Lee 和 Pennings，2001）。Zu Knyphausen - Aufseß (2005) 根据 CVC 母公司的不同特征把公司投资者分为四类：技术型企业、非技术型企业、管理咨询企业和创业企业。通过美国案例分析发现，技术型公司投资者更有助于增强创业企业的技术能力；创业企业型公司投资者更有助于提升创业企业的创业导向能力；管理咨询类公司投资者更有助于培养创业企业的发展和实施战略的能力；技术或非技术型公司投资者都有助于提高创业企业的社会资本。

（二）CVC 与创业企业研发战略、战略联盟关系、品牌建设等

除了知识转移与知识创造，CVC 融资会影响创业企业的研发战略、战略联盟关系、品牌建设以及 CVC 投资决策等行为。Paik 和 Woo (2013) 根据美国 319 家 VC 支持的最终在 2002—2011 年期间上市的创业企业（其中 CVC 支持的有 99 家）的相关数据，以 R&D 强度（R&D 支出占总资产的比重）为因变量，以 CVC 所有权（IPO 时 CVC 企业持有创业企业的股权比例）、创始人义务（创始人任职 CEO 或技术相关执行官时 =1，其他情况 =0）为自变量，采用 Heckman 选择模型和 OLS 模型进行两阶段估计的实证研究发现，CVC 所有权和创始人义务积极的影响创业企业研发战略。除影响研发战略外，CVC 投资公司能够帮助被投资的创业企业管理和发展更加多元化的联盟组合，并且 IPO 前的联盟多元化对企业 IPO 后的绩效（Tobin's Q）产生积极的影响（Galloway，2013）。根据 1997—2007 年期间 111 家 IPO

企业样本实证研究，Galloway（2013）发现伙伴多元化、国家多元化、功能多元化和行业多元化影响 CVC 支持的创业企业的绩效。如果创业企业具有较高的国家或功能多元化并且现有联盟具有较复杂的多元化时，CVC 支持积极的影响创业企业绩效（Tobin's Q）。而 Uzuegbunam，Ofem 和 Nambisan（2013）基于资源依赖理论，根据美国 2004 年成立的 4 个行业的 394 家高技术创业企业 5 年的跟踪调查，以商标输出为因变量，CVC 融资（顺序变量，0—9）、无形资产投入（高程度 =1，低程度 =0）为自变量，采用基于面板数据的随机前沿分析方法的实证研究发现，向 CVC 进行融资的创业企业会减少建立自主品牌的努力，拥有高度无形资产投入的创业企业比低程度无形资产投入的创业企业更少依赖于 CVC 投资公司的品牌。Anokhin，Schulze 和 Wuebker（2014）根据 207 家在 1998—2001 年期间有 CVC 投资的企业的数据，采用逻辑回归和带自相关的可行的广义最小二乘法进行实证研究发现，发展经历中向 CVC 融资过的创业企业比没有向 CVC 融资过的创业企业从事 CVC 投资活动的可能性高出 2—4 倍；CVC 融资时，被投资的创业企业如果 CVC 母公司占有董事会席位与不占有董事会席位相比，前者更有可能从事 CVC 投资。有无 CVC 融资的经历对组织学习也会产生不同的影响：企业本质（例如创立条件和初始知识存量）和发展过程（例如 CVC 融资的发展经历）会对创业企业追逐的战略、能力和发展路径产生影响。

三　CVC 与 IVC 对创业企业绩效影响的差异对比

对创业企业而言，由于 CVC 与 IVC 在投资动机、资源禀赋等方面有着显著性差异，从而对创业企业绩效的影响可能不同，这引起学者广泛的关注和研究。例如，Gompers 和 Lerner（1998）实证研究发现，在战略匹配情况下，CVC 比 IVC 表现更好。当母公司与创业企业存在战略匹配（行业或技术）时，CVC 融资绩效比 IVC 融资绩效要好（Gompers，2002）。更多学者从 CVC 融资与 IVC 融资的创业企业 IPO 绩效、创新绩效、IPO 抑价效应和其他方面（治理结构和控制权分配、融资规模、持续期和退出战略、增长模式、国际化等）的影响做了一些探索性实证研究工作。

（一）CVC 融资与 IVC 融资的创业企业 IPO 绩效

总体而言，相比 IVC 融资，CVC 融资的创业企业更有可能 IPO 并且较不可能被清算，特别是 CVC 母公司与创业企业高度战略匹配的情况下（Gompers 和 Lerner，2004）。Maula 和 Murray（2002）也发现卷入由一家或多家企业投资的 CVC 融资的创业企业与市值正相关，部分由 CVC 资助的创业企业发展更快。从大公司融资的小企业的 IPO 率在统计上有显著性的提高（Maula 和 Murray，2002）。类似的，Park 和 Steensma（2011）根据美国 1990—2003 年期间接受 CVC 投资的计算机、半导体和无线行业的创业企业的面板数据，以是否 IPO 作为因变量，是否接受过 CVC 投资、专门互补性资产要求、环境不确定性等作为自变量，采用双概率模型实证研究发现，当创业企业需要专门互补性资产或者在不确定性环境下营运时，接受 CVC 投资对企业 IPO 更为有利。而 Matusik 和 Fitza（2012）则从 VC 组合多元化探讨其对创业企业 IPO 的影响。Matusik 和 Fitza（2012）根据 1960—2000 年期间 7479 个观察样本，以创业企业最终 IPO 的比例为因变量，VC 组合多元化为自变量，投资阶段（顺序变量）、共同投资为调节变量，采用 8 年窗口期进行滚动计算。实证研究发现 VC 投资组合多元化与 IPO 比例呈“U 形”关系，投资阶段、共同投资对两者关系有调节作用。

（二）CVC 融资与 IVC 融资的创业企业创新绩效

从创新绩效来看，CVC 与 IVC 在培育创业企业创新方面也有着显著性差异。Chemmanur，Loutskina 和 Tian（2013）根据 1980—2001 年期间有 VC 支持的 2129 家 IPO 企业（其中 462 家由 CVC 支持）的相关数据，以专利数量和专利引用率测量创新产出。统计发现，CVC 支持的企业 IPO 前 3 年创新产出，专利数量和专利引用率分别比 IVC 支持的高出 26.9% 和 17.6%；IPO 后 4 年创新产出，专利数量和专利引用率分别比 IVC 支持的高出 44.9% 和 13.2%。为了区分这种创新绩效是由于 CVC 培育创业企业的结果（培育效应）还是 CVC 选择高创新潜能创业企业的结果（选择效应），作者利用倾向得分匹配分析方法和倍差分析方法研究发现，CVC 确实有助于创业企业创新。两种机制可能导致 CVC 比 IVC 能够更好地培育创业企业创新：CVC 母公司与创业企业之间技术匹配；CVC 比 IVC 更加能容忍创新失败。同样的，Park 和 Steensma（2013）根据美国 1990—2003 年期间第一次向 CVC 或 IVC 融资的计算机硬件、半导体和无线服务的 508 家创业企业的相关数据，以专利申请量衡量的融资前创新率和融资后创新率作为因变量，向 CVC 融资等作为自变量，利用负二项回归模型实证研究发现，向 CVC 融资与向 IVC 融资相比，接受 CVC 投资的创业企业融资后创新率更高，特别是 CVC 项目声誉高的时候更是如此。Colombo 和 Murtinu（2014）根据 1992—2000 年期间欧洲 7 大国初始融资中 215 家 IVC 支持的创业企业和 44 家 CVC

支持的创业企业（其中18家由CVC与IVC联合投资）的相关数据，以销售价值的自然对数值作为输出，薪酬成本和固定资产作为输入，采用GMM方法计算全要素生产率（TFP），实证研究发现CVC和IVC均能促进创业企业的全要素生产率，但CVC与IVC联合投资无助于创业企业的全要素生产率的提高。创新绩效差异可能源自于CVC与IVC对创业企业提供的价值差异。Maula，Autio和Murray（2005）根据对技术型创业企业135份调查问卷得到数据的实证研究发现，CVC与IVC对创业企业无论是起源还是结果都存在显著差异：CVC比IVC更能帮助创业企业吸引新的国内外客户并提供客户需求的信息和新技术、建立商业信誉和商业能力、提供技术支持等“商业构建”方面。但IVC比CVC更有助于帮助创业企业获得充足的资金、招聘新雇员、提供有关竞争的信息和筹办早期的增长等“企业培育”方面。Champenois，Engel和Heneric（2006）根据德国生物技术行业中378家企业在1995—1999年期间的融资行为的统计发现，早期阶段的医疗保健开发企业的融资中，42%来源于IVC，而CVC很少参与高风险项目。医药化学行业的老牌公司会尽量避免对年轻的高科技生物技术企业进行权益投资；当不确定性消除时，老牌公司会进行更频繁的权益投资。与此相反的是，Chemmanur和Loutskina（2008）针对美国的实证研究显示，CVC比IVC投资了更多拥有开创性技术的年轻的、高风险创业企业。由于这类企业大多数无法从IVC获得权益投资，没有CVC的投资，这些企业将很难发展和壮大。Galloway（2013）基于代理理论和实物期权理论，根据1997—2007年期间IPO的130家企业的218个联盟的相关数据，以IPO前5年内加权的战略联盟数量为因变量，IPO前的CVC权益、VC权益和创始人权益等为自变量，实证研究发现当创始人和CVC投资公司支配时，IPO企业倾向于追求更多的探索性联盟战略，而VC企业家支配时，即使创始人仍然管理着企业，IPO企业也不太可能追求探索性联盟。Kang（2014b）根据1985—2006年期间616家生物制药企业3885次融资记录的相关数据，实证研究发现IVC有助创业企业的融资能力，CVC有助创业企业技术扩散。

（三）CVC融资与IVC融资的创业企业IPO抑价效应

一些学者针对不同VC类型对创业企业IPO抑价效应开展了实证研究。Hellmann（2002）通过理论模型分析认为，创业企业家的期望回报在温和替代下最低，在强替代和互补情况下最高，战略投资者比IVC投资家更容易高估创业企业价值。Maula和Murray（2001）证实有CVC参与的创业企业在投资后比单独 IVC 投资的创业企业价值更高。Ginsberg，Hasan 和 Tucci（2005）根据美国 1990—1999 年期间有 VC 支持的 1830 家 IPO 企业的实证研究发现，CVC 支持（特别是 CVC 母公司是银行或与 IPO 企业同一个行业的老牌公司，或者产权投资市场非常热的时候）的企业 IPO 抑价要高于 IVC 支持的企业。Chemmanur 和 Loutskina（2008）根据美国 IPO 企业的实证研究也证实 CVC 支持的 IPO 企业比 IVC 单独支持的创业企业能获得更高的市场估价。可能的原因在于，CVC 与 IVC 相比，CVC 对突出企业真实价值有三方面的重要作用：第一，IPO 前促使 IVC 企业共同投资；第二，相比单独 IVC 投资，CVC 投资对金融市场参与者，例如承销商、机构投资者和分析师等，使他们在创业企业生命周期里更早的阶段进行接触；第三，对 IPO 市场直接投资者而言，CVC 支持的 IPO 企业比 IVC 单独支持的创业企业能获得更高的市场估价（Chemmanur 和 Loutskina，2008）。在此基础上，Ivanov 和 Xie（2010）根据 1981—2000 年期间 1510 家 VC 支持的 IPO 企业（其中 219 家 CVC 支持或 CVC 与 IVC 共同支持的创业企业）进行的实证研究发现，CVC 支持的企业与非 CVC 支持的企业相比，IPO 时能获得更高的市场估价，并且这种价值创造是在 CVC 母公司与创业企业有战略重叠的时候；有战略 CVC 支持的创业企业成为收购对象时，能够获得更高的收购溢价。Ivanov 和 Xie（2010）的研究与 Chemmanur 和 Loutskina（2008）的研究有几点不同：第一，CVC 支持的 IPO 企业样本选择上，Ivanov 和 Xie（2010）的标准是 CVC 在创业企业 IPO 时仍然是股东，而 Chemmanur 和 Loutskina（2008）的标准是曾经向 CVC 融资过；第二，Ivanov 和 Xie（2010）利用倾向得分匹配分析方法解决 CVC 支持的内生性问题和利用联立方程框架来检验 CVC 是否真的创造了价值还是仅仅是挑选了好的企业进行投资；第三，除了 IPO 估价外，Ivanov 和 Xie（2010）还采用收购溢价来评估创造的价值；第四，对 CVC 母公司与创业企业的战略是否匹配进行区分，发现只有在战略匹配的情况下 CVC 才为创业企业创造价值。不同的是，Wang 和 Wan（2013）与 Chemmanur 和 Loutskina（2008）和 Ivanov 和 Xie（2010）的研究结论相反。Wang 和 Wan（2013）认为由于 CVC 与 IVC 不同的兴趣、动机和资源会对创业企业 IPO 抑价产生不同的影响。基于资源基础观和多重代理理论，根据美国 2000—2007 年期间有 VC 支持的 200 家 IPO 企业的数据，采用 OLS 回归实证研究发现，IVC 对 IPO 抑价有积极影响，CVC 对 IPO 抑价有消极影响。不同 VC 类型对创业企业 IPO 抑价的影响可能来自于其背书效应。Ginsberg，Hasan 和 Tucci（2011）根据 1990—1999 年期间 1830 家 IPO 企业的相关数据分析发现，CVC 比单独 IVC 更能够提供更多的组织合法性价值。进一步分析 315 家 CVC 支持的 IPO 企业发现，当 IPO 企业有 CVC 融资关系时，著名承销商注意力更多的在于背书而不是资源相关方面的组织合法性信号。就背书合法性而言，关注更多放在投资筛查上而不是业务管理上；著名承销商在 IPO 市场繁荣时比冷清时更关注来自 CVC 投资的组织合法性信号。

（四）CVC 融资与 IVC 融资的创业企业治理结构、增长模式、国际化等方面的差异

CVC 与 IVC 对创业企业公司治理结构和控制权分配、融资规模、持续期和退出战略、增长模式、国际化等也会产生不同的影响。Ivanov 和 Masulis（2008）认为，CVC 母公司往往会与被投资的创业企业建立各种各样的战略业务关系，即使被投资的创业企业 IPO 之后，这种战略关系也会继续。根据美国 1992—1999 年期间有 CVC 支持的 138 家 IPO 企业，作者把 CVC 投资公司划分为两类：如果 CVC 母公司与创业企业有战略联盟、共同开发、合资、特许权协议或类似的安排，或者两者之间存在客户、供应商关系，这类 CVC 母公司归纳为战略收益投资者，其他情况归结为纯粹财务收益投资者。Ivanov 和 Masulis（2008）也挑选了 138 家 IVC 支持的创业企业。这样，实证研究样本包括 276 家 IPO 企业 1240 个企业 - 年观察样本。实证研究发现，战略 CVC 支持的 IPO 企业与 IVC 支持的 IPO 企业相比，治理结构往往有较弱的 CEO 和董事会和报酬委员会中有大比例的独立董事；CVC 支持的 IPO 企业有更高频率的交错董事会（Staggered boards）和强迫 CEO 更替。战略 CVC 投资公司与 IPO 企业的外部战略伙伴相比，战略 CVC 投资公司平均持有 IPO 企业的股权比例为 16.4%，而其他战略伙伴平均股权为 2.2%；战略 CVC 投资公司比其他战略伙伴占有 IPO 企业更多董事会席位（无论是 IPO 前还是 IPO 后）。Masulis 和 Nahata（2009）根据美国 1996—2001 年期间上市的创业企业的相关数据实证研究发现，与创业企业的关系是互补性战略 CVC 投资者比竞争性 CVC 投资者能够获得更多的董事会席位和股权；当融资涉及互补性战略 CVC 投资者时，创业企业愿意接受较低的董事会代表权，而涉及竞争性战略 CVC 投资者时，更愿意接受较高的董事会代表权；CVC 更倾向于投资后期发展阶段的创业企业，较少做领导投资者。领导型 CVC 投资者比领导型 IVC 投资者更有可能接受较低的董事会代表权，竞争性战略 CVC 投资者比互补性战略 CVC 投资者更有可能在资助创业企业时支

付更高的价格。Guo，Lou 和 Perez - Castrillo（2012）根据美国 1969—2008 年期间成功退出的 4801 家创业企业的实证研究发现，以融资总额、持续时间和退出路径为因变量，以融资对象（CVC = 1，IVC = 0）为自变量，实证研究发现：CVC 支持的创业企业比 IVC 支持的创业企业融资规模更大，持续时间更长，融资轮次更多，但退出路径没有显著性差异。Bertoni，Colombo 和 Grilli（2013）根据意大利 531 家新技术型创业企业 1994—2003 年期间的相关数据，采用增强的 Gibrat - Law 动态面板数据模型，利用 GMM 估计方法，实证研究发现短期内 IVC 投资比 CVC 投资对创业企业销售增长的影响效应要大；短期内 IVC 与 CVC 对创业企业就业增长的影响效应没有显著性差异。LiPuma（2006）根据 1770 家创业企业样本，以国际化强度（国外销售/总销售）为因变量，VC 类型为自变量，采用广义 Logit 模型实证研究发现：有 VC 支持的创业企业比无 VC 支持的创业企业国际化强度更高，但 VC 的不同类型对创业企业国际化强度的影响没有差异。

四 国外学者基于创业企业视角研究评述

总的来说，与从 CVC 投资公司视角的研究相比，学者从创业企业视角的研究无论是数量还是质量都稍显不足。但这些学者已有的研究对理解和指导创业企业 CVC 融资实践还是提供了有益的帮助。

（1）研究的内容。现有研究从创业企业为什么向 CVC 进行融资（创业企业向 CVC 融资的动机、影响因素及融资风险）、创业企业如何从 CVC 融资中获取价值（CVC 对创业企业绩效的影响）以及 CVC 与 IVC 等对创业企业绩效影响的差异比较方面做了一些探索性研究工作。创业企业之所以向 CVC 进行融资，主要是为了追求从其他融资渠道无法获取的战略性利益，例如生产能力、分销网络和营运经验（Kann，2000；Katila，Rosenberger 和 Eisenhardt，2008），吸引客户和构建商业信誉及商业能力（Maula，Autio 和 Murray，2005；Zu Knyphausen - Aufseß，2005）等。但创业企业与 CVC 投资公司的产品关系（Hellmann，2002）、创业企业资源需求、防御机制和替代伙伴（Katila，Rosenberger 和 Eisenhardt，2008）、知识产权保护状态（Dushnitsky 和 Shaver，2009）和创业企业的技术水平（Kang，2014b）会影响创业企业的 CVC 融资决策。尽管 CVC 融资比其他渠道融资能为创业企业带来独特的战略价值，但从 CVC 进行融资也存在一些风险（Maula 和 Murray，2001），例如技术诀窍会被不当利用等（Katila，Rosenberger 和 Eisenhardt，2008；Dushnitsky 和 Shaver 2009）。实证研究支持了 CVC 母公司能够向创业企业进行知识转移和促进创业企业的能力发展（Maula，Autio 和 Murray，2005，2009；Weber 和 Weber，2007，2010，2011），CVC 融资有助于创业企业管理和发展更加多元化的联盟组合（Paik 和 Woo，2013）并积极影响 IPO 后的创业绩效（Galloway，2013）。更多的学者致力于比较 CVC 与 IVC 等融资渠道对创业企业绩效的差异，例如 IPO 绩效（Maula 和 Murray，2002；Gompers 和 Lerner，2004；Park 和 Steensma，2011）、创新绩效（Chemmanur，Loutskina 和 Tian，2013；Park 和 Steensma，2013；Colombo 和 Murtinu，2014）、IPO 抑价效应（Maula 和 Murray，2001；Ginsberg，Hasan 和 Tucci，2005；Chemmanur 和 Loutskina，2008；Ivanov 和 Xie，2010；Wang 和 Wan，2013）等。

（2）研究思路。学者们的研究主要是从 CVC 融资渠道（CVC、IVC 等）对创业企业影响差异上进行对比分析，往往把被投资的创业企业根据融资经历分为 CVC 支持的和 IVC 支持的对照样本进行实证研究，少数学者利用“倾向得分匹配分析方法”区分了“选择效应”还是“培育效应”（Ivanov 和 Xie，2010；Chemmanur，Loutskina 和 Tian，2013）以便真实反映 CVC 对创业企业的实际贡献。

（3）实证研究方法。学者们根据研究内容不同，采用逻辑回归（LiPuma，2006；Anokhin，Schulze 和 Wuebker，2014）或多项 Logistic 回归模型（Kang，2014b）、Heckman 选择模型（Paik 和 Woo，2013）、倾向得分匹配分析（Ivanov 和 Xie，2010；Chemmanur，Loutskina 和 Tian，2013）、双概率模型（Park 和 Steensma，2011）、动态面板随机前沿分析方法（Uzuegbunam，Ofem 和 Nambisan，2013）、负二项回归模型（Park 和 Steensma，2013）和多元线性回归模型等。

（4）实证研究具体对象。现有文献主要是针对美国的 IPO 企业开展相应研究工作。由于 IPO 之前，创业企业的相关数据获得非常困难，因此学者们研究的创业企业主要是 IPO 企业，样本很少涉及非 IPO 企业。

从上面的总结可以看出，尽管学者们做了一定的尝试，也做出了应有的贡献，但相对于创业企业 CVC 融资的实践需要，基于创业企业视角的研究目前还比较零散，缺乏系统性，并且无论是研究的深度还是研究的广度都有待加强和提高。

第三节 国内学者 CVC 研究文献回顾

尽管 1998 年之后随着创业投资在中国的快速发展，CVC 占中国 VC 资本总额的比重也越来越大，在实践中也被上市公司或大企业（例如联想、腾讯、阿里巴巴等）广泛采用，但相对于实践中的重要性，中国学者的研究主要集中在 VC 方面，对 CVC 的研究非常有限，整体处于探索和起步阶段，主要是对欧美 CVC 投资的实践和研究进行理论归纳和总结，加上不像美国有相对完善的数据库，中国学者极少针对中国 CVC 投资的实证方面进行相应的研究工作。

一 国内学者的理论研究

国内学者大量翻译、介绍了国外学者的研究工作并进行了归纳和总结，近年来也发表了几篇综述性文章（例如，梁晓艳，糜仲春，王宏宇等，2007；陈敏灵，薛静，2012；李新春，林子尧，2012；乔明哲，陈忠卫，杜运周等，2012；乔明哲，杜运周，吴为民，2014）。总的来说，国内学者从 CVC 投资动机和目标、投资模式和管理等方面进行了理论归纳。

（一）CVC 投资动机及目标

大量的中国学者根据国内外 CVC 投资的实践及欧美学者的研究成果从不同方面总结了 CVC 投资的动机及目标。例如陈军（2001）总结美国 CVC 的发展、特点及运作机理，认为 CVC 投资的意义在于：（1）公司战略发展需要，是 R&D 策略联盟的积极延伸；（2）寻求更高的财务回报；（3）为并购（M&A）做准备；（4）将初创公司引向 IPO 之路。CVC 对风险企业和公司自身的技术创新都会产生影响（朱孝忠，2008），CVC 这种新型的投资方式和组织形式对我国企业自主创新能力的培育和产业群的低端突破有着重要的借鉴意义，“可以突破成熟企业和创业企业之间的藩篱、提高企业的投资效率、调和企业当期盈利率和长远发展前景之间的矛盾、提高企业的自主创新活力、使企业从容迎接突破性技术创新带来的挑战”（潘庆华，2009）。虽然 CVC 的投资动机包括财务收益动机和战略导向动机，但公司投资者进行投资的主要目标是为未来发展培育新的业务领域，盈利目标并不放在第一位（谈毅，叶岑，2003）。其他的战略动机还包括“加快技术创新的步伐；培育新的优质资产，调整公司的产品结构，实现多元化；拓展业务活动空间，加强策略联盟，充当研发载体；吸引顶级科技人才，激发创新精神，保持创新机制”（裘炜，2002），“促进母公司的主营业务、改善母公司研发效果从而促进母公司的技术创新、将母公司内未被充分利用的资源商业化、为母公司培育新的业务以实现母公司多元化发展”（李欣，2005），“寻找新业务机会、增强公司现有资源的利用能力和重新注入企业家精神和创新意识”（谈毅，叶岑，2003；童敏，2009）以及“得到高质量的专家、通过 CVC 能够提高企业内部 R&D 的效率”（童敏，2009），“加强已有的核心竞争力，学习和取得新的核心竞争力以及克服核心竞争力陷阱和学习惰性”（丛海涛，唐元虎，2003），“消除技术购买过程中，由于与技术方之间存在的信息不对称而产生的逆向选择”（刘建香，2008b），“获得新的商业机会和技术创新源、降低内部 R&D 投资的市场风险、克服预算软约束障碍、解决激励不足、增强市场需求、避免创业企业的技术威胁、促进技术标准建立”（何涛，2007）。谈毅和仝允桓（2005）把公司风险投资（Corporate venturing）战略动机总结为“学习，包括市场层面、企业层面和间接学习；期权构造，包括并购期权和进入新市场期权；资源利用，包括充分利用自身技术平台和充分利用辅助性资产”。徐震，陈衍泰和柯伟（2007）则针对由大企业（母公司）投资创建一家法律上独立的大企业创业投资公司（CVCC）研究认为，大企业创业投资公司最重要的战略目标是实现外部创新，包括“监视企业外部可能影响大企业未来增长机会的技术开发趋势、与在新兴企业中从事研究的高水平技术专家建立联系、为母公司的核心业务创造新的增长机会、培育母公司的创新与创业文化、增强员工创业的使命感”。对国家而言，“上市公司参与 VC 可以促进风险资本来源渠道的多元化、增加风险资本规模，促进全社会创业文化和环境的形成”；对企业而言，上市公司 CVC 有助于企业“调整自身的产业结构、培育利润增长点”（熊文，蔡莉，高山，2003）。

CVC 相比 IVC，有一些独特的特点和优势，例如“投资动机强烈、投资力度大；创新成果容易推向市场，其转化为产品的周期短；风险投资方式灵活多样；管理规范，专业人才相对集中”（晏钢，2002），具有“品牌效应和市场优势、技术优势和资金优势、信息优势”（裘炜，2002）。

（二）CVC 投资模式及管理

在对国内外 CVC 投资实践和欧美学者研究结论的基础上，中国学者归纳和总结了 CVC 投资的模式。例如，陈军（2001）总结美国 CVC 投资的外部模式为：（1）成立独立的风险投资部，并拨出专项资金，但并不单独做财务核算；（2）成立财务独立的子公司及 CVC 基金；（3）委托 VC 管理，公司只作为一个有限责任合伙人参与。崔远淼和陈可庭（2004）总结国外学者研究认为 CVC 投资模式包括主动投资模式（Driving investments）、消极投资模式（Passive investments）、导致投资模式（Enabling investments）、新兴投资模式（Emergent investments）等。其中，主动投资模式的投资对象是启动阶段的创业企业及与公司的经营范围密切相关的企业；消极投资模式下，风险企业不与公司的战略相联系，并与公司的经营范围联系较松散；导致投资模式下公司投资的基本目标仍是战略导向，但不与公司经营范围紧密连接；新兴投资模式对启动阶段创业企业的投资与公司经营范围紧密相连，但不具有加强公司当前战略的目标。李欣（2005）把西方主要的公司创业投资模式总结为关联模式（Ecosystem venturing）、创新模式（Innovation venturing）、收获模式（Harvest venturing）、常规模式（Private equity venturing）、新业务模式（New leg venturing）和多重目标模式（Mixed objectives venturing）。就主要目的而言，关联模式在于促进母公司业务，创新模式在于改善公司研发效果和创新，收获模式在于把公司未充分使用的资源商业化，常规模式在于财务收益，新业务模式在于培育新业务以便多元化（李欣，2005）。

一些学者认为，中国上市公司介入创业投资时，通常采取“直接投资、参股或控股”的方式（谈毅，叶岑，2003）。其中直接投资指上市公司直接通过收购兼并或参股等方式投资于高新技术企业，参股、控股指上市公司参与成立创业投资公司（前者上市公司所占 VC 机构份额不足50%，后者指占有相对或绝对控股地位）（谈毅，叶岑，2003）。类似的，熊文，蔡莉和高山（2003）、何涛（2007）认为中国上市公司参与风险投资有如下三种模式：直接向创业企业投资的模式、与其他公司联合投资于外部的风险投资基金（公司）、控股成立自己的风险投资公司（基金）。郭鲁伟和张健（2002）认为 CVC 主要采取两种主要的形式：委托专业风险投资公司管理或者直接成立独立的风险投资公司。达庆利和潘庆华（2007）则建议大型老牌公司宜采用建立附属子公司的方式进入创业投资领域。根据投资对象与企业核心业务的关系，刘建香（2008a）认为 CVC 有三种模式“推进模式，大企业对可能成为自己核心技术的替代技术所进行的创业投资；强化模式，大企业投资于与自己核心业务相关的上下游技术；突破模式，大企业投资于一个新的或关联性不强的技术领域”。

从 CVC 管理来看，陈军（2001）把早期美国 CVC 的失败归结为三个结构性的误区：其一，CVC 通常缺少明确的使命；其二，公司内部组织对投资创意缺乏一致；其三，缺乏完善的补偿机制。为此，作为一种“混合组织”（林明，颜光华，2004），企业投资者对风险投资的控制应注意“建立合适组织、做好投资前准备、适当监控投资过程和多种方式维系控制力”（林明，颜光华，2004）。现有的公司表决权制度不适应 CVC 分阶段注资的特点（崔远淼，陈可庭，2004），CVC 应该配备同时在大企业和创业企业工作的管理者、独立的组织结构（徐震，陈衍泰，柯伟，2007），在运营上最好能够“明确投资目标、处理好风险投资与公司战略转型的关系、公司领导阶层的共识与支持、高效组织架构下自主权的平衡和有效监督、适当的补偿机制”（杨晔，2010）。

二 国内学者的实证研究

由于缺乏相应数据库，国内学者主要采用理论模型推导的方式进行实证研究，近年来有几位学者开始采用数据进行实证。

（一）理论模型推导

理论模型方面的实证主要体现在研究 CVC 投资公司与创业企业的关系以及如何评价 CVC 项目及 CVC 投资风险。

（1）在 CVC 投资公司与创业企业关系上，中国学者大多数基于博弈理论来构建理论模型。根据博弈模型的理论推导，梁晓艳，糜仲春和王宏宇等（2006）、梁晓艳（2007）认为，知识产权保护制度强弱会影响双方的博弈并造成不同的利益结果；刘建香（2008b）认为大企业出于获取外部技术创新源的战略目的进行的风险投资，一定程度上能够消除技术购买过程中信息不对称产生的逆向选择；刘松（2009）认为，在公司风险投资市场上引入独立的风险投资者担任中介人角色可有效解决我国公司风险投资市场上存在的创新困境；乔明哲，陈德棉和李金良（2012）运用博弈模型分析公司创业投资的薪酬激励问题。结果发现，薪酬激励对公司创投家的努力程度具有正面影响，而对投资企业的支持力度具有负面影响。何涛（2007）通过企业创业投资策略的数学建模分析发现，价格弹性越大，大企业进行创业投资的可能性越大；最终产品所面临的市场容量巨大的时候，大企业进行企业创业投资的可能性增大。吴月瑞和崔毅（2009）理论分析认为合理水平的冗余进行内部创新投资和大量冗余进行 CVC 投资对企业最有利。

（2）在 CVC 项目评价上，潘庆华和达庆利（2006）构建了基于网络层次分析（ANP）的 CVC 项目评价方法，张识宇，徐济超和李大建（2011）则从“技术产品竞争力、创业团队素质、市场吸引力、资源利用程度、环境支持”五个方面构建了 CVC 项目评价指标体系，翁京华，韩玉启和苗成林（2012）则提出用蚁群算法度量企业的创业投资风险。

（二）数据实证

国内学者通过档案研究和调查访谈等取得的数据分别从投资企业和创业企业视角进行了少量的基于数据的实证研究，还有学者从“Corporate venturing”作为公司风险投资进行了实证。

1. 基于 CVC 投资公司视角的实证研究

几位学者从 CVC 投资实践、CVC 与公司投资者技术创新和 CVC 对公司投资者企业价值或经营绩效的影响方面进行了实证。

首先，在 CVC 投资实践方面，彭学兵和胡剑锋（2011）通过对 11 家初创型技术企业深度访谈材料和 6 家上市公司年报材料的内容分析，发现初创型企业的技术创业，组织方式更偏向于一体化和非股权联盟，而成熟企业的技术创业更偏向于 CVC 投资、少量持股联盟；乔明哲（2013）对 1999—2010 年期间沪深上市公司创业投资的现状进行统计分析发现，国内参与 CVC 投资活动的上市公司，行业分布集中在技术型行业，投资目的主要出于战略目标，投资模式从早期主要参股创投公司发展到近年来主要采用直接投资模式，投资偏好倾向于投资早期阶段的创业企业，或者与自身投资业务相关的创业企业。

其次，在 CVC 投资与公司投资者技术创新方面，辛燕飞（2009）以参股或控股方式参与风险投资的上市公司为研究对象，根据 1998—2007 年期间 55 家上市公司投资风险投资公司的记录，以专利数量增加率为因变量，CVC 投资强度（上市公司首年度投入风险投资公司资金额/上市公司该年度总资产）、投资双方的知识相关性（风险投资公司偏好与上市公司主营业务之间关联性）为自变量，采用逐步回归实证研究发现，CVC 投资强度和企业技术创新绩效之间没有显著相关关系。鹿溪（2010）也以参股或控股方式参与风险投资的上市公司为研究对象，根据 1998—2007 年期间 63 家上市公司投资风险投资公司的记录，以技术人员比重等 8 个指标的因子分析值，取上市公司 CVC 投资前后差值（投资后第 5 年—投资前 1 年）为因变量，

CVC 投资强度（上市公司首年度投入风险投资公司资金额/上市公司该年度总资产）、股权比例（上市公司占有风险投资公司的股权比例）、投资动机（参与发起设立风险投资公司取 1）等为自变量实证研究发现，上市公司在参与 CVC 投资活动后五年相比参与 CVC 投资之前一年，企业技术创新能力得到了有效提升，上市公司对风险投资公司的投资强度、股权比重等对其技术创新能力的提升并没有显著相关性；上市公司对创业投资活动的战略动机与其技术创新能力提升存在显著正相关。另外，张晨（2011）通过 97 份问卷调查数据，采用多元回归分析等发现，企业间互补性资源、知识共享惯例、共同解决问题的惯例等对知识利用与知识探索的平衡性有正向影响。

最后，较多的学者研究了 CVC 对公司投资者价值创造或经营绩效的影响，但得出了截然相反的结论。宋学明（2008）、翟丽，鹿溪和宋学明（2010）、林子尧和李新春（2012）实证发现上市公司投资 CVC 项目的金额、投资强度等对企业价值或经营绩效有消极影响，但孙健和白全民（2010）实证发现企业投资 CVC 项目的金额对企业价值有积极影响，宋效中和程玮（2014）发现投资强度对以战略发展为目标的上市公司经营绩效的影响大于以财务收益为目标的上市公司。具体来说，宋学明（2008）以参股或控股方式参与风险投资的上市公司为研究对象，根据 1998—2006 年期间 85 家上市公司投资风险投资公司的记录，以总资产收益率为因变量，投资强度（上市公司首年度投入风险投资公司资金额/上市公司该年度总资产）、占股比例（上市公司占有风险投资公司的股权比例）等为自变量，采用配对 T 检验和逐步回归分析发现，上市公司从事 CVC 投资活动短期内没有获得显著的收益，长期内甚至给公司绩效带来了显著的负面影响。在此基础上，翟丽，鹿溪和宋学明（2010）以类似的样本和变量得出类似的结论。类似的，林子尧和李新春（2012）根据 2001—2006 年期间 537 家制造业上市公司样本，以 2006 年的财务绩效（资产报酬率）和成长价值（Tobin's Q 值）为因变量，CVC 活动（企业投资 CVC 项目的金额）、投资强度（上市公司首次参股 VC 机构的金额占总资产比重）等为自变量，采用稳健回归分析方法实证研究发现，CVC 投资金额与上市公司财务回报和成长价值负相关。与上述学者研究结论相反的是，孙健和白全民（2010）根据 1999—2006 年期间 27 家上市公司投资 CVC 项目的情况，以 Tobin's Q 值为因变量，企业投资 CVC 项目的金额为自变量，线性回归发现上市公司的 Q 值与创业投资额之间存在着线性正相关性。宋效中和程玮（2014）根据沪深 A 股 141

个参与风险投资的上市公司，按照投资强度分成以战略发展为投资目标和以财务收益为投资目标两组样本进行实证分析发现投资强度（投资 CVC 项目金额/股东权益）对以战略发展为目标的上市公司经营绩效的影响大于以财务收益为目标的上市公司。王婵（2013）基于事件研究法，根据 2007—2012 年期间披露的大企业创业投资活动的 53 个公告事件，实证研究发现大企业创业投资活动公告事件窗内能够获得显著为正的累计平均异常收益率。

同样有趣的是，林子尧和李新春（2012）实证发现投资目标对企业价值或经营绩效会产生影响，陆方舟，陈德棉和乔明哲（2014）则发现投资目标与企业价值之间没有显著关系，宋效中和程玮（2014）实证发现不同的风险投资目标对上市公司经营绩效（每股收益）的影响有显著差异。其中，林子尧和李新春（2012）根据 2001—2006 年期间 537 家制造业上市公司样本，以 CVC 目标导向（上市公司持有创业投资机构的股份比例来判定 CVC 的目标导向）为自变量，实证研究发现，CVC 投资活动具有显著的战略导向，当 CVC 投资强度越高，CVC 活动导致上市公司财务绩效和成长价值损失越大；陆方舟，陈德棉和乔明哲（2014）基于沪深上市公司 1999—2010 年间 277 次 CVC 投资数据，以企业价值（Tobin's Q）为因变量，投资目标为自变量，采用协方差分析方法研究发现，CVC 投资目标与投资企业价值创造之间并无显著相关关系。宋效中和程玮（2014）根据沪深 A 股 141 个参与风险投资的上市公司实证发现不同的风险投资目标对上市公司经营绩效（每股收益）的影响有显著差异。CVC 投资模式、CVC 投资目标与投资模式的交互作用与投资企业价值创造之间存在显著的相关关系（陆方舟，陈德棉，乔明哲，2014）。控股 VC 模式 CVC 投资企业价值创造显著低于直接投资模式，特别是出于战略目标更加明显；出于财务目标的控股 VC 模式 CVC 投资的企业价值创造显著低于其他目标和模式的 CVC 投资（陆方舟，陈德棉，乔明哲，2014）。

2. 基于创业企业视角的实证研究

从创业企业视角的实证研究较少且研究主题分散。例如，赵天强（2014）根据创业板 IVC 支持的 80 家企业和 CVC 支持的 64 家企业的数据，分析 IVC 与 CVC 对 IPO 企业的 IPO 表现（发行费比和抑价程度等）、经营绩效（净资产收益率）和市场表现（一年期超额收益率）的影响。以投资强度（上市公司参与 CVC 项目的投资额占该公司总资产的比例）、参股比例（CVC 活动的大公司在创业企业中占有股份的比例）等为自变量进行的逐步回归分析结果发现，IVC 与 CVC 在创业企业上市过程对其 IPO 表现所带来的提升作用上并无显著差别；相对于 IVC，CVC 在提升对创业企业上市后经营绩效和表现方面的能力要更为突出；大公司参与 CVC 投资时，其投资强度、进入时间对创业企业上市后综合经营绩效水平有正向影响，管理参与则对创业企业上市后综合经营绩效水平有负向影响。苟燕楠和董静（2014）根据中小板 169 创业企业，327 条风险投资记录，以研发投入和专利数量为因变量，以不同 VC 背景为自变量，线性回归发现，公司背景风险投资机构的参与和创业企业研发投入呈负相关关系，与创业企业的专利没有显著相关性。

（3）以“Corporate venturing”作为公司风险投资研究对象的实证，高管政治网络（魏江，戴维奇，2010；戴维奇，魏江，余纯国，2012）、过往绩效（戴维奇，魏江，余纯国，2012）、组织冗余（魏江，戴维奇，2010；郑丹辉，韩晓燕，李新春，2013）会对公司风险投资（Corporate venturing）产生影响。具体而言，魏江和戴维奇（2010）以 2005—2008 年期间电子产业上市公司 180 个观察项构成的面板数据，以公司风险投资为因变量，广义回归分析（FGLS）研究结果表明高管政治网络对于公司风险投资具有显著的正向影响，潜在冗余和直接可用冗余对高管政治网络与公司风险投资的关系具有显著的负向调节效应。戴维奇，魏江和余纯国（2012）根据 2003—2009 年期间 44 家上市公司 176 个观察项构成的面板数据，以公司风险投资（CV）为因变量（公司年度创立、并购和少数股权投资三类活动的财务投入之和），过往绩效（总资产回报率）为自变量，高管政治网络为调节变量，采用随机效应的广义回归分析（FGLS）实证研究发现，过往绩效对于公司风险投资的影响是负向的，高管政治网络对上述两者的关系具有显著的正向调节作用。郑丹辉，韩晓燕和李新春（2013）根据 2008—2010 年期间 47 家民营高科技上市公司 438 个观察项构成的面板数据，以企业风险投资水平（Corporate Venturing）（购买设备、收购、兼并或合资等活动的支出与营业收入的比值）为因变量，组织冗余、创始人控制等为自变量，GLS 回归发现，组织冗余与民营上市公司风险投资活动之间呈“倒 U 形”关系，创始人及其家族控制显著促进了民营企业在风险投资活动上的冗余资源配置。

三　国内 CVC 研究评述

总体来看，相对于在实践中的重要性，国内学术界尚未对 CVC 的研究给予足够的重视，研究整体尚处于探索阶段和起步阶段，研究成果尚无法对中国 CVC 投资实践提供支持和指导，这必然会限制中国企业 CVC 投资的实践。国内学者理论研究主要是对欧美学者研究文献的总结和归纳，研究质量整体有待提高，原创性的成果非常少，许多问题都有待丰富和深入。虽然从 2008 年开始有少量的基于调研或档案数据对公司投资者 CVC 投资绩效进行了实证研究，但国内 CVC 投资绩效方面的实证研究存在一定的不足：

第一，从分析框架来看，不同于国外学者采用的 CVC 双元（Dyads）"CVC 投资公司—创业企业"或 CVC 三元（Triads）"CVC 投资公司 - CVC 项目/单元—创业企业"逻辑分析框架，国内学者实证分析框架采用的是"CVC 投资公司 - CVC 项目"二元分析结构。对公司投资者而言，CVC 投资绩效源自于与被投资的创业企业（用投资数量、金额、投资组合等测量）进行的双边组织学习，CVC 项目只是投资中介，只会调节绩效创造的效果。因此，国内这种二元分析框架存在潜在的科学性和可靠性问题，得出的研究结论对公司 CVC 投资实践的现实启示价值也存在局限。

第二，由于国内分析框架采用"CVC 投资公司 - CVC 项目"的二元结构，因此，学者在自变量设置上，以投资强度（上市公司首年度投入风险投资公司资金额/上市公司该年度总资产）、占股比例（上市公司占有风险投资公司的股权比例）、关联度（风险投资公司偏好与上市公司主营业务或知识之间关联性）等为自变量进行线性回归实证分析，未涉及被投资的创业企业（例如投资金额、投资数量、投资组合多元化等），这种变量设置会造成潜在的科学性问题。例如，上市公司首年度投入风险投资公司资金额等与其 CVC 投资绩效没有必然的逻辑关系：无论初始投资有多大，如果被投资的风险投资公司不对创业企业进行投资，那么投资就不会创造投资绩效，而同样规模的风险投资公司投资的创业企业无论是行业还是数量都有着显著性差异，没有特定的逻辑关系；风险公司投资偏好非常不稳定，根据风险投资公司的投资偏好判断投资公司与创业企业知识或行业关联度非常不准确和不可靠。当然，由于国内缺少相应的数据库，要拓展到创业企业的研究，在数据收集上非常困难，这也是造成目前实证研究没有拓展到创业企业数据的主要原因。总之，目前国内根据大公司投资风险（创业）投资公司/基金的金额等来证明大公司 CVC 投资绩效存在潜在的科学性和可靠性问题。

第三，国内学者在实证方法上主要采用简单线性回归的方式，造成研究结论"非黑即白"。从国外细致、严谨的实证研究来看，往往都假定为存在复杂的“曲线”关系而不是简单的“线性”关系，并根据因变量的不同采用不同的方法，例如对专利等整数型变量，由于存在过度离散问题，往往采用负二项回归模型进行实证检验。

第四节　CVC 研究理论基础

CVC 研究的主要理论基础包括资源基础观、知识基础观、创新搜寻与组织学习理论和实物期权理论。

一　资源基础观

资源基础观（Resource - Based View，简称 RBV）最早可追溯到 Penrose（1959）的研究成果。Penrose（1959）把企业概化为一系列生产性资源的集合，企业成长就是使用这些资源去开发“生产机会”的过程同时增加企业的资源基础。Penrose（1959）把生产机会界定为“企业家能够识别、愿意并且能够追求的所有可能的生产可能性的集合”。由于生产机会是无限的，因此企业的成长受现有资源基础和管理、开发这些资源的能力的限制。Wernerfelt（1984）引入了“资源基础”的术语，认为企业是有形和无形的资源包。同年 Rumelt（1984）也认为竞争优势是由管理层处理的独特的资源所决定。资源基础观的核心思想是企业特有的技能、能力和其他有形、无形的资产是企业竞争优势的基础（Prahalad 和 Hamel，1990；Barney，1991；Peteraf，1993）。由于环境的不确定性，企业特有的资源和能力是比市场定位更具有可持续性的竞争优势基础（Grant，1991）。企业战略的精髓在于如何使用现有的资源和获取、发展组织内部额外的独特的资源（Wernerfelt，1984）。其中，Barney（1991）的资源基础观有两个核心假设：（1）资源在企业间分布不均；（2）生产性资源不可能无成本的在企业间进行转移（Barney，1991；Priem 和 Butler，2001）。因此，有价值、稀缺、不可模仿性和不可替代性的资源是企业获取竞争优势和经济绩效的源泉（Barney，1991）。由于资源的发展过程具有耗时和路径依赖特性，因此资源常常是企业特有的和异质的（Dierickx 和 Cool，1989），这使得资源的市场交易非常困难（Chi，1994）。企业通过配备独一无二的资源并以独特的方式整合使用这些资源来创造价值（Basu，Phelps 和 Kotha，2011）。

既然企业资源分布是异质的和不均的，市场交易获取资源非常困难，那么企业究竟该如何获取发展所需的资源？建立在社会交换理论（Social Exchange Theory，简称 SET）基础上的资源依赖理论（Resource Dependence Theory，简称 RDT）（Emerson，1962；Blau，1964）能够给出一些启示。资源依赖理论认为，没有组织能够单独幸存（Jacobs，1974；Pfeffer 和 Salancik，2003），企业不得不发展组织间关系，因为没有一家企业能够仅靠内部就生产所有发展所需的资源（Jacobs，1974；Aldrich 和 Pfeffer，1976；Pfeffer 和 Salancik，2003），企业的行为受其能获取的最为关键的、其核心业务依赖的资源所塑造（Pfeffer 和 Salancik，2003）。组织间关系通常是企业对环境不确定性做出响应的结果（Emerson，1962；Ulrich 和 Barney，1984；Hillman，Withers 和 Collins，2009）。组织生存和适应性部分依赖于其使用的稀缺资源，包括从其供应商、银行和客户等伙伴获取的信息。通过企业关系网络获取稀缺的信息能够明确行业发展方向，澄清商机并减少对其他企业的依赖（Pfeffer 和 Salancik，2003），通过获取的信息开发新的增长机会。因此，公司可以通过与其他企业建立和发展组织关系来获取资源。这种组织关系建立最为典型的就是企业联盟（Interfirm ties）。

当企业有充分的诱因和机会进行合作时，就会组建企业联盟（Ahuja，2000a）。诱因通常是源自于企业由于需要某些自身不拥有的或获取成本过高的特定竞争资源不得不与其他企业达成伙伴（Ahuja，2000a）。机会通常指企业可获得的或有动机参与的伙伴数量，受行业规模、企业能力等方面影响（Ahuja，2000a）。环境条件和企业资源同时影响了诱因和机会（Sakakibara，2002）。威胁企业竞争地位的环境下，由于增加了企业获取和发展新颖资源的需求从而会诱使企业增加与其他企业的合作（Eisenhardt 和 Schoonhoven，1996）。拥有大量有价值资源存量的公司往往会吸引伙伴并有大量的合作机会（Ahuja，2000a），这样的企业在寻求伙伴方面占有优势，也增加了从合作中获取的收益并增加其努力去获取的诱因（Ahuja，2000a）。企业联盟通过允许伙伴接近和发展新颖的资源、有效开发和保留现有资源从而使企业克服在企业资源交易中的问题（Das 和 Teng，2000）。企业联盟的一大优势是其提供的战略弹性，相对于内部研发和并购而言，企业联盟通常涉及组织资源小的不可逆投资，这样当环境条件变化时，调整起来容易并且成本很低（Folta，1998）。企业联盟同样能提供伙伴有关资源质量的秘密资料。这些信息减少了伙伴的不确定性，使他们具有能够根据环境变革放大或缩小伙伴活动的优势（Kogut，1991）。最后，企业联盟使伙伴能快速获得所需资源，增加企业学习的效率、提升资源再配置和发展的速度（Hamel，1991）。

CVC 投资是一种正式的企业联盟。从 CVC 投资公司角度，CVC 关系是快速获取外部创新企业资源的手段（Keil，2002）和开发现有资源的方式（Maula，2007）。CVC 投资关系给公司投资者提供了巨大的战略弹性（Basu，Phelps 和 Kotha，2011）。CVC 投资本质上是用相对较小的资源投入到新颖的、不确定的和开创性的创业企业中进行探索性活动（Li 和 Mahoney，2006）。由于投资非常小，CVC 投资公司可以通过对创业企业组合进行投资来增加所获取新颖资源的种类并减少风险（Allen 和 Hevert，2007）。

二 知识基础观

知识基础观（Knowledge - Based View，简称 KBV）源自于资源基础观。知识基础观把企业的知识从企业的资源中分离出来，认为知识是企业最重要的资源（Grant，1996）。生产、转移和整合知识是企业存在的主要依据（Kogut 和 Zander，1992；Grant，1996）。知识基础观认为，企业是知识承载的实体（Nonaka，1994；Grant，1996），竞争优势源自于不同企业拥有的异质性知识基础。知识对任何组织来说都是关键的、核心的和主要的有价值的资源（Cohen 和 Levinthal，1990；Grant，1996；Dyer 和 Singh，1998；Lane 和 Lubatkin，1998）。从知识基础观的角度，知识是最有效的战略资源（Grant，1996；Spender，1996），是获取可持续竞争优势的一个源泉（Kogut 和 Zander，1992；Grant，1996；Spender，1996）。企业期望能够成长，维持其竞争优势或致力于更新、补充组织学习过程以促进知识、能力的获取和积累对当前和未来的竞争能力非常关键（Wadhwa 和 Kotha，2006）。总之，对力争创新和获取竞争优势的组织而言，新知识、知识转移和知识创造是非常关键的，他们不仅能够打开新的生产机会（Penrose，1959），还能提高开发这些机会的能力（Yli - Renko，Autio 和 Sapienza，2001）。

知识基础观认为企业的知识状态可以概化为存量和流量（Dierickx 和 Cool，1989）。存量知识是企业内部积累的知识资产（Birkinshaw，Nobel 和 Ridderstrale，2002），体现在企业拥有的技术、人力资本、专利、商标和组织惯例上；流量知识是流入企业的能够被吸收和发展为知识存量的知识（De Carolis 和 Deeds，1999）。为了获得竞争优势，企业需要不断创造知识流入以更新其知识资产（Yang，Nomoto 和 Kurokawa，2013）。潜在的外部知识源包括区域网络内的雇员和企业（Saxenian，1990；Almeida 和 Kogut，1999）、大学和政府实验室（Cohen，Nelson 和 Walsh，2002）、联盟伙伴（Gulati，1995；Powell，Koput 和 Smith - Doerr，1996；Schildt，Maula 和 Keil，2005）、并购目标（Capron，Dussauge 和 Mitchell，1998；Ahuja 和 Katila，2001；Schildt，Maula 和 Keil，2005）。新知识可以通过内部经验性学习活动获取（Zahra，Nielsen 和 Bogner，1999），但更重要的是能够从组织的不同部门或跨组织边界通过知识转移获取（Argote 和 Ingram，2000）。知识转移指一个单元（例如组织、部门、外部实体）受另一单元经验影响的过程（Argote 和 Ingram，2000）。知识可以通过多种途径进行转移：人力资源流动（Almeida 和 Kogut，1999）、教育（Thompson，Gentner 和 Löwenstein，2000）、交流（Rulke，Zaheer 和 Anderson，2000）、观察、技术转移（Galbraith，1983）、专利和展示（Appleyard，1996）和联盟（Zaheer 和 McEvily，1999）。组织探索新知识和开发现有知识的一个有效途径就是与其他组织进行知识交换（Dyer，1996；Dyer 和 Nobeoka，2000；De Clercq 和 Sapienza，2001；Lane，2001；Zacharakis，2002）。持有异质性的知识基础和能力是企业间维持竞争优势和卓越绩效的主要决定因素（Grant，1996）。组织最富创新的做法不是在组织内进行发明而是从外部知识源进行获取和复制（Cohen 和 Levinthal，1990）。例如，企业可以通过特定的实践和机制从创新的外部资源寻求新知识和洞察力。这些资源或实践包括雇佣技术人员（Almeida 和 Kogut，1999）、战略联盟（Mowery，Oxley 和 Silverman，1996；Rosenkopf 和 Almeida，2003）、合资、许可证生产、形成非正式网络（Almeida 和 Kogut，1999）。

知识本身可以分为外显知识和缄默知识。外显知识能够轻易被编码、转移，然而缄默知识主要源自于经验，例如技巧和直觉（Nonaka 和 Takeuchi，1995）。缄默知识往往是主观的和不易察觉的，很难被编码和模仿（Grant，1996；De Carolis 和 Deeds，1999），因此很难从持有者手中分开和进行转移（Kogut 和 Zander，1996）。因此，缄默知识满足了获取可持续竞争优势的资源的前提，例如稀缺、有价值、难以模仿和难以替代。换句话说，企业想获取竞争优势并保持长期的创新，就必须认识到知识的价值，企业因此必须持续不断创造和获取新知识。一个企业如果仅聚焦于现有的知识基础就有可能失去竞争优势，因为新知识或技术有可能取代现存的知识或技术。因此，企业需要持续不断的监控市场和技术的变化以避免被取代。新技术知识往往是缄默知识，通常比较复杂和难以交流。组织学习和获取关键新知识的压力会激发企业建立 CVC 项目。CVC 项目使得老牌公司能够获取创业企业的缄默的技术知识，因为 CVC 项目给母公司直接接触创业企业雇员的可能性（例如共同研发项目、定期例会等）。Schildt，Maula 和 Keil（2005）认为 CVC 项目有助于探索性学习，帮助母公司快速接触创业企业的新知识从而避免耗时耗力的内部 R&D（Dushnitsky 和 Lenox，2005b；Basu，Phelps 和 Kotha，2009）。

CVC 投资可为双边组织创造新信息和知识的来源。在 CVC 投资活动中，知识转移有两个方向：第一，知识流入 CVC 母公司。创业企业家的努力导致在企业内部或外部创造出新业务（Sharma 和 Chrisman，1999），这些创业企业在这些新领域的经验会产生新知识并可以转移到 CVC 母公司。知识流入提供了一个学习的工具，可以帮助母公司更新知识基础并激发内部技术创新（Dushnitsky 和 Lenox，2005a，b；Keil，Maula 和 Schildt et al.，2008，从而有可能改变母公司的竞争态势（Narayanan，Yang 和 Zahra，2009）。第二，知识流出 CVC 母公司。CVC 投资活动中，知识需要从母公司转移到被投资的创业企业，以便改善创业企业的绩效。新创企业往往是建立在新理念和新技术上的。但是，新业务发展是一个复杂和多学科的过程。新创企业往往缺乏宽广范围的技能、专门知识和能力来单独完成任务（Teece，1986；Deeds 和 Hill，1996）。生产和转移知识对创新驱动型企业或技术型创业企业等需要持续不断更新知识的企业非常重要（Lane 和 Lubatkin，1998）。与新创企业不同的是，由于多年的知识积累，CVC 母公司往往拥有极大的有关 R&D、市场、人力资源管理等方面的知识存量。另外，一些公司投资者还是市场领导者，因此新创企业可以通过观察和模仿学习。因此，从 CVC 母公司的知识流入能给创业企业提供广泛的支持，无论是操作层面的技术和市场支持（Maula，Autio 和 Murray，2009）还是战略层面的任务和愿景，弥补创业企业的经验缺乏（Block 和 MacMillan，1993；Pisano，1994；Teece，1986）。总之，除了财务支持，任何 CVC 投资对向创业企业转移相关知识（事实、技巧、经验、其他互补资源、社会网络）都是有效的（Maula，Autio 和 Murray，2005）。两个方向的知识流动是互惠的（Phan 和 Peridis，2000；Schulz，2003）。从创业企业流向母公司的新知识提供了运作和市场信息。就开发而言，创业企业向其他业务单元发送的知识越多，其他业务单元就更能意识到其知识与创业企业的关联性，就更愿意分享其知识

(Schulz, 2003); 就探索而言，创业企业为CVC投资公司打开了一扇新技术或新市场的窗。

三 创新搜寻与组织学习理论

学习是吸收新信息并整合到现有知识基础的搜寻过程。组织学习就是组织单元获取任何对组织可能有用的知识的过程（Huber, 1991），或者指一个企业参与经验（自己的或他人的），从中举一反三，为未来的经验准备推理材料的反复、动态过程（Levitt 和 March, 1988）。这个过程可以划分为三个阶段（Argote 和 Ingram, 2000）：知识获取、复制和转移。搜寻作为一个解决问题的活动，指组织致力于通过组织惯例来发现环境中的机会（Nelson 和 Winter, 1982; Dosi, 1988）。组织搜寻是一个学习的过程，通过组织搜寻，企业能够发展新的能力和知识基础（Makadok 和 Walker, 1996）、改善当前的技能和技术（Nelson 和 Winter, 1982）来对所处的环境做出响应（Cyert 和 March, 1963; Baum, Li 和 Usher, 2000）以获得生存和竞争能力。搜寻有四个基本特征：（1）搜寻涉及寻求问题的解决办法（Cyert 和 March, 1963）；（2）搜寻问题的解决办法是有成本的（Cyert 和 March, 1963; Simon, 1978; Dosi, 1988），并有可能随着解决问题的新奇程度或问题的模糊性而增加，随着解决问题的经验而降低（Levinthal 和 March, 1981; Nelson 和 Winter, 1982）；（3）搜寻部分或全部通过启发式惯例指导按计划进行（Nelson 和 Winter, 1982; Dosi, 1988）。企业在其问题解决过程中利用存在于组织惯例中的启发式方法进行组织搜寻，类似的和成功的搜寻行为的效率和有效性通过把过去搜寻经验制度化于组织惯例而得到增加（Nelson 和 Winter, 1982; Dosi, 1988）；（4）搜寻往往发生在复杂的和动态的环境中（Katila, 2000），这样的环境对组织造成了相当大的不确定性和模糊性（Fleming, 2001），迫使组织通过搜寻寻求新的解决办法。组织搜寻可以分为两种类型：开发搜寻和探索搜寻（March, 1991）。开发搜寻指企业基于现有的知识基础产生新的主意和发明，增加企业现有知识基础的深度，因此，开发搜寻强调在既存的惯例中的经验的提炼和选择（March, 1991）。组织采用开发性搜寻来利用现有的技能、知识基础、技术和能力等优势，也被称之为局部搜寻或近距离搜寻（Nelson 和 Winter, 1982）；探索搜寻指企业基于新知识产生的点子或发明，通过增加新知识而拓展企业现有的知识基础（Sørensen 和 Stuart, 2000; Rosenkopf 和 Nerkar, 2001; Benner 和 Tushman，2002），因此，探索搜寻强调发展新知识和能力的深思熟虑的变化和有计划的实验过程（Levinthal 和 March，1993），也被称之为远距离的，非局部（Nelson 和 Winter，1982）或创新搜寻（Cyert 和 March，1963；Levinthal 和 March，1981）。

组织学习有多重划分标准，Argyris 和 Schön（1978）对单环学习和双环学习进行了区别。单环学习可视为对环境的反应性适应，目标、标准和知识结构并不改变。双环学习是一个更多的反射过程，包含目标、标准和知识结构的修正以响应环境变化和作为前瞻性搜寻过程。除了单环、双环学习，Hubert（1991）识别了五种组织学习过程：天赋学习（Congenital learning），指组织成立之前的学习过程，组织知识随着组织的成立而引入，组织成立之后，天赋学习就无法发生；经验学习（Experiential learning），包括实验和无计划或无意识的学习。这种形式也被其他学者称为“干中学，Learning - by - doing”（Levitt 和 March，1988）；替代学习（Vicarious learning），指从其他组织进行学习。这种学习可以通过模仿或间谍活动进行；嫁接介绍学习（Grafting describes learning），通过新雇员或雇佣新雇员或收购整个组织的方式进行；搜寻和发现（Searching and noticing），指组织有系统地扫描环境以获得创造新知识的信息的过程。组织学习根据信息的来源可以划分为经验性学习和获取性学习（Huber，1991；Zahra，Nielsen 和 Bogner，1999）。经验性学习类似于从实践经验中学习，或者“干中学”。这种形式，知识来源于组织内，企业能从自己的实验中学习。在“干中学”过程中，组织通过反复进行活动和改编过去的经验来学习（March 和 Simon，1958；Cyert 和 March，1963）。通过对响应做出评估，组织改编行动步骤以便增加获得所需响应的可能性（Van de Ven 和 Polley，1992）。“干中学”过程中，组织可能会犯错，但通过识别这些错误，组织能够调整决策规则和发展那些已经经过环境选择的惯例（Winter，1990；Glynn，Lant 和 Milliken，1994）。获取性学习指企业获取或内化存在于组织边界之外的知识（Zahra，Nielsen 和 Bogner，1999）。有三大因素会影响到获取性学习：获取外部知识源的能力（Steensma 和 Lyles，2000）、跨组织的知识流动（De Carolis 和 Deeds，1999）和知识接受者的吸收能力（Zahra 和 George，2002）。

除了以上的“单环学习和双环学习”、“经验学习和获取性学习”，根据组织学习过程中搜寻的方式的不同，组织学习可以分为开发性学习（Exploitative learning）和探索性学习（Explorative learning）这两种不同的学习方式（March，1991）。探索性学习活动包括搜寻、变异、承担风险、实验、参与、弹性、发现或创新（March，1991），探索性学习强调通过产生变异来学习（McGrath，2001）。因此，探索性活动产生的知识经常远离组织现存的知识基础（Katila，2002）。开发性学习刚好相反，直接搜寻强调限制变异（McGrath，2001），其活动包括精炼、选择、生产、效率、挑选、实施和执行（March，1991）。考虑到探索性活动与开发性活动的这些差异，许多企业趋向于最优化其开发性活动（Benner 和 Tushman，2002）。组织结构和资源禀赋等初始条件决定了学习的轨迹（Holbrook，Cohen 和 Hounshell et al.，2000；Keil，2004）并影响学习的效力（Levinthal 和 March，1993）。组织因素使企业更喜欢“真实和可靠”的解决办法而不是高度不寻常和无法预见的新颖解决办法（Cyert 和 March，1963）。维持公司动态平衡能力的权利政治激励机制和新兴组织惯例的僵化效应倾向于先前的惯用解决方案（Schildt，Maula 和 Keil，2005）。除此之外，企业学习和基于知识的研究进展非常肯定认知和基本学习机制趋向于使企业纠正任何偏离局部最优和近距离学习的行为（Schildt，Maula 和 Keil，2005）。由于近距离搜寻倾向，学习会存在路径依赖性（Yang，2012），也就是说，现存的知识构成了搜寻新知识过程的起点，潜在的学习过程是先前知识的功能（Keil，2004），组织搜寻与先前的知识基础紧密相关（Helfat，1994；Stuart 和 Podolny，1996）。因为先前有关的知识有利于识别、解释和同化相关的知识，因此企业从近距离和近似资源学习非常有效率（Cohen 和 Levinthal，1989，1990，1994；McGrath，2001）。新知识往往是通过整合现有知识来创造的（Kogut 和 Zander，1992），并且相关的新知识不太会与企业主导逻辑和既定的思维模式产生冲突，因此企业采用时就不会面临太多的阻力（Levinthal，1997）。探索，作为搜寻、变异、实验和发现的学习过程（March，1991），与远距离搜寻紧密结合，整合现有知识外新的、不熟悉知识（Nelson，1982），响应环境的变化（Baum，Li 和 Usher，2000），发展新的能力并改善现存的技术和能力以适应变化。相比近距离搜寻过程，这种远距离探索性搜寻使企业更有可能获取新颖或关键的知识产出（Schumpeter，1934；Levinthal 和 March，1981；Mezias 和 Glynn，1993；Ahuja 和 Morris Lmapert，2001）：（1）搜寻范围的扩大增加了企业可能接触到的知识要素（Fleming，2001）。在其他条件不变的情况下，搜寻的知识要素越多，企业从搜寻活动中学习知识的机会越大；（2）搜寻范围扩大增加了企业研究不同知识要素和搜寻知识变异的机会（March，1991；Fleming，2001）。搜寻知识变异机会的增加会开发企业现有的知识基础（Levinthal 和 March，1981）。搜寻中“知识变异的价值”（Mezias 和 Glynn，1993）同样增加得以实现的高度新颖或关键解决方法的数量（Levinthal 和 March，1981，March，1991）。实证研究也显示当企业指导其搜寻超越近距离知识领域，企业通常能够获得有用的创新（Rosenkopf 和 Nerkar，2001），改变其技术位置（Stuart 和 Podolny，1996），引进新产品（Katila，2002；Katila 和 Ahuja，2002）。但尽管远距离探索性搜寻对组织重构和更新是至关重要的（Stuart 和 Podolny，1996），探索和远距离搜寻是非常昂贵的（Nelson，1982），充满不确定性和风险。按照 March（1991）的观点，“与开发的回报相比，探索的回报从系统上更不确定，时间上更不及时，组织上行动和适应的轨迹更遥远……相对于探索，确定性、速度、接近和清晰反馈等往往与开发联系在一起，并且开发的结果更迅速和更精确”。另外，探索搜寻的成本会随着范围的增加而增加（Cyert 和 March，1963；Nelson，1982；Kauffman，Lobo 和 Macready，2000）：一方面，探索性远距离搜寻增加了搜寻领域的范围并寻求不同知识领域的解决方法，企业不得不做出努力扩展资源来理解多元化的知识；另一方面，更多的搜寻范围由于增加了整合多元化知识的成本从而平均成功率较低。搜寻范围增加会增加企业整合新知识的知识基础从而为企业带来极大的挑战，要整合的知识范围越宽，控制整合问题的复杂程度越大（Grant，1996）。企业吸收新知识的能力由于认知能力有限而减弱（Fleming 和 Sorenson，2001）。尽管有这些局限性，但是，随着知识经济时代的到来，知识更新速度日益加快，企业不能仅仅依靠内部的知识积累，企业更早的接触或获取新兴技术能够有效的对技术威胁作出响应（Maula，Keil 和 Zahra，2003）。一系列的研究也显示仅通过内部研发产生创新非常困难（Tushman 和 Anderson，1986；Henderson，1993），创新要求大量整合存在于不同主体的不同的知识资产（Arrow，1974）。组织需要平衡有助于探索新知识、技术和能力的探索性活动和有助于开发现有知识基础和能力基础的开发性活动（March，1991）。企业发现并捕获有价值资源和能力的动态能力往往与探索企业外部的知识并与企业内部知识整合有关（Henderson 和 Cockburn，1994；Teece，Pisano 和 Shuen，1997）。

由于不鼓励企业获取新颖和超越组织熟悉领域的远距离的知识，局部搜寻可能限制企业创新的可能性，导致企业形成“核心刚性”（Leonard - Barton，1995）或落入能力陷阱（Levitt 和 March，1988）。局部搜寻或开发性学习可能造成“学习近视”（Levinthal 和 March，1993），知识存量缺乏变异会导致渐进式创新或退化（Baum，Li 和 Usher，2000），产生“熟悉陷阱、成熟陷阱和临近陷阱”从而阻碍突破性创新（Ahuja 和 Lampert，2001）。而技术环境的高速变化导致企业经常需要适应和学习新技能，但同时这种技术环境变化缩短给企业利用先前技能和能力基础进行技术开发的时间，迫使公司同时进行知识开发和知识探索（Eisenhardt 和 Brown，1997），获取跨组织边界的新知识对所有企业而言就显得日益重要。恰当的组织结构和激励方案可能有助于企业克服“学习近视”，并在开发性学习和探索性学习中保持平衡（Levinthal 和 March，1993）。因此，企业越来越致力于远距离搜寻或探索性学习活动，通过公司创业来超越组织边界从外部学习。外部创业使企业能够监控市场和技术的发展（Winters，1988；Keil，2002；McNally，2002），吸收同化其联盟伙伴先前使用的技术（Mowery，Oxley 和 Silverman，1996；Stuart 和 Podolny，1996），进入和扩展新兴市场（Mitchell 和 Singh，1992；Barkema 和 Vermeulen，1998），更具有创新性和快速增长（Powell，Koput 和 Smith - Doerr，1996；Stuart，2000）。不同的公司外部创业形式或治理模式，例如 CVC 投资、联盟、合资企业联盟和并购创业企业等（Sharma 和 Chrisman，1999；Keil，2002；Miles 和 Covin，2002；Schildt，Maula 和 Keil，2005）都能使企业进行跨组织学习的探索性学习活动。

探索性学习要求更大的弹性和适应性，因此 CVC 投资比非权益联盟等更可能提供一个源自于高弹性和适应性的有效的环境来发现新知识（Osborn 和 Hagedoorn，1997）。探索性学习的高度不确定性要求企业节省成本。与交易费用的推论一致（Williamson，1975，1985），对于一个给定的项目，企业应该减少不能被重新配置的资产投资。从投入资产专用性来看，并购最大，其次是合资、非权益联盟，最小的是 CVC 投资。因此，CVC 投资最适合探索性学习活动，近年来成为最为主要和流行的形式。CVC 投资有助于 CVC 投资公司和创业企业之间的组织学习，但两者知识学习的焦点还是存在一定的差异：一方面，CVC 投资者——老牌公司，主要面临的是战略惯性的问题，缺乏快速创新的知识储备（Dushnitsky 和 Lenox，2005a），并且这种创新很难通过内部知识发展获取（Tushman 和 Anderson，1986；Henderson，1993）。通过 CVC 投资，老牌公司瞄准学习有价值的、稀缺的和难以模仿的有关新技术或新市场的知识，而这些知识有助于获取可持续的竞争优势（Barney，1991）。CVC 投资能够培育老牌公司从创业企业的组织学习（Dushnitsky 和 Lenox，2005a）：投资前的尽职调查过程，老牌公司有机会找出并学习创业企业的发明，详细了解创业企业的商业计划和实施路径从而洞察未来的技术和市场；投资后，公司投资者能够学习创业企业使用的新技术从而获得技术窗口；老牌公司从失败的创业企业学习。相关的实证研究也显示，公司通过 CVC 投资，能够及时地监控市场与技术的变革，有机会获得行业中的新技术、新产品，甚至行业的最新发展方向，进而使企业更具有创新性，提高企业的创新绩效（Schildt，Maula 和 Keil，2005；Dushnitsky 和 Lenox，2006；Sahaym，Steensma 和 Barden，2010）；CVC 投资作为预警机制，有助于高层管理者注意到不连续的技术变革（Maula，Keil 和 Zahra，2013）。CVC 投资不仅能够帮助企业开发现有的知识（开发性学习），也能帮助企业探索新的知识（探索性学习）（Schildt，Maula 和 Keil，2005）。另一方面，CVC 投资的创业企业往往建立在新颖发明和创新技术基础上（Kortum 和 Lerner，2000；Shane，2001b），往往缺乏宽广的资源和能力去商业化这些新技术。创业企业虽然拥有新颖发明和创新技术，但拥有这些知识本身并不会导致创业企业生存。创业企业的生存和发展取决于能否成功地把这些发明和创新技术商业化。技术商业化是一个复杂、多学科的过程，因此创业企业需要获取外部知识资源（Deeds，De Carolis 和 Coombs，2000）来解决此问题，以获得技术商业化的互补性能力的同时通过观察建立自己的能力，而 CVC 投资提供了创业企业获取外部资源的独特机会。

四　实物期权理论

实物期权理论（Real Options Theory，简称 ROT）几乎与现代股票期权的估值公式的发现同时出现（Black 和 Scholes，1973；Cox，Ross 和 Rubinstein，1979）。实物期权理论的主要观点是应用期权概念来评估和管理那些不可逆和不确定性投资决策（Vassolo，Anand 和 Folta，2004）内在的弹性（Sanchez，1993，1995）。类似于金融期权，实物期权给予权利而不是义务在未来某个时点去买或者卖某潜在的实际资产。作为一项重要的理论分析工具，实物期权理论近年来被越来越多的用于企业战略研究中，解释各种设定条件下的管理决策问题（Adner 和 Levinthal，2004），例如合资（Kogut，1991）、并购（Bowman 和 Hurry，1993）、研发工程（McGrath 和 Ferrier，2004）、投资方案（Kogut 和 Kulatilaka，1994）、垂直整合（Leiblein 和 Miller，2003）、市场进入（Kim 和 Kogut，1996；Folta 和 O'Brien，2004）。实物期权给予权利而不是义务去参与需要更多投资的未来战略机会（Dixit 和 Pindyck，1994）。按照实物期权逻辑，当不确定性高时，由于投资的不可逆性，实物期权理论建议企业最好做一个较小的初始投资或权益投资（创建期权），以便推迟投资决策直到投资项目不确定性降低到可以接受的程度（Roberts 和 Berry，1985；Kogut，1991；Kogut 和 Kulatilaka，1994；Folta，1998；Van de Vrande，Lemmens 和 Vanhaverbeke，2006；Barnett，2008），这种小号实验能增加组织长期的适应性（March，2006）。这种初始投资可以通过 CVC 投资的形式来进行（Van de Vrande，Lemmens 和 Vanhaverbeke，2006；Allen 和 Hevert，2007；Benson 和 Ziedonis，2009；Basu 和 Wadhwa，2013）。CVC 投资是被当作期权投资的典型战略投资（Maula，2001），通过较少的资源投入去投资新颖的和不确定性的创新，使得企业可以最小化资源投入并且降低风险，但保持通过后续投资前景良好项目的能力获取最大化战略收益。通过初始投资，CVC 投资公司拥有了后续阶段决策的灵活性。

（1）CVC 投资公司有权利但没有义务去做后续投资以增加资源投入水平。扩张的优先权或增长期权，是 CVC 投资公司从被投资的创业企业中获取积极回报的关键因素（Tong 和 Li，2011）。正如 VC 项目的价值主要来源于未来可控的投资机会或增长期权，而不是立即的现金回报（Amram 和 Kulatilaka，1999；Triantis，2001），CVC 投资更是如此。CVC 投资的初始投资是为了给致力于打开新业务或市场以获得未来增长机会后续一系列投资建立初始连接（Hurry，Miller 和 Bowman，1992；Chesbrough，2002）。CVC 实际上经常被用作快速获取不确定增长机会（例如新技术、新产品或新市场）的窗口（Dushnitsky，2006）。Basu 和 Wadhwa（2013）认为 CVC 能够为投资企业创造增长期权，这种增长期权能够在现存业务基础上打开新的机会和创造进入新业务的机会。学术界和企业界也越来越认识到 CVC 投资利用外部创新提供的增长期权对公司的重要性（Basu 和 Wadhwa，2013）。增长期权能够为公司投资者建立一个对未来一系列机会作出响应的灵活的竞争性平台（Kogut 和 Kulatilaka，1994）。增长期权可以表现为一系列的战略和创新活动，包括合资（Kogut，1991）、并购（Bowman 和 Hurry，1993）、研发工程（McGrath 和 Ferrier，2004）、投资方案（Kogut 和 Kulatilaka，1994）、垂直整合（Leiblein 和 Miller，2003）、市场进入（Kim 和 Kogut，1996；Folta 和 O'Brien，2004）以及 CVC 投资。所有这些增长期权，包括 CVC 投资，本质都是复合期权（Bowman 和 Hurry，1993），第一步的期权提供了后续阶段一系列增长期权（Kogut，1991；Kogut 和 Kulatilaka，1994）。企业通过 CVC 投资获取增长期权的方式有很多种：第一，企业通过 CVC 投资获取外部资源来填补增长所需的能力和企业现存能力的空白（Winters 和 Murfin，1988；Chesbrough，2002；Dushnitsky，2006）；第二，CVC 投资有助于企业扫描可能导致增长的新技术和市场知识的环境（Siegel，Siegel 和 MacMillan，1988；Chesbrough，2002；Dushnitsky 和 Lenox，2005b）；第三，通过 CVC 投资互补性产品的创业企业来刺激核心产品需求从而获得增长（Chesbrough，2002；Dushnitsky 和 Shaver，2009）。

（2）CVC 投资能够为公司投资者获取转换期权。CVC 投资提供公司投资者接触创业企业知识的特许权，而这往往成为公司发展新能力的基础（Allen 和 Hevert，2007）。建立在整合创业企业知识基础上的能力能够被用于对多元化的机会作出响应，例如引入新产品，进入新市场或发展新技术（Chesbrough，2002）。因此，CVC 投资使公司投资者获得接触比其内部拥有的更宽广的知识从而产生进入新业务或复兴现有业务的转换期权（Basu 和 Wadhwa，2013）。CVC 投资可以作为一种继续进行或退出后续外部 R&D 活动的期权（Folta，1998；Van de Vrande，Lemmens 和 Vanhaverbeke，2006；Van de Vrande 和 Vanhaverbeke，2009；Ceccagnoli，Higgins 和 Kang，2011；Li 和 Mahoney，2011）。这种观点的核心思想是 CVC 投资公司可以使用通过从其投资所获得的新信息来更好地为未来的外部 R&D 合作进行决策。如果资源的使用效率高于公司目前的方案，那么实物期权就创造了一个新的机遇。实物期权创造的新机遇可能对现有方案有溢出效应从而使现有方案缺少吸引力。例如，一个企业探索到一个比现有技术领域有显著改善的新的技术领域，企业就可能会较少重视老的技术领域（McGrath 和 Nerkar，2004）。不连续的战略更新就代表着企业在第一阶段实施的增长期权创造的第二阶段的转换期权，CVC 投资通过放弃不必要的或没有吸引力的核心业务来刺激新的或现存业务（Basu 和 Wadhwa，2013）。

（3）CVC 可以用来作为推迟投资决策的递延期权。CVC 投资可以被视为公司用来识别和评估创业企业发展的新兴技术的一种方式（Benson 和 Ziedonis，2009）。一方面由于技术和市场的不确定性，另一方面由于特定关系的不确定性，这些早期阶段的技术众所周知的难以评估（Van de Vrande 和 Vanhaverbeke，2013）。一旦通过 CVC 投资的技术不确定性降到可以接受的水平，企业就可以决定增加投入水平（期权行权）。企业能做到这一点的方式就是与创业企业达成战略联盟以促进技术知识的转移（Gulati，1998）。实物期权理论强调不确定性是是否进一步投资某特定技术的决定性因素，先前的CVC投资创造了一个处理不确定性新业务机会的期权（Van de Vrande和Vanhaverbeke，2013）。实物期权理论中的不确定性有几种表现形式，就技术搜寻和R&D投资而言，最常见的不确定性来源是伙伴的不确定性（Roberts和Weitzman，1981；Majd和Pindyck，1987）、技术不确定性（Williamson，1985；Kogut，1988；Santoro和McGill，2005）和市场不确定性（Roberts和Liu，2001；Hoskisson和Busenitz，2002）。伙伴不确定性可以通过增加投资轮次来减少。在这种情况下，CVC投资被当作复合期权，每一次新的投资都为未来创造了新的期权（Trigeorgis，1996）。技术和市场不确定性在早期阶段非常高，因此无法仅仅通过那时点的财务投资就进行判断。CVC投资可以被视为获取更多信息来处理技术和市场机会相关的不确定性的第一步（或一系列步骤）（Guler，2007）。

（4）CVC投资的初始期权还提供了后续的放弃期权。CVC投资公司也拥有放弃期权来清算这些初始投资（Sahlman，1990；Trigeorgis，1996；Kaplan和Stromberg，2003）。如果不确定性上升到不利的地位，公司投资者可以选择放弃。因为风险可控，资源可以再配置到其他有希望的项目上，这种放弃不好项目的可能性对分期投资项目的弹性优势是至关重要的（Sahlman，1990）。CVC投资可采用阶段投资，监控其投资项目随着时间的发展情况（Gompers，1995）。如果发展消极，CVC投资公司可以放弃项目以避免最后完全“赌输”。这种放弃期权通常用来强化CVC合同中制定的“清算权”和“赎回权”（Kaplan和Stromberg，2003），以提高发展好的时候的收益和限制发展不好的时候的损失（Sahlman，1990；Kaplan和Stromberg，2003）。

总之，通过初始投资，CVC投资公司获得了增长、转换、放弃或递延的选择（期权）。

五　CVC研究理论基础小结

资源基础观的核心思想是企业特有的技能、能力和其他有形、无形的资产是企业竞争优势的基础，企业战略的精髓在于企业如何使用现有的资源和获取、发展企业内部额外的独特的资源。由于资源在企业间分布不均，资源转移需要付出成本，因此，有价值、稀缺、不可模仿性和不可替代性的资源是企业获取竞争优势和经济绩效的源泉。企业可以通过与其他企业建立和发展组织关系来获取资源，这种组织关系建立最为典型的就是企业联盟，CVC投资是一种正式的企业联盟。

在企业的所有资源中，知识基础观认为知识是企业最为关键的资源和最有效的战略资源，是获取可持续竞争优势的一个源泉。知识基础观把企业概化为发现、获取、整合和创造新知识的引擎，知识无论在企业内还是组织间转移都非常困难。知识基础观认为企业的知识状态可以概化为存量和流量，存量知识是企业内部积累的知识资产，流量知识是流入企业的能够被吸收和发展为知识存量的知识。因此，企业期望能够成长，维持其竞争优势，不断创造知识流入以更新其知识资产或致力于更新、补充组织学习过程以促进知识的获取和积累对当前和未来的竞争能力非常关键。CVC 投资就可为双边组织创造新信息和知识的来源。

尽管知识基础观强化了知识以及获取知识的重要性，但是，知识需要搜寻和学习。搜寻作为一个解决问题的活动，指组织致力于通过组织惯例来发现环境中的机会，组织搜寻是一个组织学习的过程。组织搜寻可以分为两种类型：开发和探索。探索搜寻强调发展新知识和能力，也被称为远距搜寻或创新搜寻，对应的组织学习为探索性学习，产生的知识经常远离组织现存的知识基础；开发搜寻强调在既存的惯例中的经验的提炼和选择，也被称为局部搜寻或近距搜寻，对应的组织学习为开发性学习，产生的知识紧密围绕现存的知识基础。由于组织搜寻与先前的知识基础紧密相关，因此企业倾向于近距搜寻，学习会存在路径依赖性，导致企业形成“核心刚性”或落入能力陷阱。近距搜寻或开发性学习可能造成“学习近视”，产生“熟悉陷阱、成熟陷阱和临近陷阱”从而阻碍突破性创新，而技术环境的高速变化迫使企业接触或获取新知识以对技术威胁做出响应。因此，企业需要强化远距搜寻和探索性学习，并在开发性学习和探索性学习中保持平衡。不同的公司外部创业形式或治理模式，例如 CVC 投资、联盟、合资和并购创业企业等都能使企业进行跨组织学习的探索性学习活动。但是，探索性学习要求更大的弹性和适应性，而 CVC 投资最适合探索性学习活动，并且同时有助于开发性学习。通过 CVC 投资，CVC 投资公司瞄准学习有价值的、稀缺的和难以模仿的有关新技术或新市场的知识，而这些知识有助于获取可持续的竞争优势。实证研究也显示，通过 CVC 投资，公司投资者能够及时地监控市场与技术的变革，有机会获得行业中的新技术或新产品甚至行业最新发展方向或市场趋势，从而使公司更具有创新性，提高其创新绩效；CVC 投资作为预警机制，有助于高层管理者注意到不连续的技术变革。

实物期权理论认为，当不确定性高时，由于投资的不可逆性，企业最好做一个较小的初始投资或权益投资（创建期权）以便推迟投资决策直到投资项目不确定性降低到可以接受的程度。CVC 投资是被当作期权投资的典型战略投资，通过较少的资源投入去投资新颖的和不确定性的技术，使得企业可以最小化资源投入并且降低风险，但保持通过后续投资前景良好项目的能力获取最大化战略收益。通过初始投资，CVC 投资公司拥有了后续阶段决策的灵活性：CVC 投资公司有权利但没有义务去做后续投资以增加资源投入水平，获得增长期权；CVC 投资使公司投资者获得接触比其内部拥有的更宽广的知识从而产生进入新业务或复兴现有业务的转换期权；CVC 投资作为推迟投资决策的递延期权并提供了后续的放弃期权。

第五节　本章小结

考虑到 CVC 只是近几年才获得学术界的广泛关注（Dushnitsky 和 Lenox，2006），因此本章分别从国外学者基于 CVC 投资公司视角的研究文献、国外学者基于 CVC 投资的创业企业视角的研究文献、国内学者 CVC 研究文献和 CVC 研究的理论基础四个方面对相关文献做了全面的回顾。

总体而言，由于 CVC 起源于美国并在美国得到快速、全面的发展，因此国外学者基于“资源基础观、知识基础观、创新搜寻与组织学习理论和实物期权理论”，主要针对美国的 CVC 投资做了大量的理论分析和实证研究，取得了丰硕的成果。但由于其他国家，特别是中国 CVC 投资与美国 CVC 投资无论是环境背景还是投资实践（例如 CVC 项目治理结构、CVC 投资公司和被投资的创业企业行业背景、CVC 投资的阶段等）都存在显著性差异，因此，现有研究成果存在普适性问题，针对美国 CVC 投资的研究结论不一定适合其他国家的情景。作为 CVC 投资后起之秀的中国，相对于在实践中的重要性，国内学术界尚未对 CVC 投资的研究给予足够的重视，研究整体尚处于探索阶段和起步阶段，主要是对欧美学者研究文献的总结和归纳，针对中国 CVC 投资的实证研究极为缺乏。虽然从 2008 年开始有少量的基于调研或档案数据的实证研究，但国内的实证研究存在一定的缺陷。例如，就基于 CVC 投资公司视角的实证研究来看，国内学者采用的分析框架是“CVC 投资公司 - CVC 项目”二元结构，未考虑被投资的创业企业。因此，研究往往以投资强度（上市公司首年度投入风险投资公司资金额/上市公司该年度总资产）、占股比例（上市公司占有风险投资公司的股权比例）、关联度（风险投资公司偏好与上市公司主营业务或知识之间的关联性）等为自变量进行线性回归实证分析，未涉及被投资的创业企业（以投资金额、投资数量、投资组合多元化、知识关联度等测量）。对 CVC 投资公司而言，CVC 投资绩效来自于与被投资的创业企业进行的双边组织学习，CVC 项目只是投资中介，只会调节绩效创造的效果。因此，国内这种分析框架存在潜在的科学性和可靠性问题，得出的研究结论对公司 CVC 投资实践的现实启示价值也存在局限性。

国外学者的研究为中国学者的研究提供了很好的启示。国外学者主要采用档案研究获取数据，基于纵向数据及相关研究进行实证研究。由于老牌公司 CVC 投资要么直接进行投资，要么通过 CVC 单元/项目直接或间接投资，因此，实证分析框架上，往往采用 CVC 双元（Dyads）“CVC 投资公司 - 创业企业”或 CVC 三元（Triads）“CVC 投资公司 - CVC 项目/单元 - 创业企业”逻辑分析框架。影响 CVC 投资绩效的自变量往往是老牌公司投资创业企业的金额或数量或创业企业投资组合、公司投资者与创业企业知识关联性（用 CVC 投资公司与创业企业的专利或行业来匹配测量）等。实证研究方法也根据研究变量和目的的不同，针对性地采用相应的计量经济学模型。

尽管国外学者的研究可以为中国学者的研究提供启示，但国外学者的研究也存在问题：首先，CVC 投资绩效的研究往往基于创业企业“同质性”和 CVC 项目“黑箱”假设，研究结论存在科学性和可靠性问题。一些学者实证发现 CVC 投资与公司投资者技术创新、知识创造或价值创造存在某种“线性”、“U 形”或“倒 U 形”关系。但是，学者们研究往往把 CVC 项目视作“黑箱”，假定 CVC 投资的创业企业是“同质”的，因此会产生同样的战略收益。事实上大量的研究显示，一方面，CVC 项目根据投资目标、组织设计、管理风格和同构焦点不同而存在显著性差异，并会对投资绩效产生不同的影响；另一方面，大量的实证研究显示，企业间存在显著的异质性，不同的企业会在不同的领域发展自己独特的竞争能力。因此，目前学者们关于 CVC 项目“黑箱”、创业企业“同质性”的假设可能会影响研究结论的科学性和可靠性；其次，现有研究基本都是以美国 CVC 投资为研究对象，尚未拓展到对中国 CVC 投资的研究上，而中美 CVC 投资无论是环境背景还是投资实践都存在显著性差异，因此针对美国的研究结论不一定适合中国的 CVC 投资情景，研究结论存在普适性问题。

尽管国内 CVC 投资的相关研究许多问题都有待深入分析和探讨，但考虑到紧迫性和可行性问题，本书将聚焦于目前影响中国企业 CVC 投资实践最为紧迫的 CVC 投资对公司投资者投资绩效（战略绩效：技术创新；综合绩效：价值创造）的影响机制问题进行研究。在对国内外文献“取其精华去其糟粕”的基础上，本书拟基于创业企业异质性假设，考虑 CVC 项目的不同治理结构，借鉴“资源基础观、知识基础观、创新搜寻与组织学习理论和实物期权理论”等理论基础，基于“CVC 投资公司—CVC 项目—创业企业”三元结构逻辑分析框架，研究探讨中国沪深主板上市公司 CVC 投资对其技术创新和价值创造的影响机制。

第三章

中国沪深主板上市公司CVC投资现状分析

在具体研究CVC投资对公司投资者技术创新和价值创造影响机制之前，有必要对中国CVC投资现状进行分析，为后续研究提供一个情景快照。为此，本章将根据《中国创业风险投资发展报告》和利用“档案研究法”对沪深主板上市公司年报的信息甄别和相关数据挖掘，对中国企业1994—2012年期间CVC投资现状、沪深主板上市公司1998—2012年期间CVC投资现状以及其参与的CVC项目对创业企业的投资特征和受资企业的相关特征进行分析。

第一节　1994—2012年期间中国CVC投资现状分析

本书把CVC定义为“有主营业务的非金融企业出于战略目的（或至少战略利益优先）对组织外部的创业型企业通过内部流程或全资VC子公司/基金、专项VC公司/基金及联合VC公司/基金等投资中介进行的直接或间接的少数权益投资”。但考虑到相关统计数据并没有严格区分投资目的，因此作为宽泛的概念，凡是由非金融企业（包括上市和未上市公司）出资的创业投资都称为CVC投资。从这个概念出发，中国CVC在中国VC市场的比重在1998年后得到了迅速的发展并处于急剧波动之中，并在2001年、2008年和2011年出现三个高峰期（具体见表3.1所示）。第一个高峰出现在1998年民建中央“一号提案”之后中国VC得到急剧发展的时期，于2001年达到高峰，占到中国VC市场份额的37.2%；其后，随着2004年中国中小企业板的运行、2006年境内IPO重启和2008年创业板草案的出台，中国CVC迎来了第二次高峰，也是历史上的最高峰，CVC份额占到中国VC总额的46.8%。第二次高峰后，中国CVC随着中国VC的低迷出现短暂的下跌，并随着2009年触底后急剧反弹，中国CVC于2011年第三次达到高峰，占到中国VC市场份额42.9%。

从表3.1还可以看出，中国VC资本来源从一开始的政府和外资主导，逐渐演变为目前的企业和政府并重，并且政府资金来源持续处于下降的趋势，说明中国CVC迎来了良好的历史发展时期。但是，进一步分析后发现，尽管上市公司提供的资本是CVC资本的一个重要来源，但比重偏低。2004—2012年期间，上市公司提供的资本占到中国VC资本总额的4.04%和中国CVC资本总额的11.32%，也就是说近90%的中国CVC资本是由非上市公司提供，说明上市公司CVC投资参与不足，尚未把CVC投资作为实现战略目标的重要模式加以运用。

表3.1　　1994—2012年中国创业投资资本来源（%）

年度	上市公司	国内企业/未上市公司[a]	政府[b]	外资	金融机构[c]	其他类型[d]
1994		4.70	58.70	36.20	0.40	0.00
1995		8.20	56.50	34.90	0.40	0.00
1996		9.40	55.70	34.40	0.50	0.00
1997		8.90	48.90	29.90	11.70	0.60
1998		16.20	49.10	23.60	10.20	0.90
1999		24.10	45.70	22.00	6.40	1.80
2000		35.60	34.60	23.00	4.30	2.50
2001		37.20	34.30	21.90	4.10	2.50
2002		23.00	35.00	35.00	4.00	3.00
2003		30.00	33.00	29.00	5.00	3.00
2004	7.00	21.00	39.00	21.00	7.00	5.00
2005	5.00	28.00	36.00	11.00	17.00	3.00
2006	4.20	30.50	33.90	5.70	10.00	15.70
2007	3.00	43.00	33.00	3.00	6.00	12.00
2008	3.90	42.90	35.90	1.10	1.30	14.90
2009	3.90	32.40	39.00	3.20	3.30	18.20
2010	2.40	33.30	37.60	3.90	4.10	18.70
2011	2.30	40.60	32.30	2.80	1.90	20.10
2012	4.63	34.03	30.59	5.13	2.06	23.60

注：[a]1994—2003年资金来源仅区分为国内企业，2004年开始资金来源详细区分为上市公司和未上市公司。国内企业资金包括：国内股份有限公司（含上市公司）和有限责任公司提供的资金，以及国家持股类企业提供的资金

[b]政府资金：指政府和国有独资企业提供的资金

[c]金融机构资金：指银行、非银行、保险、证券机构和信托机构提供的资金

[d]其他类型：包括个人、事业单位及其他出资

数据来源：《中国创业风险投资发展报告》（2002—2013）

从 VC 资本规模来看（具体如图 3.1 所示），1994—2012 年期间中国 VC 资本规模总体处于不断增长的态势，特别是 2007 年后得到了快速的发展。同一时期，美国 VC 资本总额从 2006 年开始逐年下降，特别是在 2008 年金融危机后，美国 VC 资本总额一路走低。尽管如此，即使中国 VC 资本规模最大的 2012 年，也仅相当于美国 VC 资本规模的 26.35%，1994—2012 年期间总体仅为美国同期的 6.79%。与中国 VC 不断发展相对应的是，中国 CVC 的资本规模 1994—2012 年期间总体也处于不断增长的态势，于 2011 年达到历史最高，中国企业出资达到 1371.9 亿元人民币。结合表 3.1 的相关数据可以计算得出，上市公司出资规模 2012 年也达到创纪录的 153.4 亿元人民币，与最低的 2006 年相比，增长了整整 5.5 倍。因此，总体而言，上市公司出资规模在逐年增长，正处于良好的发展势头。

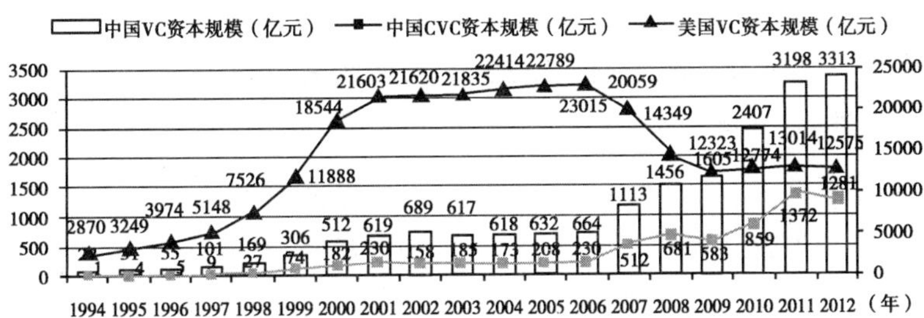

图 3.1　1994—2012 年中美创业投资资本规模趋势对比

[数据来源：《中国创业风险投资发展报告》(2002—2013)，VC 资本规模根据 2008 年报告修正后的数据；美国数据来源 NVCA Yearbook 2013，并按照年度平均汇率进行折算]

从中美 VC 资本的构成比例来看，2004—2012 年期间，美国 VC 资本来源中企业资本的比重平均为 3.2%，比中国 VC 资本来源中上市公司资本的比例（4%）还低，具体如图 3.2 所示。尽管美国企业资本占 VC 资本的比例不高，但据统计，美国 VC 年度投资金额中，CVC 投资占到了相当大的比重。1995—2012 年期间涉及 CVC 投资的金额占到 VC 投资总额的 16.2%，而来自 CVC 投资的金额占到 VC 投资总额的 8.4%（具体见图 3.3 所示）。换句话说，仅占到美国 VC 资本总额 3.2% 的 CVC 资本承担了美国 VC 年度投资的 8.4%，说明美国 CVC 资本的资本使用效率远高于非 CVC 资本。同比测算的话，如果中国 CVC 资本的使用效率也达到美国的标准，那么中国 CVC 资本将承担中国 VC 年度投资的 99.75%（38 ×8.4/3.2），这显然是不符合现实的。以上情况说明，中国 CVC 投资一方面资本使用效率低下，另一方面存在 CVC 资本比例虚高问题。中国公司参与 CVC 投资存在动机不纯问题（梁晓燕，2007；乔明哲，2013），投资缺乏明确的战略目的，仅扮演了 VC 资本提供者的角色，并没有把 CVC 当作实现战略目的的工具，这可能会制约中国公司 CVC 的投资绩效。

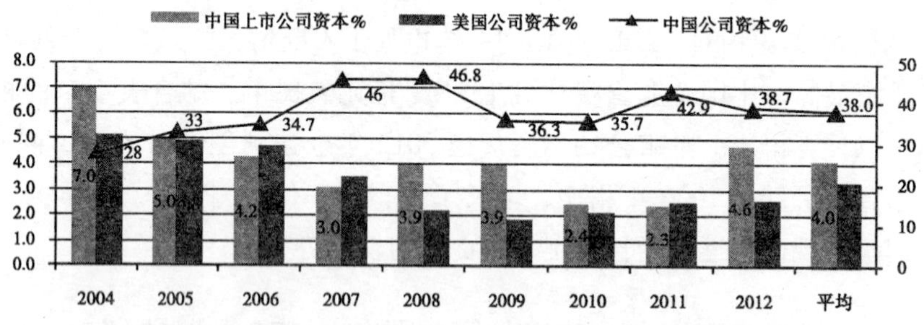

图 3.2 2004—2012 年中美 VC 资本来源对比

［数据来源：《中国创业风险投资发展报告》（2005—2013）；NVCA Yearbook 2014］

图 3.3 的数据还告诉我们，美国 CVC 投资更多的是与其他机构进行联合投资（涉及 CVC 投资的比例远大于投资资金来源于 CVC 的比例），这是中国 CVC 值得借鉴和学习的地方。

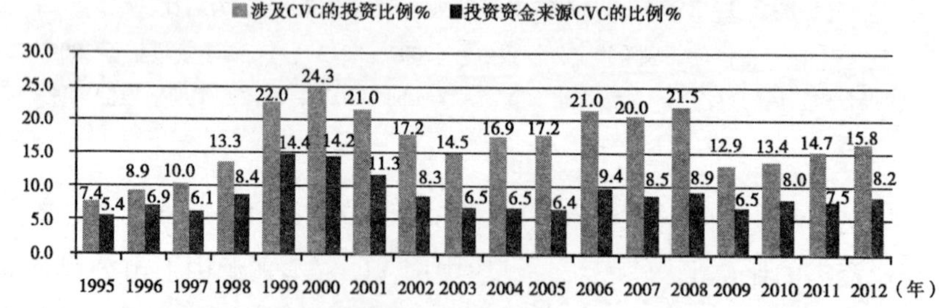

图 3.3 美国 1995—2012 年期间 CVC 投资情况

（数据来源：NVCA Yearbook 2014）

第二节 1998—2012 年沪深主板上市公司 CVC 投资现状分析

正如《中国创业风险投资发展报告》的统计数据显示的那样，近年来上市公司提供的 VC 资本占到了中国 VC 资本的4%，上市公司在中国 VC 资本市场的作用越来越显著。为了全面调查中国沪深主板上市公司参与 CVC 投资的现状，本书采用档案研究法，根据 1998—2012 年期间上市公司发布的年度报告和投资信息（档案资料来源于巨潮咨询网，http：//www.cninfo.com.cn）中有关上市公司股权投资的信息披露，来揭示上市公司参与 CVC 投资的现状和一些基本特征。

第一，依照本书对 CVC 投资的定义，首先排除金融类公司样本。

第二，Yang（2006）总结了 CVC 项目的组织设计类型，从投资类型上来看，分为直接投资和间接投资。由于无法判断上市公司股权投资中对创业企业的投资是否是 CVC 投资，故本书界定上市公司是否参股、控股 VC 企业/机构/基金，或者上市公司自身成立专门的 VC 企业或机构进行创业投资的行为来界定是否是 CVC 投资。在档案研究中，以被股权投资的企业或机构名称中是否含有“风险投资”或“创业投资”或“有限合伙”，以及企业主营业务中是否含有“创业投资”或“风险投资”来界定该企业或机构是否是 VC 企业组织。有上市公司参与的 VC 企业组织，本书把该企业组织界定为 CVC 项目，投资了 CVC 项目的上市公司界定为 CVC 投资公司。

第三，剔除上市公司持股 CVC 项目不足 3 年的样本和*ST[①] 类上市公司参与的 CVC 投资样本。

通过以上手段，本书界定了 195 家上市公司在 1998—2012 年期间对 CVC 项目进行了投资，下面根据这些上市公司对 CVC 项目投资的基本情况进行统计分析。

一 沪深主板上市公司参与 CVC 投资的开端

根据可查询到的投资记录，上市公司参与 CVC 投资始于 1998 年。1998 年成思危代表民建中央向全国政协九届一次会议提出《关于加快我国风险投资事业的提案》被列为全国政协的“一号提案”，引起国内各界开始关注中国的风险投资事业。1999 年国务院转发了由科技部、国家计委等七部委提出的《关于建立风险投资机制的若干意见》（以下简称《意见》）[②]。《意

---

① *ST：指对存在股票终止上市风险的公司，对其股票交易实行“警示存在终止上市风险的特别处理”。

② http：//www.most.gov.cn/tjcw/tczcwj/200708/t20070813_52371.htm.

见》提出鼓励非国有企业、个人、外商及其他机构投资入股风险投资公司。风险投资基金可以向“个人、企业、机构投资者、境外投资者”募集。在这样的背景下，加上美国硅谷风险投资造就的财富神话，“高科技产业”成为新宠和热点受到大批大公司青睐。在这个过程中，创业投资这种“金融创新”资本运作模式受到上市公司青睐，开始成为上市公司创新活动的正式或非正式安排（谈毅，叶岑，2003）。根据可查询的记录，1998 年，同方股份（600100）出资 1000 万人民币参股“北京高新技术产业/创业投资股份有限公司”，大众交通（600611）、中卫国脉（600640）、亚通股份（600692）、钱江生化（600796）分别出资 2000 万人民币参股“上海邦联投资有限公司”开展创业投资活动，这代表着中国上市公司 CVC 投资的开端。随后，伴随着政府相关政策的出台和中国 VC 市场的不断成熟和完善，上市公司参与 CVC 投资的力度也越来越大，成为中国 VC 市场资本的一大来源和上市公司进行开放创新或公司创业活动以促进其技术创新和提升企业价值的重要途径。

二 沪深主板上市公司参与 CVC 投资现状

经过仔细的筛查和辨别，1998—2012 年期间累计有 195 家上市公司通过参股、控股或设立的方式参与过 CVC 项目的投资，按上市公司总数平均为 1240 家计算，上市公司 CVC 投资参与率 15.89%①，上市公司 CVC 投资参与率还有待进一步发展和提高。

（一）1998—2012 年期间上市公司参与 CVC 投资的年度分析

根据本年度上市公司是否对 CVC 项目发生投资行为（含出资和撤资）为原则（同一上市公司同一年度的多次投资仅计算一次），可以统计得出如图 3.4 所示的上市公司年度参与 CVC 投资情况。从图 3.4 可以看出，1998—2012 年期间上市公司参与 CVC 投资的参与度整体呈现“M 形”，与乔明哲（2013）通过 Wind 数据库、巨潮资讯网等交叉检索的结果一致。上市公司参与 CVC 投资参与度最高的为 2000 年和 2010 年，分别有 53 家和 52 家企业进行投资。从上市公司参与率来看，上市公司 CVC 投资参与率最高的是 2000 年，参与率为 4.87%，然后开始下降，2005 年达到谷底（参与率 0.61%），接着开始回升，于 2010 年再次达到高峰（参与率 3.88%），整体

① 梁晓燕（2007）的统计上市公司 1998—2006 年期间，CVC 投资参与率为 13.4%。

也呈现“M 形”。其可能的原因在于 2000 年前后的“互联网泡沫”破灭，2008 年创业板开通确定政策的激励和 2011 年开始的创业板低迷，说明中国上市公司参与 CVC 投资容易受市场和政策的左右，中国上市公司参与 CVC 投资的目标和投资目的不明确（而有着明确战略投资目的的 CVC 投资由于主要追求的是战略回报而不是财务受益，不会轻易受到外界市场和政策的干扰），这可能会影响 CVC 投资的整体绩效。

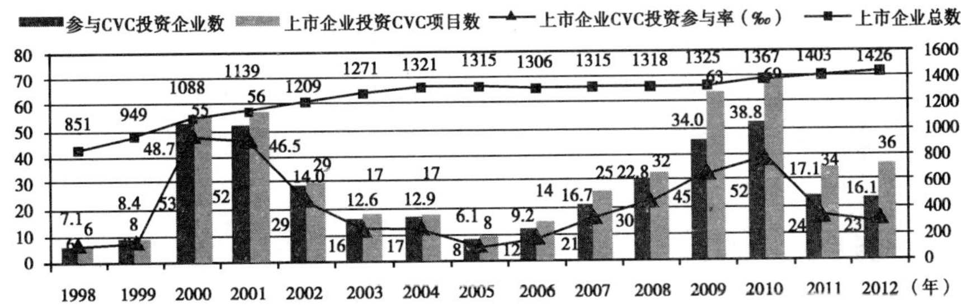

图 3.4　1998—2012 年沪深主板上市公司 CVC 投资情况

［数据来源：上市公司数来源于《深圳证券交易所市场统计年鉴》（1998—2013）、《上海证券交易所统计年鉴》（2005—2013）和《中国统计年鉴》（1998—2013）；参与 CVC 投资公司数和上市公司投资 CVC 项目数来源于本书对沪深主板上市公司年报的数据挖掘和整理］

从上市公司年度投资的 CVC 项目数来看，1998—2012 年期间同样呈现“M 形”（具体见图 3.4 所示），年度投资 CVC 项目数的两个高峰分别是 2001 年和 2010 年，上市公司分别投资了 56 个和 69 个 CVC 项目，与上市公司 CVC 投资的参与率趋势基本一致，说明平均一家上市公司仅参与一家 CVC 项目的投资，这可能有利于上市公司对 CVC 项目的日常管理。

（二）1998—2012 年沪深主板上市公司与美国 CVC 投资力度的对比

从沪深主板上市公司与美国 CVC 投资力度的对比来看，总体而言，与美国 CVC 投资的趋势基本一致（具体如图 3.5 所示）。2000 年前后，受互联网经济热潮和随后的泡沫破灭的影响，美国 CVC 投资在 2000 年达到巅峰之后持续走低，从 2004 年开始逐渐恢复，但在 2008 年金融危机之后再度陷入低迷。中国上市公司 CVC 投资力度第一个高峰也出现在 2000 年，累计投资了 19.4 亿人民币。2006 年达到低谷后开始井喷式增长，于 2010 年再次达到投资力度高峰，上市公司总共对 CVC 项目投资了 33.8 亿人民币，并在随后再次下降，其可能原因还是同期的市场和政策环境影响，反映的还是上市公司 CVC 投资目标不明确问题。

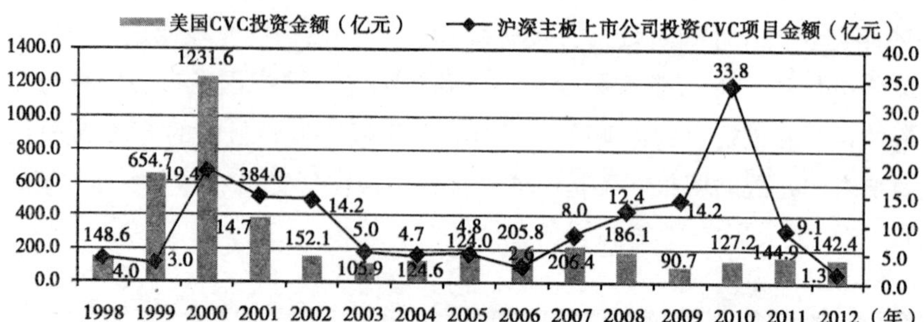

图 3.5　1998—2012 年沪深主板上市公司投资 CVC 项目金额

（数据来源：沪深主板上市公司 CVC 项目金额来源于本书对年报的数据挖掘；美国 CVC 数据来源于 NVCA Yearbook 2014，并按照年度平均汇率进行折算）

（三）1998—2012 年期间沪深主板上市公司投资 CVC 项目的投资强度

从沪深主板上市公司参与 CVC 项目投资的强度来看（具体见图 3.6），上市公司平均对每项 CVC 项目的投资金额为 3488 万元，仅相当于中国 VC 基金平均规模（25313 万元）的 14%，说明上市公司单项 CVC 项目的投资力度还有待提高。从年度分布来看，1998 年、2002 年、2005 年和 2010 年上市公司单项 CVC 项目的投资力度在 4800 万元以上，其中 1998 年和 2005 年均在 6000 万元左右。从上市公司对 CVC 项目投资与中国 VC 基金平均规模的占比来看，2005 年后整体处于下降趋势，说明上市公司并没有随着中国 VC 的迅速发展而增加投资的力度，中国上市公司 CVC 投资参与率还有待提高。

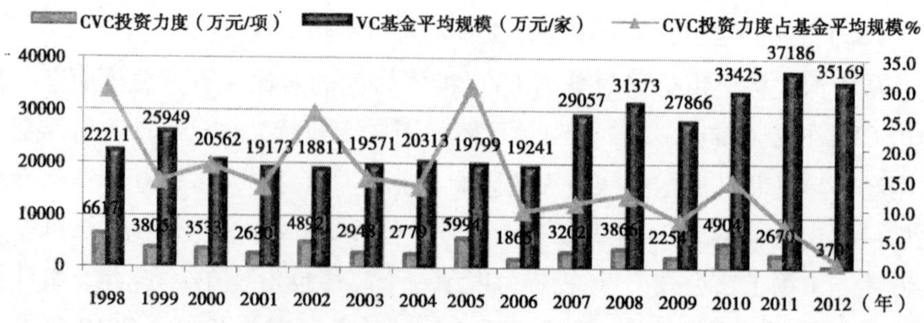

图 3.6　1998—2012 年沪深主板上市公司投资 CVC 项目的投资强度

（数据来源：本书对年报的数据挖掘及《中国创业风险投资发展报告 2013》）

（四）1998—2012 年期间沪深主板上市公司投资 CVC 项目的权益比例

根据上市公司 469 次 CVC 项目投资记录，剔除同一上市公司对同一 CVC 项目的多次投资，总共有 303 家次 CVC 项目权益比例记录（含同一 CVC 项目不同上市公司的投资记录）。从上市公司投资 CVC 项目的权益比例①来看，上市公司主要选择的是参股的方式从事 CVC 投资活动：303 个样本中，平均持有 CVC 项目权益比例为 35. 92%。从四分位数来看，25% 的上市公司投资 CVC 项目持有权益比例不高于 7. 64%，中位数为 21. 16%，3/4 分位数值为 55%，也就是说仅有 25% 的上市公司投资 CVC 项目持有 55% 及以上权益比例（具体如图 3. 7 所示）。总体而言，上市公司对 CVC 项目的投资中，71. 9% 持有权益比例在 50% 以下，仅 28. 1% 持有权益比例在 50% 及以上（其中 10. 8% 百分之百控股）。

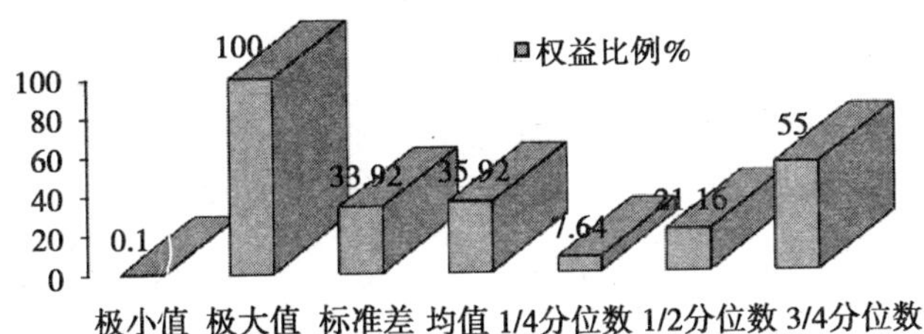

图 3. 7　上市公司首次投资时持有 CVC 项目权益比例

（数据来源：沪深主板上市公司 CVC 项目金额来源于本书对年报的数据挖掘）

（五）1998—2012 年期间沪深主板参与 CVC 投资的上市公司行业分布

按照《上市公司行业分类指引》（2001 年版）② 的分类标准，参与 CVC 项目投资的 195 家上市公司行业分布主要集中在制造业（总体为 51. 0%），其次是综合类企业（10. 7%）、信息技术类企业（10. 0%）和电力煤气及水的生产和供应（6. 8%）行业（具体如表 3. 2 所示）。可以看出，交通运输企业、批发和零售贸易企业和房地产行业也有大量的上市公司参与 CVC 项

① 上市公司持有 CVC 项目权益比例如果有多轮投资，按照首次投资时持有的比例进行确认。样本中仅极少数（例如钱江水利 600283，深宝安 A000009）对 CVC 项目持有的比例随着后续的投资发生显著性变化，因此论文按照首轮投资持有权益比例进行统计描述。

② 中国证监会 2012 年发布了最新的《上市公司行业分类指引（2012 年修订）》，同时废除 2001 年版《指引》。但论文的时间范围是 1998—2012 年，故行业分类依然按照 2001 年版《指引》进行。

目投资（三行业总体比例为13.1%）。而这些行业往往与创新等的关系不密切，因此其参与CVC项目的投资动机可能不在于追求战略回报，更倾向于寻求财务收益，这与CVC投资的主要目标相背离，存在投资动机不纯的问题（梁晓燕，2007；乔明哲，2013）。

表3.2　1998—2012年期间投资CVC项目的上市公司行业分布

行业[a]	1998	1999	2000	2001	2002	2003	2004	2005	2006	2007	2008	2009	2010	2011	2012
农林牧渔	2	2	4	4	4	5	5	5	5	5	5	5	4	4	4
采掘业	0	0	0	0	0	0	0	0	0	0	0	0	0	0	1
制造业	55	66	84	90	91	94	98	100	100	100	100	99	99	100	99
电力煤气及水的生产和供应	8	8	10	10	10	12	13	13	14	14	14	13	14	15	16
建筑业	0	1	2	2	2	2	2	2	2	2	2	2	2	0	0
交通运输仓储业	4	4	6	6	6	8	9	9	9	9	9	9	9	9	9
信息技术	9	11	14	15	19	21	20	20	20	20	20	20	20	21	21
批发和零售贸易	8	8	8	9	10	10	11	13	13	13	13	13	14	13	13
房地产业	2	2	2	2	3	4	4	5	5	5	5	6	6	10	10
社会服务	2	3	5	6	6	7	7	7	7	7	7	7	5	3	4
传播与文化产业	2	3	3	3	4	4	5	4	4	5	5	5	5	5	5
综合类	21	24	24	23	23	20	20	16	15	15	15	15	17	14	12

注：行业[a]根据《上市公司行业分类指引》（2001年版）进行分类，按年统计

（数据来源：国泰安CSMAR数据库，采用每年最后一季度的分类结果，作者整理计算得出）

从参与CVC项目投资的上市公司行业背景时间趋势构成来看，制造业、信息技术产业和房地产行业背景的上市公司逐渐增多，综合类企业的比重逐年下降（具体如图3.8所示）。制造业和信息技术产业背景的上市公司参与CVC项目的比例增加，说明上市公司参与CVC项目的投资目的日趋理性，这更加符合CVC投资的特征，上市公司借助CVC项目平台实现促进企业技术创新和提高企业价值的投资目的。

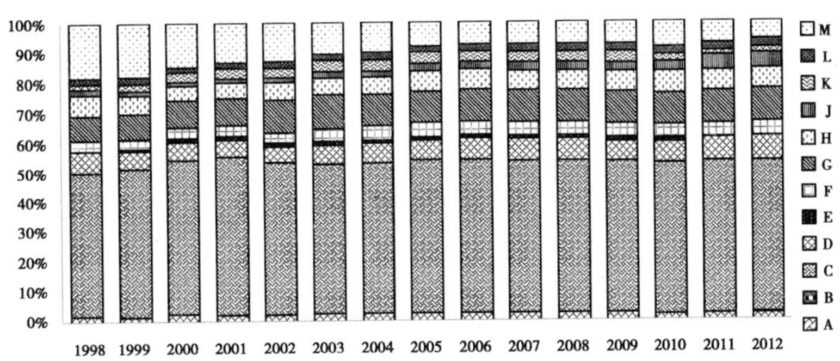

图 3.8　1998—2012 年投资 CVC 项目的上市公司行业背景构成①

（数据来源：国泰安 CSMAR 数据库，作者查询整理计算得出）

第三节　1998—2012 年期间 CVC 项目投资的创业企业分析

为了揭示上市公司参与的 CVC 项目在 1998—2012 年期间投资的创业企业的基本情况，论文根据上市公司参与的 CVC 项目（249 个②），利用 CV-Sources 数据库对这些 CVC 项目在 1998—2012 年期间投资的创业企业的情况进行数据挖掘。其中，有完整投资记录（包括被投资的创业企业名称、投资金额/股权比例、投资时间、融资轮次和创业企业发展阶段）的 CVC 项目共计 96 个，1998—2012 年期间累计投资了 633 家创业企业。下面以这 633 条投资记录样本进行分析。

一　CVC 项目对创业企业投资的特征分析

（一）CVC 项目对创业企业投资的强度分析

1998—2012 年期间，CVC 项目对创业企业投资的金额平均为每家 2475.2 万元。所有的 633 条投资记录按投资强度大小排序，前 25% 的投资

---

① 图中，农林牧渔业（A）、采掘业（B）、制造业（C）、电力煤气及水的生产和供应业（D）、建筑业（E）、交通运输仓储业（F）、信息技术业（G）、批发和零售贸易（H）、房地产业（J）、社会服务业（K）、传播与文化产业（L）、综合类（M）。

② 说明：此数据仅以被投资的 CVC 项目为统计主体，由于存在同一公司对同一 CVC 项目的多次投资和不同公司对同一 CVC 项目的多次投资，故实际 CVC 项目数不等于按年度统计累加的 469 次。

金额最高不高于383.6万元，中位数投资金额为863.2万元，3/4分位数值为2000万元，即仅有25%的单项投资超过2000万元（具体见图3.9所示）。总体而言，CVC项目对创业企业投资的金额分布不均，对不同创业企业投资的金额有着显著性差异。

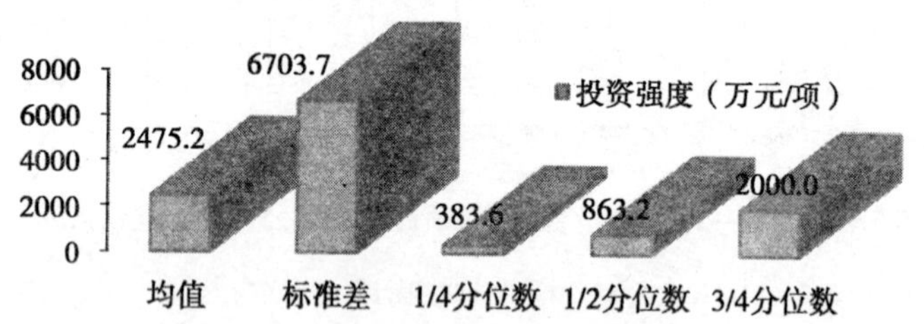

图3.9　CVC项目投资创业企业金额分布

（数据来源：CVSources数据库，作者数据挖掘后计算整理）

从1998—2012年期间CVC和中国VC对创业企业投资的强度分布来看，CVC项目对创业企业的投资强度要高于同期中国VC对企业的投资强度，具体如图3.10所示，说明总体而言，CVC项目对创业企业的资金投入较高。

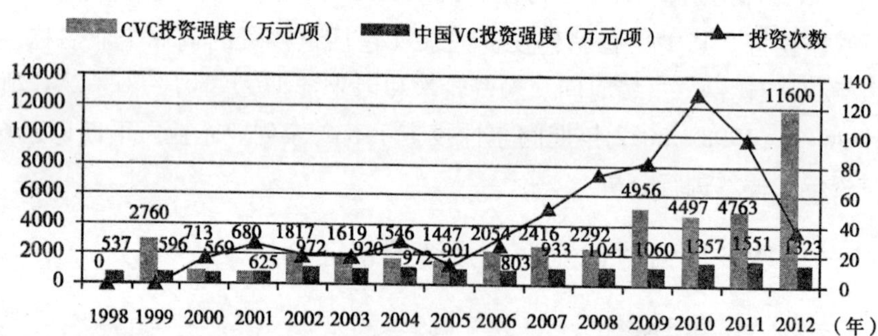

图3.10　CVC项目不同年度的投资强度及次数

［数据来源：CVSources数据库，作者数据挖掘后计算整理；《中国创业风险投资发展报告》2008，2013］

从1998—2012年期间年度被投资的创业企业数量分布来看，2010年之前总体呈逐年增加的态势，2010年达到高峰期，CVC项目共投资了130家创业企业（具体如图3.10所示），2010年后，CVC项目对创业企业的投资数量有所下降，其可能原因在于2010年后缺少新的CVC项目，这可能会制约老牌公司与创业企业的创新和创业，影响中国企业的竞争优势。

（二）CVC 项目投资创业企业的股权比例分布

CVC 项目对创业企业进行投资时，投资占有创业企业股权比例平均为 12.04%，具体如图 3.11 所示。所有的投资记录分布从四分位数来看，25% 的 CVC 投资占有创业企业的股权比例不足 3.08%，中位数为 7.41%，3/4 分位数值为 15.39%，也就是仅有 25% 的投资持有股权比例高于 15.39%，说明 CVC 项目总体上采用的是少数权益投资的方式。这虽然符合 CVC 投资少数权益投资的方式，但这可能会造成上市公司对创业企业的影响力过低，难以形成深度卷入关系从而影响到组织间学习，进而不利于公司投资者的技术创新和价值创造。

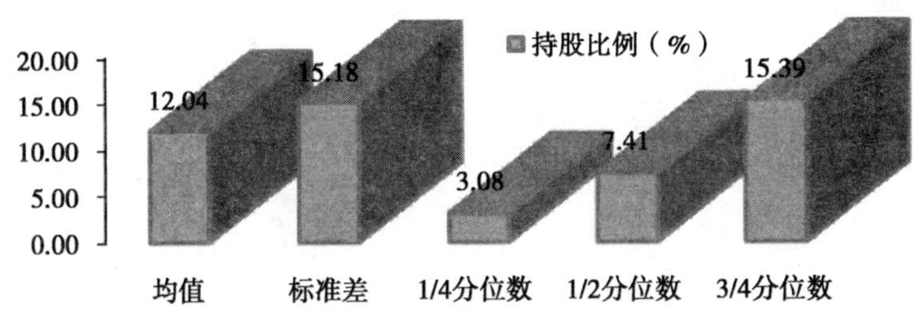

图 3.11　CVC 项目投资占有创业企业股权比例分布

（数据来源：CVSources 数据库，作者数据挖掘后计算整理）

从年度分布趋势来看，CVC 项目不同年度投资创业企业时占有的股权比例不尽相同。从 1998 年开始逐年提升，2003 年达到高峰，平均占有受资企业 31.7% 的股权，然后开始呈下降趋势（具体见图 3.12 所示），保持少数权益投资的方式。

二　CVC 项目投资的创业企业特征分析

（一）创业企业成熟度分布

CVC 项目投资的创业企业，受资时平均年龄为成立 9 年。从四分位数来看，25% 的创业企业受资时仅成立不到 4 年，中位数值为 8 年，3/4 分位数值为 12 年，即仅有 25% 的创业企业受资时成立超过 12 年（具体见图 3.13 所示），说明 CVC 项目投资主要选择处于中等成熟度的创业企业。此时的创业企业技术、市场日趋成熟，有利于公司投资者的组织学习。

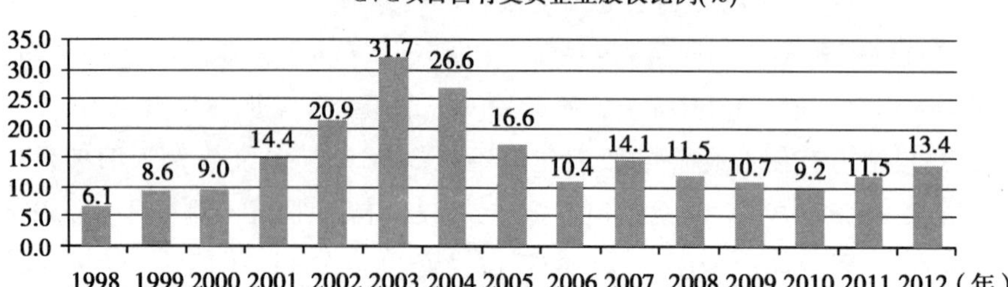

图 3.12　CVC 项目不同年度投资占有创业企业的股权比例

（数据来源：CVSources 数据库，作者数据挖掘后计算整理）

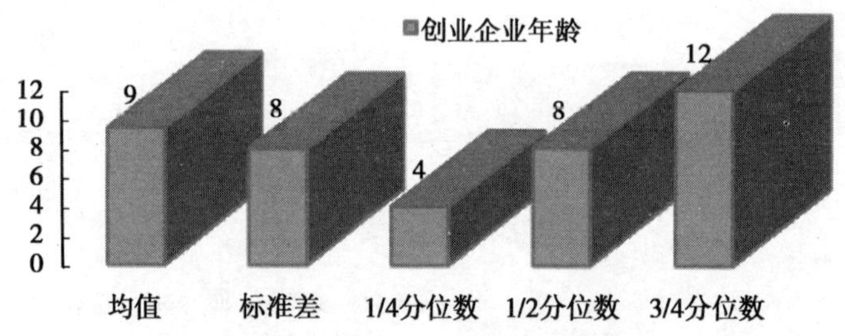

图 3.13　创业企业受资时年龄分布

（数据来源：CVSources 数据库，作者数据挖掘后计算整理）

从 CVC 项目不同年度对创业企业投资时受资企业年龄分布来看，创业企业受资年龄平均最长的是 2010 年，平均受资年龄为 12 年；受资年龄平均最短的是 2001 年和 2002 年，平均受资年龄为 4 年，具体如图 3. 14 所示。总体而言，CVC 项目越来越倾向于投资中等成熟度或处于后期发展阶段的创业企业。

（二）创业企业行业分布

从受资企业的行业分布来看，CVC 项目对"国民经济行业分类（GB/T 4754－2011）"中 20 个行业门类除国际组织（T）之外的 19 个行业门类中的创业企业都进行了投资，具体如表 3. 3 所示。

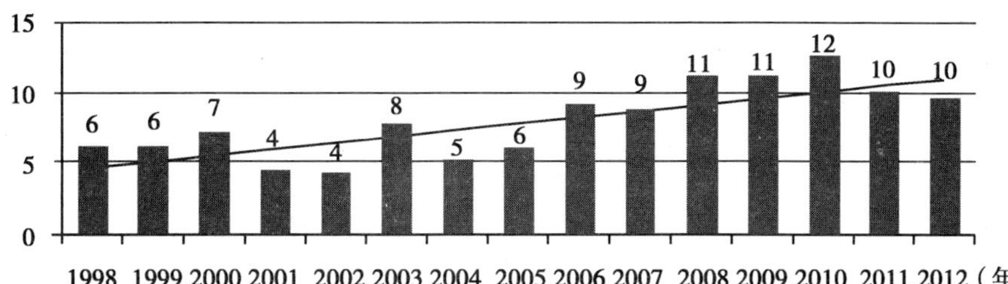

图 3.14　CVC 项目不同年度投资的创业企业受资年龄分布

（数据来源：CVSources 数据库，作者数据挖掘后计算整理）

表 3.3　　创业企业行业分布情况

代码	行业门类	行业大类	数量
A	农、林、牧、渔业	农业	1
		林业	2
		畜牧业	2
B	采矿业	石油和天然气开采业	2
		有色金属矿采选业	1
		其他采矿业	1
C	制造业	木材加工和木、竹、藤、棕、草制品业	2
		家具制造业	4
		造纸和纸制品业	3
		文教、工美、体育和娱乐用品制造业	3
		化学原料和化学制品制造业	46
		医药制造业	33
		化学纤维制造业	6
		橡胶和塑料制品业	3
		非金属矿物制品业	15
		黑色金属冶炼和压延加工业	3
		有色金属冶炼和压延加工业	16
		金属制品业	9
		农副食品加工业	4
		食品制造业	11
		酒、饮料和精制茶制造业	4
		纺织业	4

续表

代码	行业门类	行业大类	数量
D	电力、热力、燃气及水生产和供应业	电力、热力生产和供应业	5
		水的生产和供应业	4
E	建筑业	房屋建筑业	1
		土木工程建筑业	4
		建筑安装业	1
		建筑装饰和其他建筑业	1
F	批发和零售业	批发业	5
		零售业	11
G	交通运输、仓储和邮政业	铁路运输业	2
		水上运输业	1
		装卸搬运和运输代理业	1
		邮政业	1
H	住宿和餐饮业	住宿业	3
		餐饮业	1
I	信息传输、软件和信息技术服务业	电信、广播电视和卫星传输服务	4
J	金融业	互联网和相关服务	16
		软件和信息技术服务业	47
		资本市场服务	3
		保险业	1
		其他金融业	5
K	房地产业	房地产业	6
L	租赁和商务服务业	商务服务业	18
M	科学研究和技术服务业	研究和试验发展	1
		专业技术服务业	4
		科技推广和应用服务业	3
N	水利、环境和公共设施管理业	生态保护和环境治理业	2
		公共设施管理业	4
O	居民服务、修理和其他服务业	居民服务业	2
P	教育	教育	1
Q	卫生和社会工作	卫生	1

续表

代码	行业门类	行业大类	数量
R	文化、体育和娱乐业	新闻和出版业	3
		广播、电视、电影和影视录音制作业	3
		体育	1
S	公共管理、社会保障和社会组织	国家机构	1
		人民政协、民主党派	2

注：按照“国民经济行业分类（GB/T 4754 - 2011）”标准进行分类

（数据来源：CVSources 数据库，作者数据挖掘后计算整理）

从受资企业的整体行业门类分布来看，被投资的创业企业主要集中在制造业（占全部创业企业的 72%）和信息传输、软件和信息技术服务业（占全部创业企业的 11%），说明 CVC 项目在投资时选择的投资对象是知识密集型、创新最集中体现的行业（具体见图 3. 15 所示）。但是，还有 6% 的被投资创业企业是批发零售业和租赁商业服务业等非知识密集型行业，这可能不利于上市公司通过 CVC 投资进行双边组织学习进而实现技术创新或价值创造。

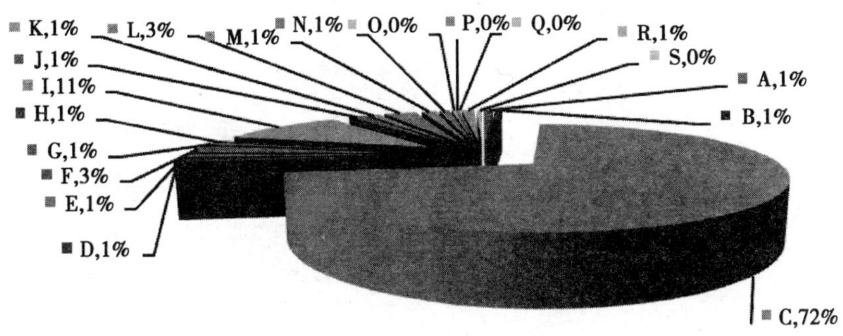

图 3. 15　创业企业行业门类分布

（数据来源：CVSources 数据库，作者数据挖掘后计算整理）

从 CVC 项目选择创业企业的行业门类时间趋势来看，2000—2012 年期间各年的前两大行业门类都是制造业和信息传输、软件和信息技术服务业，具体如图 3. 16 所示。制造业占比从 2007 年开始有逐年下降趋势，同期信息传输、软件和信息技术服务业在波动中呈上升趋势。2001—2004 年期间信息传输、软件和信息技术服务业占比较高，原因可能在于 2000 年后互联网经济泡沫破灭，该行业的企业估值较低，获得“投资抄底”的机会。

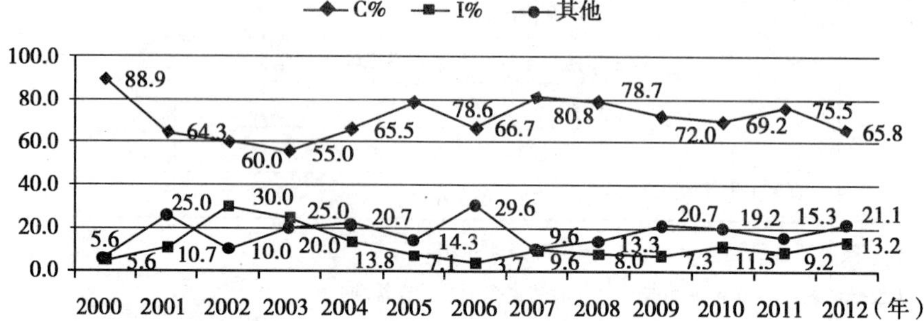

图 3.16　2000—2012 年被投创业企业行业门类前两位占比

（数据来源：CVSources 数据库，作者数据挖掘后计算整理）

从信息传输、软件和信息技术服务业行业 I 门类中受资创业企业行业的具体构成比例来看，软件和信息技术服务业占到了 I 门类中的 70%，其次是互联网和相关服务业（24%），具体如图 3.17 所示。

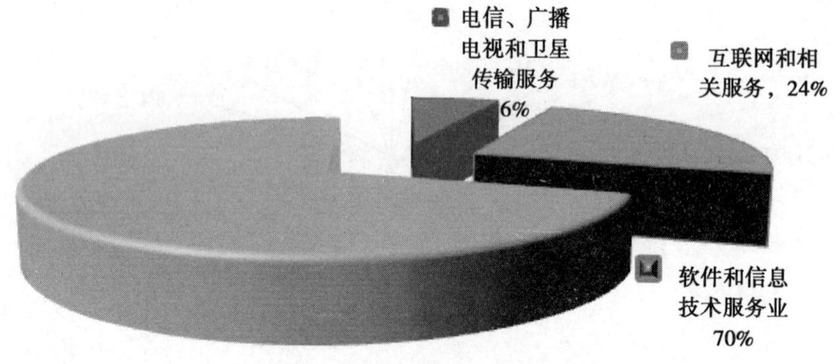

图 3.17　被投创业企业信息传输、软件和信息技术服务业大类行业分布

（数据来源：CVSources 数据库，作者数据挖掘后计算整理）

从制造业 C 门类中受资创业企业行业的具体构成比例来看，计算机、通信和其他电子设备制造业、专用设备制造业、电气机械和器材制造业、医药制造业和通用设备制造业分别占到了 C 门类中的 21%、19%、15%、12%和 9%（见图 3.18 所示）。

从上市公司参与的 CVC 项目、美国 VC 和美国 CVC 投资的创业企业前

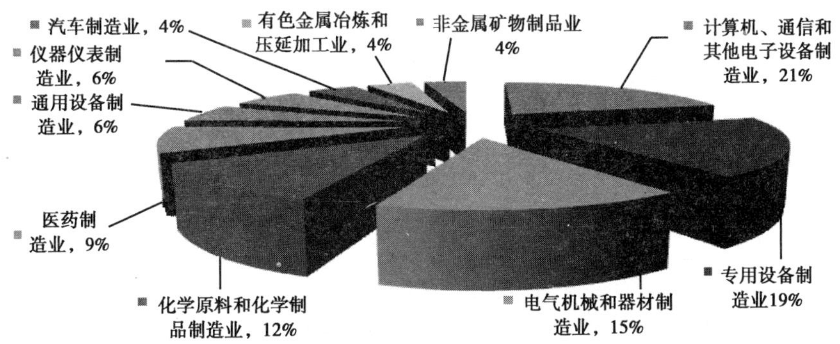

图 3.18　被投创业企业制造业前十大类行业

（数据来源：CVSources 数据库，作者数据挖掘后计算整理）

十大行业来看，三者有着显著的不同，具体如表 3.4 所示。上市公司参与的 CVC 项目投资的受资创业企业行业主要集中在计算机、通信和其他电子设备制造业（13.1%）、专用设备制造业（11.5%）、电气机械和器材制造业（9.2%）、软件和信息技术服务业（7.4%）和化学原料和化学制品制造业（7.3%），而美国 VC 投资的受资创业企业行业主要集中在软件行业（28.9%）、生物技术（10.9%）、媒体娱乐（8.8%）、医疗器械（7.9%）和 IT 服务（7.0%），美国 CVC 在 2006 年投资的受资创业企业行业集中在生物（22.0%）、软件（13.0%）、通信（12.0%）、半导体（11.0%）和媒体娱乐（10.0%）。这说明中美 CVC 投资在选择投资的创业企业时有着显著的不同，因此针对美国的一些研究结论不一定适合中国的情景。

表 3.4　上市公司参与的 CVC 项目与美国 CVC 项目投资前十大行业对比

上市公司参与的 CVC 项目（1998—2012）	%	美国 VC（2000—2012）	%	美国 CVC（2006）	%
计算机、通信和其他电子设备制造业	13.1	软件	28.9	生物	22.0
专用设备制造业	11.5	生物技术	10.9	软件	13.0
电气机械和器材制造业	9.2	媒体娱乐	8.8	通信	12.0
软件和信息技术服务业	7.4	医疗器械	7.9	半导体	11.0
化学原料和化学制品制造业	7.3	IT 服务	7.0	媒体娱乐	10.0
医药制造业	5.2	通信	6.7	医疗器械	9.0
通用设备制造业	3.6	工业能源	5.8	工业/能源	5.0

续表

上市公司参与的 CVC 项目（1998—2012）	%	美国 VC（2000—2012）	%	美国 CVC（2006）	%
仪器仪表制造业	3.6	半导体	4.9	电子/仪器	5.0
商务服务业	2.8	网络与装备	4.2	网络和装备	4.0
汽车制造业	2.7	商业产品和服务	3.0	IT 服务	4.0

注：上市公司参与 CVC 项目投资行业数据来源于 CVSources 数据库，作者数据挖掘后计算整理；美国 VC 投资行业数据来源于 NVCA Yearbook 2014；美国 CVC 投资行业数据来源于 MacMillan (2008)。

（三）创业企业融资轮次

创业企业融资时所处的轮次可以分为 VC - Series A、VC - Series B、VC - Series C、VC - Series D（代表创业企业第一轮融资、第二轮融资、第三轮融资和第四轮融资）以及 PE - Growth（针对扩张期及成熟期企业的股权投资）、PE - PIPE（已上市公司股权投资）和 PE - Buyout（企业并购）。从 1998—2012 年期间 CVC 项目投资的创业企业融资轮次来看，CVC 项目主要选择首轮融资的创业企业（占比 58%）和第二轮融资的创业企业（占比 18%）进行投资，具体见图 3.19 所示，说明 CVC 项目倾向于积极地参与到创业企业的前期融资计划中。

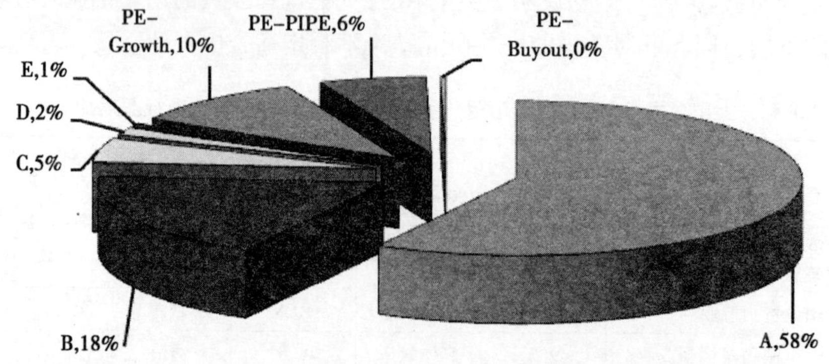

图 3.19 CVC 项目投资创业企业时受资企业融资轮次

（数据来源：CVSources 数据库，作者数据挖掘后计算整理）

（四）创业企业的发展阶段

创业企业融资时所处的发展阶段可以划分为“早期、发展期、扩张期和获利期”。从 1998—2012 年期间 CVC 项目投资创业企业时受资创业企业所处发展阶段来看，CVC 项目主要选择处于发展期（占比 46%）和扩张期（占比 37%）的创业企业进行投资（具体见图 3. 20 所示），说明 CVC 项目在选择创业企业时倾向于技术或发展开始明朗或较为成熟的创业企业。

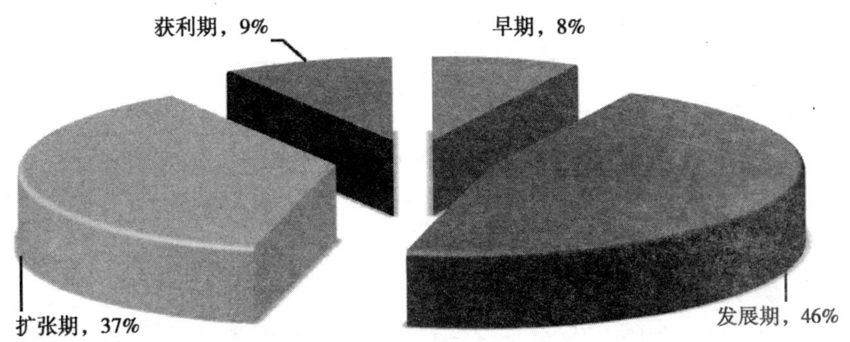

图 3. 20　CVC 项目投资创业企业时受资企业发展阶段

（数据来源：CVSources 数据库，作者数据挖掘整理）

从上市公司参与的 CVC 项目、中国 VC、美国 VC 和美国 CVC 投资的创业企业所处的发展阶段来看，上市公司参与的 CVC 项目投资偏好于发展期和扩张期的创业企业（合计占比 83%）；中国 VC 投资偏好于扩张期的创业企业（占比 40. 8%），然后是发展期、早期和获利期的企业，但比例差别不大；美国 VC 投资偏好于扩张期（49. 6%）、获利期（27. 6%）和发展期（26. 3%）；美国 CVC 投资偏好于扩张期（45%）和获利期（42%），较少投资于发展期和早期的企业（具体如图 3. 21 所示）。这说明，上市公司参与的 CVC 项目在投资偏好上与美国 CVC 投资有着显著的不同，进一步说明针对美国的一些研究结论不一定适合中国 CVC 投资的情景。

第四节　沪深主板上市公司 CVC 投资存在的问题

通过对沪深主板上市公司参股、控股或设立 CVC 项目从事 CVC 投资的现状和沪深主板上市公司参与的 CVC 项目在 1998—2012 年期间投资的创业

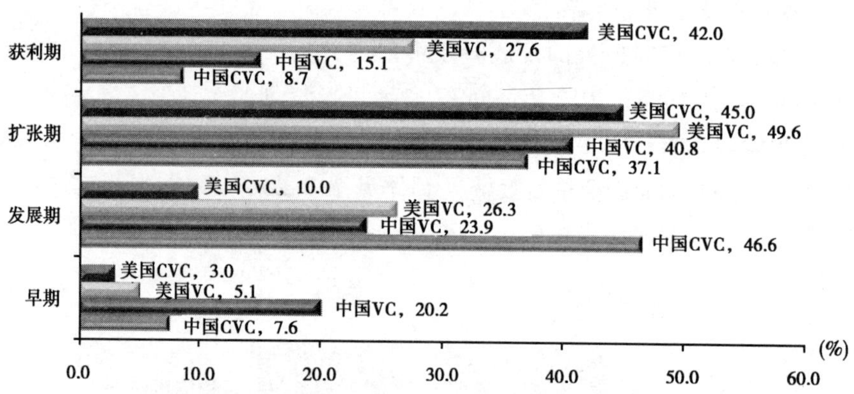

图 3.21 中国 CVC 与 VC、美国 VC 和 CVC 投资阶段的对比分析

［数据来源：CVC 数据来源于 CVSources 数据库，作者数据挖掘整理；中国 VC 数据来源于《中国创业风险投资发展报告》（2002—2013）；美国 VC 数据来源于 NVCA Yearbook 2014；美国 CVC 数据来源于 MacMillan（2008）］

企业分析可知，中国 CVC 资本规模日益扩大，CVC 资本中上市公司出资规模在逐年增长，正处于不断的发展过程中。沪深主板的上市公司从 1998 年开始介入 CVC 项目的投资，15 年来得到了一定的发展。但是，深入到这些 CVC 项目的运行细节中，就会发现沪深主板上市公司 CVC 投资还存在一些问题，具体表现为：

（1）中国 CVC 资本使用效率偏低，上市公司 CVC 投资参与不足。中国 CVC 资本的使用效率远低于美国，参与 CVC 投资存在动机不纯问题，投资缺乏明确的战略目的，仅扮演了资本提供者的角色，并没有把 CVC 当作实现战略目标的平台，并且中国 CVC 资本的来源中，上市公司提供的资本比例还有待提高。

（2）虽然沪深主板上市公司从 1998 年就开始对 CVC 项目进行投资，但上市公司 CVC 投资参与率仍然不足 16%，并且 2010 年后呈下降趋势。投资规模仅相当于美国同期的 3.76%，且受市场和政策环境影响深远，近来对 CVC 项目的单项投资力度有下降趋势。

（3）虽然制造业和信息技术产业是参与 CVC 项目投资的主力并呈现缓慢增长的态势，但房地产行业背景的上市公司也逐渐增多，加上批发零售等行业也有较大比例的参与，说明部分上市公司对 CVC 项目的投资功能存在认知误区，把 CVC 项目当作获取财物收益的手段而忽略其主要是获取战略收益的本质。

（4）沪深主板上市公司参与的 CVC 项目对创业企业的投资强度虽然远高于中国 VC 的总体水平，但波动较大，并且年度投资次数整体较少且 2010 年后下降明显。CVC 项目对创业企业投资的股权比例普遍较低，虽然符合 CVC 投资少数权益投资的特点，但过低股权可能会影响到上市公司与创业企业的“卷入”关系，造成对创业企业的影响力降低从而不利于双边组织学习。

（5）虽然上市公司参与的 CVC 项目对创业企业投资有自己独特的投资策略，主要对处于中等成熟度的制造业和信息传输、软件和信息技术服务业等行业的创业企业进行投资，偏好于投资前两轮融资和处于发展期和扩展期的创业企业，并与美国 CVC 投资在创业企业行业选择上和投资偏好上有着显著不同。这种策略虽然带来了一些好处，例如与创业企业形成长期稳定关系，有助于上市公司发展多元化的知识，更早的介入有助于上市公司占据网络中心位置形成“强关系”和深度“卷入”，从而有助于上市公司知识学习。但是，这种策略也存在着一些问题，例如过早介入创业企业可能会形成误判，增加投资风险和投资失败的可能，与美国成熟 CVC 投资策略显著性差异究竟是否可取还有待检验，毕竟美国的投资代表了一种经验和技术发展趋势，并且其过去的发展证明这是非常值得借鉴的。

第五节　本章小结

本章利用《中国创业风险投资发展报告》的统计数据和沪深主板上市公司的年报信息甄别，并利用 CVSources 数据库、国泰安 CSMAR 数据库的相关数据挖掘，对中国企业 CVC 投资现状、沪深主板上市公司 CVC 投资现状以及其参与的 CVC 项目对创业企业的投资特征和受资创业企业的特征进行了描述性统计分析。在描述全貌的同时，本章重点在于通过具体的数据分析以便揭示中国沪深主板上市公司参与 CVC 投资运行的详细细节，为本书 CVC 投资研究提供一个情景快照。

总的来说，CVC 资本是中国 VC 资本的主要来源之一，并呈不断增长的趋势，但中国 CVC 资本使用效率偏低，上市公司提供的 CVC 资本比例较低，CVC 投资参与率不足。沪深主板上市公司从 1998 年开始对 CVC 项目进行投资，1998—2012 年期间上市公司参与 CVC 投资的参与度整体呈现“M 形”，2000 年、2010 年达到高峰，2005 年处于谷底状态，整体受市场环境和政策影响显著。沪深主板上市公司总体 CVC 投资参与率不足 16%，并且投资规模仅相当于美国同期的 3.76%。沪深主板上市公司中主要是制造业和信息技术产业的企业参与 CVC 投资，但房地产行业、批发零售等行业也有大量的上市公司参与投资。以上现象意味着部分上市公司对 CVC 投资功能认知存在误区，把 CVC 投资当作实现财务收益的主要工具而不是实现技术创新或价值创造的战略平台。

沪深主板上市公司参与的 CVC 项目对创业企业的投资有自己独特的投资策略，倾向于投资中等成熟度的、处于发展期和扩展期的，具有制造业和信息传输、软件和信息技术服务业行业背景的创业企业，并且 76% 的投资都是在创业企业首轮融资或第二轮融资时就进行投资。统计也发现，上市公司参与的 CVC 项目与美国 CVC 项目在创业企业行业背景、发展阶段方面有着显著性差异。

总之，中国 CVC 资本使用效率偏低，上市公司 CVC 投资参与率不足，中美 CVC 投资存在显著性差异。因此，针对沪深主板上市公司 CVC 投资绩效问题进行严谨的实证研究而不是照搬国外的研究结论就显得尤为必要和迫切，这也是本书后面几章要重点研究探讨的问题。

第四章

CVC 投资对公司投资者技术创新的影响机制[①]

从第三章的分析可以看出，中国 CVC 投资虽然得到了发展，但仍存在一定的问题，中国 CVC 资本使用效率偏低，上市公司 CVC 投资参与率不足。由于中美 CVC 投资情景有着显著性差异，因此，针对美国 CVC 投资的研究结论不一定适合中国的 CVC 投资情景。CVC 投资绩效问题关乎中国 CVC 投资的资本使用效率和上市公司的参与动力，因此有必要研究影响 CVC 投资绩效的相关问题，促进中国 CVC 投资的健康发展从而助力于公司创新与变革。为此，本章聚焦研究问题 1：CVC 投资的技术溢出、知识转移和组织学习等技术创新方面的战略绩效，研究 CVC 投资对公司投资者技术创新的影响机制。在资源基础观、知识基础观、创新搜寻与组织学习理论的基础上，基于“CVC 投资公司—CVC 项目—创业企业”三元结构逻辑分析框架，根据研究的视角和聚焦的焦点不同，细化为三个研究子问题：子问题 1 -1，在创业企业“同质性”假设的基础上，聚焦 CVC 投资的创业企业数量与公司投资者技术创新的关系，并考虑吸收能力、卷入程度和治理结构对两者关系的调节作用；子问题 1 -2，在创业企业“异质性”假设的基础上，聚焦 CVC 投资的创业企业组合知识多元化对公司投资者技术创新的影响以及吸收能力、卷入程度对两者关系的调节作用；子问题 1 -3，在子问题 1 -2 的基础上，进一步探讨控股与非控股 CVC 项目治理结构下创业企业组合知识多元化与公司投资者技术创新关系的差异以及吸收能力调节效应的差异。

---

① 本章在作者已发表的论文《公司创业投资与企业技术创新——吸收能力、卷入强度和治理结构的调节作用》，《科学学与科学技术管理》2014 年第 11 期和《创业企业知识异质性与公司投资者知识创造》，《科研管理》2016 年第 2 期的基础上扩展而成。

第一节 引言

从资源基础观的角度，企业是有形和无形的资源包（Wernerfelt，1984），企业特有的技能、能力和其他有形、无形的资产是企业竞争优势的基础（Prahalad 和 Hamel，1990；Barney，1991；Grant，1991；Peteraf，1993），特别是有价值、稀缺、不可模仿性和不可替代性的资源（Barney，1991）。在这些资源中，知识基础观认为知识是企业最重要的资源（Grant，1996），企业是知识承载的实体（Nonaka，1994；Grant，1996），知识对任何组织来说都是关键的、核心的和主要的有价值的资源（Cohen 和 Levinthal，1990；Grant，1996；Dyer 和 Singh，1998；Lane 和 Lubatkin，1998），竞争优势源自于不同企业拥有的异质性知识基础。因此，企业期望能够成长，维持其竞争优势或致力于更新、补充组织学习过程以促进知识、能力的获取和积累对当前和未来的竞争能力非常关键（Wadhwa 和 Kotha，2006）。组织最富创新的做法不是在组织内进行发明而是从外部知识源进行获取和复制（Cohen 和 Levinthal，1990），这就需要组织不断进行创新搜寻和组织学习。根据创新搜寻与组织学习理论，组织搜寻是一个学习的过程，通过组织搜寻，企业能够发展新的能力和知识基础（Makadok 和 Walker，1996）、改善当前的技能和技术（Nelson 和 Winter，1982）来对所处的环境做出响应（Cyert 和 March，1963；Baum，Li 和 Usher，2000）以获得生存和竞争能力。组织搜寻可以分为两种类型：开发和探索（March，1991）。探索搜寻强调发展新知识和能力的深思熟虑的变化和有计划的实验过程（Levinthal 和 March，1993），也被称为远距离的，非局部（Nelson 和 Winter，1982）或创新搜寻（Cyert 和 March，1963；Levinthal 和 March，1981）。开发搜寻强调在既存的惯例中的经验的提炼和选择（March，1991），也称为近距离搜寻或局部搜寻（Nelson 和 Winter，1982）。这两种搜寻方式的不同造就了两种不同的组织学习方式：建立在开发搜寻基础上的开发性学习和建立在探索搜寻基础上的探索性学习。开发搜寻可能限制企业创新的可能性，导致企业形成“核心刚性”（Leonard - Barton，1995）或落入能力陷阱（Levitt 和 March，1988）。开发性学习可能造成“学习近视”（Levinthal 和 March，1993），产生“熟悉陷阱、成熟陷阱和临近陷阱”（Ahuja 和 Lampert，2001），这一切都有可能影响到企业的突破性创新。因此，企业越来越致力于远距离搜寻或探索性学习活动以超越组织边界从外部知识源进行学习。

资源基础观认为公司可以通过与其他企业建立和发展组织关系（特别是联盟）来获取资源（Ahuja，2000a）。CVC 投资是一种正式的企业联盟，是快速获取外部创新资源的手段（Keil，2002）和开发现有资源的方式（Maula，2007），能给投资企业提供巨大的战略弹性（Basu，Phelps 和 Kotha，2011），并可通过对创业企业组合进行投资来增加所获取新颖资源的种类并减少风险（Allen 和 Hevert，2007）。知识基础观认为知识是企业的核心资源，为了获得竞争优势，企业需要不断创造知识流入以更新其知识资产（Yang，Nomoto 和 Kurokawa，2013）。CVC 投资可为双边组织创造新信息和知识的来源，学习新知识是 CVC 投资的最重要目标之一（McNally，2002；Keil，2004；Schildt，Maula 和 Keil，2005）。知识流入提供了一个学习的工具，可以帮助母公司更新知识基础和激发内部技术创新（Dushnitsky 和 Lenox，2005a，b；Keil，Maula 和 Schildt et al.，2008）从而有可能改变母公司的竞争态势（Narayanan，Yang 和 Zahra，2009）。创新搜寻与组织学习理论认为组织需要搜寻新的知识源并进行组织学习，特别是跨组织边界搜寻和探索性学习以避免近距搜寻和开发性学习造成的知识存量缺乏变异导致渐进式创新或退化（Baum，Li 和 Usher，2000），产生“熟悉陷阱、成熟陷阱和临近陷阱”从而阻碍突破性创新（Ahuja 和 Lampert，2001）。因此，公司需要同时进行知识开发和知识探索（Eisenhardt 和 Brown，1997），获取跨组织边界的新知识对所有企业而言日益重要，而 CVC 投资比非权益联盟等更可能提供一个源自于高弹性和适应性的有效的环境来发现新知识（Osborn 和 Hagedoorn，1997）。

总之，资源，特别是知识资源是企业获取竞争优势的关键。企业发现并捕获有价值资源和能力的动态能力往往与探索企业外部的知识并与企业内部知识整合有关（Henderson 和 Cockburn，1994；Teece，Pisano 和 Shuen，1997）。潜在的外部知识源包括区域网络内的雇员和企业（Saxenian，1990；Almeida 和 Kogut，1999）、大学和政府实验室（Cohen，Nelson 和 Walsh，2002）、联盟伙伴（Gulati，1995；Powell，Koput 和 Smith - Doerr，1996；Schildt，Maula 和 Keil，2005）和并购目标（Capron，Dussauge 和 Mitchell，1998；Schildt，Maula 和 Keil，2005）。企业通过特定的实践和机制从外部资源寻求新知识和洞察力。这些资源或实践包括雇佣技术人员（Almeida 和

Kogut，1999）、战略联盟（Mowery，Oxley 和 Silverman，1996；Rosenkopf 和 Almeida，2003）、合资、许可证生产和形成非正式网络（Almeida 和 Kogut，1999）。近年来，大公司把创业型企业作为获取新知识的关键外部资源（Kortum 和 Lerner，2000；Zingales，2000；Shane，2001a；Dushnitsky 和 Lenox，2005a），越来越多老牌公司采用 CVC 投资对这些创业型企业进行投资以获取外部知识（Roberts 和 Berry，1985；Chesbrough 和 Tucci，2003；Gans 和 Stern，2003；Schildt，Maula 和 Keil，2005）。这些公司投资者利用 CVC 投资来探索、搜寻组织外战略导入的新机会和新见解（Keil，2004），不仅能开发现有知识，还能探索新知识（Dushnitsky，2004；Birkinshaw 和 Hill，2005；Schildt，Maula 和 Keil，2005；Dushnitsky 和 Lenox，2006；Benson 和 Ziedonis，2009）。通过权益投资，公司投资者被授权接触创业企业的技术和实践（Chesbrough 和 Tucci，2003），及时地监控市场与技术的变革，有机会获得行业中的新技术、新产品甚至行业最新发展方向及市场趋势（Dushnitsky 和 Lenox，2005a；Yang，2006；Sahaym，Steensma 和 Barden，2010），激发额外的企业创新活动（Chesbrough 和 Tucci，2003；Sahaym，Steensma 和 Barden，2010），识别和监控不连续的技术变革（Maula，Keil 和 Zahra，2003，2013）并提供无实体实验的机会（Keil，Autio 和 George，2008）。

许多学者都想从经验证据上寻求 CVC 投资对公司投资者技术创新的影响机制。国外学者的实证研究显示，CVC 投资关系对母公司专利授权率有积极的影响（Dushnitsky 和 Lenox，2002），CVC 投资创业企业的金额与母公司技术创新效率有积极的线性关系（Dushnitsky 和 Lenox，2005b），CVC 投资创业企业的数量与母公司知识创造呈“倒 U 形”关系（Wadhwa 和 Kotha，2006；Kim，2011）。辛燕飞（2009）、鹿溪（2010）研究发现，CVC 投资强度（上市公司首年度投入风险投资公司资金额/上市公司该年度总资产）与企业技术创新绩效之间没有显著相关关系。那么，究竟是中美情景差异还是其他原因造成这些不同的研究结论？仔细分析相关文献发现，现有研究尚存在三个问题：一是现有文献一般专注于独立的或总体的 CVC 投资活动，把创业企业视为同质的，很少考虑创业企业之间的异质性与公司投资者技术创新的关系问题；二是中美 CVC 投资的投资渠道、投资方式、组织结构、投资实践等存在显著性差异，因此，针对美国 CVC 投资情景的研究结论不一定适合中国的情景；三是中国学者采用“CVC 投资公司 -

CVC 项目”二元分析框架，未考虑被投资的创业企业而存在潜在的科学性和可靠性问题。因此，在对国内外研究“取其精华去其糟粕”的基础上，研究问题 1 基于资源基础观、知识基础观和创新搜寻与组织学习理论，采用“CVC 投资公司 - CVC 项目 - 创业企业”三元结构逻辑分析框架，根据研究视角和关注焦点不同细分为三个子问题：第一，在创业企业“同质”性假设的基础上，聚焦 CVC 投资的创业企业的数量与公司投资者技术创新的关系，并考虑吸收能力、卷入程度和治理结构对两者关系的调节作用（子问题1 - 1）。子问题 1 - 1 以“发明和实用新型专利”来测量公司投资者技术创新，并控制公司投资者的“规模、年龄、资本支出和专利存量”等潜在影响企业技术创新的组织特征因素，以 CVC 项目投资的“创业企业数量”为自变量，并同时控制“创业企业成熟度”等创业企业组织特征因素。除此之外，论文还控制了创业企业与公司投资者之间的“知识关联度”。在此基础上，论文研究了 CVC 投资的创业企业数量与公司投资者技术创新之间的关系并进一步探讨公司投资者“吸收能力”、公司投资者与创业企业“卷入程度”和 CVC 项目“治理结构”对两者关系的调节作用机制，采用负二项回归模型进行实证检验；第二，在创业企业异质性假设的基础上，聚焦 CVC 投资的创业企业组合知识多元化对公司投资者技术创新的影响以及吸收能力、卷入程度对两者关系的调节作用（子问题 1 - 2）。在子问题 1 - 1 的基础上，把“同质性”假设的自变量 CVC 项目投资的“创业企业数量”换成“异质性”假设的 CVC 投资的创业企业“组合知识多元化”，并增加创业企业融资时所处的“发展阶段”和“融资轮次”变量，探讨“CVC 投资的创业企业组合知识多元化对公司投资者技术创新的影响以及吸收能力、卷入程度对两者关系的调节作用”，同样采用负二项回归模型进行实证检验；第三，在子问题1 - 2 的基础上，进一步探讨控股与非控股 CVC 项目治理结构下创业企业组合知识多元化与公司投资者技术创新关系的差异以及吸收能力调节效应的差异（子问题 1 - 3）。针对中国上市公司通过参股、控股或设立 CVC 项目等方式进行 CVC 投资的实践，论文把母公司持有 CVC 项目权益比例是否 ≥50% 划分为“控股型 CVC 项目治理结构”和“非控股型 CVC 项目治理结构”，采用对比分析探讨两种治理结构下创业企业组合知识多元化与公司投资者技术创新关系的差异以及吸收能力调节效应的差异。

CVC 投资对公司投资者技术创新影响机制的三个子问题的逻辑分析框架如图 4. 1 所示。实线代表 CVC 投资影响公司投资者技术创新的具体逻辑流程，实线边上的变量代表相关影响因素，加粗的变量代表各子问题关注的焦点。

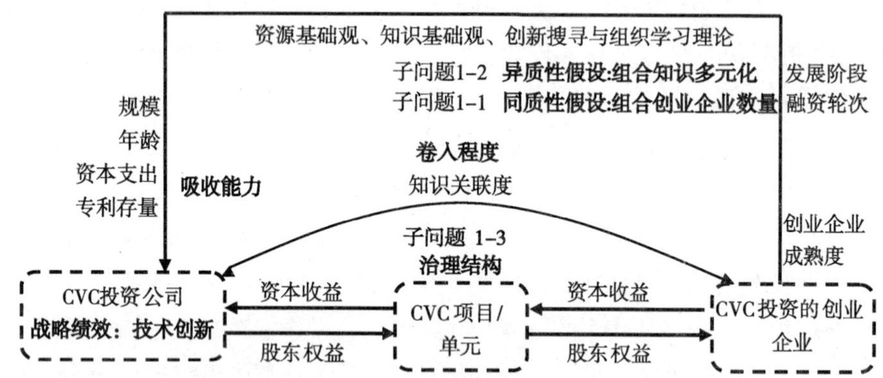

图 4.1　CVC 投资对公司投资者技术创新影响机制的三元结构逻辑分析框架

第二节　理论与假设

一　CVC 投资与公司投资者技术创新

组织学习产生新知识（Hitt 和 Ireland，2000）和创新，包含获取、传播、使用新知识和创造新知识，因此企业需要对学习进行投资和建立知识基础来激发持续的创新。CVC 投资活动有助于组织学习（Dushnitsky 和 Lenox，2005a，b）：首先，尽职调查过程使投资企业在投资承诺之前获得了独一无二的机会详细了解创业企业的运营模式、商业计划、技术资源、产品和市场前景（Dushnitsky 和 Lenox，2005a，b）；其次，随后的投资使投资企业通过不同的机制（例如占据创业企业董事会、监事会席位）与创业企业进行交流学习（Zahra，Ireland 和 Hitt，2000；Dushnitsky 和 Lenox，2005a）。董事会表决权和观察权使得母公司能够与创业企业的技术专家进行接触（Pisano，1989），使得公司投资者获得接近创业企业技术的机会。接近新外部知识会影响投资公司的内部技术创新：新信息有助于企业使用新的途径或整合新老方法的途径解决现有的问题（Ahuja 和 Katila，2001）。源自现存知识的新组合和企业知识库的扩展的创新会产生更多可能的知识配置（Kogut 和 Zander，1992）。投资公司可能使用新信息来支持、补充或增加内部研发能力，利用这些信息进入新市场或比缺乏获取新外部知识的竞争者更早引入新产品（Chesbrough 和 Tucci，2003；Maula，Keil 和 Zahra，2003），增加新的特性或功能改善现存产品（Keil，Zahra 和 Maula，2004）。总之，CVC 投资增加了公司投资者的知识基础并增加了企业以新颖的方式或者新配置整合新知识和存在于企业的既有知识的可能性从而产生大的创新产出。实证研究也显示 CVC 投资的增加往往伴随着企业未来创新的增加（Dushnitsky 和 Lenox，2005a；Wadhwa 和 Kotha，2006；Kim，2011），因此本书假设：

假设 H1a：CVC 投资的创业企业数量与公司投资者技术创新正相关。

尽管投资创业型企业给公司投资者获得学习新技术的优势，但太多的 CVC 投资可能适得其反。管理者最终会在仅通过简单增加 CVC 投资获得更多技术创新回报方面面临限制，这些限制包括随着 CVC 投资的增加，技术创新率减少甚至消极回报。伴随着 CVC 的投资，每次额外的投资对公司投资者知识基础的边际贡献会越来越小（Deeds 和 Hill，1996），并且这种关系在超过某个临界点时甚至会变成负相关。其原因可能源自于 CVC 项目管理者的"有限理性"（March 和 Simon，1958）和企业的资源约束。随着要管理的创业企业数量增加，CVC 项目管理者的有限理性使其不可能总是构建处于最佳的投资组合进行投资。吸收新知识的组织能力由于低水平的认知能力而减少（Simon，1978；Fleming 和 Sorenson，2001）。另外，由于公司 CVC 活动的管理流程一般只受到组织有限的支持（Keil，Zahra 和 Maula，2004），CVC 项目的投资决策运作往往受到资源约束。资源约束也可能阻碍 CVC 项目管理者影响从现有投资组合企业到母公司知识转移的能力。随着管理和学习的创业企业越来越多，对 CVC 项目管理者可利用资源的过高要求造成投资前后的信息和资源过载会阻碍母公司识别、同化和整合新知识：首先，大量的 CVC 投资耗尽 CVC 项目管理者的认知能力从而不利于他们挑选要投资的创业企业。涉及新兴技术的风险评估是一个复杂的过程，组织外正在发展的无数的技术和有希望的潜在的创业型企业组合等海量信息可能压倒 CVC 项目管理者。选择过程的复杂性阻碍管理者吸收出现在面前的重要信息或者及时加工信息，造成最终可能挑选了低质量的创业企业从而无法实现期望的回报；其次，CVC 投资后，组织需要监督投资组合企业的进展并且培育和培养他们。从投资组合企业获取的任何知识都需要在组织内吸收和做有益的应用。监督新创企业有可能耗尽 CVC 项目管理者的认知能力。吸收和使用新技术知识通过增加 CVC 项目管理者、科学家和工程师本已有限的认知和行政资源需求的形式而增加了额外的成本。因此，资源约束和信息过载阻碍企业有效管理大的创业企业组合的能力（Keil，2004）。有证据表明探索性搜寻的局限在于没有能力去处理和解释由于过度探索产生大量的信息，这反过来对组织学习过程带来了极大的挑战（Gavetti 和 Levinthal，2000）。综上所述，超过某个关键点，CVC 投资的创业企业数量对公司投资者技术创新的影响可能减少甚至负相关。组织间关系研究文献也证实，管理大量组织间关系存在着递减和负相关回报（Deeds 和 Hill，1996；Sampson，2007）。因此，与 Wadhwa 和 Kotha（2006）、Kim（2011）一致，本书提出如下假设：

假设 H1b：CVC 投资的创业企业数量与公司投资者技术创新存在“倒 U 形”曲线关系。

但是，大量的实证研究显示企业间存在显著的异质性（Lööf 和 Heshmati，2002）。由于能力是追求竞争优势的关键（Nelson，1991；Teece，Pisano 和 Shuen，1997），不同的企业会在不同的领域发展自己独特的竞争能力，产生路径依赖（David，1985）、不确定的可模仿性（Lippman 和 Rumelt，1982）并形成自己固有的内部资源（Barney，1991）、社交、经济及专业网络（Granovetter，1985，1992）等“社会嵌入”对联盟（Gulati，1995）、组织间交流（Uzzi，1997）和组织的生存（Baum 和 Oliver，1992）产生不同影响。CVC 投资公司可以通过两种方式获取外部知识来增加其技术创新：一种是获取熟悉的外部知识通过增加知识的深度来创造新知识（Cohen 和 Levinthal，1990）；另一种是获取新的和不熟悉的外部知识通过增加知识存量来创造新知识（Ahuja 和 Lampert，2001；Rosenkopf 和 Nerkar，2001）。没有证据表明这两种方式会对公司投资者技术创新产生相同的影响，区别这两种技术创新的类型非常重要（March，1991；Levinthal 和 March，1993）。CVC 投资的创业企业自身的知识异质性会对公司投资者技术创新产生不同的影响：投资具有相同知识基础的创业企业组合与投资同样数量但具有完全不同知识基础的创业企业组合对公司投资者可接触的知识和吸收能力的要求有着极大的差异从而对技术创新有着完全不同的影响。组织学习相关研究也显示，向与公司现存知识相似的企业学习会产生更高的学习效率（Kogut 和 Zander，1992；Grant，1996），作为遵循根深蒂固的组织惯例（Nelson，1982）和使用现有知识解决问题的结果，随着时间推移近距离搜寻对技术创新会更加高效和有效率（Dosi，1988；Nelson，1982）。CVC 投资于相似的拥有相同知识基础的创业企业促进了彼此间的知识获取和利用（Lane 和

Lubatkin, 1998）从而使得学习过程会更加有效率，使公司投资者在类似案例中归纳、辨别信息更为容易（Haleblian 和 Finkelstein, 1999），从而增加技术创新的可能性。Schildt, Keil 和 Maula（2012）实证研究也显示，更高程度的技术相似性导致更高的学习效率。随着 CVC 投资的创业企业增多，创业企业组合之间的知识异质性程度增加，一方面，公司投资者与创业企业之间的技术相似性呈下降的趋势，从而不利于 CVC 投资公司从创业企业进行学习以便进行技术创新；另一方面，更多元化的知识基础要求公司投资者更高的吸收能力以增加吸收来自多重领域知识的可能性。由于成本因素等，CVC 投资公司会由于吸收能力跟不上创业企业组合知识多元化的趋势而不利于知识学习和创新。因此，本书假设：

假设 H2a：CVC 投资的创业企业组合知识多元化与公司投资者技术创新之间存在消极的相关关系。

随着 CVC 投资的创业企业组合知识异质性程度的提高，其对公司技术创新的消极影响可能逐渐减小甚至反转：第一，多元化的知识源可能会增加利用新知识以新颖方式整合现有知识的可能性，产生新工艺或新的解决办法（Fleming, 2001）。CVC 投资于相似的、拥有相同知识基础的创业企业使得学习过程会更加有效率，但同样金额的重复投资与独立投资相比，可能由于边际收益递减而减少获取新知识的机会。被投资的创业企业组合之间较小的关联性可能增加 CVC 投资者在新领域学习和构建知识的可能性（Wadhwa, 2005）。随着时间的推移，新的知识源会帮助公司投资者在新的领域发展竞争能力。CVC 投资的创业企业组合如果知识多元化程度低，由于知识存量缺乏变异会导致渐进式创新或退化（Baum, Li 和 Usher, 2000）。如果 CVC 投资的创业企业彼此相似，缺乏异质性，那么 CVC 投资公司就不太可能获取多元化的知识源。CVC 投资的创业企业组合知识异质性程度越高，公司投资者与创业企业之间的知识差异化可能性越大，两者的差异增加了知识变异的可能性。知识变异越大，企业越有可能发现新的问题解决办法（March, 1991），通过探索增加了知识构成吸收和整合多元化的知识，这反过来增加了创新的可能性。第二，CVC 多元化投资经验要求 CVC 管理者处理复杂的问题，这有助于增强 CVC 管理者的认知能力，改善 CVC 管理者在选择、评估和培育不同创业企业方面的技巧和能力。有着多元化投资经验的管理者能够更好地识别和具体化与新技术相关的学习机会。投资于有多元化知识的企业组合有助于拓宽投资企业视角并提供机会去处理新颖的、新兴的和前沿性技术。拥有这些新颖的、新兴的和前沿性的技术有助于投资企业克服“临近陷阱”、“熟悉陷阱”从而创造新知识（Ahuja 和 Lampert，2001）。第三，由于存在门槛问题，在一些多元化的临界水平达到前，学习效应不会产生（Haleblian 和 Finkelstein，1999）。因此，本书假设：

假设 H2b：CVC 投资的创业企业组合知识多元化与公司投资者技术创新之间存在“U 形”曲线关系。

CVC 投资提供公司投资者获取或学习新的外部知识的机会。为了实现此机会，公司投资者需要合适的知识转移机制和有效吸收入站信息的能力（例如吸收能力、卷入关系等）以便从中获取、整合有益的知识。

二　吸收能力对 CVC 投资与公司投资者技术创新关系的调节作用

创新搜寻与组织学习理论认为，投资者能否从创业企业获取创新知识很大程度上取决于其自身的吸收能力（Zahra 和 George，2002；Maula，Keil 和 Zahra，2003；Dushnitsky 和 Lenox，2005a；Wadhwa 和 Kotha，2006）。吸收能力概念源自于对企业研发投资活动不仅创造了新的发明还改善了内化外部知识的能力（Cohen 和 Levinthal，1989，1990），包括知识获取、知识消化、知识转换和知识应用的能力（Zahra 和 George，2002），这四种能力往往与企业的创新绩效正相关（钱锡红，杨永福，徐万里，2010），并可进一步划分为两个维度：现实吸收能力（RAC）和潜在吸收能力（PAC）（Zahra 和 George，2002）。现实吸收能力与潜在吸收能力在企业创新中作用不同（Zahra 和 George，2002）：现实吸收能力强调知识应用，潜在吸收能力强调知识获取与消化。吸收能力也可指企业具有的“识别新的外部知识的价值、吸收并商业化应用”的能力（Cohen 和 Levinthal，1990；Zahra 和 George，2002；Todorova 和 Durisin，2007）。吸收能力具有累加性和路径依赖性的特性（Dosi，1982），先验知识对吸收能力起到决定作用。因此企业要更好地识别外部知识，必须预先建立相关知识（Cohen 和 Levinthal，1994）。研发投资创造了一个多元化的知识基础从而有助于企业吸收更宽广的外部知识（Cohen 和 Levinthal，1990），有内部研发部门增加了与其他企业合作研发的可能性（Kleinknecht 和 Van Reijen，1992）。学习和其后的创新是企业整合能力，或者说企业整合各种知识资源为新组合的能力的结果（Kogut 和 Zander，1992）。一个企业现存的技术知识和在外界运用新机遇和新创意

(Keil，2004）能够为产生新技术、产品和工艺流程打下坚实的基础（Ahuja，2000b；Dushnitsky 和 Lenox，2005b）。学习经常依赖于企业先前的知识存量，毕竟在确保获得新技术信息后，企业需要吸收、同化并利用相关的新技术知识基础来创新，而创造新知识不可能独立于企业现有的知识基础（Kogut 和 Zander，1992）。因此，在特定的研究领域拥有专门知识能够更好地从外部知识源吸收知识（Pisano，1991；Veugelers，1997），企业转换新知识流到创新依赖于其先前的知识基础。因此，外部知识转移的程度取决于企业知识内化存在于外部环境中知识的能力，并带入自己组织边界之内。整合能力或建构能力（企业整合不同的知识流和特定的专业知识）导致企业更大的创新（Henderson 和 Cockburn，1994；Pisano，1994）。Von Hippel（1994）揭示了拥有知识如何服务于跨组织边界的知识转移和分享、整合能力、建构能力、吸收能力在强调内化和整合新知识创造价值方面具有相同的功能，这同样意味着企业现存的知识越多元化，企业越具有整合和同化外部知识的能力。因此，企业已拥有的知识基础结构在决定企业是否能转换公开或可获得新知识到创新中起到关键作用。拥有并狭隘集中于特定领域的知识基础可能会发展这领域的核心竞争力而成为市场领导，但在高技术环境下，新进入者以极快的速率发展新技术以创造新市场或改变现有市场，太狭窄的知识基础可能会把核心竞争力变为“核心刚性”（Leonard - Barton，1992），结果造成公司可能不能够适应不同但相关的领域。事实上，先前学者识别了大量的影响吸收能力的公司层面的因素（Zahra 和 George，2002；Lane，Koka 和 Pathak，2006；Todorova 和 Durisin，2007），学者 Schildt，Keil 和 Maula（2012）在回顾了吸收能力的最初构想后认为知识多元化是决定企业吸收能力的核心因素。宽广的知识基础提供企业应对环境变化更强的弹性和适应能力（Volberda，1996），有助于吸收广泛领域的知识，并提高双边组织学习者知识重叠的机会（Van Wijk，Van den Bosch 和 Volberda，2001）。知识多元化能够增强而不是减弱企业的弹性和适应性（Matusik 和 Fitza，2012）。知识多元化产生的流动思维定式有助于新想法的产生和创新。因此可以断定，要成功整合不同知识必须具有宽广的知识基础而不是狭窄的知识基础（Bierly 和 Chakrabarti，1996）。根据欧洲企业的实证研究显示，伴随着企业技术多元化，企业的研发和专利均增加了（Garcia - Vega，2006）。其原因在于技术多元化企业更有可能从其他相关企业接受知识溢出（Garcia - Vega，2006）。企业内部研发活动导致的多元化知识基础有助于企业对一项新技术可能的技术、商业化运用和创新产生更好的预判。新产品开发的实证研究也显示企业整合不同知识流的能力与企业宽广的知识基础正相关（Bierly 和 Chakrabarti，1996）。

在公司投资者对创业企业进行权益投资的背景下，持有权益赋予了CVC 投资者权利接近包含在创业企业组合里的知识。CVC 投资的创业企业越多，则 CVC 投资者接触到的外部知识越多。然而，对创业企业大量的投资并不意味着 CVC 投资公司仅仅通过接触创业企业的知识和技术就一定能实现创新收益。通常情况下，这些新技术还没有充分发展并且其未来充满不确定性。对这些新兴技术的学习程度很大程度上取决于 CVC 投资者先前的知识存量：先前无关的信息片段资源如果能够很好地整合成新的信息或知识就会非常有用。老牌公司通过 CVC 投资的创业企业数量与该公司面对源自于其投资的创业企业所包含的不同和可能无关的信息片段成正比（Wadhwa 和 Kotha，2006）。在这样的情况下，公司投资者技术知识的多元化或广度增加了吸收来自多重领域信息的可能性，并通过整合内外有显著差异的知识而增加了知识的新组合潜力。由简单信息片段构成的先验知识在特定条件下变成了有价值的知识（Winter，1987），意味着CVC 投资者面临企业外新知识能够发展为新想法和利用已有知识。因此，投资后 CVC 投资者多大程度上能够吸收同化新技术并随后利用新技术基础上的知识进行创新很大程度上取决于公司投资者知识基础的多元化或广度。同样的 CVC 投资强度，已有知识多元化程度越高的公司投资者越能够更好地评估并从其投资的创业企业学习更多并更好地改善创新绩效。总之，更多元化的技术知识基础可能增强 CVC 投资组合创业企业数量与公司投资者技术创新之间的积极关系（Wadhwa 和 Kotha，2006）。知识多元化是决定企业吸收能的核心因素（Schildt，Keil 和 Maula，2012），宽广的知识基础提供企业应对环境变化更强的弹性和适应能力（Volberda，1996），有助于吸收广泛领域的知识，并提高双边组织学习者知识重叠的机会（Van Wijk，Van den Bosch 和 Volberda，2001）从而增加学习的效率。在面对创业企业组合知识多元化提供的学习机会时，CVC 投资公司知识多元化增强了企业的弹性和适应性（Matusik 和 Fitza，2012），增加了吸收来自多重领域信息的可能性从而减轻并最终反转创业企业组合知识多元化对公司投资者技术创新的不利影响。因此，本书假设：

假设 H3a：CVC 投资公司的吸收能力对 CVC 投资的创业企业数量与

公司投资者技术创新之间的关系有积极的调节作用。

假设 H3b：CVC 投资公司的吸收能力对 CVC 投资的创业企业组合知识多元化与公司投资者技术创新之间的“U 形”关系有积极的调节作用。

三 卷入程度对 CVC 投资与公司投资者技术创新关系的调节作用

知识本身可以分为外显知识和缄默知识。外显知识能够轻易被编码、转移，然而缄默知识主要源自于经验，例如技巧和直觉（Nonaka 和 Takeuchi，1995），往往是主观的和不易察觉的，很难被编码和模仿（Grant，1996；De Carolis 和 Deeds，1999），因此很难从持有者手中分开和进行转移（Kogut 和 Zander，1996）。如果公司投资者想从其投资的创业企业学习知识，或者说知识在组织间进行转移，仅靠权益投资是不够的。从组织学习的角度来看，组织从外部知识源学习有三种不同的方式：被动学习、主动学习和互动学习（Lane 和 Lubatkin，1998）。被动学习指从期刊、研讨会和咨询公司获取易于编码的技术和管理知识。主动学习指通过标杆瞄准或竞争性情报替代性学习（Huber，1991）其他企业的能力。但为了更有效地从外部新知识学习，组织需要超越被动学习和主动学习模式，采用互动学习机制，这样学习企业与被学习企业紧密合作来学习更多的隐性知识或缄默知识（Lane 和 Lubatkin，1998）。为了吸收和使用潜在的新技术，CVC 投资者必须确保从创业企业获取的信息到达有能力理解它的业务部门。当要学习的知识是隐性的或复杂的时候，由于隐性和复杂的知识不可能仅仅通过尽职调查创业企业的商业计划或专利组合来获取，这种互动学习方式特别有效（Kogut 和 Zander，1992）。这种互动学习涉及公司投资者与创业企业之间的卷入程度（Keil，Zahra 和 Maula，2004；Dushnitsky 和 Lenox，2005b；Wadhwa 和 Kotha，2006）。卷入是指老牌公司与其投资的创业企业超越权益资本投资而建立的关系（Wadhwa 和 Kotha，2006）。这种关系能够为知识流动和整合起到桥梁作用，公司投资者与创业企业间卷入程度越大，越有利于创新要求的知识转移（Wadhwa，2005），强关系导致更大的知识转移（Ghoshal，Korine 和 Szulanski，1994；Szulanski，1996；Uzzi，1996，1997；Hansen，1999；Weber 和 Weber，2007，2010）。公司投资者与投资的创业企业没有任何卷入，公司投资者通过组织学习获取创新的可能性较低，特别是当创业企业的知识中大部分是隐性（缄默）知识的时候（Kogut，1988）。

实践中，公司投资者与创业企业可以通过多种方式进行这种互动关系。首先，老牌公司往往通过与创业企业建立联合研发、资源分享等联盟型互动机制以保证双边学习（Lane 和 Lubatkin，1998）。CVC 投资活动往往伴随着技术交换或客户/供应商关系，这种联盟机制导致的互动增强了公司投资者与创业企业之间的信任关系（Kann，2000），公司投资者也把这种互动机制作为信号向创业企业展示自己不会沉溺于机会主义行为，这种机制也有助于公司投资者建立自己作为可靠投资者的声誉从而有助于公司投资者从创业企业获取信息和知识。通过联盟，互动学习可以在公司投资者与创业企业的研发、市场、其他核心业务部门人员之间进行。公司投资者可以安排业务部门卷入创业企业以便在研发和市场相关问题方面提供支持和合作。相比较于单纯的权益投资，联盟更有可能提供公司投资者从创业企业获得知识溢出的机会。公司投资者通过与创业企业整合知识、技能和资产而“干中学”和获得资源分享收益。使用联盟来获得优先外部新知识资源被公认为是一种探索性能力（Koza 和 Lewin，1998；Rothaermel 和 Deeds，2004）。对 CVC 项目的调查显示，创业企业与母公司形成业务关系极大地影响了创业项目的成功（Sykes，1990），公司投资者与创业企业之间的社会互动与公司投资者从创业企业获取知识正相关（Maula，2001）。其次，公司投资者可以通过参与被投资的创业企业董事会而进行互动学习（Zahra，Ireland 和 Hitt，2000；Dushnitsky 和 Lenox，2005a）。董事会代表是 CVC 投资后的主要监控模式（Gompers 和 Lerner，2001），使母公司获得直接接触创业企业雇员的可能性（例如共同研发项目、定期例会等）来获取创业企业的缄默的技术知识。一份针对 20 世纪 90 年代 91 家投资于美国计算机和通信产业的 CVC 投资活动调查显示，31% 的案例中投资企业获得了创业企业董事会的席位，40% 的案例虽没有获得董事会席位但也获得了观察权（Maula，2001）。欧洲的调查也显示 68% 的 CVC 投资公司获得了创业企业董事会席位（Bottazzi，Da Rin 和 Hellmann，2004）。在某种程度上，董事会席位是非常必要的，原因在于创业企业害怕公司投资者可能不公平地利用其知识资产和占用其创意（Gompers 和 Lerner，2001；Masulis 和 Nahata，2009）从而不太愿意进行知识分享。而作为董事会表决权或观察权的成员确保公司投资者可以密切跟踪创业企业的技术演进和接触到创业企业的技术专家（Pisano，1989）。因此可以推测董事会席位与从创业企业到公司投资者的组织间知识转移正相关。当 CVC 投资与公司投资者技术创新存在积极关系时，较大的卷入进一步增加了老牌公司从创业企业学习和随后的技术创新（Wadhwa 和 Kotha，2006）。

总之，组织间的高度嵌入关系造就更好的交流，这反过来导致反馈机制、恰当的程序解释、精确和有效的隐性知识转移（Dhanaraj，Lyles 和 Steensma et al.，2004）。这些因素可能通过在新老信息之间揭露隐藏的或不明显的连接或确定新连接而产生新知识（Wadhwa 和 Kotha，2006）。因此本书假设：

假设 H4a：公司投资者卷入创业企业的程度对 CVC 投资的创业企业数量与公司投资者技术创新之间的关系有积极的调节作用。

假设 H4b：公司投资者卷入创业企业的程度对 CVC 投资的创业企业组合知识多元化与公司投资者技术创新之间的“U 形”关系有积极的调节作用。

四　控股与非控股 CVC 项目治理结构下 CVC 投资与公司投资者技术创新关系的差异

公司投资者与创业企业均可通过 CVC 投资活动而从组织间学习获益（Weber 和 Weber，2007）：一方面，老牌公司通过 CVC 投资打开了一扇通往新技术或新市场的窗口，从创业企业的知识流入可以激发现有业务单元的创新；另一方面，创业企业也期待从 CVC 投资公司那里获取技术和市场支持来帮助其新产品开发。但是，公司投资者与创业企业并不是从对方那里直接学习，典型的情况是 CVC 项目在双边组织学习中扮演了重要的角色（Yang，2012）：一方面，老牌公司通常把 CVC 投资的任务委托给 CVC 项目，并且还依赖 CVC 项目的投资部门从创业企业那里收集和传递知识；另一方面，从老牌公司流入创业企业的知识主要控制在 CVC 管理者手里。因此，CVC 项目的治理结构会影响组织间学习。现实中，许多 CVC 项目都被母公司密切的监视着（Gompers 和 Lerner，2001），其理由在于高自治水平不利于母公司与创业企业间的知识转移（Yang，Nomoto 和 Kurokawa，2013；Yang，Narayanan 和 De Carolis，2014）。在较低自治水平下，CVC 项目部分或完全内化于母公司。这种自治水平下，CVC 项目人员与母公司人员有定期的交流，这种机制有助于组织知识转移

（Rothwell，1978；Ghoshal 和 Bartlett，1988），但这种机制会造成基于母公司现存模式的技术解释框架（Chesbrough，2002）从而不利于组织学习。因此，CVC 项目适度的自治水平对组织间学习和知识转移尤为必要。就中国上市公司通过参股、控股或设立 CVC 项目等方式（谈毅，叶岑，2003）进行 CVC 投资而言，CVC 项目本身具有独立的自治权，因此如果单个投资企业对 CVC 项目越有影响力（例如控股型 CVC 项目，单个公司投资者权益比例≥50%），CVC 项目对创业企业进行投资时越趋向于与母公司战略（偏好、核心技术领域、主要行业）保持一致，越有助于维持适度的自治水平而有利于组织间学习。因此，论文假设：

假设 H5a：控股型 CVC 项目治理结构对 CVC 投资的创业企业数量与公司投资者技术创新之间的关系有积极的调节作用。

从创业企业异质性角度来看，对于控股型 CVC 项目而言，母公司委派公司内部人员担任 CVC 项目经理，从而一方面在对创业企业进行投资时与母公司战略高度一致，进行相关多元化投资从而提高学习的效率；另一方面 CVC 项目经理一般会在创业企业中担任董事或监事从而与创业企业形成高度卷入从而有利于公司投资者知识学习进而促进技术创新。因此，控股型 CVC 项目治理结构下，CVC 投资的创业企业组合知识多元化与公司投资者技术创新之间可能存在积极的相关关系。但是，控股型 CVC 项目治理结构随着投资的创业企业增多，超过某临界点，投资经理的有限理性、投资组合过多造成的资源约束和信息过载、相关多元化造成的重复性投资等造成技术创新的减少甚至负相关。综上，控股型 CVC 项目治理结构下，CVC 投资组合创业企业知识多元化与公司投资者技术创新之间可能呈现“倒 U 形”关系。与此相反的是，非控股型 CVC 项目治理结构下，由于母公司不能左右 CVC 项目的投资决策并且无法在投资后形成较高的卷入关系，因此 CVC 投资的创业企业组合知识多元化与公司投资者技术创新可能呈现负相关，直到临界点之后随着学习效应的产生反转为正相关。因此，论文假设：

假设 H5b：控股型 CVC 项目治理结构下，CVC 投资的创业企业组合知识多元化与公司投资者技术创新之间存在“倒 U 形”关系。

假设 H5c：非控股型 CVC 项目治理结构下，CVC 投资的创业企业组合知识多元化与公司投资者技术创新之间存在“U 形”关系。

吸收能力对控股与非控股 CVC 项目治理结构下 CVC 投资的创业企业

组合知识多元化与公司投资者技术创新之间的关系可能具有不同的作用机制。吸收能力从过程的角度，可以划分为“知识获取、知识消化、知识转换和知识应用”（Zahra 和 George，2002）。吸收能力的不同过程对不同的组织学习也会产生不同的影响。吸收能力是通过探索、转换和利用等过程学习外部知识的能力（Lane，Koka 和 Pathak，2006）。探索式学习强调知识的识别和消化，转换式学习强调知识的保养和激活，利用式学习强调知识的转化和应用（林春培，张振刚，2014）。在控股型 CVC 项目治理结构下，母公司委派公司内部人员担任 CVC 项目经理，因此公司投资者首先必须具备准确的投资项目识别能力才有可能选对创业企业以提供合适的学习对象；其次，公司投资者需要具备知识转化和知识应用，才能从投资对象进行学习。高技术多元化能提供企业快速识别和转移知识的能力（Schildt，Keil 和 Maula，2012）。但是，在非控股型 CVC 项目治理结构下，单个母公司无法左右 CVC 项目的投资，因此公司投资者知识的识别能力重要性相对较低。老牌公司必须在 CVC 项目投资的众多创业企业中进行知识转化和应用，强调利用式学习。低技术多元化（技术聚焦，Technological focus）有利于促进企业开发所获取的知识（Schildt，Keil 和 Maula，2012）。综上，论文提出如下假设：

假设 H6a：控股型 CVC 项目治理结构下，以技术多元化测量的吸收能力对 CVC 投资的创业企业组合知识多元化与公司投资者技术创新之间“倒 U 形”关系有积极的调节作用；

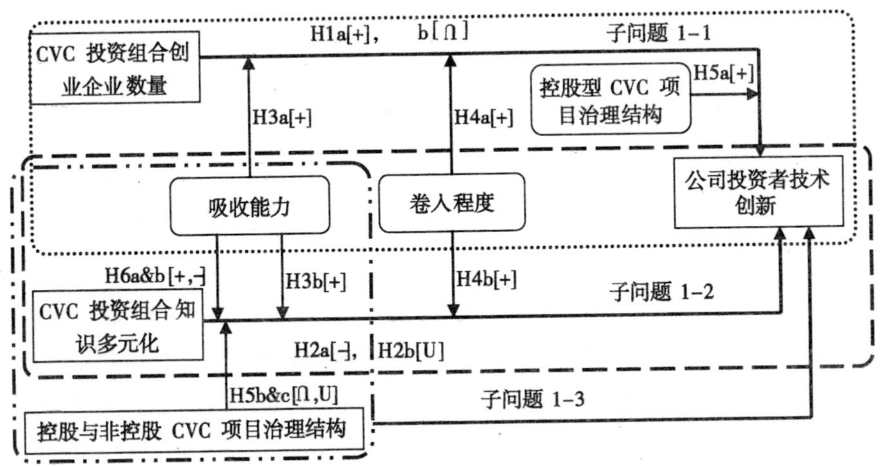

图 4.2 CVC 投资对公司投资者技术创新影响机制研究的理论模型及研究假设

假设 H6b：非控股型 CVC 项目治理结构下，以技术多元化测量的吸收能力对 CVC 投资的创业企业组合知识多元化与公司投资者技术创新之间“U 形”关系有消极的调节作用。

图 4.2 描述了研究问题 1 三个子问题的理论模型和研究假设。

第三节　研究设计

一　研究策略

研究策略是指导研究人员有效、合乎道德并可靠地解决研究问题的一个系统性的计划或战略。从研究策略的类型学上来看，管理研究至少有九种策略（McGrath，1981）：（1）正式理论或文献回顾；（2）抽样调查；（3）实验室试验；（4）实验仿真；（5）现场研究（一手资料）；（6）现场研究（二手资料）；（7）现场试验；（8）任务判断；（9）计算机仿真。从研究策略的效度上来说，至少可以从内部效度、外部效度、构思效度和统计结论效度四个方面来衡量。这些设计在普适性、测量精度、行为控制变量、现实主义方面有所不同（Scandura 和 Williams，2000）。考虑到时间效应，在数据收集策略上，研究设计可以划分为横截面研究设计和纵向研究设计。Scandura 和 Williams（2000）根据“*Academy of Management Journal*，*AMJ*”、“*Administrative Science Quarterly*，*ASQ*”和“*Journal of Management*，*JM*”三种管理顶级期刊 1985—1987 年、1995—1997 年关于组织研究的文献统计分析显示：从研究策略上，1985—1987 年、1995—1997 年采用正式理论或文献回顾的比例分别是 22.9% 和 18.7%，现场研究（一手资料）的比例分别是 38.0% 和 40.8%，现场研究（二手资料）的比例分别是 16.1% 和 26.6%，实验室试验的比例分别是 10.7% 和 4.9%。可见，管理研究采用的主要是文献回顾和现场研究的研究战略；从数据收集策略上（内部效度），1985—1987 年、1995—1997 年采用横截面数据的比例分别是 77.4% 和 85.6%，采用纵向数据的比例分别是 22.6% 和 14.4%，但两者没有显著性差异，且呈现出越来越多采用纵向进行分析的趋势；从统计结论效度上，1985—1987 年、1995—1997 年采用方差分析的比例分别为 27.8% 和 13.8%，回归分析的比例分别为 30.7% 和 13.8%，其他的包括非参数检验、结构方程模型等方法。

因此，本书研究问题 1 “CVC 投资对公司投资者技术创新的影响机制” 基于现场研究（二手资料），采用沪深主板上市公司 2000—2011 年期间投资的创业企业的纵向数据进行回归分析。纵向研究能对样本从多个时点收集相关信息，使研究者更好地发展议题和提供因果解释（Judd, Smith 和 Kidder, 1991）。基于纵向数据和回归分析，本研究从档案记录中收集数据，构建面板数据模型［但由于部分样本部分时间的数据缺失，实际上是非平衡面板数据（Unbalanced panel data）］。面板数据与单纯的截面数据或时间系列数据相比，具有多重优势（Hsiao, 2003）：面板数据提供更多的数据点从而改善计量估计的稳健性；面板数据允许研究者构建和测试复杂的行为模型，而截面数据或时间序列数据很难做到这一点；面板数据可以克服时间序列分析受多重共线性的困扰，能够提供更多的信息、更多的变化、更少共线性、更多的自由度和更高的估计效率。但由于面板数据多来源于现场研究而不是实验，也存在诸多缺陷（Hsiao, 2003）：异质性偏差（在截面或时间单元中未观测到的个体或时间效应使得模型设计中产生参数异质性）和选择偏误（样本并不是从总体中随机抽取）。异质性偏差可以通过对某些变量进行控制来减少：一方面，论文从公司投资者方面、创业企业方面以及公司投资者与创业企业知识关联性方面控制了诸如年龄、规模、资本支出、创业企业成熟度、知识关联性等指标来减少异质性偏差；另一方面，论文使用固定效应和随机效应的方式来尽可能减少未观察到的异质性，并根据 Hausman 检验（Hausman, 1978）来判断究竟哪种效应更适合。选择性偏误可以通过尽职调查和大样本设计来部分减少，本研究在尽职研究沪深主板上市公司年报和 CVSources 数据库的基础上，采用 470 多个观测样本来进行研究。

二　数据收集

公司样本的主要的档案资源来源于巨潮资讯网（http://www.cninfo.com.cn）提供的沪深主板上市公司年报、CVSources 数据库、国泰安 CSMAR 数据库和佰腾网专利检索数据库。根据 2001—2012 年期间 15700 余份上市公司年报中关于投资或设立子公司以及长期股权投资的信息披露，按照被投资的公司主营业务中是否包含创业投资或风险投资，来确定该上市公司是否从事 CVC 投资实践。剔除持有期不足 3 年的样本和 * ST 类上市公司参与的 CVC 投资样本，最终确定了 195 家上市公司作为 CVC 投资公司，这些上市公司参股、控股或设立了249个CVC项目。通过CV-Sources数据库对这195家上市公司参与的249个CVC项目1998—2012年间的投资记录进行查询，有完整投资记录（包括被投资的创业企业名称、投资金额/股权比例、投资时间、融资轮次和创业企业发展阶段）的CVC项目共计96个，1998—2012年期间累计投资了633家创业企业。

鉴于本研究聚焦于CVC投资与公司投资者技术创新问题的研究，故样本首先剔除房地产经营与开发企业（例如中关村000931、北京城建600266等）、交通运输服务企业（例如中海海盛600896、亚通股份600692等）、商业经济与代理业（例如浙江东方600120）、供水等公共服务企业（例如钱江水利600283）等。这些企业虽然进行了CVC投资，但其主要目的可能更多的在于获取财物收益，反映其技术创新的指标例如发明与实用新型专利数据2001—2012年期间均为0；其次，本研究涉及CVC投资的创业企业组合知识多元化的问题，故剔除只有一次投资记录的观测样本；再次，为了更好地揭示CVC投资与企业技术创新之间的关系，样本剔除连续4年没有投资记录的CVC项目观测样本；最后，遵行类似研究（例如Ahuja，2000b；Wadhwa和Kotha，2006；Smith - Doer，Owen - Smith和Koput et al.，1999；Kim，2011）至少考虑一年的滞后期的做法，CVC投资的创业企业记录时间范围为2000—2011年共12年。通过以上处理，本研究的最终样本包含62家上市公司，471个企业 - 年观测样本。

三　变量设置与测量

（一）因变量

实证研究中，衡量一个企业的创新绩效有多重测量方法，常用的主要包括研发支出、专利、专利引用和新产品发布（Hagedoorn和Cloodt，2003）：（1）研发支出。研发支出被许多学者用来测量企业的创新能力（Henderson和Cockburn，1994；Hitt，Hoskisson和Kim，1997；Duysters和Hagedoorn，2001），研发支出部分最终会导致新发明和新产品（Baysinger和Hoskisson，1989；Griliches，1998）；（2）专利。专利是最合适的代理变量，可以使研究者按照新技术、新工艺和新产品比较企业间的发明和创新绩效，被大量应用于技术和创新研究中。与研发支出相比，专利提供了更加丰富和细致的信息，不仅有创新的效率，还揭示了创新的重点领域（Silverman，1999）。专利不仅能够测量编码知识，还能测量非编码知识和缄默知识（Patel 和 Pavitt，1997）；（3）专利引用（Stuart，2000；Rosenkopf 和 Nerkar，2001；Dushnitsky 和 Lenox，2002，2005b；Wadhwa，Phelps 和 Kotha，2010；Schildt，Keil 和 Maula，2012）。专利引用不仅测量专利的数量还测量了专利的质量，但专利引用需要在专利授权 5 年或更久的时间才能反映出来；（4）新产品发布（Hitt，Hoskisson 和 Johnson et al.，1996）。新产品发布测量存在的主要问题在于其由企业自己发布，没有第三方审查从而可能丧失代表性。

通过上面的分析，论文的因变量，技术创新（Technology Innovation，TI），用企业年度成功申请的发明和实用新型专利来测量。参照 Griliches（1990）、Wadhwa 和 Kotha（2006）与万坤扬和陆文聪（2014b，2016）的做法，根据专利申请日期而不是授权日期来分配专利属于哪个年度，这更好地反映了技术创新的时间。为了维持一致性、可靠性和可比性，企业成功申请的专利范围仅包括中国大陆授权专利，不包括港澳台及国外授权专利。

借鉴 Wadhwa 和 Kotha（2006）、Van de Vrande，Vanhaverbeke 和 Duysters（2011）与万坤扬和陆文聪（2014b，2016）的做法，上市公司的专利不仅包含以上市公司名义申请的专利，还包括上市公司的部分子公司申请的专利。上市公司的子公司中，那些连续 4 年被纳入合并财务报表的子公司申请的专利被纳入上市公司的技术创新中。根据财政部 2014 年颁布的《企业会计准则第 33 号——合并财务报表》（财会〔2014〕10 号）文件精神①，合并财务报表的原则如下：母公司直接或通过子公司间接拥有被投资单位半数以上的表决权，表明母公司能够控制被投资单位，将该被投资单位认定为子公司，纳入合并财务报表的合并范围；母公司拥有被投资单位半数或以下的表决权，满足下列条件之一的，视为母公司能够控制被投资单位，将该被投资单位认定为子公司，纳入合并财务报表的合并范围：A. 通过与被投资单位其他投资者之间的协议，拥有被投资单位半数以上的表决权；B. 根据公司章程或协议，有权决定被投资单位的财务和经营政策；C. 有权任免被投资单位的董事会或类似机构的多数成员；D. 在被投资单位的董事会或类似机构占多数表决权。有证据表明母公司

① http：//kjs. mof. gov. cn/zhengwuxinxi/zhengcefabu/201402/t20140220_ 1045206. html.

不能控制被投资单位，不纳入合并财务报表的合并范围。

实际操作中，首先根据上面的条件，在上市公司年度报告中识别出要纳入计算的子公司清单，然后利用佰腾专利检索数据库（http://so.5ipatent.com）检索上市公司、纳入计算的上市公司子公司的专利申请授权情况，接着对上市公司及纳入计算的上市公司子公司申请的发明和实用新型专利按年度分类进行加总。最后，上市公司专利技术类型依据国际专利分类（International Patent Classification，IPC）的8个部（Section），按年度分类加总进行统计测量。

（二）自变量

（1）CVC投资组合的创业企业数量（Magnitude of CVC Investments Portfolio，MCVCIP）。论文使用CVC投资组合创业企业数量而不是CVC投资的金额来研究CVC投资与公司投资者技术创新的关系，主要基于下面两点考虑：第一，CVC提供了公司投资者接触创业企业知识的机会，只要投资关系确立，无论投资规模大小，公司投资者都获得了接触的机会（Reaume，2003）；第二，投资额仅仅是投资回合中的功能，并不意味着投资是重要的还是相关的，越后面的投资通常需要更加显著的投资金额（Gompers和Lerner，1998）。

为了更好地揭示CVC投资的创业企业数量与公司投资者技术创新的因果关系，论文区别于Wadhwa和Kotha（2006）、Kim（2011）等学者仅计算第t年或t-1年投资的创业企业个数作为CVC投资组合创业企业数量的计算方法，而是采用4年的窗口期进行滚动计算，即：第t年企业i的CVC投资组合创业企业数量通过加总计算t-1至t-4期间被投资的创业企业个数（对同一创业企业的多轮投资按第一次投资的时间，仅计一次）加总得出。原因在于：第一，老牌公司一旦投资于创业企业，就会从创业企业不断地获取知识。因此，第t年公司申请的专利不仅仅取决于t-1年投资的创业企业的知识转移，还取决于更早的投资所获得的知识学习；第二，大部分技术知识在最初的5年会丧失其大部分价值（Griliches，1979），因此4年的窗口期是合理的；第三，对CVC投资组合创业企业数量与公司投资者技术创新之间的相关性检验发现，4年的窗口期相关系数更高并且更为显著；第四，知识存量、技术多元化等相关测量中，许多学者也采用4年或以上的时间窗口（例如Wadhwa，2005；Wadhwa和Kotha，2006；Kim，2011；Van de Vrande，Vanhaverbeke和Duysters，

2011）。CVC 投资组合创业企业数量数据来源于本书对 CVSources 数据库的投资记录逐条信息挖掘整理统计而来。

（2）CVC 投资的创业企业组合知识多元化（CVC Portfolio Knowledge Diversification，CVCPKD）。目前学术界有两种多元化的测量方法：赫芬达尔—赫希曼指数（Herfindahl - Hirschman Index，简称 HHI）（例如 Basu，Phelps 和 Kotha，2011；Schildt，Keil 和 Maula，2012；Yang，Narayanan 和 De Carolis，2014）和熵测量（例如 Silverman，1999；Wadhwa 和 Kotha，2006；Matusik 和 Fitza，2012）。CVC 投资的创业企业组合知识多元化采用熵计算的测量方法，这种测量方法不仅考虑了创业企业知识的数量还兼顾了知识的分布，更好地反映出创业企业知识基础异质特征。由于样本中 73.5% 的创业企业在 CVC 投资时没有专利记录，因此不能用专利作为创业企业知识的代理变量。现实中，不同的行业拥有不同的知识，因此论文使用创业企业的行业分类来代表其知识类别。CVSources 数据库可查询被投资的创业企业所处国标行业情况，论文依照描述的行业情况按照“国民经济行业分类（GBT 4754—2011）标准”对其进行四位数编码（不包括字母，因为根据前两位数字范围就可以确认字母门类）。前两位数字代表大类代码，第三位数标示中类顺序码，第四位数标示小类顺序码。为便于计算，论文根据前三位数字数字编码来区分不同的行业，前三位相同的为同一行业，视为拥有相同的知识基础，否则视为拥有异质的知识基础，故 CVC 投资的创业企业组合知识多元化可用下面的公式进行计算：

$$CVCPKD_{i(t-1至t-4)} = \sum PI_j \times \ln\left(\frac{1}{PI_j}\right) \qquad (4-1)$$

公式 4 - 1 中，PI_j表示 t - 1 至 t - 4 期间 CVC 投资的创业企业在行业 j 中的比例，ln（$1/PI_j$）表示行业 j 的权重。公式 4 - 1 的值越大，表示 CVC 投资的创业企业组合知识多元化程度越高。

（3）公司投资者吸收能力（Corporate Investor’s Absorptive Capacity，CIAC）。吸收能力以往学者有使用研发支出（Cohen 和 Levinthal，1990）、研发强度（研发支出占总资产的比重）（Maula，Keil 和 Zahra，2003）、累积的专利存量（Maula，Keil 和 Zahra，2003）等来测量。但是，一方面，许多学者实证研究显示研发支出对组织间学习影响较弱（Mowery，Oxley 和 Silverman，1996；Lane 和 Lubatkin，1998），另一方面，累积专利存量仅测量了公司知识存量的数量而没有捕捉到知识基础的多元化程度。学者 Schildt，Keil 和 Maula（2012）在回顾了吸收能力的最初构想后认为知识多元化是决定企业吸收能力的核心因素，宽广的知识基础提供企业应对环境变化更强的弹性和适应能力（Volberda，1996），有助于吸收广泛领域的知识，并提高双边组织学习者知识重叠的机会（Van Wijk，Van Den Bosch 和 Volberda，2001）。因此，本书使用技术知识多元化程度来测量公司投资者的吸收能力，采用熵测量法进行计算。与 CVC 投资的创业企业组合知识多元化的测量一致，在计算中，参照 Schildt，Keil 和 Maula（2012）的方法，技术知识多元化根据 t-1 至 t-4 期间公司投资者的按照国际专利技术分类（IPC）标准进行计算。本书首先根据 IPC 的 8 个部对公司投资者的专利进行技术分类，然后使用 4 年时间窗口期滚动计算各技术专利类的数量，最后，根据下面的技术知识多元化的熵测量计算公式计算公司投资者的吸收能力：

$$CIAC_{i(t-1至t-4)} = \sum P_j \times \ln\left(\frac{1}{P_j}\right) \qquad (4-2)$$

公式 4-2 中，P_j表示 t-1 至 t-4 期间公司投资者的专利在专利技术类型j中的比例，ln（$1/P_j$）表示技术类型j的权重。公式 4-2 的值越大，表示公司投资者的技术知识越多元化，吸收能力越强。公司投资者的专利技术分类情况来源于佰腾专利检索数据库的数据挖掘。

（4）公司投资者卷入创业企业的程度（Degree of Involvement with Portfolio Firms，DIPF）。卷入程度，学者通常采用公司投资者与创业企业达成联盟（包括联合研发、开发、生产和销售）的数量和公司投资者占据创业企业董事会席位的数量（Wadhwa 和 Kotha，2006）。考虑到中国上市公司通过参股、控股或设立 CVC 项目等方式（谈毅，叶岑，2003）进行 CVC 投资，虽然 CVSources 数据库的投资记录部分列出了投资经理占据创业企业董事、监事的情况，但多数情况下这些投资经理不属于任何一家 CVC 投资公司，加之缺失数据太多，因此无法直接使用占据董事会席位的测量方法来测量卷入程度。此外，目前尚无有效的数据记录用来分析公司投资者与创业企业联盟的情况，因此也无法通过联盟数量来测量卷入程度。鉴于以上两方面的原因，研究采用 CVC 投资创业企业的股权比例与公司投资者持有 CVC 项目的股权比例的乘积来测量公司投资者卷入创业企业的程度。通常情况下，股权比例能够很好地反映企业之间的管理和控制权关系，股权比例越高，公司投资者卷入创业企业的程度越大。与其他自变量一致，卷入程度的计算也采用4年的窗口期进行滚动计算，取t-1至t-4期间公司投资者与单个创业企业的卷入程度加总后的算术平均值。CVC投资创业企业的股权比例数据来源于CVSources数据库，公司投资者持有CVC项目的股权比例数据来源于对上市公司年度报告的整理计算。

（5）CVC项目治理结构（CVC Program Governence Structure，CVCPGS）。根据现代公司治理的一般性原则，占有绝对控股权的参与方将完全左右公司的运作，因此CVC项目的治理结构，可以按照控股权的不同分为控股型CVC项目治理结构（有单个公司投资者权益比例≥50%）和非控股型CVC项目治理结构。研究采用一个二分虚拟变量来进行测量CVC项目治理结构，如果上市公司持有CVC项目的表决权比例大于等于50%，其值等于1，否则等于0。上市公司持有CVC项目的表决权比例数据来源于上市公司年报的信息披露。

（三）控制变量

为了控制潜在影响公司投资者技术创新的未观察因素，提高模型的质量，本书在参考其他学者类似的研究（Wadhwa和Kotha，2006；Dushnitsky和Lenox，2005b，2006；Basu，Phelps和Kotha，2011；Yang，2012；Basu和Wadhwa，2013；Wadhwa和Basu，2013；万坤扬，陆文聪，2014b，2016）基础上，从公司投资者、创业企业、CVC项目投资特征、母公司与创业企业的知识关联度等方面构建了一系列的控制变量。

（1）公司投资者方面。本书首先控制了公司的规模（Firm Size，FS）。公司规模与技术创新之间可能存在消极或积极的相关性：一方面，大公司更容易产生路径锁定和相对惰性而不易进行关键变革和远距搜寻，对组织间知识转移产生消极作用（Makino和Delios，1996）从而降低企业的技术创新；另一方面，理论上公司规模的扩展往往伴随着学习，更有可能随着时间推移进行探索性行为，对组织间知识转移产生积极作用（Gupta和Govindarajan，2000；Laursen和Salter，2006），从而对创新产生积极效应（Cohen和Levin，1989；Henderson和Cockburn，1996；Katila，2002）。测量中，用企业总资产来测量上市公司规模，计算中取ln百万元总资产。其次，本书控制了公司的年龄（Firm Age，FA）（目标年-公司成立年）。有证据显示企业年龄会影响企业的创新行为（Sørensen和Stuart，2000；Frost，Birkinshaw和Ensign，2002）。再次，本书控制了公司的资本支出（Capital Expenditure，CE）（公司购买、建造固定资产，取得无形资产和其他长期资产支付的现金，用 ln 百万资本支出来测量）。上市公司规模、年龄和资本支出数据均来源于国泰安 CSMAR 数据库。最后，控制了公司投资者的专利存量（Patent Stock，PS）。作为知识资本的代理变量（Hall，Jaffe 和 Trajtenberg，2001），通常用来描述一个企业的技术竞争力（Patel 和 Pavitt，1997；Silverman，1999），用来刻画企业从外部知识源学习的能力（Henderson 和 Cockburn，1994；Yang，2012）、吸收能力（Cohen 和 Levinthal，1990；Dushnitsky 和 Lenox，2006）或产生关键创新的能力（Damanpour，1991）。专利存量在类似的研究中经常用来控制未观察到的异质性（Blundell，Griffith 和 Reene，1995；Cockburn 和 Henderson，1998；Ahuja，2000b；Wadhwa 和 Kotha，2006；Dushnitsky 和 Lenox，2005a，b，2006；Yang，2012）。专利存量计算中，参照 Blundell，Griffith 和 Reene（1995）与 Dushnitsky 和 Lenox（2005b）的方法，计算企业从 1998 年开始到 t－1 年申请授予折旧的发明和实用新型专利，计算公式如下：

$$PS_{it} = 专利_{it} + (1 - \delta)专利存量_{it-1} \quad (4-3)$$

公式 4－3 中，δ 是专利折旧率，取年折旧率 30% 计算。专利数据来源于佰腾专利检索数据库。

（2）创业企业方面。本书控制了投资组合创业企业成熟度（CVC Portfolio Firm Maturity，CVCPFM）。CVC 投资于年龄更老的创业企业相比更年轻的创业企业，其从创业企业可获取的知识存在一定的不同：更老的创业企业代表着更多的知识和更先进的技术。参照 Wadhwa，Phelps 和 Kotha（2010）的做法，基于 CVC 投资时创业企业的年龄来衡量创业企业成熟度。与自变量一致，投资组合企业成熟度的计算也采用 4 年的窗口期进行滚动计算，取 t－1 至 t－4 期间 CVC 投资创业企业年龄加总后的算术平均值。创业企业年龄数据来源于 CVSources 数据库。

（3）CVC 项目投资特征方面。本书控制了 CVC 投资阶段（CVC Investment Stage，CVCIS）和 CVC 投资轮次（CVC Investment Round，CVCIR）。投资阶段通过三方面影响公司投资者的技术创新：知识不确定性、卷入程度和知识产权保护。首先，投资早期的创业企业，虽然不确定性高（Gladstone 和 Gladstone，2003；De Clercq，Fried 和 Lehtonen et al.，2006；Matusik 和 Fitza，2012），但有助于公司无实体实验的机会（Keil，Autio 和 George，2008）和发展多元化的知识以增加企业的吸收能力

(Schildt, Keil 和 Maula, 2012) 从而对技术创新产生影响。其次，早期阶段的创业企业无论是技术、市场等都存在较高的不确定性和风险 (Anokhin, 2006) 从而需要更多的来自公司投资者的技术、管理和市场支持，这使得公司投资者能够更深地卷入创业企业的运作 (Gupta 和 Sapienza, 1992)，这种强关系导致更大的知识转移。最后，创业企业的知识产权保护会直接影响公司投资者从创业企业的知识学习 (Gans 和 Stern, 2003; Dushnitsky 和 Lenox, 2002, 2005a, b; Dushnitsky 和 Shaver, 2009)。越后期，创业企业往往会把知识变成秘密 (Katila, Rosenberger 和 Eisenhardt, 2008; Kang, 2012) 而不是申请专利并授权给老牌公司从而减少了公司投资者学习的可能性。本书采用顺序变量对“早期、发展期、扩张期和获利期”这四类发展阶段分别赋值 1、2、3 和 4。计算中，取 t－1 至 t－4 期间 CVC 投资的创业企业发展阶段加总后的算术平均值。其值越小，代表投资的创业企业组合越处于前期发展阶段。创业企业发展阶段数据来源于 CVSources 数据库。

不同轮次的投资会形成不同的社会网络或卷入关系，对 CVC 投资中组织间知识转移影响深远 (Kogut 和 Zander, 1992; Tsai 和 Ghoshal, 1998; Tsai, 2000, 2001; Weber, 2009; Weber 和 Weber, 2007, 2010, 2011)。占据网络中心位置的企业更有可能接触更多的新知识和更好的创新产出 (Nahapiet 和 Ghoshal, 1998; Tsai 和 Ghoshal, 1998; Keil, Maula 和 Wilson, 2010)，嵌入合适的社会网络会获得维持现存网络和发展新网络的机会 (Keil, Maula 和 Wilson, 2010)，从而影响知识获取和转移。根据 CVSources 数据库的记录，CVC 项目每次投资都报告了被投资的创业企业的融资轮次：VC－Series A、VC－Series B、VC－Series C、VC－Series D（代表创业企业第一轮融资、第二轮融资、第三轮融资和第四轮融资）以及 PE－Growth、PE－PIPE 和 PE－Buyout。本书对 VC－Series A、B、C 和 D 分别赋值 1、2、3、4，PE－Growth 赋值为 5，PE－PIPE 和 PE－Buyout 赋值为 6。计算中，取 t－1 至 t－4 期间 CVC 投资的创业企业融资轮次加总后的算术平均值。其值越小，代表投资于创业企业越前面的融资轮次。融资轮次数据来源于 CVSources 数据库。

(4) 公司投资者与创业企业的知识关联度方面。本书控制了公司投资者与创业企业组合知识关联度 (Knowledge Relatedness, KR)。知识关联性会影响组织间学习 (Dushnitsky 和 Lenox, 2005b) 从而影响公司投资者的技术创新，组织学习中适度的关联性是非常必要（Chesbrough，2002；Schildt，Keil 和 Maula，2012；Matusik 和 Fitza，2012）。尽管用专利来测量公司投资者与创业企业的知识关联性可能更为准确的捕捉两者知识基础的差异，但考虑到 CVC 投资时样本中 73.5% 的创业企业尚未有专利记录，这会造成过多的数据缺失。故本书参照多数学者的做法（例如 Wadhwa 和 Kotha，2006；Keil，Autio 和 George，2008；Yang，Nomoto 和 Kurokawa，2013；Van de Vrande 和 Vanhaverbeke，2011，2013）采用基于行业分类标准的测量方法来计算公司投资者与创业企业知识关联度。计算中，本书首先对公司主营业务收入占比前三的行业和创业企业被投资时的行业按照“国民经济行业分类（GB/T 4754 -2011）”标准对其进行四位数编码，然后根据两者编码的前两位数字进行比对。前两位数字相同的视为有共同的知识基础，赋值为“0”，不同的赋值为“1”。最后，采用 4 年的窗口期进行滚动计算，取 t-1 至 t-4 期间知识关联度加总后的算术平均值来测量公司投资者与创业企业组合知识关联性。公司投资者主营业务收入占比根据 CVSources 数据库给出的财务报表和巨潮资讯网披露的年度报告相关信息整理得出，创业企业行业来源于对 CVSources 数据库的信息挖掘。

最后，随着时间的变化，所有公司的技术创新都有可能增加或减少（Ahuja，2000b），因此本书控制了年度效应（Year），在 2001—2012 年期间设置了 12 个年度哑变量。本研究的变量设置、符号、测量和数据来源具体如表 4.1 所示：

表 4.1　　CVC 投资对公司投资者技术创新的影响机制研究变量设置、测量和数据来源

变量	符号	测量	数据来源
因变量			
技术创新	TI_{it}	t 年公司投资者发明 + 实用新型专利授权量	佰腾专利数据库
自变量			
CVC 投资的创业企业数量	$MCVCIP_{i(t-1至t-4)}$	t-1 至 t-4 期间 CVC 投资的创业企业数量	CVSources 数据库
CVC 投资的创业企业组合知识多元化	$CVCPKD_{i(t-1至t-4)}$	$CVCPKD_{i(t-1至t-4)} = \sum PI_j \times \ln\left(\frac{1}{PI_j}\right)$ GBT 4754—2011 标准四位数编码，前三位区分不同知识基础	CVSources 数据库； GBT 4754—2011 编码

续表

变量	符号	测量	数据来源
公司投资者吸收能力	$CIAC_{i(t-1至t-4)}$	$CIAC_{i(t-1至t-4)} = \sum P_j \times \ln\left(\frac{1}{P_j}\right)$	佰腾专利检索数据库，IPC 分类
公司投资者卷入创业企业的程度	$DIPF_{i(t-1至t-4)}$	CVC 投资创业企业的股权比例与公司投资者持有 CVC 项目的股权比例的乘积。t－1 至 t－4 期间加总算术平均值	上市公司年报；CVSources 数据库
CVC 项目治理结构	$CVCPGS_{i(t-1至t-4)}$	CVC 投资公司持有 CVC 项目权益 50% 以上 =1，否则 =0。t－1 至 t－4 期间加总算术平均值	上市公司年报
控制变量			
企业规模	FS_{it-1}	ln 百万年末总资产	国泰安上市公司数据库
企业年龄	FA_{it-1}	t－公司成立年	国泰安上市公司数据库
资本支出	CE_{it-1}	ln 百万资本支出	国泰安上市公司数据库
专利存量	PS_{it-1}	$专利存量_{it} = 专利_{it} + (1-\delta)专利存量_{it-1}, \delta = 0.3$	佰腾专利数据库，1998—
投资组合创业企业成熟度	$CVCPFM_{i(t-1至t-4)}$	t－创业企业成立年，t－1 至 t－4 期间加总算术平均值	CVSources 数据库
CVC 投资阶段	$CVCIS_{i(t-1至t-4)}$	早期 =1，发展期 =2，扩张期 =3，获利期 =4。t－1 至 t－4 期间加总算术平均值	CVSources 数据库
CVC 投资轮次	$CVCIR_{i(t-1至t-4)}$	VC－Series A =1，VC－Series B =2，VC－Series C =3，VC－Series D =4，PE－Growth =5，其他 =6。t－1 至 t－4 期间加总算术平均值	CVSources 数据库
公司投资者与创业企业知识关联度	$KR_{i(t-1至t-4)}$	GBT4754－2011 标准 4 位数编码，前 2 位相同 =0，否则 =1；t－1 至 t－4 期间加总算术平均值	公司年报；CVSources 数据库
Year 哑变量	Year	2001—2012 年 12 个哑变量	

四　实证方法

研究的因变量，技术创新是计数的非负变量。由于因变量的范围和性质不满足普通最小二乘法（Ordinary Least Squares，简称 OLS）估计所假定的“同方差、标准残差”条件（Hausman，Hall 和 Griliches，1984），用

OLS 进行估计是不合适的。此类情况主要采用非线性回归方法，例如泊松回归（Ahuja，2000b）、负二项回归（Negative Binomial Regression）（Cameron 和 Trivedi，2013）。尽管泊松回归是计数模型回归的合适方法，但由于论文的因变量的方差大于均值，存在过度离散问题，不满足泊松回归的基本假设（Hausman，Hall 和 Griliches，1984），因此负二项回归是更合适的回归模型（Cameron 和 Trivedi，2013）。此前学者们专利计数作为因变量的实证研究也基本采用负二项回归（例如 Hausman，Hall 和 Griliches，1984；Stuart，2000；Wadhwa 和 Kotha，2006；Van de Vrande，Vanhaverbeke 和 Duysters，2011；Yang，2012；Basu，Phelps 和 Kotha，2011；万坤扬，陆文聪，2014b，2016）。

负二项回归模型采用如下的方程形式：

$$\ln \lambda_i = \beta' x_i + \varepsilon \tag{4-4}$$

公式 4－4 中，λ_i 等于 y_i 的均值和方差，y_i 为离散型随机因变量 Y（i＝1，2，…N）的观察频率，x_i 为包括自变量和控制变量的回归向量，exp（ε）服从均值＝1，方差＝α^2 的伽马（Gamma）分布（Cameron 和 Trivedi，2013）。

观测等价的企业由于未测量和未观测到的一些特征可能会有所不同，合理使用固定效应或随机效应方式可能会更正这些未观察到的异质性问题，因此论文先利用 Hausman（1978）检验来判断固定效应模型和随机效应模型哪种更合适。由于 Hausman 检验输出结果显示固定效应模型和随机效应模型的参数估计方差的差是一个非正定矩阵（Dushnitsky 和 Lenox，2005b；Wadhwa 和 Kotha，2006 等学者的研究也出现此种问题），故检验结果不确定。为此论文同时用固定效应和随机效应进行相应的估计。但从实际操作的角度来说，固定效应模型在任何时候都保证了一致性，所以固定效应模型虽然损失了一部分效率，但更加稳健，所以在实证分析中占主导地位。除非是某些出现极端的情况：截面数量（N）远远大于时间长短（T），使用随机效应才可以显著提高效率（于晓华，2014）。根据本研究 N 和 T 的具体情况，本书主要根据固定效应模型进行分析。

综上所述，论文基于非平衡面板数据，采用固定效应和随机效应的负二项回归模型，利用 Stata 12 计量软件进行计量估计。

第四节　实证结果

一　子问题 1－1 实证结果

（一）模型设定

根据论文的研究假设，本书构建了公式 4－5 来检验假设 H1a“CVC 投资的创业企业数量与公司投资者技术创新正相关”，具体如下：

$$TI = \beta_0 + \beta_1 MCVCIP + \beta Controls + \varepsilon \quad (4-5)$$

公式 4－5 中，β_i指相关系数，*Controls* 指控制变量 *FS*，*FA*，*CE*，*PS*，*CVCPFM*，*KR*，*Year*，ε 指误差项，下同。

假设 H1b 推断“CVC 投资的创业企业数量与公司投资者技术创新存在‘倒 U 形’曲线关系”，论文构建了公式 4－6 来检验此假设：

$$TI = \beta_0 + \beta_1 MCVCIP + \beta_2 MCVCIP^2 + \beta Controls + \varepsilon \quad (4-6)$$

假设 H3a 推断“公司投资者的吸收能力对 CVC 投资的创业企业数量与公司投资者技术创新之间的关系有积极的调节作用”，论文构建公式4－7 来检验假设：

$$TI = \beta_0 + \beta_1 MCVCIP + \beta_2 CIAC + \beta_3 CIAC \times MCVCIP + \beta Controls + \varepsilon \quad (4-7)$$

假设 H4a 推断“公司投资者与创业企业的卷入程度对 CVC 投资的创业企业数量与公司投资者技术创新之间的关系有积极的调节作用”，论文构建了公式 4－8 来检验假设：

$$TI = \beta_0 + \beta_1 MCVCIP + \beta_2 DIPF + \beta_3 DIPF \times MCVCIP + \beta Controls + \varepsilon \quad (4-8)$$

假设 H5a 推断“控股型 CVC 项目治理结构对 CVC 投资的创业企业数量与公司投资者技术创新之间的关系有积极的调节作用”，论文构建公式 4－9 来检验假设：

$$TI = \beta_0 + \beta_1 MCVCIP + \beta_2 CVCPGS + \beta_3 CVCPGS \times MCVCIP + \beta Controls + \varepsilon \quad (4-9)$$

最后，论文构建了公式 4－10 的全变量模型对交互效应进行稳健性检验：

$$TI = \beta_0 + \beta_1 MCVCIP + \beta_2 CIAC + \beta_3 CIAC \times MCVCIP + \beta_4 DIPF +$$

$$\beta_5 DIPF \times MCVCIP + \beta_6 CVCPGS + \beta_7 CVCPGS \times MCVCIP + \beta Controls + \varepsilon \quad (4-10)$$

以上回归模型中，交互项会产生潜在的多重共线性问题，因此论文参照 Cronbach（1987）、Aiken 和 West（1991）和 Cohen，Cohen 和 West et al.，（2003）的处理程序，对交互项变量先各自进行变量中心化处理，然后使用中心化后的变量进行相乘带入回归方程中。

（二）描述性统计及相关系数矩阵

样本的描述性统计及相关系数矩阵见表 4.2 所示。从表 4.2 可以看出，用年度发明和实用新型专利申请授予量表示的公司投资者技术创新，在 0 至 487 之间波动，均值为 22，标准差为 47.19，存在过度离散问题，不满足泊松回归的基本假设（Hausman，Hall 和 Griliches，1984），因此回归分析不易采用泊松回归，负二项回归模型是更佳的选择（Cameron 和 Trivedi，2013）。CVC 投资组合创业企业数量在［0，35］间波动，均值为 3.71，表示 62 家上市公司投资的 CVC 项目 2000—2011 年期间，年均投资接近 1 家创业企业。上市公司的吸收能力均值为 0.74，在［0，1.7］之间变动，表明上市公司具有一定的吸收能力；用上市公司持有 CVC 项目的权益比例与 CVC 项目持有创业企业的股权比例的乘积表示的上市公司卷入创业企业的程度，在［0，90.16］之间变化，表明最高复合权益比例为 90.16%，几乎完全控股了创业企业；复合权益比例均值 4.56%，表明上市公司与创业企业之间的卷入程度不高，这也符合中国上市公司主要通过参股、控股 CVC 项目进行 CVC 投资这种间接投资模式的特征；CVC 项目治理结构虚拟变量［0，1］的均值 0.16，表明样本中 CVC 项目主要的治理结构还是采用非控股型的方式，CVC 项目的参与方很少能形成绝对控股，显著区别于欧美发达国家企业从事 CVC 投资的方式（例如老牌公司以直接成立新创业务发展部等方式进行直接投资），进而会造成中国与欧美 CVC 投资绩效的极大差异。

从相关系数来看，CVC 投资组合创业企业数量、吸收能力与公司投资者技术创新显著的正相关。控制变量中，企业规模、资本支出、专利存量和知识关联度等按照预想的方向与因变量技术创新显著相关①。进一步分

① 公司投资者与创业企业组合知识关联度，为避免 0 膨胀，本书把相关取值为 0，不相关取值为 1，故相关系数 -0.02，表明知识关联度越高越有利于企业技术创新。

析，自变量中，剔除资本支出与企业规模的相关系数（0.82），变量之间的相关系数在［-0.07，0.49］之间变化，表明没有变量之间的相关系数大到足以产生多重共线性的问题。而资本支出、企业规模通过取自然对数进行回归，部分消除潜在的多重共线性问题。

（三）计量估计结果

CVC 投资的创业企业数量（MCVCIP）与公司投资者技术创新的固定效应和随机效应的负二项回归计量分析结果具体见表 4.3 所示。模型 1 和 8，作为基本分析，仅研究了控制变量对公司投资者技术创新的影响；根据公式 4-5，模型 2 和 9 引入了 MCVCIP 来检验假设 H1a；根据公式 4-6，模型 3 和 10 包含了 MCVCIP 和 $MCVCIP^2$ 来检验假设 H1b；根据公式 4-7，4-8 和 4-9，模型 4 和 11、5 和 12、6 和 13 分别引入了吸收能力、卷入程度和治理结构等变量以及各变量与 MCVCIP 的交互变量来分别检验假设 H3a，H4a 和 H5a。最后，作为稳健性检验，根据公式 4-10，模型 7 和 14 引入全部的变量及交互项进行回归。表 4.3 的 Log-likelihood 检验显示随着变量的引入，模型拟合程度的改善情况。

（1）直接效应。控制变量中，专利存量、知识关联度与公司投资者技术创新在各模型中均显著正相关。假设 H1a 推理 CVC 投资的创业企业数量（MCVCIP）与公司投资者技术创新正相关，表 4.3 模型 2 和 9 的实证结果显示 MCVCIP 回归系数是积极的和显著的（$\beta=0.03$，$P<0.05$；$\beta=0.02$，$P<0.1$），因此支持假设 H1a。Wald 检验也显示，模型 2 和 9 相对于模型 1 和 8，在统计意义上有显著的改善。另外，从加入调节变量的固定效应模型 4-7 和随机效应模型 11-14 来看，MCVCIP 回归系数均通过显著性检验，与公司投资者技术创新显著正相关。综上，本书认为 CVC 投资的创业企业数量与公司投资者技术创新正相关的结论是稳健的和可靠的，假设 H1a 得到支持。假设 H1b 推断 CVC 投资的创业企业数量与公司投资者技术创新存在“倒 U 形”曲线关系。表 4.3 模型 3 和 10 的实证结果显示，MCVCIP 和 $MCVCIP^2$ 的回归系数均未通过显著性检验，Wald 检验也显示，模型 3 和模型 10 相对于模型 2 和模型 9，在统计意义上没有显著性改善。这说明，CVC 投资的创业企业数量与公司投资者技术创新的“倒 U 形”关系不成立，假设 H1b 没有得到支持。本书研究结论与 Dushnitsky 和 Lenox（2002，2005b）的研究结论一致，但与 Wadhwa（2005）、Wadhwa 和 Kotha（2006）的研究结论不一致。后面这两篇文献

表 4.2 子问题 1-1 变量描述性统计和相关矩阵

变量	样本[a]	均值	标准差	最小值	最大值	1	2	3	4	5	6	7	8	9	10	11
TI	471	22.00	47.19	0.00	487.00	1.00										
MCVCIP	471	3.71	4.18	0.00	35.00	0.01 *	1.00									
CIAC	408	0.74	0.47	0.00	1.70	0.32 ***	0.15 ***	1.00								
DIPF	420	4.56	9.48	0.00	90.16	0.05	-0.05	0.17 ***	1.00							
CVCPGS	471	0.16	0.37	0.00	1.00	0.03	-0.05	0.14 ***	0.49 ***	1.00						
FS	468	7.97	1.09	5.77	11.47	0.36 ***	0.20 ***	0.25 ***	0.07	0.09 *	1.00					
FA	471	11.13	4.78	1.00	23.00	0.01	0.18 ***	0.00	-0.05	-0.02	0.11 **	1.00				
CE	468	4.86	1.56	0.05	9.25	0.30 ***	0.15 ***	0.18 ***	0.05	0.07	0.82 ***	0.02	1.00			
PS	471	41.35	86.23	0.00	766.86	0.87 ***	0.00	0.37 ***	0.04	0.02	0.42 ***	0.04	0.34 ***	1.00		
CVCPFM	444	6.09	5.24	0.00	43.00	0.03	0.23 ***	0.11 **	-0.07	0.32 ***	0.07	0.24 ***	0.03	0.01	1.00	
KR[b]	447	0.82	0.30	0.00	1.00	-0.02 *	-0.01	-0.16 ***	-0.11 **	0.16 ***	0.16 ***	0.09 *	0.14 ***	0.00	0.13 ***	1.00

注：[a]样本数据变化源于部分数据缺失；

[b]为避免0膨胀，相关=0，不相关=1，故相关系数为负表示正相关；

双尾检验 *表示 P<0.10；**表示 P<0.05；***表示 P<0.01

表 4.3 **MCVCIP 与公司投资者技术创新的负二项回归模型结果（非平衡面板数据）**

	固定效应							随机效应						
	1	2	3	4	5	6	7	8	9	10	11	12	13	14
自变量														
MCVCIP		0.03 **	-0.01	0.02 *	0.03 **	0.02 *	0.02 *		0.02 *	-0.01	0.01 *	0.03 **	0.02 *	0.02 *
$MCVCIP^2$			0.00							0.00				
调节变量[a]														
CIAC				0.38 ***			0.35 ***				0.44 ***			0.42 ***
CIAC × *MCVCIP*				0.02 *			0.01 *				0.03 *			0.00 *
DIPF					0.03		-0.03					0.08		-0.01
DIPF × *MCVCIP*					0.14 *		0.20 **					0.16 **		0.22 **
CVCPGS						0.10	0.10						0.22 ***	0.15 *
CVCPGS × *MCVCIP*						-0.04	-0.12 *						-0.05	-0.11 *
控制变量														
Year[b]	包含	包含	包含	包含	包含	包含	包含	包含	包含	包含	包含	包含	包含	包含
FS	0.05	0.08	0.08	-0.01	0.01	0.07	-0.05	0.01	0.02	0.03	-0.09	-0.02	-0.01	-0.12
FA	-0.06 *	-0.05 *	-0.05 *	0.01	-0.09 ***	-0.05	-0.01	-0.05 **	-0.05 *	-0.05 *	-0.01	-0.07 ***	-0.03	-0.01
CE	0.03	0.01	0.01	0.07	0.00	0.02	0.07	0.04	0.02	0.02	0.12 **	0.02	0.05	0.10 *

续表

	固定效应							随机效应						
	1	2	3	4	5	6	7	8	9	10	11	12	13	14
PS	0.00 **	0.00 **	0.00 **	0.00 ***	0.00 **	0.00 **	0.00 *	0.00 ***	0.00 ***	0.00 ***	0.00 ***	0.00 ***	0.00 ***	0.00 ***
CVCPFM	0.00	0.00	0.00	0.02	-0.01	-0.01	0.00	0.00	0.00	0.00	0.00	-0.01	-0.01	-0.01
KR[c]	-0.45 ***	-0.44 **	-0.42 **	-0.29 *	-0.33 *	-0.46 ***	-0.23 *	-0.57 ***	-0.56 ***	-0.55 ***	-0.37 *	-0.47 ***	-0.63 ***	-0.35 **
常数	1.63 *	1.19	1.22	1.14	2.43 **	1.11	1.38	1.73 *	1.42	1.51 *	1.12	2.24 **	1.44	1.73 *
观察样本[d]	435	435	435	372	411	435	351	440	440	440	380	416	440	362
老牌公司[e]	61	61	61	56	60	61	55	62	62	62	60	61	62	59
自由度 df	17	18	19	20	20	20	24	17	18	19	20	20	20	24
Log-likelihood	-1053.68	-1051.59	-1050.65	-939.26	-996.67	-1045.90	-897.14	-1394.23	-1392.54	-1391.42	-1262.82	-1334.52	-1388.70	-1215.46
Wald chi²	214.68 ***	224.05 ***	228.52 ***	219.73 ***	208.87 **	222.56 ***	197.17 ***	257.67 ***	265.63 ***	270.55 ***	278.09 ***	245.61 ***	273.69 ***	254.12 ***
Wald Test		4.73 **	1.97	26.28 ***	3.65 *	3.89 *	26.41 ***		3.78 *	2.37	43.21 ***	5.31 *	8.53 **	47.06 ***

[a]为避免交互效应的潜在的多重共线性问题，变量均中心化处理，交互效应对变量中心化之后相乘；

[b]12 个哑变量用来控制年度效应；

[c]为避免 0 膨胀，相关 =0，不相关 =1，故回归系数为负表示正相关；

[d,e]样本数量变化是由于数据缺失；

双尾检验，＊表示 P<0.10；＊＊表示 P<0.05；＊＊＊表示 P<0.01

中，CVC 投资组合创业企业数量与技术创新之间存在“倒 U 形”关系。但进一步分析这两篇文献实证结果发现，Wadhwa（2005）的极大值点，投资组合创业企业数量为 1.77 家，即年均投资创业企业超过 1.77 家，公司投资者的 CVC 投资将不利于其技术创新（两者负相关）；Wadhwa 和 Kotha（2006）的极大值点为 1.21 家，即年均投资创业企业超过 1.21 家，老牌公司投资 CVC 将不利于其技术创新（两者负相关），显然不符合现实。因此，本书的实证结果具有一定的现实可靠性。

（2）调节效应。假设 H3a 推断公司投资者的吸收能力 CVC 投资的创业企业数量（CIAC）对 CVC 投资的创业企业数量（MCVCIP）与公司投资者技术创新之间的关系有积极的调节作用。根据表 4.3 模型 4 和 11 的回归结果，无论是固定效应模型还是随机效应模型，CIAC 的回归系数都是积极的和显著的（$\beta=0.38$，$P<0.01$；$\beta=0.44$，$P<0.01$），说明公司投资者吸收能力越强，越有利于其技术创新，这与吸收能力的观点一致，企业已具有的相关知识决定了其吸收新知识的能力（Cohen 和 Levinthal，1991），企业知识基础越广，越具有整合不同知识源的能力（Bierly 和 Chakrabarti，1996）。CIAC 与 MCVCIP 交互项，无论是固定效应模型还是随机效应模型，其回归系数都是积极的和显著的（$\beta=0.02$，$P<0.1$；$\beta=0.03$，$P<0.1$），说明吸收能力对 MCVCIP 与公司投资者技术创新之间的关系具有积极的调节作用。全变量模型 7 和 14 回归结果类似，Wald 检验结果也显示，模型 4 和 11 相对于模型 2 和 9 在统计意义上有显著性改善，进一步证实此结论是可靠和稳健的，因此假设 H3a 得到支持。按照 Cohen，Cohen 和 West et al.，(2003) 和 Aiken 和 West (1991) 的方法，可以绘制得出图 4.3 所示的低吸收能力（=吸收能力均值 - 标准差）、中等吸收能力（=吸收能力均值）和高吸收能力（=吸收能力均值 + 标准差）与 MCVCIP 的交互效应。从图 4.3 可以看出，在吸收能力的积极调节作用下，同样的 MCVCIP，吸收能力越高的公司技术创新效率越高。

假设 H4a 推断 CVC 投资公司卷入创业企业的程度（DIPF）对 MCVCIP 与公司投资者技术创新之间的关系有积极的调节作用。根据表 4.3 模型 5 和 12 的计量估计结果，固定效应模型和随机效应模型均显示，DIPF 与 MCVCIP 交互项回归系数为正且显著（$\beta=0.14$，$P<0.1$；$\beta=0.16$，$P<0.05$）。全变量模型 7 和 14 的回归结果同样显示 DIPF 与 MCVCIP 交互项回归系数为正且显著（$\beta=0.20$，$P<0.05$；$\beta=0.22$，

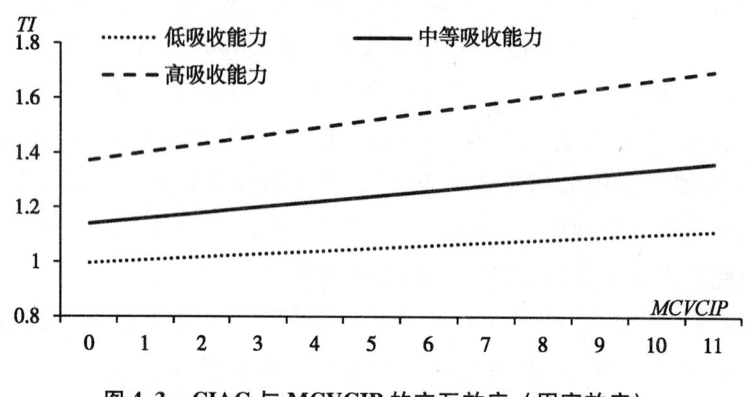

图 4.3　CIAC 与 MCVCIP 的交互效应（固定效应）

$P<0.01$），Wald 检验结果也显示，模型 5 和 12 相对于模型 2 和 9 在统计意义上有显著性改善。这说明，模型计量估计结果是稳健和可靠的，因此 H4a 得到支持。

按照 Cohen，Cohen 和 West et al.，（2003）和 Aiken 和 West（1991）的方法，图 4.4 显示低卷入（=卷入程度均值 - 标准差）、中等卷入（=卷入程度均值）和高卷入（=卷入程度均值 + 标准差）与 CVC 投资组合创业企业数量的交互效应。从图 4.4 可以看出，DIPF 对 MCVCIP 与企业技术创新之间关系的调节作用极大，在低卷入程度下，MCVCIP 与企业技术创新之间的关系被反转为完全负相关；而在高卷入程度下，MCVCIP 与企业技术创新之间的关系被反转为完全正相关。因此，公司投资者与创业企业维持一定的卷入关系对其通过 CVC 投资实现技术创新非常必要和关键。

假设 H5a 推断控股型 CVC 项目治理结构（CVCPGS）对 MCVCIP 与公司投资者技术创新之间的关系有积极的调节作用。根据表 4.3 固定效应模型 6 的计量估计结果，无论是 CVCPGS 还是 CVCPGS 与 MCVCIP 的交互项均未通过显著性检验。随机效应模型 13 显示 CVCPGS 回归系数显著但交互项不显著，模型 7 和 14 也没有给出与模型 6 和 13 一致的结论。虽然模型 7 和 14 显示 CVCPGS 与 MCVCIP 交互项通过显著性检验，但其通过的原因更可能是由于多重共线性问题。表 4.2 的相关系数矩阵显示 DIPF 与 CVCPGS 高度正相关，因此存在多重共线性的问题。对于低阶交互项，多重共线性会影响回归方程的标准差及相关系数（Jaccard 和 Turrisi，2003），这也解释了模型 7 和 14 中卷入程度回归系数为负的问题。综上所

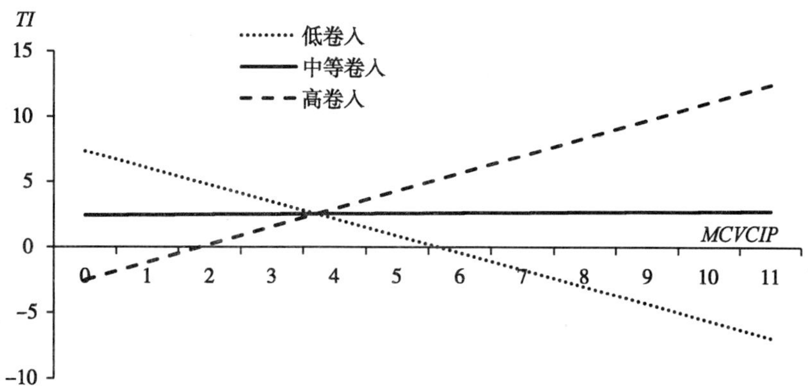

图 4.4　DIPF 与 MCVCIP 的交互效应（固定效应）

述，论文认为 CVCPGS 对 MCVCIP 与公司投资者技术创新之间的关系不具有调节作用，因此假设 H5a 不成立。

二　子问题 1－2 实证结果

（一）模型设定

假设 H2a 和 H2b 分别推断“CVC 投资的创业企业组合知识多元化与公司投资者技术创新之间存在消极的相关关系”和“CVC 投资的创业企业组合知识多元化与公司投资者技术创新之间存在‘U 形’曲线关系”，论文分别构建了公式 4－11 和 4－12 的模型进行检验：

$$TI = \beta_0 + \beta_1 CVCPKD + \beta Controls + \varepsilon \quad (4-11)$$

$$TI = \beta_0 + \beta_1 CVCPKD + \beta_2 CVCPKD^2 + \beta Controls + \varepsilon \quad (4-12)$$

公式 4－11 中，β_i 指相关系数，Controls 指控制变量 FS，FA，CE，PS，CVCPFM，KR，CVCIS，CVCIR，Year，ε 指误差项，下同。

假设 H3b 推断“CVC 投资公司的吸收能力对 CVC 投资的创业企业组合知识多元化与公司投资者技术创新之间的‘U 形’关系有积极的调节作用”，论文构建公式 4－13 进行检验：

$$TI = \beta_0 + \beta_1 CVCPKD + \beta_2 CVCPKD^2 + \beta_3 CIAC + \beta_4 CIAC \times CVCPKD + \beta Controls + \varepsilon \quad (4-13)$$

假设 H4b 推断“公司投资者卷入创业企业的程度对 CVC 投资的创业企业组合知识多元化与公司投资者技术创新之间的‘U 形’关系有积极的调节作用”，论文构建了公式 4－14 进行检验：

$$TI = \beta_0 + \beta_1 CVCPKD + \beta_2 CVCPKD^2 + \beta_3 DIPF + \beta_4 DIPF \times CVCPKD + \beta Controls + \varepsilon \quad (4-14)$$

最后，论文构建了公式 4 - 15 的全变量模型对交互效应进行稳健性检验：

$$TI = \beta_0 + \beta_1 CVCPKD + \beta_2 CVCPKD^2 + \beta_3 CIAC + \beta_4 CIAC \times CVCPKD + \beta_5 DIPF + \beta_6 DIPF \times CVCPKD + \beta Controls + \varepsilon \quad (4-15)$$

以上回归模型中，交互项会产生潜在的多重共线性问题，因此论文参照 Cronbach（1987）、Aiken 和 West（1991）和 Cohen，Cohen 和 West et al.，(2003）的处理程序，对交互项变量先各自进行变量中心化处理，然后使用中心化后的变量进行相乘带入回归方程中。

（二）描述性统计及相关系数矩阵

变量的描述性统计及相关系数矩阵见表 4.4 所示。从表 4.4 可以看出 CVC 投资的创业企业组合知识多元化（CVCPKD）在［0.00，3.35］之间变动，均值为 0.94，标准方差为 0.73，整体知识多元化程度较高；CVC 投资阶段在［1，4］之间变动，均值为 2.24，说明公司投资者大多数投资处于发展期或扩张期的创业企业；创业企业融资轮次在［1，5］之间变动，均值为 1.70，说明公司投资者主要在创业企业的首轮或第二轮融资就进入。从相关系数来看，CVCPKD、投资轮次与公司投资者技术创新负相关，吸收能力与公司投资者技术创新呈现积极的相关关系（相关系数为 0.32）。控制变量中，企业规模、资本支出、专利存量和知识关联度按照预想的方向与技术创新因变量显著相关①。

进一步分析，自变量中，剔除资本支出与企业规模（0.82)，变量之间的相关系数在［-0.07，0.64］之间变化，表明没有变量之间的相关系数大到足以产生多重共线性的问题。而资本支出、企业规模通过取自然对数进行回归，部分消除潜在的多重共线性问题。

（三）计量估计结果

CVC 投资的创业企业组合知识多元化（CVCPKD）与公司投资者技术创新的固定效应和随机效应的负二项回归计量分析结果具体见表 4.5 所示。模型 1 和 7，作为基本分析，仅研究了控制变量对公司投资者技术创

① CVC 投资公司与创业企业组合关联度，为避免 0 膨胀，本书把相关取值为 0，不相关取值为 1，故相关系数 -0.02，表明知识关联度越高越有利于企业技术创新。

表 4.4　　子问题 1－2 变量描述性统计和相关矩阵

变量	样本[a]	均值	标准差	最小值	最大值	1	2	3	4	5	6	7	8	9	10	11	12
TI	471	22.00	47.19	0.00	487.00	1.00											
CVCPKD	445	0.94	0.73	0.00	3.35	-0.00 *	1.00										
CVCIS	444	2.24	0.69	1.00	4.00	0.17 ***	0.31 ***	1.00									
CVCIR	444	1.70	1.02	1.00	5.00	-0.12 ***	0.23 ***	0.64 ***	1.00								
CIAC	408	0.74	0.47	0.00	1.70	0.32 ***	0.13 **	-0.01	0.02	1.00							
DIPF	420	4.56	9.48	0.00	90.16	0.05	-0.09 *	-0.26 ***	-0.07	0.18 ***	1.00						
FS	468	7.97	1.09	5.77	11.47	0.36 ***	0.17 ***	0.25 ***	0.22 ***	0.26 ***	0.07	1.00					
FA	471	11.13	4.78	1.00	23.00	0.01	0.21 ***	0.38 ***	0.16 ***	0.00	-0.05	0.11 **	1.00				
CE	468	4.86	1.56	0.05	9.25	0.30 ***	0.13 ***	0.14 ***	0.13 ***	0.18 ***	0.05	0.82 ***	0.02	1.00			
PS	471	41.35	86.23	0.00	766.86	0.87 ***	0.05	0.19 ***	0.16 ***	0.37 ***	0.04	0.42 ***	0.04	0.34 ***	1.00		
CVCPFM	444	6.09	5.24	0.00	43.00	0.03	0.24 ***	0.49 ***	0.27 ***	0.11 **	-0.07	0.07	0.24 ***	0.03	0.01	1.00	
KR[b]	447	0.82	0.30	0.00	1.00	-0.02 *	0.07	0.22 ***	0.11 **	-0.16 **	-0.11 **	0.16 ***	0.09 *	0.14 ***	0.00	0.13 ***	1.00

注：[a]样本数据变化源于部分数据缺失；[b]为避免 0 膨胀，相关 = 0，不相关 = 1，故相关系数为负表示正相关；

双尾检验 * 表示 $P < 0.10$；* * 表示 $P < 0.05$；* * * 表示 $P < 0.01$

新的影响；根据公式 4 - 11，模型 2 和 8 引入了 CVCPKD 来检验假设 H2a；根据公式 4 - 12，模型 3 和 9 包含了 CVCPKD 和 $CVCPKD^2$ 来检验假设 H2b；根据公式 4 - 13 和 4 - 14，模型 4 和 10、5 和 11 分别引入了吸收能力和卷入程度等变量以及各变量与 CVCPKD 的交互项来分别检验假设 H3b 和 H4b。最后，作为稳健性检验，根据公式 4 - 15，模型 6 和 12 引入全部的变量及交互项进行回归分析。

表 4.5 的 Log - likelihood 检验显示随着变量的引入，模型拟合程度的改善情况。交互项为避免多重共线性问题，论文参照 Cronbach（1987）、Aiken 和 West（1991）和 Cohen，Cohen 和 West et al.，（2003）的处理程序，对交互项变量先各自进行变量中心化处理，然后使用中心化后的变量进行相乘带入回归方程中。

（1）直接效应。控制变量中，专利存量、知识关联度与公司投资者技术创新在各模型中均显著正相关；CVC 投资轮次与公司投资者技术创新显著负相关，投资于创业企业较后的融资轮次越不利于公司投资者技术创新。

假设 H2a 推断 CVCPKD 与公司投资者技术创新之间存在消极的相关关系。表 4.5 模型 2 和 8 计量估计结果显示 CVCPKD 回归系数显著负相关（$\beta = -0.02$，$P<0.1$；$\beta = -0.03$，$P<0.1$）。Wald 检验也显示，模型 2 和 8 相对于模型 1 和 7，在统计意义上有显著的改善。另外，模型 3 - 6 和模型 9 - 12 计量估计结果均显示，CVCPKD 回归系数均显著负相关。综上，本书认为 CVCPKD 与公司投资者技术创新之间存在消极的相关关系的实证结论是稳健的和可靠的，因此假设 H2a 得到支持。

假设 H2b 推断 CVCPKD 与公司投资者技术创新之间存在"U 形"曲线关系。表 4.5 模型 3 和 9 计量估计结果显示，CVCPKD 和 $CVCPKD^2$ 的回归系数分别为（$\beta = -0.31$，$P<0.1$；$\beta = 0.14$，$P<0.1$）和（$\beta = -0.30$，$P<0.1$；$\beta = 0.13$，$P<0.1$），说明 CVCPKD 与公司投资者技术创新之间存在"U 形"曲线关系。Wald 检验也显示，模型 3 和 9 相对于模型 2 和 8，在统计意义上有显著的改善。另外，加入调节变量的固定效应模型 4 和 5、随机效应模型 10 和 11 以及全变量模型 6 和 12 的计量估计结果均显示 CVCPKD 与公司投资者技术创新之间存在"U 形"关系。综上，本书认为 CVCPKD 与公司投资者技术创新之间存在"U 形"曲线关系的研究结论是稳健的和可靠的，因此，假设 H2b 得到支持。

表 4.5 *CVCPKD* 与公司投资者技术创新的负二项回归模型结果（非平衡面板数据）

	固定效应						随机效应					
	1	2	3	4	5	6	7	8	9	10	11	12
自变量												
CVCPKD		−0.02 *	−0.31 *	−0.31 *	−0.38 **	−0.39 **		−0.03 *	−0.30 *	−0.26 *	−0.38 **	−0.35 **
$CVCPKD^2$			0.14 *	0.10 *	0.16 **	0.14 **			0.13 *	0.08 *	0.16 **	0.12 *
调节变量[a]												
CIAC				0.37 ***		0.33 ***				0.45 ***		0.40 ***
CIAC × *CVCPKD*				0.07 *		0.03 *				0.07 *		0.03 *
DIPF					0.03	−0.01					0.08	0.03
DIPF × *CVCPKD*					0.10 **	0.09 *					0.11 **	0.10 **
控制变量												
Year[b]	包含	包含	包含	包含	包含	包含	包含	包含	包含	包含	包含	包含
FS	0.12	0.12	0.14	0.07	0.13	0.06	0.06	0.06	0.08	−0.02	0.06	−0.04
FA	−0.06 *	−0.06 **	−0.06 **	−0.01	−0.09 ***	−0.03	−0.05 *	−0.05 **	−0.05 **	−0.02	−0.08 ***	−0.03
CE	0.03	0.03	0.02	0.09	−0.02	0.07	0.04	0.04	0.03	0.11 *	0.01	0.10
PS	0.00 *	0.00 *	0.00 *	0.00 *	0.00 *	0.00 *	0.00 ***	0.00 ***	0.00 ***	0.00 **	0.00 ***	0.00 **
CVCPFM	0.00	0.00	0.00	0.02	0.00	0.01	0.00	0.00	0.00	0.01	0.00	0.00
CVCIS	0.03	0.03	0.03	0.08	0.09	0.07	−0.01	−0.01	−0.01	0.08	0.09	0.10
KR[c]	−0.43 **	−0.42 **	−0.37 **	−0.14 *	−0.25 *	−0.10 *	−0.55 ***	−0.54 ***	−0.49 ***	−0.24 *	−0.39 **	−0.21 *
CVCIR	−0.16 **	−0.16 **	−0.15 **	−0.21 ***	−0.18 ***	−0.20 ***	−0.11 *	−0.12 *	−0.11 *	−0.15 **	−0.15 **	−0.15 **

续表

	固定效应						随机效应					
	1	2	3	4	5	6	7	8	9	10	11	12
常数	1.41	1.44	1.26	1.14	2.10 *	1.25	1.58 *	1.64 *	1.57 *	1.22 *	2.29 **	1.81 *
观察样本[d]	438	438	438	372	414	354	443	443	443	383	419	365
老牌公司[e]	61	61	61	56	60	55	62	62	62	60	61	59
自由度 df	19	20	21	23	23	25	19	20	21	23	23	25
Log-likelihood	-1060.47	-1060.45	-1058.79	-943.07	-1004.23	-902.37	-1402.44	-1402.34	-1400.90	-1270.33	-1341.68	-1225.05
Wald chi^2	234.81 ***	239.14 ***	245.87 ***	254.97 ***	237.31 ***	234.02 ***	271.84 ***	276.73 ***	282.99 ***	299.80 ***	271.58 ***	274.21 ***
Wald Test		3.48 *	3.55 *	27.25 ***	4.97 *	22.03 ***		3.21 *	3.06 *	43.36 ***	6.52 **	36.64 ***

[a]为避免交互效应的潜在的多重共线性问题，变量均中心化处理，交互效应对变量中心化之后相乘；

[b]12 个哑变量用来控制年度效应；

[c]为避免 0 膨胀，相关 =0，不相关 =1，故回归系数为负表示正相关；

[d,e]样本数量变化是由于数据缺失；

双尾检验，* 表示 $P<0.10$；* * 表示 $P<0.05$；* * * 表示 $P<0.01$

按照表 4. 5 固定效应模型 3 的计量估计结果，可以画出 CVCPKD 与公司投资者技术创新之间的曲线关系图，具体如图 4. 5 所示。根据图 4. 5，可以计算得出公司投资者技术创新的最小值点是 CVCPKD 为 1. 11（0. 31/2 ×0. 14 =1. 11）。在这个临界点之前，CVCPKD 与公司投资者技术创新负相关，这个临界点之后，两者成正相关关系。此临界点在观测样本的变化范围［0. 00，3. 35］之内，略高于均值 0. 94，说明实证结论是可靠的，进一步证实假设 H2b 成立。

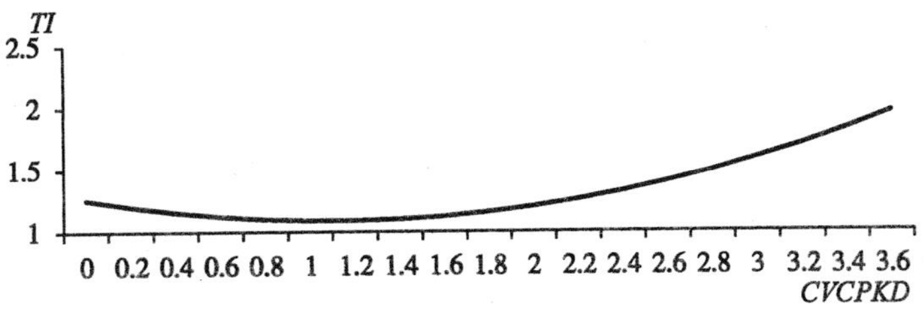

图 4. 5　CVCPKD 与公司投资者技术创新拟合关系图（固定效应）

（2）调节效应。假设 H3b 推断公司投资者的吸收能力（CIAC）对 CVCPKD 与公司投资者技术创新之间的关系有积极的调节作用。根据表 4. 5 固定效应模型 4 和随机效应模型 10 的计量估计结果，CIAC 的回归系数都是积极的和显著的（$\beta=0.37$，$P<0.01$；$\beta=0.45$，$P<0.01$），这说明公司投资者吸收能力越强，越有利于企业技术创新，这与吸收能力的观点一致，企业已具有的相关知识决定了其吸收新知识的能力（Cohen 和 Levinthal，1991），企业知识基础越广，越具有整合不同知识源的能力（Bierly 和 Chakrabarti，1996）。CIAC 与 CVCPKD 的交互项回归系数都是积极的和显著的（$\beta=0.07$，$P<0.1$；$\beta=0.07$，$P<0.1$），说明公司投资者的吸收能力对 CVCPKD 与公司投资者技术创新之间的关系具有积极的调节作用。全变量模型 6 和 12 回归结果类似，Wald 检验结果也显示，模型 4 和 10 相对于模型 3 和 9 在统计意义上有显著性改善，进一步证实此结论是可靠和稳健的，因此假设 H3b 得到支持。

按照 Cohen，Cohen 和 West et al.，（2003）和 Aiken 和 West（1991）的方法，可以绘制得出图 4. 6 所示的低吸收能力（ = 吸收能力均值 - 标准差）、中等吸收能力（ = 吸收能力均值）和高吸收能力（ = 吸收能力均值 + 标准差）与 CVCPKD 的交互效应对公司投资者技术创新的影响。从图 4. 6 可以看出，在吸收能力的积极调节作用下，同样的 CVCPKD，吸收能力越低的公司投资者技术创新效率越低，吸收能力越高的公司投资者技术创新效率越高；吸收能力越低，技术创新临界点 CVCPKD 值越大（ = 1.70），吸收能力越高，技术创新临界值点 CVCPKD 越小（ = 1.26），说明 CVCPKD 与公司投资者技术创新的负相关阶段，吸收能力有效地减轻了这种不利影响。

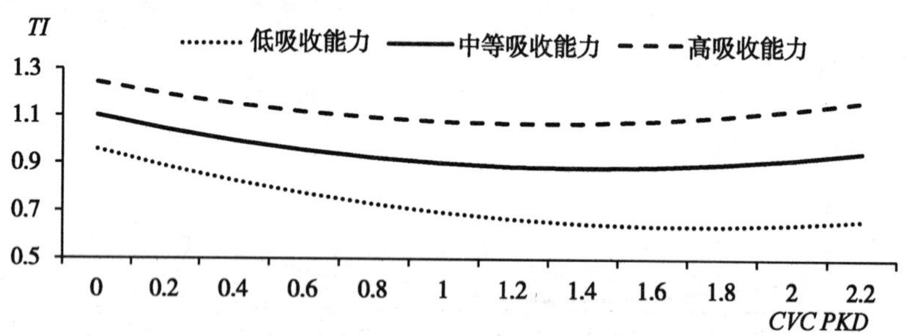

图 4.6 CIAC 与 CVCPKD 的交互效应（固定效应）

假设 H4b 推断 CVC 投资者卷入创业企业的程度（DIPF）对 CVCPKD 与公司投资者技术创新之间的关系有积极的调节作用。根据表 4.5 固定效应模型 5 和随机效应模型 11 的计量估计结果，DIPF × CVCPKD 交互项回归系数都是积极的和显著的（$\beta = 0.10$，$P < 0.05$；$\beta = 0.11$，$P < 0.05$），说明 DIPF 对 CVCPKD 与公司投资者技术创新的关系有积极的调节作用。全变量模型 6 和 12 回归结果类似（$\beta = 0.09$，$P < 0.1$；$\beta = 0.10$，$P < 0.05$），Wald 检验结果也显示，模型 5 和 11 相对于模型 3 和 9 在统计意义上有显著性改善，进一步证实此结论是可靠和稳健的，因此假设 H4b 得到支持。按照 Cohen，Cohen 和 West et al.，（2003）和 Aiken 和 West（1991）的方法，可以绘制得出图 4.7 所示的低卷入（ = 卷入程度均值 - 标准差）、中等卷入（ = 卷入程度均值）和高卷入（ = 卷入程度均值 + 标准差）与 CVC 投资的创业企业组合知识多元化的交互效应。

从图 4.7 可以看出，在低卷入程度下，CVCPKD 与企业技术创新的关系被反转为完全负相关；在高卷入程度下，CVCPKD 与企业技术创新的关系完全正相关。因此，公司投资者与创业企业维持一定的卷入程度对其通过 CVC 投资实现技术创新非常必要和关键。

三 子问题 1 - 3 实证结果

子问题 1 - 3 关注控股与非控股 CVC 项目治理结构下 CVCPKD 对公司

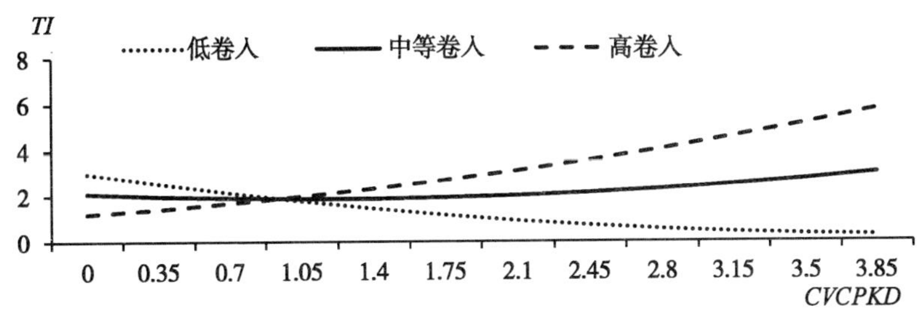

图 4.7　DIPF 与 CVCPKD 的交互效应（固定效应）

投资者技术创新影响的差异，提出假设 H5b 和 H5c，并分别推断 CVC 投资的创业企业组合知识多元化与公司投资者技术创新之间的关系，在控股型 CVC 项目治理结构下呈"倒 U 形"关系，而在非控股型 CVC 项目治理结构下呈"U 形"关系。同时，子问题 1－3 进一步探讨吸收能力对控股与非控股 CVC 项目治理结构下 CVCPKD 与公司投资者技术创新影响之间关系的调节效应的差异，提出假设 H6a 和 H6b。为此，本书把样本组中是否有单个公司投资者持有 CVC 项目权益比例≥50% 划分为控股型 CVC 项目治理结构样本组和非控股型 CVC 项目治理结构样本组。控股型样本组包括 15 家上市公司，83 个企业－年观察样本；非控股型样本组包括 49 家上市公司，388 个企业－年观察样本①。

（一）变量描述性统计及相关系数矩阵

变量的描述性统计及相关系数矩阵见表 4.6 所示。从表 4.6 可以看出，技术创新，控股与非控股样本组企业的均值、方差和最大值均有较大差异。非控股样本组技术创新均值小于控股样本组，但方差大于控股样本组，说明非控股样本组公司投资者技术创新差异较大，且整体技术创新绩效略低于控股型样本组公司。吸收能力、企业规模、企业年龄、资本支出和关联度等变量，控股与非控股样本组也呈现出与技术创新一样的趋势和特征。

从表 4.6 相关系数矩阵来看，非控股型 CVC 项目治理结构样本组中，技术创新与投资阶段、投资轮次、吸收能力、企业规模、资本支出和专利

① 控股与非控股样本组上市公司数合计 64 家，是因为部分上市公司随时间变化从非控股变为控股，因此会根据时间变化同时出现在两个样本组中，造成总数大于 62 家。但两样本组观察样本合计仍为 471 个企业－年观察样本。

表 4.6 子问题 1－3 变量描述性统计和相关矩阵

变量		样本[a]	均值	标准差	最小值	最大值	1	2	3	4	5	6	7	8	9	10	11
TI	*NH*	388	21.05	50.79	0.00	487.00	1.00										
	H	83	26.46	23.84	0.00	121.00	1.00										
CVCPKD	*NH*	365	0.96	0.74	0.00	3.35	-0.02	1.00									
	H	80	0.89	0.71	0.00	2.40	0.16	1.00									
CVCIS	*NH*	364	2.22	0.68	1.00	4.00	0.22 ***	0.30 ***	1.00								
	H	80	2.31	0.72	1.00	3.78	-0.17	0.41 ***	1.00								
CVCIR	*NH*	364	1.67	1.02	1.00	5.00	0.12 **	0.19 ***	0.66 ***	1.00							
	H	80	1.84	1.02	1.00	5.00	0.07	0.41 ***	0.51	1.00							
CIAC	*NH*	332	0.71	0.49	0.00	1.70	0.34 ***	0.16 ***	0.02	0.02	1.00						
	H	76	0.87	0.34	0.00	1.62	0.09	-0.02	-0.20	0.00	1.00						
FS	*NH*	388	8.04	1.13	5.69	11.50	0.39 ***	0.16 ***	0.26 ***	0.21 ***	0.27 ***	1.00					
	H	83	8.33	1.07	6.08	10.82	0.35 ***	0.30 ***	0.24 **	0.33 ***	0.24 **	1.00					
FA	*NH*	388	11.10	4.83	1.00	23.00	0.00	0.25 ***	0.44 ***	0.16 ***	-0.03	0.04	1.00				
	H	83	11.29	4.58	1.00	20.00	0.13	-0.01	0.11	0.13	0.23 **	0.42 ***	1.00				
CE	*NH*	388	4.90	1.68	-0.54	9.25	0.30 ***	0.14 ***	0.15 ***	0.13 **	0.18 ***	0.84 ***	-0.06	1.00			
	H	83	5.24	1.17	2.45	7.06	0.43 ***	0.14	0.05	0.18	0.16	0.80 ***	0.27 **	1.00			
PS	*NH*	388	39.88	92.84	0.00	766.86	0.88 ***	0.03	0.22 ***	0.14 ***	0.39 ***	0.43 ***	0.02	0.32 ***	1.00		
	H	83	48.21	43.33	0.00	158.45	0.67 ***	0.27 **	-0.01	0.27 **	0.04	0.57 ***	0.26 **	0.55 ***	1.00		

续表

变量		样本[a]	均值	标准差	最小值	最大值	1	2	3	4	5	6	7	8	9	10	11
CVCPFM	*NH*	364	5.39	4.17	0.00	20.00	0.07	0.37***	0.45***	0.22***	0.12**	0.10*	0.29***	0.05	0.02	1.00	
	H	80	9.26	7.85	0.00	43.00	-0.24**	0.04	0.64***	0.39***	0.02	-0.06	0.15	-0.12	-0.09	1.00	
KR[b]	*NH*	366	0.81	0.31	0.00	1.00	0.00	0.07	0.20***	0.09*	-0.20***	0.20***	0.13**	0.17***	0.03	0.04	1.00
	H	81	0.88	0.24	0.00	1.00	-0.32***	0.11	0.31***	0.20*	0.08	-0.19*	-0.16	-0.24**	-0.36***	0.36***	1.00

注：*H* 代表控股型 CVC 项目治理结构样本组；*NH* 代表非控股型 CVC 项目治理结构样本组；

[a]样本数据变化源于部分数据缺失；

[b]为避免 0 膨胀，相关 =0，不相关 =1，故相关系数为负表示正相关；

双尾检验 *表示 P<0.10；**表示 P<0.05；***表示 P<0.01

存量显著性正相关；控股型 CVC 项目治理结构样本组中，技术创新与企业规模、资本支出、专利存量和知识关联度显著正相关，但与创业企业组合成熟度显著负相关。

从表 4.6 中相关系数矩阵可以看出，控股与非控股 CVC 项目治理结构样本组变量之间的相关性有着显著性差异，从而有可能造成控股与非控股 CVC 项目治理结构下，CVCPKD 与公司投资者技术创新的显著性差异。

（二）计量估计结果

控股与非控股 CVC 项目治理结构下技术创新的负二项回归模型结果具体如表 4.7 所示。表 4.7 中，模型 1 和 4、7 和 10 作为基本分析，仅研究了非控股与控股 CVC 项目治理结构下控制变量对公司投资者技术创新的影响；模型 2 和 5、8 和 11 分别包含了 CVCPKD 的线性项和平方项；模型 3 和 6、9 和 12 引入了吸收能力变量以及吸收能力与 CVCPKD 的交互变量来检验吸收能力的调节效应。表 4.7 中 Log - likelihood 检验显示随着变量的引入，模型拟合程度的改善情况。交互项为避免多重共线性问题，论文参照 Cronbach（1987）、Aiken 和 West（1991）和 Cohen，Cohen 和 West et al.，(2003) 的处理程序，对交互项变量先各自进行变量中心化处理，然后使用中心化后的变量进行相乘带入回归方程中。

(1) 直接效应。控制变量中，控股型 CVC 项目治理结构样本组，固定效应模型 7 和随机效应模型 10 均显示资本支出与公司投资者技术创新显著正相关，创业企业成熟度与公司投资者技术创新显著负相关；非控股型 CVC 项目治理结构样本组，固定效应模型 1 和随机效应模型 4 均显示专利存量、创业企业成熟度、知识关联度与公司投资者技术创新显著正相关，而企业年龄、投资轮次与公司投资者显著负相关。自变量中，在控股型 CVC 项目治理结构下，固定效应模型 8 和随机效应模型 11 的计量估计结果显示，CVCPKD 和 $CVCPKD^2$ 的回归系数分别为（$\beta=0.68$，$P<0.1$；$\beta=-0.50$，$P<0.05$）和（$\beta=0.50$，$P<0.1$；$\beta=-0.37$，$P<0.1$），说明 CVCPKD 与公司投资者技术创新之间存在“倒 U 形”曲线关系。Wald 检验也显示，模型 8 和 11 相对于模型 7 和 10 在统计意义上有显著性改善。另外，引入调节变量的模型 9 和 12 计量估计结果均显示 CVCPKD 与公司投资者技术创新之间存在“倒 U 形”曲线关系。综上，CVCPKD 与公司投资者技术创新之间存在“倒 U 形”曲线关系的结论是稳健的和可靠的，因此假设 H5b 得到支持。

表 4.7 **控股与非控股 CVC 项目治理结构下技术创新的负二项回归模型结果**

变量		非控股型 CVC 项目治理结构样本组						控股型 CVC 项目治理结构样本组					
		固定效应			随机效应			固定效应			随机效应		
		1	2	3	4	5	6	7	8	9	10	11	12
	CVCPKD		-0.39*	-0.40**		-0.40**	-0.38**		0.68*	0.56*		0.50*	0.40*
	CVCPKD^2		0.16*	0.12*		0.16**	0.11*		-0.50**	-0.47**		-0.37*	-0.37*
调节变量[a]	*CIAC*			0.40***			0.50***			0.10			0.06
	CIAC × *CVCPKD*			0.06			0.05			0.40***			0.34**
控制变量	*Year*[b]	包含	包含	包含	包含	包含	包含	包含	包含	包含	包含	包含	包含
	FS	0.22	0.23	0.17	0.11	0.11	-0.04	0.15	0.19	-0.22	0.00	0.07	0.00
	FA	-0.07*	-0.07**	-0.01	-0.06**	-0.06**	-0.02	-0.08	-0.07	-0.25***	0.00	-0.02	-0.07
	CE	-0.05	-0.05	0.04	-0.03	-0.04	0.06	0.52***	0.53***	0.61***	0.40***	0.46***	0.51***
	PS	0.00*	0.00*	0.00	0.00***	0.00***	0.00**	0.01	0.00	0.00	0.01***	0.01***	0.01***
	CVCPFM	0.04**	0.03**	0.04**	0.03*	0.03***	0.03**	-0.07***	-0.10***	-0.06**	-0.05**	-0.08***	-0.07***
	KR	-0.36*	-0.29	-0.01	-0.48***	-0.41***	-0.13	0.88	1.11**	0.21	0.28	0.57	0.16
	CVCIS	0.00	0.02	0.00	0.00	0.02	0.05	0.29*	0.64***	0.37	0.15	0.37*	0.22
	CVCIR	-0.17**	-0.17**	-0.16**	-0.14*	-0.15*	-0.12*	-0.24**	-0.17	-0.23*	-0.08	-0.09	-0.07
	常数	0.93	0.96	0.15	1.63	1.78	1.53	-2.25	-3.37	3.94	-2.23	-2.72*	-0.97
观察样本[c]		358	358	302	363	363	310	78	78	68	80	80	73

续表

变量	非控股型 CVC 项目治理结构样本组						控股型 CVC 项目治理结构样本组					
	固定效应			随机效应			固定效应			随机效应		
	1	2	3	4	5	6	7	8	9	10	11	12
老牌公司[d]	48	48	44	49	49	47	13	13	12	15	15	15
Log-likelihood	-812.17	-810.30	-718.77	-1073.47	-1071.42	-962.96	-218.58	-214.85	-197.59	-295.75	-293.68	-276.06
Wald chi^2	212.63***	221.65***	231.46***	240.84***	249.59***	269.60***	69.99***	79.01***	103.27***	84.36***	83.09***	83.26***
Wald Test		3.96*	24.40***		4.38*	43.27***		7.59**	6.94**		4.38*	5.76*

[a]为避免交互效应的潜在的多重共线性问题，交互效应对变量中心化之后相乘；

[b]12 个哑变量用来控制年度效应；

[c,d]样本数量变化是由于数据缺失；

双尾检验，*表示 $P<0.10$；**表示 $P<0.05$；***表示 $P<0.01$

在非控股型 CVC 项目治理结构下，固定效应模型 2 和随机效应模型 5 的计量估计结果显示，CVCPKD 和 $CVCPKD^2$ 的回归系数分别为（$\beta = -0.39$，$P < 0.1$；$\beta = 0.16$，$P < 0.1$）和（$\beta = -0.40$，$P < 0.05$；$\beta = 0.16$，$P < 0.05$），说明 CVCPKD 与公司投资者技术创新之间存在"U 形"曲线关系。Wald 检验也显示，模型 2 和 5 相对于模型 1 和 4 在统计意义上有显著性改善。另外，引入调节变量的模型 3 和 6 计量估计结果均显示 CVCPKD 与公司投资者技术创新之间存在"U 形"曲线关系。综上，假设 H5c 得到支持。

根据表 4.7 固定效应模型 2 和 8 的计量估计结果，可以画出非控股与控股 CVC 项目治理结构下 CVCPKD 与公司投资者技术创新之间的曲线关系图，具体如图 4.8 所示。

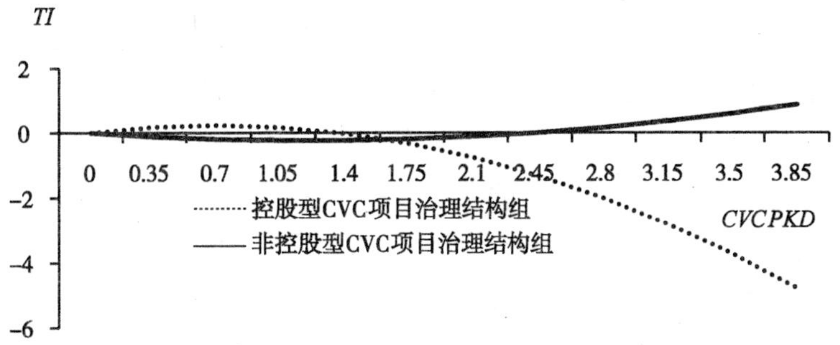

图 4.8　不同 CVC 项目治理结构下 CVCPKD 与公司投资者技术创新之间的关系（固定效应）

从图 4.8 可以看出，控股型 CVC 项目治理结构下，技术创新极值点时的 CVCPKD 为 0.68；非控股型 CVC 项目治理结构下，技术创新极值点时的 CVCPKD 为 1.22。此结论符合控股型与非控股型 CVC 项目治理结构的投资特点：首先，控股型 CVC 项目治理结构下，母公司往往委派公司内部人员担任 CVC 项目经理，CVC 项目的投资策略会与母公司战略高度一致。然而由于有限理性（March 和 Simon，1958），CVC 项目管理者不可能总是构建处于最佳的多元化投资组合。管理者认知能力的一大短处就是缺乏先见之明（Levinthal 和 March，1993）。在现在和将来的注意力分配中，认知能力有限迫使管理者在组织搜寻时更多关注的是目前的突出问题而不是面向未来的考虑（Levinthal 和 March，1993）。这种"短期主义"

会导致管理者投资于熟悉的领域，因为对熟悉领域的深度利用会产生及时的回报（Ahuja 和 Lampert，2001）。管理者认知能力的另一大短处就是“空间近视”。许多研究显示老牌组织倾向于在附近寻求现存的解决方案（Nelson，1982；Helfat，1994；Ahuja 和 Lampert，2001），这种对远方忽视的倾向造成组织无法察觉组织边界之外的技术（Miller 和 Folta，2002），迫使组织落入“紧临陷阱”（Ahuja 和 Lampert，2001）。由于管理者这种认知能力有限造成的“时空近视”使组织倾向于开发现有的技术和能力而不是探索新领域。就 CVC 投资而言，CVC 管理者的“时空近视”导致 CVC 投资组合集中于或临近于与 CVC 投资者熟悉的或现存的技术或行业，从而造成控股型 CVC 项目治理结构的投资创业企业组合知识多元化程度不高。相关多元化投资能提高学习的效率，但投资经理的有限理性、投资组合过多造成的资源约束和信息过载、相关多元化造成的重复性投资等造成技术创新的减少甚至负相关。综上，控股型 CVC 项目治理结构下，CVCPKD 与公司投资者技术创新之间存在“倒 U 形”关系，并且临界点时创业企业组合知识多元化程度会较低。其次，非控股型 CVC 项目治理结构下，CVC 项目有较高程度的自治水平。由于多家企业联合进行投资，没有单独母公司强加的战略目标压力，CVC 项目投资经理更可能进行探索性投资，而不用局限于某一母公司的独特核心领域，投资更倾向于多元化。并且在非控股型 CVC 项目治理结构下，CVC 项目较高的自治水平和管理自由裁决权可有效减轻管理者的“时空近视”，投资的创业企业组合知识多元化程度会较高。但是，高自治水平不利于母公司与创业企业间的知识转移（Yang，Nomoto 和 Kurokawa，2013；Yang，Narayanan 和 De Carolis，2014）。例如，在较低自治水平下，CVC 项目部分或完全内化于母公司，这种自治水平下，CVC 项目人员与母公司人员有定期的交流，这种机制有助于组织知识转移（Rothwell，1978；Ghoshal 和 Bartlett，1988）。因此，非控股型 CVC 项目治理结构下，CVC 投资的创业企业组合知识多元化必须超过某个临界点，学习效应才会产生（Haleblian 和 Finkelstein，1999）。综上，非控股型 CVC 项目治理结构下，CVCPKD 与公司投资者技术创新之间存在“U 形”关系，并且临界点时创业企业组合知识多元化程度会较高。

（2）调节效应。假设 H6a 推断控股型 CVC 项目治理结构下，吸收能力（CIAC）对 CVC 投资的创业企业组合知识多元化与公司投资者技术创新之间“倒 U 形”关系有积极的调节作用。根据表 4.7 中固定效应模型 9 和随机效应 12 的计量估计结果所示，CIAC × CVCPKD 的回归系数分别为（β = 0.40，P < 0.01；β = 0.34，P < 0.05），Wald 检验结果也显示，模型 9 和 12 相对于模型 8 和 11 在统计意义上有显著性改善，说明公司吸收能力对 CVCPKD 与公司投资者技术创新之间“倒 U 形”曲线关系有积极的调节作用。从模型 9 和 12 的计量估计结果还可以看出，CIAC 回归系数没有通过显著性检验。前面的理论分析也指出，吸收能力从过程的角度，可以划分为“知识获取、知识消化、知识转换和知识应用”，这四个过程进一步可以划分为两个维度：现实吸收能力和潜在吸收能力（Zahra 和 George，2002）。现实吸收能力与潜在吸收能力在企业创新中作用不同（Zahra 和 George，2002）：现实吸收能力强调知识应用，潜在吸收能力强调知识获取与消化。对控股型 CVC 项目治理结构而言，公司投资者吸收能力中最重要的是知识的识别和消化能力，也就是潜在吸收能力。高技术多元化能提供企业快速识别和转移知识的能力（Schildt，Keil 和 Maula，2012），也就是高技术多元化促进企业的潜在吸收能力。但是，中国学者付敬和朱桂龙（2014）实证研究证实，企业潜在吸收能力对创新绩效无直接作用。吸收能力对知识整合有显著的直接正向影响，但对组织创新没有显著的直接正向影响（简兆权，吴隆增，黄静，2008）。因此，论文实证结果显示 CIAC 回归系数没有通过显著性检验与付敬和朱桂龙（2014）、简兆权，吴隆增和黄静（2008）的研究结论一致。另一方面，吸收能力是一种基于互动双方合作关系的相对能力，关系性吸收能力有利于合作创新（王雎，罗珉，2008）。控股型 CVC 项目治理结构能够与创业企业建立深度卷入关系，因此有助于公司投资者建立关系吸收能力从而促进合作创新，因此 CIAC 对 CVCPKD 与公司投资者技术创新之间“倒 U 形”关系有积极的调节作用也与王雎和罗珉（2008）的研究结论类似。综上，论文认为假设 H6a 得到支持。

按照 Cohen，Cohen 和 West et al.，（2003）和 Aiken 和 West（1991）的方法，可以绘制得出控股型 CVC 项目治理结构下如图 4.9 所示的低吸收能力（= 吸收能力均值 - 标准差）、中等吸收能力（= 吸收能力均值）和高吸收能力（= 吸收能力均值 + 标准差）与 CVCPKD 的交互效应对公司投资者技术创新的影响。从图 4.9 可以看出，在 CIAC 的积极调节下，吸收能力越低，技术创新“倒 U 形”临界点 CVCPKD 值越小（= 0.31），吸收能力越高，技术创新“倒U形”临界值点CVCPKD越大（=0.96），说明CVCPKD与公司投资者技术创新的正相关阶段，吸收能力有效地增加了这种积极影响。

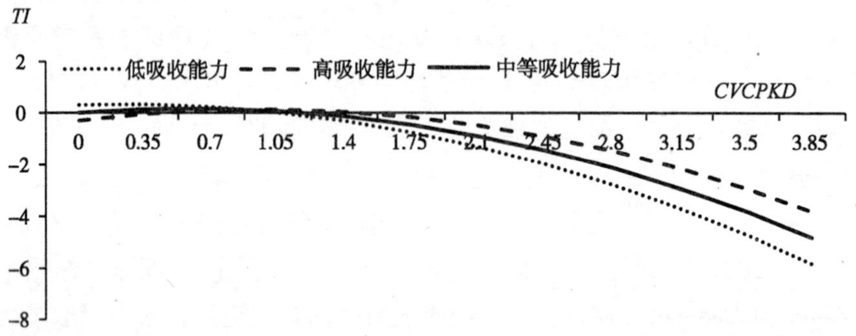

图4.9　控股型CVC项目治理结构下CIAC与CVCPKD的交互效应（固定效应）

假设H6b推断非控股型CVC项目治理结构下，吸收能力对CVC投资的创业企业组合知识多元化与公司投资者技术创新之间“U形”关系有消极的调节作用。表4.7固定效应模型3和随机效应模型6的计量估计结果显示，CIAC的回归系数通过显著性检验（$\beta = 0.40$，$P < 0.01$；$\beta = 0.50$，$P < 0.01$），说明非控股CVC项目治理结构下，公司投资者吸收能力越强越有利于其技术创新。但是，CIAC×CVCPKD的回归系数均未通过显著性检验，Wald检验结果也显示，模型3和6相对于模型2和5在统计意义上有显著性改善，说明公司投资者吸收能力对CVCPKD与公司投资者技术创新之间“U形”曲线关系不具有调节作用，因此，假设H6b没有得到支持。

综上，研究问题1“CVC投资对公司投资者技术创新的影响机制”的三个子问题假设检验情况结果具体如表4.8所示。

表4.8　研究问题1：CVC投资对公司投资者技术创新的影响机制假设检验结果汇总表

问题	假设	假设内容	关注焦点	检验结果
子问题1-1	H1a	CVC投资的创业企业数量与公司投资者技术创新正相关	创业企业数量	支持
	H1b	CVC投资的创业企业数量与公司投资者技术创新存在“倒U形”曲线关系	创业企业数量	不支持

续表

问题	假设	假设内容	关注焦点	检验结果
子问题 1-1	H3a	公司投资者的吸收能力对 CVC 投资的创业企业数量与公司投资者技术创新之间的关系有积极的调节作用	创业企业数量 公司投资者吸收能力	支持
	H4a	公司投资者卷入创业企业的程度对 CVC 投资的创业企业数量与公司投资者技术创新之间的关系有积极的调节作用	创业企业数量 公司投资者卷入创业企业的程度	支持
	H5a	控股型 CVC 项目治理结构对 CVC 投资的创业企业数量与公司投资者技术创新之间的关系有积极的调节作用	创业企业数量 CVC 项目治理结构	不支持
子问题 1-2	H2a	CVC 投资的创业企业组合知识多元化与公司投资者技术创新之间存在消极的相关关系	创业企业组合知识多元化	支持
	H2b	CVC 投资的创业企业组合知识多元化与公司投资者技术创新之间存在“U 形”曲线关系	创业企业组合知识多元化	支持
	H3b	公司投资者的吸收能力对 CVC 投资的创业企业组合知识多元化与公司投资者技术创新之间的“U 形”关系有积极的调节作用	创业企业组合知识多元化 公司投资者吸收能力	支持
	H4b	公司投资者卷入创业企业的程度对 CVC 投资的创业企业组合知识多元化与公司投资者技术创新之间的“U 形”关系有积极的调节作用	创业企业组合知识多元化 公司投资者卷入创业企业的程度	支持
子问题 1-3	H5b	控股型 CVC 项目治理结构下，CVC 投资的创业企业组合知识多元化与公司投资者技术创新之间存在“倒 U 形”关系	创业企业组合知识多元化 CVC 项目治理结构	支持
	H5c	非控股型 CVC 项目治理结构下，CVC 投资的创业企业组合知识多元化与公司投资者技术创新之间存在“U 形”关系	创业企业组合知识多元化 CVC 项目治理结构	支持
	H6a	控股型 CVC 项目治理结构下，吸收能力对 CVC 投资的创业企业组合知识多元化与公司投资者技术创新之间“倒 U 形”关系有积极的调节作用	创业企业组合知识多元化 CVC 项目治理结构 公司投资者吸收能力	支持
	H6b	非控股型 CVC 项目治理结构下，吸收能力对 CVC 投资的创业企业组合知识多元化与公司投资者技术创新之间“U 形”关系有消极的调节作用	创业企业组合知识多元化 CVC 项目治理结构 公司投资者吸收能力	不支持

第五节 结果讨论

一 子问题 1－1 研究结果讨论

不同于辛燕飞（2009）和鹿溪（2010）的研究结论，子问题 1－1 实证发现 CVC 投资促进公司技术创新。CVC 投资的创业企业数量与公司投资者技术创新之间存在积极的线性关系，与 Dushnitsky 和 Lenox（2002，2005b）的研究结论一致，但与 Wadhwa 和 Kotha（2006）与 Kim（2011）的“倒 U 形”研究结论不一致。但仔细分析 Wadhwa 和 Kotha（2006）和 Kim（2011）的研究结论发现，这些学者的结论存在潜在的合理性问题：Wadhwa 和 Kotha（2006）的极大值点，投资的创业企业数量为 1.21 家，即年均投资创业企业超过 1.21 家，老牌公司 CVC 投资将不利于其技术创新（两者负相关）；Kim（2011）的极大值点，投资的创业企业数量为 0.42 家，意味着只要投资创业企业就不利公司投资者技术创新，显然不符合现实。综上，本书的研究结论，CVC 投资的创业企业数量与公司投资者技术创新之间存在积极的线性关系具有现实合理性。

从吸收能力、卷入关系和 CVC 项目治理结构的调节作用来看，本书研究发现，吸收能力和卷入关系对 CVC 投资的创业企业数量与公司投资者技术创新之间的关系有积极的调节作用。首先，与 Kim（2011）结论类似，在吸收能力的积极调节作用下，同样的 CVC 投资的创业企业数量，吸收能力越高的公司投资者技术创新效率越高。这有力地证实了老牌公司能否从创业企业中获取创新知识很大程度上取决于其自身的吸收能力这一观点（Maula，Keil 和 Zahra，2003；Dushnitsky 和 Lenox，2005a），高吸收能力伴随着高学习效率（Schildt，Keil 和 Maula，2012）。因此，公司在进行 CVC 投资之前，发展自身的吸收能力会起到事半功倍的效果。其次，与 Wadhwa 和 Kotha（2006）的研究结论一致，公司投资者与其投资的创业企业之间关系的卷入程度对 CVC 投资的创业企业数量与公司投资者技术创新之间关系的调节作用极大：在低卷入程度下，CVC 投资的创业企业数量与公司投资者技术创新甚至被反转为负相关，而在高卷入程度下，两者关系被反转为完全正相关。这强有力的说明，老牌公司进行 CVC 投资时，要超越仅仅进行股权投资这一行为。尽管 CVC 权益投资通过所有权提供了管理创业企业的优势，但能否从创业企业获取知识更多取决于公司投资者卷入创业企业的程度，老牌公司需要通过多种途径与创业企业建立紧密的关系，深度卷入创业企业。这也印证了 Lane 和 Lubatkin（1998）的观点，组织需要超越被动学习和主动学习而采用互动学习机制，这样学习企业与被学习企业紧密合作才能学习更多的隐性知识或缄默知识。最后，与 Kim（2011）研究发现 CVC 项目治理结构（CVC 项目内化于母公司，直接型；CVC 项目作为独立实体存在于母公司之外，间接性。作者假设直接型有利于组织学习）不一致，本书发现 CVC 项目治理结构对 CVC 投资的创业企业数量与公司投资者技术创新之间关系不具有调节作用。学者的研究中，高自治水平（例如 CVC 项目完全独立于母公司）不利于母公司与创业企业间的知识转移（Yang，Nomoto 和 Kurokawa，2013；Yang，Narayanan 和 De Carolis，2014），缺少 CVC 投资者管理的 CVC 项目治理结构无法实现公司投资者的战略收益（Hill，Maula 和 Birkinshaw et al.，2009）。但是，过低的自治水平（例如 CVC 项目完全内化于母公司）会产生学习陷阱（Ahuja 和 Lampert，2001）从而不利于组织学习（Chesbrough，2002），适度的自治水平最为有利。中国上市公司通过参股、控股或设立 CVC 项目（谈毅，叶岑，2003）进行 CVC 投资这种方式下，控股型 CVC 项目可能并没有像预想中的形成适度的自治水平反而形成了较低的自治水平，使得交互项回归系数没有通过显著性检验并且系数方向为负相关。

总之，子问题 1 - 1 的研究结论与 Dushnitsky 和 Lenox（2002，2005b）、Wadhwa 和 Kotha（2006）与 Kim（2011）等学者研究结论既取得一致又存在细微的差异，这些结论的差异可能源自以下几点：第一，Wadhwa 和 Kotha（2006）基于美国通信装备行业进行研究，Kim（2011）基于美国信息与通信技术行业进行研究，本书涉及制造业、信息技术业、农林牧渔业等，不同行业在知识学习与技术创新方面存在较大的差异；第二，中美 CVC 投资情景存在显著性差异；第三，基于创业企业同质性假设的研究不符合创业企业现实中充满异质性的特征，造成研究结论存在潜在的科学性问题，因此本研究的子问题 1 - 2 从创业企业异质性角度研究 CVC 投资对公司投资者技术创新的影响机制。

二 子问题 1 - 2 研究结果讨论

尽管古典经济学中关于企业假设是“黑箱”、非异质性，但后来随着科斯把“交易费用”纳入经济分析后，交易费用经济学、企业资源观经济学和创新经济学等大量从企业异质性角度研究企业竞争优势（郭斌，2002）。大量的实证研究也证实企业间存在显著的异质性（Lööf 和 Heshmati，2002），仅研究 CVC 投资的创业企业数量无法揭示创业企业之间异质性问题对公司投资者技术创新的影响。知识基础观认为，知识是企业最重要的资源（Grant，1996），企业是知识承载的实体（Nonaka，1994；Grant，1996），竞争优势源自于不同企业拥有的异质性知识基础（Grant，1996）。为此，子问题 1 - 2 基于创业企业异质性视角，关注创业企业知识异质性特征。论文实证研究发现，CVC 投资的创业企业组合知识多元化与公司投资者技术创新之间存在“U 形”关系，这说明老牌公司通过 CVC 投资活动进行跨组织知识学习进而实现技术创新远比想象中复杂。本书的研究结论不仅印证了组织学习的观点，由于存在门槛问题，在一些多元化的临界水平达到前，学习效应不会产生（Haleblian 和 Finkelstein，1999），也与知识基础观认为的不同企业拥有的异质性知识基础（Grant，1996）相呼应。创业企业知识基础不同，创业企业组合会形成不同的知识多元化程度，从而影响组织的学习。本书的研究发现意味着，公司投资者选择被投资的创业企业时，不仅要维持一定的年均投资数量，还要注意投资的创业企业组合的知识多元化程度。即便进行了大量的 CVC 投资，也可能由于投资组合的知识多元化程度不够而无法实现技术创新的目标。因此，公司投资者要合理的规划和选择被投资的创业企业，做到适度的数量规模和一定的知识多元化程度最为有利。

从调节效应看，CVC 投资的创业企业组合知识多元化与公司投资者技术创新之间的关系受公司投资者吸收能力及其卷入创业企业的程度所影响。这与吸收能力观点（Maula，Keil 和 Zahra，2003；Dushnitsky 和 Lenox，2005a；Schildt，Keil 和 Maula，2012）和组织学习观点（Lane 和 Lubatkin，1998）一致。首先，本书发现吸收能力积极地影响了公司投资者的技术创新效率：在吸收能力的积极调节作用下，同样的创业企业组合知识多元化，吸收能力越低的公司投资者技术创新效率越低，吸收能力越高的公司投资者技术创新效率越高；吸收能力越低，技术创新临界点时的创业企业组合知识多元化值越大（ = 1. 70），吸收能力越高，技术创新临界值点创业企业组合知识多元化越小（ = 1. 26），说明创业企业组合知识多元化与公司投资者技术创新的负相关阶段，吸收能力有效地减轻了这种不利影响。因此，在CVC投资中，不能仅追求投资的创业企业数量，必须正视创业企业之间的知识异质性，并根据公司自身的吸收能力状况，合理选择被投资的创业企业组合的知识多元化程度。由于高吸收能力下“U形”临界点小于低吸收能力下“U形”临界点，因此公司投资者吸收能力强，则可以选择较低程度的创业企业知识多元化组合；吸收能力低的情况下，则应尽可能选择高程度创业企业知识多元化组合进行投资。本书的研究发现也意味着，老牌公司在进行CVC投资同时要建立和提高自身的吸收能力。吸收能力的发展是需要积累的并具有路径依赖的特性（Ahuja和Lampert，2001）。因此，公司投资者一方面可以通过内部R&D投入（包括直接R&D投入、知识员工招募与培训）提高吸收能力的深度，另一方面通过外部R&D合作（例如与其他企业、高校或科研机构联合R&D或形成战略联盟）提高吸收能力的广度（付敬，朱桂龙，2014）。其次，本书研究发现，卷入程度对CVC投资的创业企业组合知识多元化与公司投资者技术创新之间的关系的影响更为显著。CVC投资的创业企业组合知识多元化与公司投资者技术创新的“U形”关系在低卷入程度下被反转为负相关，而在高卷入程度下被反转全正相关。因此，公司投资者要避免只重视投资而不重视参与和管理。公司投资者一方面可与创业企业达成联盟来强化互动学习机制和深度卷入关系；另一方面，在投资创业企业时，可通过特别契约确保有母公司人员占据创业企业董事会或监事会席位，以确保能够及时掌握创业企业的技术发展动态，接触创业企业一线技术人员或研发人员，从而不仅获取外显知识还能获取缄默知识从而实现知识创造。

综上，子问题1-2实证研究发现CVC投资的创业企业组合知识多元化与公司投资者技术创新之间存在“U形”关系，吸收能力、卷入程度对两者关系有积极的调节作用。但本书的研究仍然与Wadhwa，Phelps和Kotha（2010）的类似研究结论不一致。Wadhwa，Phelps和Kotha（2010）根据1989—1999年期间电信设备制造业40家企业对创业企业进行的419项投资构成的面板数据，用专利引用率因变量测量探索性知识创造，用反向放大赫芬达尔指数测量组合多元化、创业企业拥有的专利测量的知识编码和创业企业年龄测量的成熟度作为自变量，利用负二项回归模型进行的实证研究发现，组合多元化与探索性知识创造之间呈“倒U形”关系，知识编码和创业企业成熟度对两者关系有积极的调节作用，因此当投资的创业企业组合适度多元化、成熟度适中和拥有编码的技术知识的时候，老牌公司更可能进行探索性知识创造。造成本书研究结论与Wadhwa，Phelps和Kotha（2010）研究结论不一致的可能原因，除了研究对象的行业差异外，可能源自于中美的CVC投资情景差异，特别是中美CVC项目治理结构的显著差异。组织学习和知识转移会随时间发生变化（Schildt，Keil和Maula，2012）并受CVC项目治理机制影响（Yang，2012；Yang，Nomoto和Kurokawa，2013），因为公司投资者与创业企业并不是从对方那里直接学习，典型的情况是CVC项目在双边组织学习中扮演了重要的角色（Yang，2012）。例如，实证研究显示CVC项目的自主性会影响到学习的效果（Yang，2012；Yang，Nomoto和Kurokawa，2013）。对于中国上市公司主要通过参股、控股CVC项目（谈毅，叶岑，2003）进行CVC投资这种间接模式而言，CVC项目治理结构不仅直接影响组织学习，而且会影响到母公司与创业企业之间的卷入关系。本书及Wadhwa和Kotha（2006）均证实卷入关系对CVC投资与公司投资者技术创新或知识创造之间关系有积极的调节效应。因此，CVC项目治理结构可能能解释本书与Wadhwa，Phelps和Kotha（2010）的差异。为此，本书子问题1-3聚焦CVC项目治理结构来寻求解释和证据。

三　子问题1-3研究结果讨论

对于中国上市公司主要通过参股、控股CVC项目（谈毅，叶岑，2003）进行CVC投资这种间接模式而言，是否有单个投资者绝对控股CVC项目对公司投资者与创业企业之间的双边组织学习可能会造成截然相反的结果。本书把样本组中是否有单个公司投资者持有CVC项目权益比例≥50%划分为绝对控股型CVC项目治理结构样本组和非控股型CVC项目治理结构样本组并进行相应的计量检验。实证研究发现，CVC投资的创业企业组合知识多元化与公司投资者技术创新之间的“U形”关系仅在非控股型CVC项目治理结构下成立，而控股型CVC项目治理结构下两者呈“倒U形”关系。子问题1-3的研究结论一方面印证了CVC项目治理结构对CVC投资绩效的影响有着显著性差异（Hill，Maula和Birkinshaw *et al.*，2009），与Yang（2012）和Yang，Nomoto和Kurokawa（2013）关于组织学习和知识转移受CVC项目治理机制影响的研究结论一致；另一方面，子问题1-3的研究结论对CVC投资的创业企业组合知识多元化与公司投资者技术创新之间的“U 形”（本书研究结论）、“倒 U 形”（Wadhwa，Phelps 和 Kotha，2010）争论提供了新的解释：两者的研究结论均存在合理性，差异的原因可能在于 CVC 项目治理结构的不同。

从调节效应来看，以技术多元化衡量的吸收能力仅对控股型 CVC 项目治理结构下 CVC 投资的创业企业组合知识多元化与公司投资者技术创新之间的“倒 U 形”关系有积极的调节作用，吸收能力越低，技术创新“倒 U 形”临界点创业企业组合知识多元化值越小（=0.31），吸收能力越高，技术创新“倒 U 形”临界值点创业企业组合知识多元化值越大（=0.96），说明创业企业组合知识多元化与公司投资者技术创新的正相关阶段，吸收能力有效的增加了这种积极影响。

子问题 1－3 的研究结论也意味着，公司投资者应根据 CVC 项目治理结构选择相应的投资策略。如果选择参股 CVC 项目，那么选择被投资的创业企业组合知识多元化时要确保尽可能多的知识多元化；而选择绝对控股 CVC 项目，那么选择创业企业投资组合的策略是适度的知识多元化。投资策略选择错误将无助于公司通过 CVC 投资实现技术创新。

第六节　本章小结

本章聚焦于研究问题 1“CVC 投资对公司投资者技术创新（战略绩效）的影响机制”。根据研究的视角和关注的焦点不同，细分为三个子问题。子问题 1－1 基于创业企业同质性假设，关注 CVC 投资的创业企业数量与公司投资者技术创新关系以及公司投资者吸收能力、卷入创业企业的程度和 CVC 项目治理结构对两者关系调节作用；子问题 1－2 在子问题 1－1 的基础上，基于创业企业异质性假设，关注 CVC 投资的创业企业组合知识多元化与公司投资者技术创新的关系以及吸收能力、卷入程度对两者关系的调节作用；子问题 1－3 在子问题 1－2 的基础上，基于 CVC 项目异质性假设，关注控股与非控股 CVC 项目治理结构下，CVC 投资的创业企业组合知识多元化与公司投资者技术创新关系的差异以及吸收能力对两者关系调节效应的差异。

借鉴资源基础观、知识基础观、创新搜寻与组织学习理论，基于“CVC 投资公司—CVC 项目—创业企业”三元结构逻辑分析框架，根据 2000—2011 年期间沪深主板 62 家上市公司投资的 471 个企业－年观测样本构成的非平衡面板数据，以发明和实用新型授权专利测量技术创新，自变量与因变量之间考虑一年的时滞，自变量采用4年窗口期进行滚动计算，采用负二项回归模型进行的实证研究发现：（1）CVC投资的创业企业数量与公司投资者技术创新之间具有积极的线性关系，吸收能力、卷入程度对两者关系有积极的调节作用；（2）CVC投资的创业企业组合知识多元化与公司投资者技术创新之间存在"U形"关系，吸收能力、卷入程度对两者"U形"关系有积极的调节作用；（3）CVC投资的创业企业组合知识多元化与公司投资者技术创新之间在非控股型CVC项目治理结构下存在"U形"关系，而在控股型CVC项目治理结构下存在"倒U形"关系，并受吸收能力的积极调节。

本书的研究与其他学者的研究既存在一致性又存在差异性。为此，本章最后（具体见第五节结果讨论部分）对以上研究结论与国内外学者的相关实证研究结论或理论进行细致的对比讨论和分析。除此之外，也根据研究结论提供了相应的管理启示：首先，在CVC投资中，不能仅追求投资的创业企业数量，必须正视创业企业之间的知识异质性，合理选择被投资的创业企业组合的知识多元化程度。其次，公司投资者在进行CVC投资同时要建立和提高企业自身的吸收能力。考虑到吸收能力的发展是需要积累的并具有路径依赖的特性。因此，企业一方面可以通过内部R&D投入提高吸收能力的深度，另一方面通过外部R&D合作提高吸收能力的广度；再次，公司投资者要避免只重视投资而不重视参与和管理，投资企业的参与程度是CVC战略收益创造的重要影响因素。公司投资者与创业企业可通过达成联盟、占据创业企业董事会或监事会席位等建立深度卷入关系以实现技术创新；最后，公司投资者应根据CVC投资方式选择相应的投资策略。如果选择参股CVC项目，那么选择被投资的创业企业组合时要尽可能的知识多元化；而如果选择绝对控股CVC项目，那么选择创业企业投资组合的策略是适度知识多元化，太高的组合知识多元化无益于其技术创新。

第五章

CVC 投资对公司投资者价值创造的影响机制[①]

公司参与 CVC 投资的主要动机是获取战略目标收益，能否实现投资收益关乎中国 CVC 投资的资本使用效率和上市公司的参与动力进而影响中国公司 CVC 投资实践及健康发展。第四章研究发现，从战略绩效的角度，公司 CVC 投资有助于公司投资者技术创新，被投资的创业企业组合知识多元化对其技术创新会产生复杂的影响，呈“U 形”关系。CVC 投资对公司投资者技术创新的影响受吸收能力、卷入关系的调节，并在不同 CVC 项目治理结构下有显著性差异。

但是，CVC 投资的动机不仅仅体现在追求技术溢出、知识转移和组织学习等技术创新方面的战略绩效，还包括财务、市场/业务、期权、联盟、并购等价值创造或企业成长方面的综合绩效（李新春，林子尧，2012）。因此，除了研究 CVC 投资对公司投资者技术创新等战略绩效方面的影响机制外，还有必要研究 CVC 投资对公司投资者价值创造等综合绩效方面影响的机制，这样才有助于找出影响中国 CVC 投资健康发展的关键因素，提高中国 CVC 资本的使用效率和上市公司的 CVC 投资参与率，最终助力于中国公司的创新和变革，赢得竞争优势。因此，本章聚焦于研究问题 2：CVC 投资的综合绩效（价值创造），研究 CVC 投资对公司投资者价值创造的影响机制。在创新搜寻与组织学习理论和实物期权理论的基础上，基于“CVC 投资公司—CVC 项目—创业企业”三元结构逻辑分析框架，

---

① 本章在作者已发表的论文《公司风险投资组合多元化与公司投资者价值创造——基于分位数回归的实证分析》，《商业经济与管理》2015 年第 10 期、《公司创业投资组合多元化与企业价值——组织冗余的调节作用》，《经济管理》2014 年第 9 期和《公司创业投资对企业价值创造的影响机制——基于 CVC 项目异质性视角》，《工业技术经济》2015 年第 2 期的基础上扩展而成。

根据研究的视角和聚焦的焦点不同，细化为三个研究子问题：子问题2-1，在创业企业异质性假设的基础上，聚焦CVC投资组合多元化与公司投资者价值创造的关系，并同时考虑组织冗余对两者关系的调节作用；子问题2-2，在子问题2-1的基础上，进一步探讨控股与非控股CVC项目治理结构下CVC投资组合多元化与公司投资者价值创造关系的差异以及组织冗余调节效应的差异；子问题2-3，在子问题2-1的基础上，聚焦不同企业价值水平的公司投资者，CVC投资组合多元化与公司投资者价值创造之间的关系差异以及组织冗余调节效应的差异。

第一节　引言

CVC投资是企业价值的一个重要来源（Dushnitsky和Lenox，2006），提供了增长的多重选择平台而充满战略吸引力（Allen和Hevert，2007）。CVC投资对公司投资者价值创造而言，大多数价值来源于识别新机会和发展新业务关系（Sykes，1990）。伴随着CVC投资，公司投资者能够及时地监控市场与技术的变革，有机会获得行业中的新技术、新产品甚至行业最新发展方向及市场趋势（Schildt，Maula和Keil，2005；Dushnitsky和Lenox，2006；Yang，2006；Sahaym，Steensma和Barden，2010），获取新技术和市场的窗口（Collins和Doorley，1991；Hurry，Miller和Bowman，1992；Napp，Minshall和Probert，2009），与被投资的创业企业建立进一步的业务关系（McNally，1994；Dushnitsky和Lenox，2006），激发创业企业使用或运用其技术或产品而刺激需求（Keil，2000；Dushnitsky和Lenox，2006），通过操纵或促进非官方标准的发展而主动地塑造市场（Keil，2000）、进行市场设定（Keil，2000，2002）或扩张市场（Napp，Minshall和Probert，2009），访问和发展进入新市场所需的资源和能力（Kann，2000），建立实物期权以便并购创业企业（Maula，2001；McNally，2002；Napp，Minshall和Probert，2009）或获得增长期权（Keil，2000，2002）。CVC投资作为技术市场的事前评价机制，可以通过CVC投资获取潜在并购目标详细的知识（Benson和Ziedonis，2009）并进一步帮助公司选择未来的收购企业或专利许可伙伴（Ceccagnoli，Higgins和Kang，2011）。创新搜寻与组织学习理论也告诉我们，CVC投资不仅能够帮助企业开发性学习活动，也有助于企业探索性学习活动（Schildt，

Maula 和 Keil，2005）。因此，CVC 投资有助于公司投资者获得探索性和开发性战略价值（Napp，Minshall 和 Probert，2009）。其中，探索性战略价值包括获取新的市场知识和技术窗口，为后续的战略提供期权；开发性战略价值包括获得互补性技术，充分利用现有技术和资源，扩张市场（Napp，Minshall 和 Probert，2009）。

许多学者都想从经验证据上寻求 CVC 投资对公司投资者价值创造的影响机制。Dushnitsky 和 Lenox（2006）针对美国 1990—1999 年期间上市公司的实证研究发现，CVC 投资金额与企业价值存在积极的线性关系，但 Allen 和 Hevert（2007）对美国 1990—2002 年期间企业的实证研究发现 CVC 投资没有得到预期的回报；Uotila，Maula 和 Keil et al.，（2009）研究发现探索性 CVC 投资与企业价值呈“倒 U 形”关系，而 Yang，Narayanan 和 De Carolis（2014）研究发现 CVC 投资组合多元化与企业价值之间存在“U 形”关系。同样地，国内学者翟丽，鹿溪和宋学明（2010）、林子尧和李新春（2012）实证发现上市公司投资 CVC 项目的金额与企业价值呈消极关系，但孙健和白全民（2010）实证发现上市公司投资 CVC 项目的金额对企业价值有积极影响。面对如此混乱的结论，一些学者从 CVC 项目的投资目标或治理结构寻求解释。例如，Dushnitsky（2002）研究发现财务目标和创新相关目标积极影响股东价值，但刺激销售的目标消极影响股东价值；Weber 和 Weber（2005）针对德国 CVC 的实证研究也发现 CVC 在财务收益或战略收益中仅聚焦其一的要比同时追求财务收益和战略收益的表现更为成功；宋效中和程玮（2014）对中国的实证研究也发现 CVC 投资强度对以战略发展为目标的上市公司经营绩效的影响大于以财务收益为目标的上市公司。但是，现有文献尚存在三个不足：一是较少考虑创业企业之间的异质性与公司投资者价值创造的关系问题；二是中美 CVC 投资情景存在显著性差异，针对美国 CVC 投资的研究结论不一定适合中国的情景；三是中国学者采用“CVC 投资公司 - CVC 项目”二元分析框架，未考虑被投资的创业企业从而存在潜在的科学性和可靠性问题。因此，在对国内外研究“取其精华去其糟粕”的基础上，研究问题 2 基于创新搜寻与组织学习理论和实物期权理论，采用“CVC 投资公司 - CVC 项目 - 创业企业”三元结构逻辑分析框架，根据研究视角和关注焦点不同研究三个子问题：第一，在创业企业异质性假设的基础上，聚焦 CVC 投资组合多元化与公司投资者价值创造的关系，并同时考虑组织冗余对两者关系的调节作用（子问题2－1）。子问题2－1以Tobin's Q值为因变量来测量公司投资者企业价值，同时控制公司投资者的规模、年龄、资本支出、营收增长率和行业平均Q值等潜在影响公司价值创造的组织及行业特征因素，以CVC投资组合多元化为自变量，同时控制投资组合的规模。除此之外，论文还控制公司投资者与CVC项目之间的权益关系“股权比例”和CVC项目投资创业企业时的“投资年龄”等。在此基础上，论文采用广义面板数据线性回归随机效应模型研究CVC投资组合多元化与公司投资者价值创造之间的关系，并进一步探讨组织冗余对两者关系的调节作用机制。第二，在子问题2－1的基础上，进一步探讨控股与非控股CVC项目治理结构下CVC投资组合多元化与公司投资者价值创造关系的差异以及组织冗余调节效应的差异（子问题2－2）。对中国上市公司通过参股、控股或设立CVC项目等方式进行CVC投资的实践，是否控股CVC项目会直接影响到CVC项目的投资目标和投资实践。因此，子问题2－2把单个母公司持有CVC项目权益比例是否≥50%划分为“控股型CVC项目治理结构”和“非控股型CVC项目治理结构”，采用对比分析探讨两种治理结构下CVC投资组合多元化与公司投资者价值创造关系的差异，同样采用广义面板数据线性回归随机效应模型。第三，在子问题2－1的基础上，聚焦不同企业价值水平的公司投资者，CVC投资组合多元化与其价值创造之间的关系差异以及组织冗余调节效应的差异（子问题2－3）。子问题2－3采用分位数回归模型（Quantile regression），实证检验企业价值水平在10、25、50、75和90分位下的公司投资者，CVC投资组合多元化与其价值创造之间的关系差异以及组织冗余调节效应的差异。

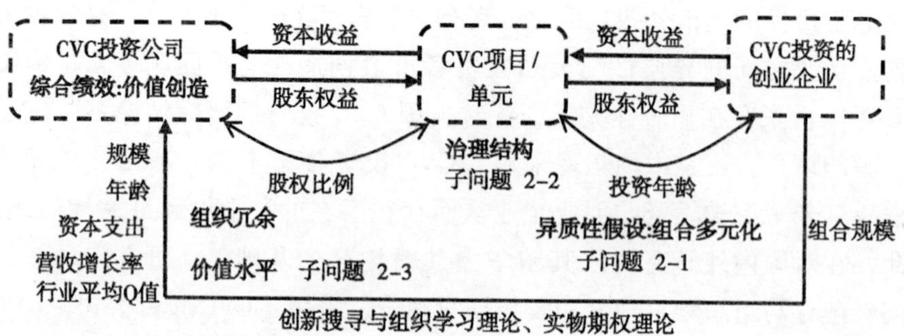

图5.1 CVC投资对公司投资者价值创造的影响机制的三元结构逻辑分析框架

CVC投资对公司投资者价值创造的影响机制的三个子问题的具体逻辑

分析框架如图 5.1 所示。图 5.1 中，实线代表价值创造的具体逻辑流程，实线边上的变量代表相关影响因素，加粗的变量代表各子问题关注的焦点。

第二节　理论与假设

一　CVC 投资与公司投资者价值创造

CVC 投资对公司投资者价值创造而言，大多数价值来源于识别新机会和发展新业务关系（Sykes，1990）。如何识别新机会和发展新业务关系？这需要企业进行创新搜寻和组织学习。搜寻作为一个解决问题的活动，指组织致力于通过组织惯例来发现环境中的机会（Nelson 和 Winter，1982；Dosi，1988）。组织搜寻可以分为两种类型：开发和探索（March，1991）。探索搜寻强调发展新知识和能力的深思熟虑的变化和有计划的实验过程（Levinthal 和 March，1993），也被称为远距离的，非局部（Nelson 和 Winter，1982）或创新搜寻（Cyert 和 March，1963；Levinthal 和 March，1981）。开发搜寻强调在既存的惯例中的经验地提炼和选择（March，1991）。组织采用开发性搜寻来利用现有的技能、知识基础、技术和能力等优势（Nelson 和 Winter，1982）。这两种搜寻方式的不同造就了两种不同的组织学习方式：建立在开发搜寻基础上的开发性学习和建立在探索搜寻基础上的探索性学习。但由于近距离搜寻倾向，学习会存在路径依赖性（Yang，2012），也就是说，现存的知识构成了搜寻新知识过程的起点，潜在的学习过程是先前知识的功能（Keil，2004），组织搜寻与先前的知识基础紧密相关（Helfat，1994；Stuart 和 Podolny，1996）。开发搜寻可能限制企业创新的可能性，导致企业形成“核心刚性”（Leonard - Barton，1995）或落入能力陷阱（Levitt 和 March，1988），造成“学习近视”（Levinthal 和 March，1993），产生“熟悉陷阱、成熟陷阱和临近陷阱”（Ahuja 和 Lampert，2001），知识存量缺乏变异导致渐进式创新或退化（Baum，Li 和 Usher，2000），这一切都有可能影响到企业的价值创造。因此，企业越来越致力于远距离搜寻或探索性学习活动，通过公司创业活动来超越组织边界从外部学习。CVC 投资最适合探索性搜寻和组织学习活动，近年来成为最为主要和流行的形式。通过 CVC 投资，老牌公司能与被投资的创业企业建立进一步的业务关系（McNally，1994；Dushnitsky 和 Lenox，2006），激发创业企业使用或运用其技术或产品而刺激需求（Keil，2000；Dushnitsky 和 Lenox，2006），或通过操纵或促进非官方标准的发展而主动地塑造市场、进行市场设定（Keil，2000，2002）或扩张市场（Napp，Minshall 和 Probert，2009），通过 CVC 项目试图访问和发展进入新市场所需的资源和能力（Kann，2000），帮助公司投资者建立实物期权以便并购创业企业（Napp，Minshall 和 Probert，2009）。

作为一项重要的理论分析工具，实物期权理论近年来被越来越多的用于企业战略研究中，解释各种设定条件下的管理决策问题（Adner 和 Levinthal，2004）。实物期权给予权利而不是义务去参与需要更多投资的未来战略机会（Dixit 和 Pindyck，1994）。由于投资的不可逆性，实物期权理论建议企业最好做一个较小的初始投资或权益投资（创建期权）以便推迟投资决策直到投资项目不确定性降低到可以接受的程度（Kogut，1991；Kogut 和 Kulatilaka，1994；Folta，1998；Barnett，2008）。这种初始投资可以通过 CVC 投资的形式来进行（Allen 和 Hevert，2007；Benson 和 Ziedonis，2009；Basu 和 Wadhwa，2013）。CVC 投资是被当作期权投资的典型战略投资（Maula，2001），通过较少的资源投入去投资新颖的和不确定性的创新，使得企业可以最小化资源投入并且降低风险，但保持通过后续投资前景良好项目的能力获取最大化战略收益。通过 CVC 投资去投资许多新兴技术使企业获得未来战略选择的优势（Gompers 和 Lerner，2001），提供企业投资者评估后续投资机会（增长期权）的特权（Li 和 Mahoney，2006），而增长期权是投资者可利用来发展新资源和对未来机会做出反应的灵活平台（Kogut 和 Kulatilaka，2001）。通过启动 CVC 投资活动，公司投资者能够获得为了新技术而并购创业企业、与创业企业达成独家的专利使用权转让协定、与创业企业合作创新等方面的选择权。从公司层面来讲，公司投资者可能获得开发新产品、发展新技术、进入新市场的机会，从而为未来的增长机会打开一扇窗口（Chesbrough，2002）。除了传统的净现值外，CVC 投资活动还获得了增长期权价值（Vassolo，Anand 和 Folta，2004）。因此，老牌公司进行 CVC 投资活动的价值可以用如下公式表示：

$$V = NPV + OV - I \tag{5-1}$$

公式5－1中，NPV（Net Present Value，简称NPV）指传统的净现值，

OV 指投资者从期权中获得的可能收益，I 指期权成本。OV－I 的差额就是期权为期权持有者创造的净增加值（增长期权价值）GV，因此企业开展 CVC 投资活动的价值可以用公式 5－2 加以表示：

$$V = NPV + GV \quad (5-2)$$

在搜寻新技术时，企业通常同时进行各种不同的战略投资（McGrath，1997；Katila 和 Ahuja，2002）。假设同一个公司进行了两项 CVC 投资活动 a 和 b，作为投资组合，各自的价值可用下面的公式描述：

$$V_a = NPV_a + GV_a \quad (5-3)$$

$$V_b = NPV_b + GV_b \quad (5-4)$$

进一步假设这两项投资创造的期权是相互独立的，那么整个投资组合的价值可以通过两者相加而得到：

$$V_{a+b} = NPV_a + NPV_b + GV_a + GV_b \quad (5-5)$$

然而企业在进行投资时，往往考虑的是一系列战略投资组合，这些投资组合往往是彼此相关，通过潜在的技术或行业交互影响（Trigeorgis，1993；Madhok，1997；Vassolo，Anand 和 Folta，2004）。就 CVC 投资活动而言，CVC 项目可能投资于技术上相互竞争的企业，这样可以获得转换期权（Miller，2002）。这种转换期权在企业探索远离自己核心技术能力外的技术领域时尤其突出，因为投资企业在预测产出时很困难。同样的，公司投资者可以投资互补性技术的创业企业以增加最大化战略收益的可能性。因此，在技术关联性或行业关联性方面，CVC 投资组合展现出不同层次的多元化。在存在技术多元化或行业多元化的情况下，CVC 投资组合的价值不仅由各自投资决定，还受潜在技术或行业交互效应决定（Stulz，1982；Johnson，1987；Trigeorgis，1993；Kulatilaka 和 Perotti，1998；Vassolo，Anand 和 Folta，2004）。这种对多重期权价值的可加性影响的变化被 Vassolo，Anand 和 Folta（2004）称为投资组合效应，因此投资组合的复合价值变为：

$$V_{a+b} = NPV'_a + NPV'_b + GV'_a + GV'_b + PE_{ab} \quad (5-6)$$

公式 5－6 中NPV'_a、NPV'_b、GV'_a、GV'_b表示非独立期权的净现值和期权价值；PE_{ab}指投资组合效应。当一个投资组合包含多重彼此相关的实物期权时，投资组合效应PE_{ab}可能是消极的（次加性）或者积极的（超加性）（Trigeorgis，1993；Vassolo，Anand 和 Folta，2004；Smith 和 Thompson，2008）。例如 Vassolo，Anand 和 Folta（2004）认为，一方面，拥有竞争性期权的投资组合倾向于降低投资的边际回报率（次加效应），其原因可能在于选择更高期权价值的投资会侵蚀剩余期权的选择，即投资组合的资源冗余会导致消极的交互效应从而降低组合效应价值；另一方面，母公司投入到投资组合中的可替代的投入会从规模经济、分享经验中产生协同效应从而导致组合效应具有超加性。

实物期权文献暗示投资组合效应部分来源于学习进程。例如，一个实物期权的结果可以推断出类似期权的结果，这会帮助投资者进行资源的最佳分配和管理期权组合。从一个期权项目到另一个期权项目的资源再配置同样要求有效的学习过程以达到投资组合效应的超加性。就 CVC 投资而言，这种组合效应是比较复杂的并且受投资组合多元化影响。由于 CVC 投资是独立的权益投资，通常包含多个投资者，因此投资组合多元化对公司投资者的影响主要来源于知识转移而不是实物资源的分享或整合。在多个投资者情况下，分享或整合分属多个独立法人的战略性实物资源是非常困难的，但无形资产例如知识就比较容易分享。例如通过一次投资积累的知识可以在其他 CVC 项目中重新配置，并且先前的经验可以增加 CVC 管理者选择和评估投资机会的能力（Yang，Narayanan 和 Zahra，2009）。

（一）CVC 投资组合多元化与企业价值

CVC 投资组合多元化的企业价值可以用公式 5－7 加以表示：

$$V_{div} = NPV_{div} + GV_{div} \tag{5-7}$$

公式 5－7 中，V_{div}指企业价值，NPV_{div}指组合的净现值，GV_{div}指组合的增长期权价值。其中，$GV_{div} = GV'_a + GV'_b + \cdots + PE$。

1. CVC 投资组合多元化与组合净现值

净现值（NPV），指投资项目按基准收益率（贴现率），将各年的净现金流量折现到投资起点与原始投资额现值之代数和，并不考虑连续投资来捕获未来的增长机会。NPV 的大小与净现金流成正相关，与贴现率负相关。一方面，多元化能够通过行政命令或者计划手段来分配共同资源从而部分提高资源配置效率（Campbell 和 Luchs，1992），可以充分发挥管理者协调能力，从而获得更多利润。但是，随着多元化程度的提高，在没有充分自由现金或者资源有限的情况下，由于信息不对称问题，多元化资源配置效率会更差（Harris，Kriebel 和 Raviv，1982）；另外，多元化创造的内部资本市场可能会降低外部资本市场对企业的约束，造成拥有大量现金流量的管理者更可能进行减少企业价值的投资活动，形成资源配置的低效率（Stulz，1990；Meyer，Milgrom 和 Roberts，1992），特别是在业务单元之间的资源和投资机会有很大差异时，企业的资金会向盈利能力低的业务单元转移，导致企业投资的无效率和价值减少（Rajan，Servaes 和 Zingales，2000）。在多元化企业中，一个经营单元的投资金额不仅依赖本经营单元的现金流量，同时还依赖于其他经营单元的现金流量（Shin 和 Stulz，1988），多元化企业会将更多的资源投向经济效益较差的经营单元，从而降低企业价值（Scharfstein，1998）。多元化企业会对盈利能力较差的经营单元进行补贴，这种交叉补贴会损害企业的价值（Berger 和 Ofek，1995）。考虑到多元化企业大多实行分权制管理，部门经理的“寻租”行为会使得企业偏离企业价值最大化的经营原则（Scharfstein 和 Stein，2000）。企业最高管理当局与部门经理之间存在较高的信息不对称问题，并且这种信息不对称的成本在缺乏足够的激励机制下会显著增加，其结果会导致企业价值降低（Myerson，1982）。总之，由于代理问题、信息不对称问题的存在，随着多元化会的提高会反转共同配置资源带来的效率优势，造成资源配置效率降低，从而影响企业的现金流收益，进一步降低企业 NPV（万坤扬，陆文聪，2014a）。另一方面，在其他条件不变的情况下，NPV 的大小与贴现率负相关。贴现率反映的是投资者的最低要求回报率，或者说是投资的风险水平（特别是系统性风险）（Sharpe，1964）。投资者要求高的回报去补偿高的风险（Modigliani 和 Miller，1958），即高收益高风险。多元化投资能够减少非系统性风险从而降低投资组合的整体风险水平（Markowitz，1952），公司业务单元的多元化通过避免反周期的无谓成本从而降低系统性风险（Hann，Ogneva 和 Ozbas，2013）。与股票或债券投资相比，CVC 投资决策更为复杂，还需要考虑技术、市场、商业模式、创业管理团队，等等。在做 CVC 投资决策时，多元化的 CVC 投资经验能够为 CVC 管理者发展在降低风险水平同时维持期望投资回报水平方面的多元化资产配置能力。与此相反的是，在相同行业的重复性投资经验不利于 CVC 管理者做出恰当的推理来采取多元化以便降低风险，并且由于存在门槛问题，在一些多元化的临界水平达到前，学习效应不会产生（Haleblian 和 Finkelstein，1999）。

以上分析可以推断出，CVC 投资组合多元化与组合净现值存在着复杂的关系：一方面，过度多元化会降低企业的资源配置效率从而影响投资组合的净现金流收益；另一方面，多元化能降低系统性、非系统性风险水平并增加管理者经验从而降低组合的整体风险水平。Yang，Narayanan 和 De Carolis（2014）认为 NPV 与组织多元化之间由于系统风险分散而存在单向积极的正向相关关系。但是，CVC 投资组合多元化不仅影响到组合整体风险（并且风险分散效应也不是一直积极的，过度多元化不仅不能降低风险反而会增加组合整体风险水平），还会影响到各项目的净现金流量，没有证据显示投资组合多元化与 NPV 之间存在单向的积极关系。因此，CVC 投资组合多元化与 NPV 之间可能存在“U 形”关系［具体见图 5.2（a）所示］，即在临界点之前，多元化带来的风险分散对 NPV 的积极影响小于多元化资源配置低效率对 NPV 的消极影响，NPV 呈下降趋势；随着多元化程度的提高，多元化的风险分散对 NPV 的积极影响大于多元化资源配置低效率的消极影响，NPV 呈上升趋势（万坤扬，陆文聪，2014a）。

（2）CVC 投资组合多元化与组合期权价值

CVC 投资组合多元化与组合期权价值存在着复杂的关系：第一，实物期权理论文献暗示多元化可能会降低期权价值（Brosch，2008），即 CVC 投资组合多元化与组合期权价值可能存在负向的消极关系，较高水平的投资组合多元化不利于组合期权价值。协同效应产生于跨业务单元的有关联性的资源（Teece，1982；Chatterjee 和 Wernerfelt，1991；Robins 和 Wiersema，1995；Silverman，1999；Tanriverdi 和 Venkatraman，2005），在业务单元中分享共同的战略资源能够实现规模经济和范围经济。也就是说，联合生产成本会小于独立生产成本之和（Wernerfelt 和 Montgomery，1988；Leslie，Laur 和 Chet，2000）。类似的，当 CVC 投资于有相同技术或类似行业的创业企业时，就能够在这些投资组合中分享资源并进行资源再配置，这有利于组合价值（Vassolo，Anand 和 Folta，2004）。并且，CVC 投资于相似行业使得学习过程会更加有效率，使公司投资者在类似案例中归纳、辨别信息更为容易（Haleblian 和 Finkelstein，1999）。在相同的行业背景下，每次 CVC 投资的成功或失败能够预测其他类似投资的成功或者失败，这有利于投资者最优化选择或者管理相似的投资（Smith 和 Thompson，2008）。第二，投资于相似行业虽然能够产生协同效应，但同样金额的重复投资与独立投资相比，可能由于边际收益递减而减少增长机会。由于近视学习，组织倾向于利用现有技术和能力而不是探索新知识（Levinthal 和 March，1993）。这种局部搜寻倾向会导致投资组合集中于少数几个技术成熟领域或公司投资者熟悉的领域或与公司核心技术相关的领域，这些都有可能阻止潜在的增长机会从而降低组合期权价值。“熟悉陷阱、成熟陷阱和临近陷阱”阻碍突破性创新（Ahuja 和 Lampert，2001）从而不利于企业价值增长，降低组合期权价值。而多元化投资可能由于互补性而产生丰富的增长机会。互补性资源会导致超加性的价值协同效应，联合使用互补性资源产生的回报要大于使用彼此不相关资源产生的回报（Milgrom 和 Roberts，1995）。CVC 多元化投资经验要求 CVC 管理者处理不同的增长问题，这有助于改善和提高 CVC 管理者在选择、评估和培育不同创业企业方面的技巧和能力。有着多元化投资经验的管理者能够更好地识别和具体化与新技术相关的增长机会。投资于有多元化技术的企业有助于拓宽投资公司视角并提供机会去处理新颖的、新兴的和前沿性技术。拥有这些新颖的、新兴的和前沿性的技术有助于投资公司克服陷阱并创造增长收益（Ahuja 和 Lampert，2001）。第三，实物期权的意图是在不确定性条件下利用连续投资的固有灵活性（Adner 和 Levinthal，2004）。在 CVC 投资活动中，不确定性的解决部分内源于 CVC 管理者对投资后的指导和管理。例如，某项新技术没有包含在计划的某一行业中，CVC 管理者可能会带领投资组合到另一行业寻求替代的技术进化轨迹。对公司投资者来说，这可能代表着新的增长机会。有多元化的 CVC 投资组合拥有跨行业的知识存量。这种多元化知识存量有助于管理者产生解决不确定性问题的新的解决办法而不用局限于某一特定行业（Matusik 和 Fitza，2012）。因此，随着多元化程度的提高，多元化投资的资源互补、知识积累和探索性行为有利于企业的增长。然而，过度多元化会挑战 CVC 管理者的认知能力和可用资源，产生混乱和造成信息过载。根据边际报酬递减规律，多元化对投资组合期权价值带来的超加性最终会再次反转为次加性。

总之，虽然投资相关行业会产生规模效应和协同效应，相关行业投资（较低的多元化水平）能够增加从早期投资中搜集到知识积累产生的学习效应，使 CVC 管理者有效的管理投资组合从而实现最大化组合期权价值。但是，重复投资虽能带来规模经济或范围经济，提高学习效率，但这种“近视学习”和局部搜寻造成的“熟悉陷阱、成熟陷阱和临近陷阱”（Ahuja 和 Lampert，2001）最终会降低组合期权价值。随着多元化程度的提高，CVC 投资组合多元化的资源互补、探索性学习行为、远距搜寻和跨行业知识积累有利于组合期权价值，并最终反转多元化对组合期权价值的不利影响。因此，可以推断 CVC 投资组合多元化与组合期权价值之间存在“U形”关系［具体见图5.2（b）所示］。Yang（2006）假设CVC投资组合技术多元化与组合期权价值之间存在“倒U形”关系，但作者的实证结果显示不支持这种假设。

（3）CVC投资组合多元化与企业价值

通过CVC投资组合多元化与组合NPV、组合期权价值的分析可以得出，由于CVC投资组合多元化与组合NPV呈“U形”关系，与组合期权价值之间也存在“U形”关系，因此组合NPV与组合期权价值之和就很有可能存在一种“U形”关系。Yang，Narayanan和De Carolis（2014）的实证研究也显示，CVC投资组合多元化与企业价值之间存在着“U形”关系，因此本研究假设CVC投资组合多元化与企业价值之间存在着“U形”关系［具体见图5.2（c）所示］。

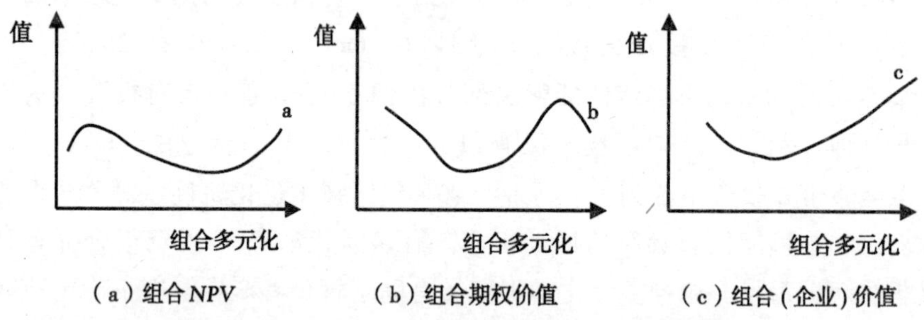

图5.2　CVC投资组合多元化与NPV、组合期权价值和企业价值之间可能的关系图

综上，本书提出如下研究假设：

假设H1：CVC投资组合多元化与企业价值之间存在着“U形”曲线关系。

（二）组织冗余与企业价值

在CVC投资组合多元化与公司投资者价值创造之间关系的分析上，实物期权理论很少考虑组织冗余问题，认为只要投资是有利可图的，就可以进一步进行投资。但现实中，CVC投资涉及企业识别机会并重新组合新资源，企业可用于投资的资源并不是没有限制的，资源约束迫使企业投资必须进行权衡和取舍。例如，公司创业文献研究显示，拥有不同资源是导致不同企业的公司创业活动在强度、类型、形式和持续时间上存在显著差异的重要原因（Chiu，Liaw和Tseng，2012）。衡量企业资源约束的主要指标是组织冗余。组织冗余是指组织内超过特定产出所需最小资源的那部分资源的集合，能直接或间接被利用的有价值的资源（Cyert 和 March，1963；Bourgeois，1981；Nohria 和 Gulati，1996；Wally 和 Fong，2000），代表着企业内部所能提供给公司创业活动的资源，可以增加企业“试验”和风险承担行为（George，2005）。较少组织冗余意味着企业可利用资源的减少，迫使企业对投资组合按轻重缓急排序，甚至不得不放弃投资机会。充足的组织冗余允许企业投资所有的创业企业组合从而最大化企业价值，而较少的组织冗余意味着企业不得不放弃潜在的增加价值的机会，组织冗余对 CVC 投资与企业价值之间的关系存在调节作用（Yang，Narayanan 和 De Carolis，2014）。因此，本书提出如下假设：

假设 H2：组织冗余对 CVC 投资组合多元化与企业价值之间的关系具有积极的调节作用。

二 控股与非控股 CVC 项目治理结构下 CVC 投资组合多元化与企业价值

就中国上市公司通过参股、控股或设立方式参与 CVC 投资而言，在 CVC 投资活动中，存在着三种相互关系：母公司与 CVC 项目的关系（CVC 项目治理结构）、CVC 项目投资的创业企业之间的关系（投资组合多元化）、母公司与 CVC 投资的创业企业之间的关系（行业关联度、技术相似性）。这三种关系中，CVC 项目治理结构扮演了重要的角色（Yang，2012）。CVC 投资的创业企业之间的关系，通过 CVC 投资组合多元化指标来衡量；母公司与 CVC 项目的关系，即 CVC 项目治理结构，同时影响了母公司与 CVC 投资的创业企业的关系和 CVC 投资组合的多元化程度。CVC 项目可以根据母公司参与的程度不同而分为不同的治理结构（Keil，2002），这些不同的治理结构与母公司的关系强度有松有紧。例如，“直接投资型”结构，CVC 与母公司有很强的关系强度，CVC 运作完全内化于母公司（Dushnitsky，2006）。就“间接投资型”而言，作为多方参与投资的 CVC 项目，其投资的偏好直接受公司投资者的影响：单个母公司对 CVC 项目越有影响力，CVC 项目对创业企业进行投资时越趋向于与母公司战略（偏好、核心技术领域、主要行业）保持一致，造成 CVC 投资的创业企业与母公司的行业关联度、技术相似性高，创业企业之间异质性低（即 CVC 投资组合多元化程度低）。但正如前面分析的那样，这种高度行业关联性和技术相似性会使母公司陷入“紧临陷阱”（Ahuja 和 Lampert，2001），不利于公司的创新和成长。就 CVC 投资的协同效应而言，适度的关联性是非常必要的（Chesbrough，2002；Matusik 和 Fitza，2012；Schildt，Keil 和 Maula，2012）。公司投资者能否从创业企业中获取创新知识很大程度上取决于其自身的吸收能力（Keil，Zahra 和 Maula，2004），企业将吸收与自己已有知识相关的知识。但是，吸收能力本身是一个动态发展的过程，企业需要通过学习新知识来不断重塑自身的吸收能力。适度关联而不是紧密关联的投资组合更有可能帮助组织获取多元化的经验从而区分不同市场下有细微差别的技术趋势，增加自身的吸收能力从而在投资决策中有更好的决策效果，增加企业的价值。间接投资型 CVC 项目的治理结构，可以按照股权的不同分为控股型 CVC 项目治理结构（有单个公司投资者权益比例≥50%）和非控股型 CVC 项目治理结构。根据现代公司治理的一般性原则，占有绝对控股权的参与方将完全左右公司的运作，形成母公司与投资组合的强关联；非控股型 CVC 项目投资的创业企业由于要考虑各方的偏好和战略利益，投资组合与母公司往往会形成适度关联。Yang，Narayanan 和 De Carolis（2014）实证结果也显示，只有在适度行业关联度下，CVC 投资组合多元化与企业价值之间才有“U 形”关系。据此，本研究假设：

假设 H3：CVC 投资组合多元化与企业价值之间的“U 形”关系只有在非控股型 CVC 项目治理结构下才成立。

同样，CVC 投资涉及企业识别机会并重新组合新资源，资源约束迫使企业投资必须对投资组合进行权衡和取舍，因此，论文提出如下假设：

假设 H4：组织冗余对非控股型 CVC 项目治理结构下 CVC 投资组合多元化与企业价值之间的“U 形”关系具有调节作用。

三　不同企业价值水平下 CVC 投资组合多元化与企业价值

通过 CVC 投资来实现价值创造能不能成为所有公司的可行选项？CVC 投资对公司投资者价值创造主要源自于识别新机会和发展新业务关系（Sykes，1990）。考虑到企业特有的资源是企业获取竞争优势和经济绩效的源泉（Barney，1991），企业战略的精髓在于企业如何使用现有的资源和获取、开发新的资源（Wernerfelt，1984）。但是，由于资源的发展过程具有耗时和路径依赖特性，因此资源常常是企业特有的和异质的（Dierickx 和 Cool，1989），企业发展会产生路径依赖（David，1985）。企业必须配备独一无二的资源并以独特的方式整合使用这些资源来创造价值（Basu，Phelps 和 Kotha，2011）。因此，尽管 CVC 投资提供了公司投资者价值创造的战略平台，但不同企业拥有的不同资源可能会有助于或有碍于其识别、整合 CVC 投资搜寻到的“技术窗口”或“业务窗口”机会。例如，对低企业价值水平的公司投资者而言，一方面可能由于自身知识资源或能力的缺乏导致无法识别新机会从而不能够打开或开发新的业务或市场机会从而不利于其价值创造。毕竟机会识别与先前的知识基础紧密相关（Helfat，1994；Stuart 和 Podolny，1996；McGrath，2001），组织结构和资源禀赋等初始条件决定了学习的轨迹（Holbrook，Cohen 和 Hounshell et al.，2000；Keil，2004）、影响学习的效力（Levinthal 和 March，1993）并使学习会产生路径依赖性（Yang，2012）；另一方面，较低企业价值的公司投资者可能由于路径依赖无法获取、开发新的资源而形成“核心刚性”（Leonard - Barton，1995）或落入能力陷阱（Levitt 和 March，1988），从而无法吸收、整合 CVC 投资提供的“技术窗口”或“业务窗口”机会从而无助于其价值创造。因此，本书假设：

假设 H5：只有较高企业价值水平的公司投资者才能通过 CVC 投资实现价值创造。

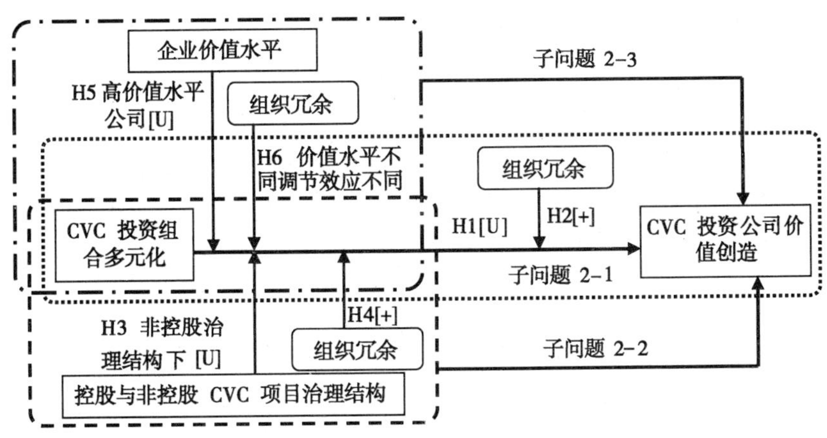

图 5.3　CVC 投资对公司投资者价值创造的影响机制研究的理论模型及研究假设

虽然资源约束迫使企业投资时必须对投资组合进行权衡和取舍，但不同价值水平的公司投资者获取、开发新资源的能力不同从而在投资时面临的资源约束可能显著不同。例如，具有高识别能力和整合能力的公司投资者，由于能够准确识别机会并吸收、整合机会，较少的 CVC 投资机会就能实现价值创造的目标，因此投资所需的资源较少，资源约束的影响小。因此，本书假设：

假设 H6：不同价值水平下的公司投资者，组织冗余对 CVC 投资组合多元化与企业价值之间的“U 形”关系的调节效应不同。

图 5.3 描述了研究问题 2 三个子问题的理论模型和研究假设。

第三节 研究设计

一 研究策略

与研究问题 1 “CVC 投资对公司投资者技术创新的影响机制” 的研究策略一致，研究问题 2 也基于现场研究（二手资料），采用沪深主板 78 家上市公司 2000—2012 年期间投资的 686 个企业 - 年观察样本的纵向数据进行回归分析。

二 数据收集

公司样本的主要的档案资源来源于巨潮咨询网（http：//www. cninfo. com. cn）提供的沪深主板上市公司年报、CVSources 数据库和国泰安 CSMAR 数据库。根据 2001—2012 年期间 15700 余份上市公司年报中关于投资或设立子公司以及长期股权投资的信息披露，按照被投资的公司主营业务中是否包含创业投资或风险投资，来确定该上市公司是否从事 CVC 投资实践。剔除持有期不足 3 年的样本和*ST 类上市公司参与的 CVC 投资样本，最终确定了 195 家上市公司作为 CVC 投资公司，这些上市公司参股、控股或设立了 249 个 CVC 项目。通过 CVSources 数据库对这 195 家上市公司参与的 249 个 CVC 项目 1998—2012 年间的投资记录进行查询，有完整投资记录（包括被投资的创业企业名称、投资金额/股权比例、投资时间、融资轮次和创业企业发展阶段）的 CVC 项目共计 96 个，1998—2012 年期间累计投资了 633 家创业企业。在剔除同一 CVC 项目对同一创业企业的多轮投资、2000 年之前的投资和只有一条投资记录的 CVC 项目的投资，最终剩下83家上市公司，728个企业-年观察样本①。考虑到房地产公司投资CVC的目的更多在于财务收益，不符合本研究关于公司投资CVC出于战略目的的行为假设，故研究进一步剔除房地产企业样本，最终本实证研究采用的样本数据是由78家上市公司，686个企业-年观察样本构成的非平衡面板数据。

三 变量设置与测量

（一）因变量

公司投资者的企业价值（Corporate Investor's Firm Value，CIFV）。基于相关学者的类似研究文献（Wernerfelt和Montgomery，1988；Dushnitsky和Lenox，2006；Salomo，Talke和Strecker，2008；Yang，Narayanan和De Carolis，2014；万坤扬，陆文聪，2014a），本研究采用托宾Q来测量企业价值。托宾Q指企业的市场价值与其有形资产的重置成本之比。相较于基于会计基础（例如资产收益率），托宾Q反映了未来收益并捕获了CVC投资与实现收益之间的时间滞后问题（Dushnitsky和Lenox，2006）。另外托宾Q考虑了风险，不像资产收益率那样容易造成失真和扭曲（Lindenberg和Ross，1981）。参照Chung和Pruitt（1994）的计算办法，本研究采用如下公式近似计算托宾Q值：

$$CIFV = Tobin's\ Q = \frac{\text{股权市值} + \text{净债务市值}}{\text{期末总资产}} \tag{5-8}$$

上市公司各年的托宾Q值来源于国泰安CSMAR数据库。

（二）自变量

CVC投资组合多元化（CVC Portfolio Diversification，CVCPD）。参照Yang，Narayanan和De Carolis（2014）和万坤扬，陆文聪（2014a）的方法，本研究利用改进的赫芬达尔-赫希曼指数（Herfindahl-Hirschman Index，简称HHI）来测量CVC投资组合多元化程度。HHI被广泛用于战略管理文献用来测量多元化经营，研究企业行业多元化与其绩效的关系（例如Wernerfelt和Montgomery，1988；Leslie，Laur和Chet，2000），也被许多学者用来衡量CVC投资组合技术多元化或投资多元化（例如Basu，

① 由于多家公司参加同一CVC项目，例如云南白药、烟台冰轮、烟台万华联合参股红塔创新CVC项目，长源电力、华工科技、武钢股份等联合参股武汉华工创业投资有限公司CVC项目，因此CVC投资公司—创业企业配对样本数大于未重复统计的创业企业数。

Phelps 和 Kotha，2011；Schildt，Keil 和 Maula，2012）。HHI 的计算公式如下：

$$CVCPD = HHI = 1 - \sum_{1}^{n} P_i^2 \tag{5-9}$$

其中，P_i指企业在第 i 行业中销售所占百分比，n 指企业业务所涉及的行业数。

为了计算 CVC 投资组合多元化的程度，本书首先确定样本上市公司最先参股的 CVC 项目（有样本上市公司参股了多家 CVC 项目，本研究取最先投资的 CVC 项目），然后统计这些 CVC 项目 2000—2012 年每年投资的创业企业情况，CVC 投资组合采用自第一次投资开始的累加值。被投资的创业企业行业分类根据 CVSources 的投资记录提供的该创业企业国标行业分类情况，根据“国民经济行业分类（GB/T 4754－2011）”标准对其进行四位数编码。前两位数字代表大类代码，第三位数标示中类顺序码，第四位数标示小类顺序码。为便于计算，本研究中 CVC 投资组合多元化采用前两位数字来区分创业企业的行业分类（共包含 96 个行业），即 4 位编码数字中，前两位相同的为同一行业，前两位不同的为不同的行业。考虑到本研究背景是 CVC 投资组合多元化，因此 P_i指 CVC 项目在第 i 行业中投资的创业企业数占总投资创业企业数的比重，n 代表 CVC 项目投资的创业企业所涉及的行业数。例如，某 CVC 项目某年累计投资 3 家创业企业，这 3 家创业企业分属 3 个行业，则 $CVCPD = 1 - [(\frac{1}{3})^2 + (\frac{1}{3})^2 + (\frac{1}{3})^2] = 0.89$。$0 \leqslant CVCPD \leqslant 1$，0 意味着 CVC 投资的创业企业都是同一行业，$CVCPD$ 越接近 1 表示 CVC 投资的创业企业越多元化。创业企业相关数据来源于 CVSources 数据库的信息挖掘。

组织冗余（Organizational Slack，OS）。研究者把组织冗余划分为已吸收的冗余资源（Absorbed Slack）和未吸收的冗余资源（Unabsorbed Slack）（Singh，1986）。其中已吸收的冗余资源是指已经内化于企业运作，很难再加以利用的冗余资源；未吸收的冗余资源则是指企业能够快速调动用来应对没有预期事件的冗余资源；也有学者将组织冗余划分为可利用的冗余资源（Available slack）、可恢复的冗余（Recoverable slack）和潜在冗余（Potential slack）（Bourgeois 和 Singh，1983）。其中可利用冗余指企业没有承诺任何特定用途的资源，可恢复冗余是指企业作为额外成本已经内化于企业但可以通过组织操作恢复的资源，潜在冗余是指可以通过债务或权益融资的未来的外部资源。就 CVC 投资而言，公司需要充足的内部资本或外部融资能力来进行相关投资。因此，在 CVC 投资活动中，可利用冗余和潜在冗余可以减轻企业投资的资源约束。综合 Bourgeois（1981）、Bromiley（1991）、Cheng 和 Kesner（1997），Iyer 和 Miller（2008）的做法，本研究采用流动比率（Current Ratio，CR）来测算可利用冗余（该指标表示企业用流动资产解决即时债务的能力，该指标越大，说明企业短期内可开发利用的资源越多），用权益负债比（Equity－To－Debt，ETD）来测算潜在冗余（产权比率的倒数，该指标反映企业可以开发或利用的融资能力，该指标越大，说明企业外部融资能力越强）。作为稳健性检验，本研究也用速动比率（Quick Ratio，QR）[（流动资产－存货）/流动负债］和资产负债率（Asset－Liability Ratio，ALR）（负债总额/资产总额）来分别测算可利用冗余和潜在冗余。速动比率越大，表明短期可利用资源越多，资源约束越小；资产负债率越大，表明企业外部融资能力越弱，资源约束越大。

每年可利用冗余和潜在冗余动态的反映了企业的内部资源和未来外部融资能力。子问题 2－3 的研究，组织冗余用（流动比率＋权益负债比）/2 来测量。企业的流动比率、权益负债比、速动比率和资产负债率数据均来源于国泰安 CSMAR 数据库。

（三）控制变量

CVC 投资涉及三方主体：CVC 投资公司—CVC 项目—创业企业。因此本研究从上市公司、公司投资者与 CVC 项目的控制权关系、CVC 项目投资特征三方面设计控制变量。综合参考 Dushnitsky 和 Lenox（2006）、Wadhwa 和 Kotha（2006）、Basu，Phelps 和 Kotha（2011）、Yang（2012）、Basu 和 Wadhwa（2013）、Yang，Narayanan 和 De Carolis（2014）、万坤扬和陆文聪（2014a）相关研究进行的控制变量设置及测量，本书设计了如下的控制变量：

（1）上市公司方面。本书首先控制了上市企业规模（Firm Size，FS）。企业规模与企业价值之间可能存在消极或积极的相关性：一方面，大企业由于机构庞大，资源配置效率可能较低；另一方面，大企业更容易产生路径锁定和相对惰性而不易进行关键变革和远距搜寻，从而降低企业的增长期权价值；此外，理论上公司规模的扩展往往伴随着学习、范围经济和规模经济效应，更有可能随着时间推移进行探索性行为从而对创新产生积极效应（Cohen 和 Levin，1989；Henderson 和 Cockburn，1996；Katila，2002），由于拥有大量的研发资源，更易进行创新从而影响企业价值。本研究参照 Dushnitsky 和 Lenox（2002）的做法，用企业总资产来测量上市企业规模，计算中取 ln 百万元总资产。其次，本书还控制了上市公司的年龄（Firm age，FA）（目标年 - 公司成立年），因为有证据显示企业年龄会影响企业的创新行为（Sørensen 和 Stuart，2000）从而影响企业价值、资本支出（Capital Expenditure，CE）（公司购买、建造固定资产，取得无形资产和其他长期资产支付的现金，用 ln 百万资本支出来测量）、营收增长率（Sales Growth，SG）［营收增长率 = （本年营业收入 - 上年营业收入）/上年营业收入］。FS、FA、CE、SG 数据均来源于对国泰安 CSMAR 数据库的信息挖掘。

（2）公司投资者与 CVC 项目的控制权方面。本书控制了公司 CVC 权益（CVC Equity Ratio，CVCER），用 CVC 投资创业企业时，上市公司所持有的 CVC 项目的权益比例来衡量。CVC 权益的数据来源于本书对企业年报数据的挖掘，并与 CVC 投资创业企业的时间进行匹配整理而得出。另外，为了稳健性检验，本书还对 CVC 权益用一个二分虚拟变量来（是否控股，*Holding*）进行测量，如果上市公司持有 CVC 项目的权益比例大于等于 50%，其值等于 1，否则等于 0。

（3）CVC 项目投资特征方面。本书控制了 CVC 项目的投资年龄（CVC Age，CVCA）（目标年 - CVC 项目第一次投资的时间）和 CVC 投资组合规模（CVC Portfolio Size，CVCPS）（目标年 CVC 项目投资的创业企业数量）。CVCA 和 CVCPS 数据来源于 CVSources 数据库的数据挖掘。

（4）本书控制了行业托宾 Q 值和年度效应。为了消除宏观经济的影响，例如与经济低迷期相比，在经济景气时，CVC 项目可以投资不同行业大量的创业型企业从而会对企业价值造成不同的影响。因此为避免样本由行业和年度造成的潜在影响，本书控制了上市公司所处行业的平均托宾 Q 值（Industry Average Q，IAQ），并在 2000—2012 年期间设置了 13 个年度哑变量（year）。

CVC 投资对公司投资者价值创造的影响机制的研究变量设置、符号、测量和数据来源具体如表 5.1 所示。

表 5.1 CVC 投资对公司投资者价值创造影响机制的研究变量设置、测量和数据来源

变量	符号	测量	数据来源
因变量			
企业价值	*CIFV*	$CIFV = Tobin's\ Q = \frac{\text{股权市值} + \text{净债务市值}}{\text{期末总资产}}$	国泰安 CSMAR 数据库
自变量			
CVC 投资组合多元化	*CVCPD*	$CVCPD = HHI = (1 - \sum_{1}^{n} P_i^2)$	CVSources 数据库的信息挖掘，国标 2011 编码整理后计算
调节变量			
流动比率	*CR*	流动资产/流动负债	国泰安 CSMAR 数据库
速动比率	*QR*	（流动资产 - 存货）/流动负债	国泰安 CSMAR 数据库
权益负债比	*ETD*	股东权益/负债总额	国泰安 CSMAR 数据库
资产负债率	*ALR*	负债总额/资产总额	国泰安 CSMAR 数据库
组织冗余	*OS*	（流动比率 + 权益负债比）/2	国泰安 CSMAR 数据库，作者计算
控制变量			
企业规模	*FS*	ln 百万年末总资产	国泰安 CSMAR 数据库
资本支出	*CE*	ln 百万资本支出	国泰安 CSMAR 数据库
营收增长率	*SG*	（本年营业收入 - 上年营业收入）/上年营业收入	国泰安 CSMAR 数据库
公司年龄	*FA*	目标年 - 企业成立时间	国泰安 CSMAR 数据库
公司 CVC 权益	*CVCER*	企业持有 CVC 项目的权益比例	年报挖掘
是否控股	*Holding*	虚拟变量，持有 CVC 项目权益 50% 以上 = 1	年报挖掘

续表

变量	符号	测量	数据来源
CVC 项目年龄	*CVCA*	目标年 - CVC 项目第一次投资的时间	作者计算
CVC 投资组合规模	*CVCPS*	目标年 CVC 项目投资的创业企业数目	CVSources，作者计算整理
行业平均 Q	*IAQ*	上市公司所处行业的平均托宾 Q 值	国泰安 CSMAR 数据库，作者计算整理
Year 哑变量	*Year*	2000—2012 年 13 个哑变量	

第四节 实证结果

一 子问题 2 -1 实证结果

（一）实证模型

假设 1 推断 CVC 投资组合多元化与公司投资者价值创造之间存在“U 形”曲线关系。为检验此假设，本书构建了公式 5 - 10 表示的多元线性回归方程模型来检验假设：

$$CIFV = \beta_0 + \beta_1 CVCPD + \beta_2 CVCPD^2 + \beta Controls + \varepsilon \qquad (5-10)$$

公式 5 - 10 中，β_i 指相关系数，*Controls* 指控制变量 FS，FA，CE，SG，CVCER，CVCA，CVCPS、IAQ 和 Year，ε 指误差项，下同。

假设 2 推断组织冗余对 CVC 投资组合多元化与公司投资者价值创造之间的“U 形”关系有积极调节作用，本书构建了公式 5 - 11 和 5 - 12 表示的多元线性回归方程模型来检验假设：

$$CIFV = \beta_0 + \beta_1 CVCPD + \beta_2 CVCPD^2 + \beta_3 CR + \beta_4 CR \times CVCPD + \beta_5 CR \times CVCPD^2 + \beta Controls + \varepsilon \qquad (5-11)$$

$$CIFV = \beta_0 + \beta_1 CVCPD + \beta_2 CVCPD^2 + \beta_3 ETD + \beta_4 ETD \times CVCPD + \beta_5 ETD \times CVCPD^2 + \beta Controls + \varepsilon \qquad (5-12)$$

最后，作为稳健性检验，本书构建了公式 5 - 13 表示的全变量回归模型。

$$CIFV = \beta_0 + \beta_1 CVCPD + \beta_2 CVCPD^2 + \beta_3 CR + \beta_4 CR \times CVCPD + \beta_5 CR \times CVCPD^2 + \beta_6 ETD + \beta_7 ETD \times CVCPD + \beta_8 ETD \times$$

$$CVCPD^2 + \beta Controls + \varepsilon \tag{5-13}$$

以上回归模型数据分析基于非平衡面板数据，采用 Stata 12 计量软件来完成。

（二）描述性统计及相关系数矩阵

样本的描述性统计和相关矩阵具体见表 5.2 所示。从表 5.2 可以看出，2000—2012 年期间，投资 CVC 的上市公司年平均托宾 Q 值为 1.66，在 0.75 至 9.37 之间波动，总体前景看好；企业规模平均值为 32.6 亿元人民币，变动幅度为 2.96 亿元至 981.6 亿元之间；资本支出年平均为 1.43 亿元人民币，变动幅度为 0.01 亿元至 158.35 亿元之间；营收增长率年平均值为 19%，最低的为 -95%，最高的为 375%；公司年龄平均为 12 年，最小的为 1 年，最大的为 24 年；从母公司持有 CVC 项目的权益比例来看，CVC 投资创业企业时，上市公司平均持有 CVC 项目 26.66% 的表决权，最小的仅为 1.25%，最大的则完全控股，成为母公司的全资子公司；从组织冗余来看，母公司的流动比率和权益负债比年平均均为 1.63，并分别在［0.27，13.21］和［0.01，32.42］之间波动；从 CVC 项目投资特征来看，CVC 项目的平均年龄为 5.6 年，最小的为 0，最大的为 13 年；CVC 项目年均投资的创业企业数平均为 1 个，最大的为 18 个，最小的为 0 个，投资组合多元化程度平均为 0.60，最大的为 0.94，最小的为 0；最后，上市公司所处行业平均托宾 Q 值为 1.78，并在 0.93 与 17.36 之间波动，平均而言，前景好的行业易从事 CVC 投资活动。

表 5.2 同样给出了在回归方程中主要变量之间的相关系数矩阵。从相关系数矩阵中可以看出，公司年龄、CVC 项目年龄、流动比率、权益负债比、行业平均 Q 值和 CVC 投资组合多元化与企业价值之间存在着正的显著性相关关系；相关矩阵中自变量之间的相关系数变动幅度为［-0.27，0.94］，可能存在多重共线性问题。

进一步分析发现，资本支出与企业规模高度显著性相关，流动比率、权益负债比、速动比率和资产负债率彼此之间高度显著性相关。在剔除这些变量之间的相关系数后，变量之间的相关系数变动幅度为［-0.27，0.54］之间，没有变量之间的相关系数大到产生多重共享性问题。资本支出、企业规模通过取自然对数值，流动比率、权益负债比、速动比率和资产负债率同时回归时，参照 Aiken 和 West（1991）和 Cohen，Cohen 和 West et al.，（2003）总结的处理程序，通过变量中心化来部分消除可能的多重共线性问题。

表 5.2　　子问题 2－1 变量描述性统计和相关矩阵

变量	样本[a]	均值	标准差	最小值	最大值	1	2	3	4	5	6	7	8	9	10	11	12	13	14
CIFV	686	1.66	1.01	0.75	9.37	1.00													
FA	686	11.76	4.77	1.00	24.00	0.27 ***	1.00												
CVCER	682	26.66	30.13	1.25	100.00	−0.07 *	−0.01	1.00											
CVCA	686	5.62	3.55	0.00	13.00	0.10 ***	0.54 ***	−0.11 ***	1.00										
FS	683	8.09	1.09	5.69	11.50	−0.26 ***	0.12 ***	0.13 ***	0.29 ***	1.00									
CE	683	4.96	1.60	−0.54	9.67	−0.23 ***	0.00	0.10 ***	0.20 ***	0.81 ***	1.00								
SG	677	0.19	0.40	−0.95	3.75	0.02	−0.14 ***	−0.02	−0.16 ***	0.03	0.12 ***	1.00							
CR	684	1.63	1.12	0.27	13.21	0.27 ***	−0.02	0.02	−0.07 *	−0.25 ***	−0.21 ***	−0.04	1.00						
ETD	683	1.63	2.04	0.01	32.42	0.21 ***	−0.04	0.04	−0.09	−0.27 ***	−0.22 ***	−0.04	0.88 ***	1.00					
QR	684	1.17	1.02	0.13	13.07	0.24 ***	−0.06	0.09 **	−0.11 ***	−0.23 ***	−0.16 ***	−0.02	0.94 ***	0.87 ***	1.00				
ALR	683	0.48	0.17	0.03	0.99	−0.33 ***	0.12 ***	−0.08 **	0.16 ***	0.40 ***	0.26 ***	0.05	−0.70 ***	−0.72 ***	−0.65 ***	1.00			
IAQQ	686	1.78	1.06	0.93	17.36	0.42 ***	0.25 ***	0.14 ***	0.08 **	0.02	−0.03	−0.02	0.08 **	0.02	0.06 *	−0.13 ***	1.00		
CVCPD	686	0.60	0.28	0.00	0.94	0.11 ***	0.37 ***	−0.13 ***	0.51 ***	0.23 ***	0.14 ***	−0.07 *	−0.07 *	−0.08 **	−0.13 ***	0.12 ***	0.01	1.00	
CVCPS	684	1.11	2.04	0.00	18.00	−0.03	0.02	0.06	0.01	0.09	0.07	0.01	−0.07 *	−0.09 **	−0.08 **	0.11 ***	0.07 *	0.24 ***	1.00

注：[a]样本数据变化源于部分数据缺失；

双尾检验 * 表示 P<0.10；* * 表示 P<0.05；* * * 表示 P<0.01

（三）计量估计结果

本书使用广义面板数据线性回归模型来检验 CVC 投资组合多元化与公司投资者价值创造之间的关系，并纳入年度哑变量来控制未观察的时间系统效应。与 Dushnitsky 和 Lenox（2006）和 Yang，Narayanan 和 De Carolis（2014）的研究采用固定效应模型不同，本研究采用的是随机效应模型，具体如表 5.3 所示。本研究采用随机效应的原因在于论文对模型做 Hausman 检验（Hausman，1978），发现所有模型的 Hausman 检验 P 值均大于 0.1 的显著水平，没有一个模型通过显著性检验，说明随机效应模型是最优的。

表 5.3 中，模型 1 作为基本模型，仅研究控制变量对公司投资者价值创造的影响。在模型 1 的基础上，模型 2 增加了 CVC 投资组合多元化（CVCPD）的线性项，模型 3 根据公式 5－10 在模型 2 的基础上增加了 CVCPD 的平方项，用以检验假设 H1；模型 4 根据公式 5－11、模型 5 根据公式 5－12 在模型 3 的基础上分别增加了流动比率（CR），CR × CVCPD，CR × $CVCPD^2$ 和权益负债比（ETD），ETD × CVCPD，ETD × $CVCPD^2$ 用于检验假设 H2；模型 6 根据公式 5－13 把所有变量纳入回归检验，作为变量回归的稳健性检验。表 5.3 显示每个模型的 Wald 卡方值均在 0.01 水平下显著，且总体 R^2 值均大于 0.38，模型的整体拟合效度较好。另外，从模型 2—6 的 Wald 检验可以看出，随着变量的引入，模型在统计意义上有了显著的改善。

1. CVCPD 与公司投资者价值创造之间关系的计量估计结果

根据表 5.3 的计量估计结果可以看出：控制变量中，所有的模型均显示，企业规模、CVC 投资组合规模与公司投资者价值创造显著负相关，行业平均 Q 值与公司投资者价值创造显著正相关，其他控制变量的回归系数均未通过显著性检验。控制变量的回归结果与 Dushnitsky 和 Lenox（2006）和 Yang，Narayanan 和 De Carolis（2014）的实证结果基本一致。年度哑变量除 2000 年、2001 年、2011 年和 2012 年外，均与公司投资者价值创造显著负相关，说明中国上市公司的价值受宏观经济因素波动影响比较显著。乔明哲（2013）对沪深上市公司 1999—2010 年期间 CVC 投资的频率统计显示，高峰期处于 2000 年（占 1999—2010 年期间 CVC 投资笔数的 12.45%，下同）、2001 年（11.94%）和 2010 年（33.12%）。2002 年开始显著下降（4.69%），一直到 2009 年最高恢复到 6.43%。这

表 5.3　*CVCPD* 与公司投资者价值创造的非平衡面板数据线性回归模型结果（随机效应）

	企业价值 *CIFV*						企业价值 *CIFV*（稳健性检验）				
	1	2	3	4	5	6	7	8	9	10	11
自变量											
CVCPD		0. 27*	-0. 71*	-0. 88**	-0. 89**	-0. 88**	-0. 98**	-0. 98***	-1. 04***	-0. 98***	-0. 90**
$CVCPD^2$			1. 34***	1. 59***	1. 63***	1. 59***	1. 67***	1. 73***	1. 79***	1. 73***	1. 62***
调节变量[a]											
CR				0. 13**		0. 10				0. 07	
CR × *CVCPD*				0. 21***		0. 15				0. 07	
$CR \times CVCPD^2$				0. 03		0. 04				-0. 01	
ETD					0. 12*	0. 04					0. 13
ETD × *CVCPD*					0. 27***	0. 10					0. 06
$ETD \times CVCPD^2$					0. 05	0. 00					-0. 04
QR							0. 10*		0. 02		0. 01
QR × *CVCPD*							0. 23***		0. 10		0. 19
$QR \times CVCPD^2$							0. 05		0. 02		0. 09
ALR								-0. 15***	-0. 14**	-0. 10	
ALR × *CVCPD*								-0. 23***	-0. 17**	-0. 19***	
$ALR \times CVCPD^2$								-0. 06	-0. 04	-0. 06	
控制变量											
Year	包含	包含	包含	包含	包含	包含	包含	包含	包含	包含	包含

续表

	企业价值 *CIFV*						企业价值 *CIFV*（稳健性检验）				
	1	2	3	4	5	6	7	8	9	10	11
CVCA	0.00	-0.01	-0.02	-0.02	-0.02	-0.02	-0.02	-0.02	-0.02	-0.02	
FS	-0.37***	-0.38***	-0.37***	-0.33***	-0.34***	-0.34***	-0.35***	-0.30***	-0.29***	-0.29***	-0.34***
CE	0.00	0.01	0.00	0.01	0.02	0.01	0.00	0.01	0.01	0.01	0.01
SG	0.05	0.05	0.06	0.07	0.06	0.06	0.07	0.07	0.07	0.07	0.06
IAQ	0.19***	0.19***	0.20***	0.19***	0.19***	0.19***	0.19***	0.18***	0.18***	0.18***	0.19***
CVCPS	-0.03*	-0.03**	-0.05***	-0.04***	-0.04**	-0.04**	-0.04**	-0.03*	-0.03**	-0.03**	-0.04**
FA	0.02	0.02	0.01	0.01	0.01	0.01	0.01	0.02	0.02	0.02	0.01
CVCER	0.00	-0.00	-0.00	0.00	0.00	0.00	0.00	0.00	0.00	0.00	0.00
常数	4.30***	4.24***	4.31***	4.04***	4.01***	4.05***	4.18***	3.58***	3.60***	3.60***	4.05***
观察样本	670	670	670	670	670	670	670	670	670	670	670
老牌公司	77	77	77	77	77	77	77	77	77	77	77
R^2（总体）	0.38	0.39	0.41	0.45	0.43	0.44	0.45	0.48	0.48	0.48	0.45
Wald chi^2	447.64***	452.63***	464.04***	537.21***	526.74***	538.21***	525.77***	561.22***	565.67***	569.07***	532.75***
Wald test		3.56*	7.73***	43.77***	37.68***	45.63***	37.11***	57.80***	61.61***	63.57***	42.42***

注：[a]为避免交互效应潜在的多重共线性问题，变量均中心化处理，交互效应对变量中心化之后相乘；

*表示 $P<0.10$；**表示 $P<0.05$；***表示 $P<0.01$

些数据也说明，2002—2009 年期间上市公司过低的 CVC 投资显著影响了企业价值。本模型结果与这期间宏观经济因素趋势高度一致。

模型 3 包含了 CVCPD 和 $CVCPD^2$，用来检验假设 H1：CVC 投资组合多元化与公司投资者价值创造之间存在“U 形”曲线关系。实证结果显示，CVCPD 与企业价值显著负相关（$\beta = -0.71$，$P < 0.1$），$CVCPD^2$ 与企业价值显著正相关（$\beta = 1.34$，$P < 0.01$），这证实了论文关于 CVC 投资多元化与公司投资者价值创造之间的“U 形”关系假设，并与 Yang，Narayanan 和 De Carolis（2014）的研究结论一致。正如前面的理论分析一样，随着多元化程度的提高，组合的净现值随着系统风险的分散从消极的效应反转为积极的效应，组合的期权价值也随着多元化程度的不断提高从消极的负相关反转为积极的正相关，从而造成 CVC 组合多元化与公司投资者价值创造之间的“U 形”关系。

为了检验模型的稳健性，本书采用三种方法来进行检验。第一，本书用不同的替代变量来进行检验，用虚拟变量“是否控股”来测量母公司与 CVC 项目的关系。正如前面的分析，如果母公司控股 CVC 项目，则 CVC 项目的投资行为就会缺少自由裁量权，其投资行为会与非控股 CVC 项目有显著差异，进而影响期权价值创造过程和投资组合的多元性。通过用是否控股替代公司 CVC 权益进行回归，结果显示 CVCPD 和 $CVCPD^2$ 的相关系数分别为（$\beta = -0.62$，$P < 0.1$）和（$\beta = 1.2$，$P < 0.01$），与采用公司 CVC 权益的回归结果趋势一样；第二，借鉴 Yang，Narayanan 和 De Carolis（2014）的做法，本书采用 *CVCPD* 作为内生变量，前一年企业的托宾 Q 值作为工具变量，采用两阶段最小二乘法估计（随机效应、Baltagi's 估计函数）来进一步验证投资组合多元化与公司投资者价值创造之间的因果关系。估计结果显示，模型在 0.01 水平下显著，总体 $R^2 = 0.3668$，CVCPD 和 $CVCPD^2$ 的相关系数分别为（$\beta = -5.65$，$P < 0.01$）和（$\beta = 6.69$，$P < 0.01$），与前面广义最小二乘法（GLS）估计的结果趋势一致；第三，本书采用广义矩估计（Generalized Method of Moments，简称 GMM）来避免最小二乘法、工具变量法等估计方法自身的局限性（这些方法要求模型随机误差项服从正态分布或某一已知分布）。GMM 允许存在异方差和序列相关，因此得到的参数估计量比其他参数估计法更有效，被广泛应用（Hansen，1982；Stock，Wright 和 Yogo，2002 ；Hall，2005）。GMM 估计的结果显示，CVCPD 和 $CVCPD^2$ 的回归系数分别为

（$\beta = -68.63$，$P = 0.008 < 0.01$）和（$\beta = 71.63$，$P = 0.007 < 0.01$），与 GLS 估计、两阶段最小二乘法估计结果趋势一致。

总之，本书关于 CVC 投资组合多元化与公司投资者价值创造之间"U形"关系的计量估计结果是稳健的和可信的。因此，根据模型 3，本书建立了 CVC 投资组合多元化与公司投资者价值创造的可能函数方程：

$$CIFV = 4.31 - 0.71CVCPD + 1.34\ CVCPD^2 \qquad (5-14)$$

按照 CVCPD 以 0.05 的递增幅度，论文模拟了 CVCPD 与公司投资者价值创造之间的拟合关系图，具体如图 5.4 所示。根据公式 5－14，可以计算得出托宾 Q 值的极小值点是在 CVCPD = 0.26，即企业价值在 CVC 投资组合多元化达到 0.26 之前，处于下降趋势；随着多元化程度的进一步提高，CVCPD 与企业价值之间的消极关系被反转，呈积极的正相关。

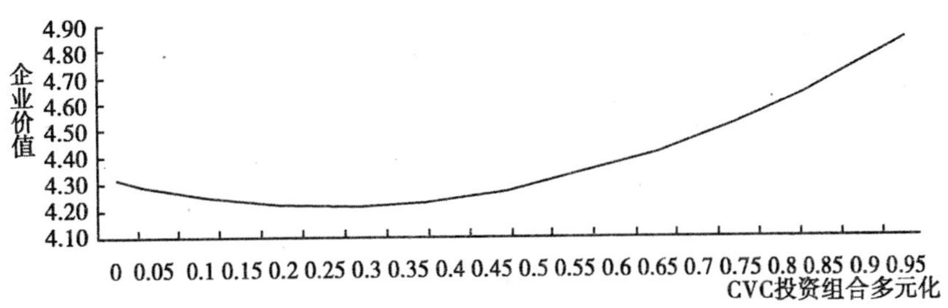

图 5.4　CVCPD 与公司投资者价值创造拟合关系图

2. 组织冗余与 CVCPD 交互效应的计量估计结果

假设 2 推断组织冗余对 CVCPD 与公司投资者价值创造之间的"U 形"关系有积极的调节作用。在模型 3 的基础上，论文首先研究可利用冗余对 CVCPD 与公司投资者价值创造之间关系的调节作用，将流动比率 CR、CR × CVCPD 和 $CR \times CVCPD^2$ 放入回归方程中，具体见表 5.3 的模型 4。根据模型 4 的计量估计结果，CR 与企业价值的回归系数呈现积极的正相关关系（$\beta = 0.13$，$P < 0.05$）；CR × CVCPD 回归系数为正且显著（$\beta = 0.21$，$P < 0.01$），但 $CR \times CVCPD^2$ 没有通过显著性检验。CR × CVCPD 显著正相关表明较低资源约束（高组织冗余）水平与较高资源约束（低组织冗余）水平相比，CVC 投资组合多元化与公司投资者价值创造之间更有可能存在积极的相关关系。

按照 Cohen，Cohen 和 West et al.，（2003）和 Aiken 和 West（1991）的方法，可以绘制得出图 5.5 所示的低流动比率（＝流动比率均值－标准差)、中等流动比率（=流动比率均值）和高流动比率（=流动比率均值+标准差）与*CVCPD*的交互效应。

从图5.5可以看出，在同样的投资组合多元化条件下，流动比率越高的企业价值越大。企业价值的极小值点，低流动比率、中等流动比率和高流动比率的CVCPD分别为0.35，0.28和0.20，即流动比率越高，临界值点越小，说明在CVC投资组合多元化与公司投资者价值创造的负相关阶段，流动比率有效地减缓了这种不利影响。

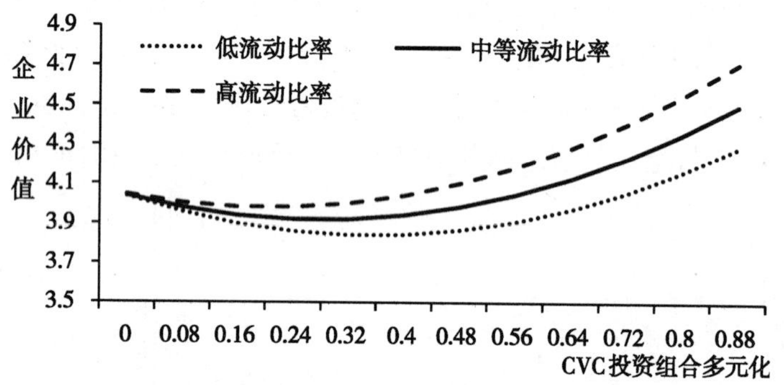

图5.5 流动比率与*CVCPD*的交互效应（随机效应）

为进一步研究企业潜在冗余对CVCPD与公司投资者价值创造之间关系的调节效应，论文在模型3的基础上，将权益负债比ETD、ETD×CVCPD和ETD×$CVCPD^2$放入回归方程中，具体见表5.3的模型5。跟预想的结果一样，权益负债比与企业价值的回归系数（β=0.12，P<0.1）呈现积极的正相关关系，ETD×CVCPD的回归系数（$\beta=0.27$，$P<0.01$）也呈现积极的正相关关系，但ETD×$CVCPD^2$没有通过显著性检验。ETD×CVCPD显著正相关表明企业未来融资能力越强（高潜在冗余），CVC投资组合多元化与公司投资者价值创造之间越可能存在积极的相关关系。

按照Cohen，Cohen和West et al.，(2003）和Aiken和West（1991）的方法，可以绘制得出图5.6所示的低权益负债比（=权益负债比均值-标准差）、中权益负债比（=权益负债比均值）和高权益负债比（=权益负债比+标准差）与CVCPD的交互效应。

从图5.6可以看出，权益负债比与CVCPD的交互效应比较复杂。CVCPD在［0.00，0.15］之间时，同样的CVC投资组合多元化条件下，

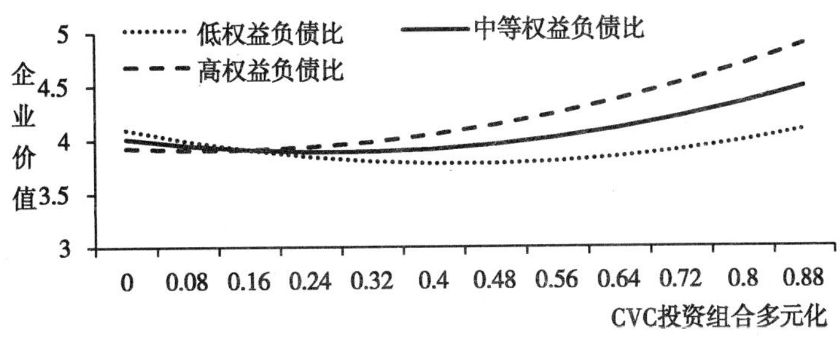

图5.6 权益负债比与CVCPD的交互效应（随机效应）

权益负债比越大，企业价值越小；CVCPD在［0.16，1.00］之间时，同样的CVC投资组合多元化条件下，权益负债比越大，企业价值越大。造成这种结果可能的原因在于，权益负债比越大，企业未来融资能力越强，企业越倾向于进行冒险性投资，加大了投资失误的可能性，从而使较低多元化水平下，潜在冗余越大，企业价值越低。而随着企业CVC投资多元化程度的提高，企业对资金的需求越来越大，企业未来融资能力越强，越有可能进一步进行投资，从而减少由于资源约束而不得不放弃的潜在有价值的投资项目，增加企业价值。另外，从图5.6还可以看出，企业价值的极小值点，低权益负债比、中等权益负债比和高权益负债比的CVCPD分别为0.44，0.27和0.10，即权益负债比越高，临界值点越小，这也说明低资源约束下有利于CVC投资组合多元化与公司投资者价值创造的积极关系。

最后，为了检验可利用冗余和潜在冗余同时对CVCPD与公司投资者价值创造之间关系的调节作用，在模型3的基础上，将流动比率CR、CR×CVCPD、CR×$CVCPD^2$和权益负债比ETD、ETD×CVCPD、ETD×$CVCPD^2$同时放入回归模型中进行检验，具体见表5.3的模型6。根据模型6的回归结果，CVCPD、$CVCPD^2$的相关系数趋势与其他模型趋势仍保持一致性，但CR、CR×CVCPD、CR×$CVCPD^2$和ETD、ETD×CVCPD、ETD×$CVCPD^2$的回归系数均未通过显著性检验。其原因可能存在多重共线性问题。根据表5.2的相关系数矩阵，流动比率与权益负债比高度显著性正相关（相关系数=0.88，$P<0.01$），产生了多重共线性的问题，估计结果是有偏误的。

3. 组织冗余与CVCPD交互效应的稳健性检验

为了检验组织冗余对CVC投资组合多元化与公司投资者价值创造之

间的"U形"关系的调节作用的稳健性，本书用速动比率、资产负债率分别替代流动比率和权益负债比进行回归检验，具体见表5.3中模型7和模型8所示。根据模型7和模型8的回归结果，速动比率，速动比率与CVCPD线性交互项显著正相关（$\beta = 0.10$，$P < 0.1$；$\beta = 0.23$，$P < 0.01$），说明速动比率对CVCPD与公司投资者价值创造之间的关系具有积极的调节作用，同样的CVC投资组合多元化条件下，低资源约束下（速动比率越大）企业价值越大；资产负债率，资产负债率与CVCPD线性交互项显著负相关（$\beta = -0.15$，$P<0.01$；$\beta = -0.23$，$P<0.01$），说明资产负债率对CVCPD与企业价值之间的关系具有积极的调节作用，同样的CVC投资组合多元化条件下，高资源约束下（资产负债率越大），企业价值越小。

论文还分别用速动比率和资产负债率（具体见表5.3模型9），流动比率与资产负债率（具体见表5.3模型10）和速动比率与权益负债比（具体见表5.3模型11）进行可利用冗余和潜在冗余同时对CVCPD与公司投资者价值创造之间关系的调节作用。从模型9和模型10计量估计结果可以看出，可利用冗余描述的资源约束（流动比率、速动比率）与CVCPD交互项均没有通过显著性检验，潜在冗余描述的资源约束（资产负债率）与CVCPD交互项显著负相关。从模型11可以看出，速动比率与CVCPD交互项和权益负债比与CVCPD交互项均未通过显著性检验，与模型6的回归结果一致。造成以上结果的原因是由于多重共线性问题。从表5.2的相关系数矩阵可以看出，权益负债比与速动比率高度正相关（相关系数=0.87，P<0.01），存在多重共线性的可能性；资产负债率与流动比率和速动比率显著负相关（相关系数=-0.70，P<0.01；相关系数=-0.65，P<0.01），但两者趋势相反，有效减轻多重共线性问题，所以资产负债率与CVCPD的交互项通过显著性检验。

综上，组织冗余对CVC投资组合多元化与公司投资者价值创造之间的关系具有积极的调节作用，假设H2得到支持。

二　子问题2-2实证结果

为了检验不同CVC项目治理结构下，CVC投资组合多元化与公司投资者价值创造之间的关系差异，本书根据是否有单个上市公司持有CVC项目权益比例≥50%来把整个样本分为两组：一组是包括20家上市公司，

表 5.4 子问题 2 –2 变量描述性统计和相关矩阵

变量	样本[a]	均值	标准差	最小值	最大值	1	2	3	4	5	6	7	8	9	10
CIFV	562 (124)	1.67 (1.60)	1.05 (0.79)	0.75 (0.81)	9.37 (6.50)	1.00 (1.00)									
CVCA	562 (124)	5.76 (4.98)	3.57 (3.38)	0.00 (0.00)	13.00 (12.00)	0.10 ** (0.11)	1.00 (1.00)								
FS[b]	559 (124)	8.03 (8.33)	1.08 (1.12)	5.69 (6.08)	11.50 (11.29)	-0.25 *** (-0.35 ***)	0.34 *** (0.14)	1.00 (1.00)							
CE[c]	559 (124)	4.89 (5.28)	1.61 (1.48)	-0.54 (1.18)	9.25 (9.67)	-0.22 *** (-0.27 ***)	0.21 *** (0.22 **)	0.81 *** (0.81 ***)	1.00 (1.00)						
SG	554 (123)	0.21 (0.14)	0.42 (0.30)	-0.47 (-0.95)	3.75 (1.09)	0.01 (0.04)	-0.19 *** (-0.05)	0.04 (0.06)	0.11 ** (0.22 **)	1.00 (1.00)					
CR	560 (124)	1.62 (1.68)	1.16 (0.91)	0.31 (0.27)	13.21 (6.98)	0.28 *** (0.21 **)	-0.08 * (0.00)	-0.24 *** (-0.35 ***)	-0.20 *** (-0.31 ***)	-0.05 (0.06)	1.00 (1.00)				
ETD	559 (124)	1.48 (0.98)	5.00 (0.67)	0.03 (0.10)	114.97 (3.07)	-0.08 * (-0.32 ***)	0.06 (-0.08)	0.03 (0.66 ***)	-0.02 (0.57 ***)	-0.04 (-0.01)	-0.14 *** (-0.48 ***)	1.00 (1.00)			
IAQ	562 (124)	1.68 (2.26)	0.80 (1.74)	0.93 (1.00)	8.17 (17.36)	0.53 *** (0.34 ***)	0.06 (0.23 **)	0.01 (-0.03)	-0.07 * (0.00)	-0.01 (0.01)	0.08 ** (0.10)	-0.05 (-0.16 *)	1.00 (1.00)		
CVCPD	562 (124)	0.61 (0.54)	0.26 (0.31)	0.00 (0.00)	0.94 (0.91)	0.16 *** (-0.15 *)	0.57 *** (0.23 ***)	0.22 *** (0.32 ***)	0.15 *** (0.14)	-0.08 * (-0.12)	-0.06 (-0.07)	0.05 (0.30 ***)	0.12 *** (-0.14)	1.00 (1.00)	
CVCPS	561 (123)	1.10 (1.15)	2.11 (1.69)	0.00 (0.00)	18.00 (9.00)	-0.02 (-0.07)	0.06 (-0.30 ***)	0.09 * (0.12)	0.06 (0.08)	-0.01 (0.19 **)	-0.05 (-0.19 **)	0.03 (0.35 ***)	0.10 ** (0.01)	0.24 *** (0.26 ***)	1.00 (1.00)

注：( ) 内的数据为控股型 CVC 项目治理结构样本组数据，其余的为非控股型 CVC 项目治理结构样本组数据；

[a]样本数据变化源于部分数据缺失；

[b]ln 百万总资产，[c] ln 百万资本支出；

双尾检验 * 表示 P<0.10；** 表示 P<0.05；*** 表示 P<0.01

共计 124 个观察样本，代表控股型 CVC 项目治理结构，母公司与 CVC 投资组合之间高关联；另一组是所有单个上市公司持有 CVC 项目权益比例 < 50% 的样本组，包括 61 家上市公司，562 个观察样本，代表非控制型 CVC 项目治理结构，母公司与投资组合之间适度关联①。

（一）变量描述性统计及相关系数矩阵

控股与非控股 CVC 项目治理结构样本组变量描述性统计及相关系数矩阵具体如表 5.4 所示。从表 5.4 可以看出：首先，各变量的均值、标准差等均存在差异；其次，因变量与自变量之间的相关性趋势及显著性概率除 CVC 年龄和 CVC 投资组合多元化两变量外均一致，但相关系数大小不同。控股型 CVC 项目样本组，CVC 投资组合多元化与企业价值显著负相关，而非控股型 CVC 项目样本组，两者呈现显著正相关；最后，自变量之间的显著相关性在两组样本中存在较大差异。以上三方面的差异可能会造成 CVC 投资组合多元化与公司投资者价值创造之间不同的关系。

（二）控股与非控股 CVC 项目治理结构下 CVCPD 与公司投资者价值创造之间关系的计量估计结果

论文使用基于非平衡面板数据的广义线性回归模型来检验不同 CVC 项目治理结构下 CVC 投资组合多元化（CVCPD）与公司投资者价值创造之间的关系。根据 Hausman 检验，发现所有模型的 Hausman 检验 P 值均大于 0.1 的显著水平，说明随机效应模型是最优的，因此论文采用随机效应模型进行估计，具体估计结果见表 5.5 所示。在表 5.5 中，模型 1－6 是控股型 CVC 项目治理结构（有单个老牌公司持有 CVC 权益比例 ≥50%）下的估计结果，模型 7－12 是非控股型 CVC 项目治理结构下的估计结果。

（1）直接效应。表 5.5 呈现了使用两个样本组的计量估计过程和结果。从表 5.5 可以看出，在控股型 CVC 项目治理结构（模型 1－6）下，CVC 投资组合多元化与公司投资者价值创造之间没有显著的相关系，这与 Yang，Narayanan 和 De Carolis（2014）类似的估计结果一致，也符合前面的理论推断。控股型 CVC 项目治理结构投资易形成高关联度从而落

① 控股与非控股样本组上市公司数合计 81 家，是因为部分上市公司随时间变化从非控股变为控股，因此会根据时间变化同时出现在两个样本组，造成总数大于 78 家。但两样本组观察样本合计仍为 686 个企业－年观察样本。

表 5.5　控股与非控股 CVC 项目治理结构下 *CVCPD* 与公司投资者价值创造之间的非平衡面板数据线性回归模型结果（随机效应）

	控股型 CVC 治理结构						非控股型 CVC 治理结构					
	1	2	3	4	5	6	7	8	9	10	11	12
自变量												
CVCPD		-0.06	-0.58	-0.86	-1.48	-1.46		0.40 **	-0.70 *	-0.94 **	-0.88 **	-0.90 **
CVCPD^2			0.67	1.08	2.04	1.99			1.51 ***	1.82 ***	1.81 ***	1.82 ***
调节变量[a]												
CR				-0.04		0.06				0.15 **		0.03
CR × *CVCPD*				0.33		0.15				0.18 ***		0.13
CR × *CVCPD*^{2}				0.20		0.07				0.01		0.06
ETD					-0.17	-0.23					0.18 ***	0.16
ETD × *CVCPD*					0.61	0.51					0.23 ***	0.08
ETD × *CVCPD*^{2}					0.36	0.32					0.02	-0.05
控制变量												
Year	包含	包含	包含	包含	包含	包含	包含	包含	包含	包含	包含	包含
CVCA	0.00	0.01	0.01	0.01	0.01	0.01	0.02	0.01	0.00	-0.01	-0.01	-0.01
FS	-0.33 **	-0.31 ***	-0.32 ***	-0.30 ***	-0.29 ***	-0.28 ***	-0.35 ***	-0.36 ***	-0.35 ***	-0.30 ***	-0.29 ***	-0.29 ***
CE	-0.02	-0.02	-0.02	-0.01	0.00	-0.02	0.02	0.01	0.01	0.01	0.01	0.01
SG	0.06	0.08	0.09	0.07	0.12	0.09	0.03	0.03	0.04	0.06	0.05	0.05
IAQ	0.01	0.01	0.01	0.01	0.02	0.02	0.45 ***	0.44 ***	0.46 ***	0.43 ***	0.46 ***	0.45 ***

续表

	控股型 CVC 治理结构						非控股型 CVC 治理结构					
	1	2	3	4	5	6	7	8	9	10	11	12
CVCPS	-0.06	-0.06	-0.06	-0.05	-0.04	-0.04	-0.03***	-0.04**	-0.05***	-0.05***	-0.04***	-0.05***
FA	0.01	0.02	0.02	0.02	0.03	0.02	0.03	0.02	0.02	0.02	0.02	0.02
常数	4.01**	3.72***	3.73***	3.62***	3.29***	3.35***	3.26***	3.19***	3.31***	2.99***	2.83***	2.89***
观察样本[b]	122	122	122	122	122	122	552	552	552	552	552	552
老牌公司[c]	20	20	20	20	20	20	60	60	60	60	60	60
R^2（总体）	0.55	0.55	0.56	0.57	0.57	0.58	0.42	0.43	0.45	0.48	0.47	0.48
Wald chi^2	133.53***	124.62***	124.67***	127.15***	128.37***	127.69***	407.56***	416.72***	429.70***	496.85***	499.04***	501.50***
Wald Test		0.07	0.57	2.77	3.31	4.67		5.62**	7.56***	36.58***	38.06***	40.74***

注：[a] 为避免交互效应的潜在的多重共线性问题，变量均中心化处理，交互效应对变量中心化之后相乘；

[b,c] 部分数据缺失；

* 表示 P<0.10；＊＊表示 P<0.05；＊＊＊表示 P<0.01

入“紧临陷阱”，无助于企业通过 CVC 投资实现战略收益的目的，间接说明适度关联的必要性，与 Chesbrough（2002），Matusik 和 Fitza（2012）和 Schildt，Keil 和 Maula（2012）的研究启示基本一致。另外，在非控股型 CVC 项目治理结构（模型 7－12）下，根据模型 9，CVCPD、$CVCPD^2$ 的相关回归系数分别为（$\beta=-0.70$，$P<0.1$）和（$\beta=1.51$，$P<0.01$），即 CVC 投资组合多元化与公司投资者价值创造依然存在着“U 形”关系，有力证实了研究假设 H3：CVC 投资组合多元化与公司投资者价值创造之间的“U 形”关系只有在非控股型 CVC 项目治理结构下才成立。

（2）调节效应。假设 H4 推断组织冗余对非控股型 CVC 项目治理结构下 CVC 投资组合多元化与公司投资者价值创造之间的“U 形”关系具有调节作用。在非控股型 CVC 项目治理结构下，从表 5.5 中模型 10 和 11 组织冗余的调节效应来看，流动比率 CR 和 CR × CVCPD 通过显著性检验（$\beta=0.15$，$P<0.05$；$\beta=0.18$，$P<0.01$）；权益负债 ETD 和 ETD × CVCPD 通过显著性检验（$\beta=0.18$，$P<0.01$；$\beta=0.23$，$P<0.01$）。以上回归结果说明，非控股型 CVC 项目治理结构下，低资源约束（高组织冗余）对 CVC 投资组合多元化与公司投资者价值创造之间的关系具有积极的调节作用。

在控股型 CVC 项目治理结构下，从表 5.5 中模型 4 和 5 组织冗余的调节效应来看，CR 和 CR × CVCPD，ETD 和 ETD × CVCPD 的回归系数均未通过显著性检验，说明组织冗余对 CVC 投资组合多元化与公司投资者价值创造之间的关系不具有调节作用。综上，假设 H4 得到支持。

按照 Cohen，Cohen 和 West et al.，（2003）和 Aiken 和 West（1991）的方法，可以绘制出图 5.7 所示的低流动比率（＝流动比率均值－标准差）、中等流动比率（＝流动比率均值）、高流动比率（＝流动比率均值＋标准差）与 CVCPD 的交互效应和图 5.8 所示的低权益负债比（＝权益负债比均值－标准差）、中权益负债比（＝权益负债比均值）和高权益负债比（＝权益负债比＋标准差）与 CVCPD 的交互效应。

从图 5.7 可以看出，在同样的投资组合多元化条件下，流动比率越高的企业价值越大。企业价值的极小值点，低流动比率、中等流动比率和高流动比率的 CVCPD 分别为 0.32，0.26 和 0.20，即流动比率越高，临界值点越小，说明在 CVC 投资组合多元化与公司投资者价值创造的负相关

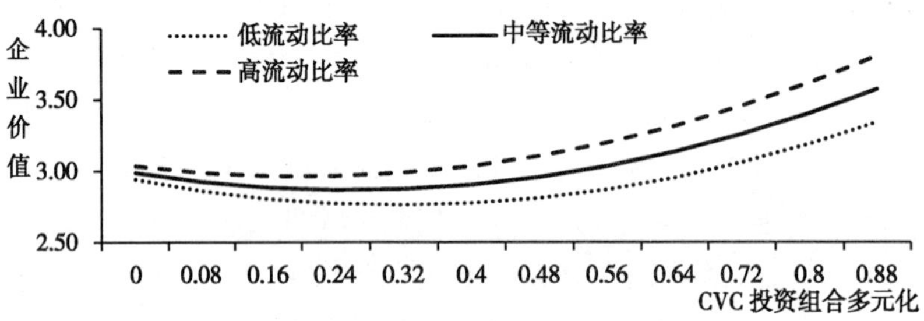

图 5.7　非控股型 CVC 项目治理结构下流动比率与 CVCPD 的交互效应（随机效应）

阶段，流动比率有效地减缓了这种不利影响。

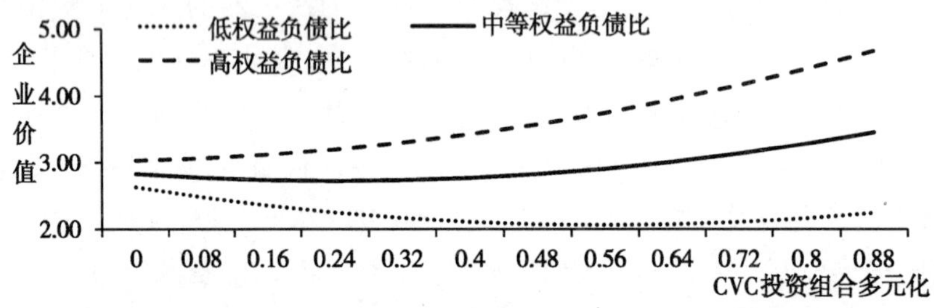

图 5.8　非控股型 CVC 项目治理结构下权益负债比与 CVCPD 的交互效应（随机效应）

从图 5.8 可以看出，在同样的投资组合多元化条件下，权益负债比越高的企业价值越大。企业价值的极小值点，低权益负债比、中等权益负债比的 CVCPD 分别为 0.56 和 0.24，而高权益负债比下 CVCPD 与公司投资者价值创造之间的关系被完全反转为正相关，即权益负债比越高，临界值点越小，说明在 CVC 投资组合多元化与公司投资者价值创造的负相关阶段，权益负债比有效地减缓了这种不利影响。

三　子问题 2－3 实证结果

传统的最小二乘（OLS）回归模型考察解释变量 x 对被解释变量 y 的条件期望 $E(y|x)$ 的影响，其本质是均值回归，只是刻画了条件分布 $y|x$ 集中趋势的一个指标而已，因此如果条件分布 $y|x$ 不是对称分布的话，条件分布 $E(y|x)$ 无法反映整个条件分布 $y|x$ 的全貌。另外，OLS

"均值回归"最小化目标函数为残差平方和（$\sum_{i=1}^{n} e_i^2$），容易受极端值的影响。为此，Koenker 和 Bassett（1978）提出"分位数回归"（Quantile Regression，简称 QR），用残差绝对值的加权平均（$\sum_{i=1}^{n} |e_i|$）作为最小化的目标函数，不易受极端值影响，较为稳健。Koenker 和 Bassett（1978）证明残差不服从高斯分布的情况下，QR 的估计值优于 OLS。即使在高斯分布下，QR 也仅损失了很少的有效性，QR 的估计结果更为稳健。理论上，与 OLS 不同的是，QR 是基于被解释变量 y 的条件分布来拟合解释变量 x 的线性函数的回归方法。在不同的分位数水平可以得到不同的分位数函数，随着分位数值从 0 到 1 的不同取值，就可以得到 y 在 x 上条件分布的轨迹。对一个数据集合分布在不同位置的数据点进行研究时，QR 是一种不错的选择。随着 Koenker 和 Zhao（1996）运用线性规划提出分位数回归的内点算法后，QR 逐渐大量应用于各领域的实证研究。

（一）被解释变量企业价值的分布检验

论文首先对被解释变量企业价值（CIFV）的分布进行检验。利用 STATA12 软件对 CIFV 的 Shapiro - Wilk 的检验结果表明，P 值 <0.01，拒绝原假设 H0，变量 CIFV 不符合正态分布假设。CIFV 与正态分布的距离也可以看出（具体如图 5.9 所示），变量 CIFV 不符合正态分布假设。

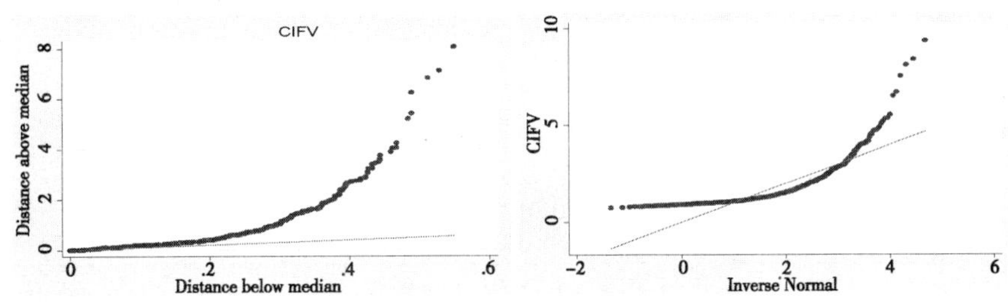

图 5.9 *CIFV* 与正态分布距离图

进一步，可以画出 CIFV 不同分布函数与正态分布距离图（具体如图 5.10 所示）。从图 5.10 可以看出，CIFV 的逆函数（Inverse function）比 CIFV 本身更接近正态分布。综上，分位数回归可能是一个更好的选择。

（二）CVCPD 与公司投资者价值创造的分位数回归计量估计结果

假设 H5 推断只有较高企业价值水平的公司投资者才能通过 CVC 投资实现价值创造。为了检验不同价值水平下的公司投资者，CVCPD 对其价

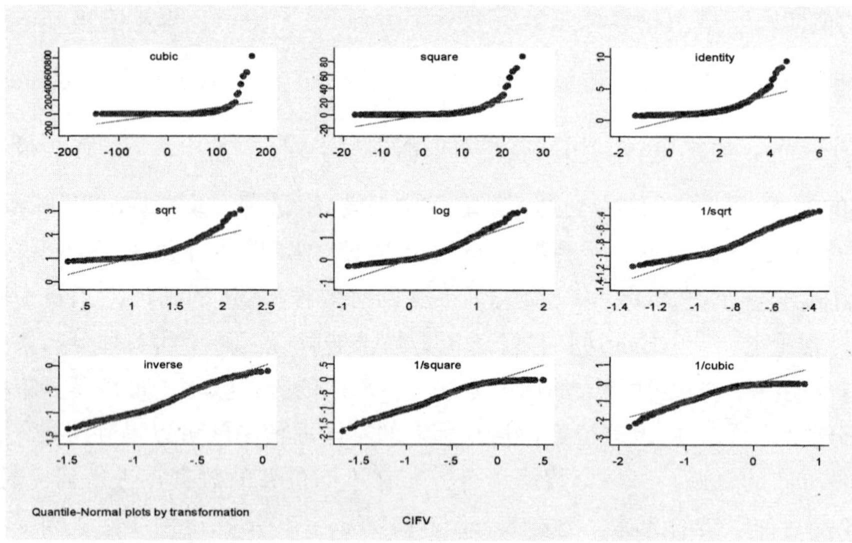

图 5.10 *CIFV* 不同分布函数与正态分布距离图

值创造贡献的差异，本书选择 5 个具有代表性的分位点（0.1、0.25、0.5、0.75 和 0.9）来进行实证检验。计量估计结果具体如表 5.6 所示。

表 5.6 *CVCPD* 与公司投资者价值创造的分位数回归模型计量估计结果

	GLS	QR_10	QR_25	QR_50	QR_75	QR_90
CVCPD	-0.71 * (0.38)	-0.14 (0.16)	-0.16 (0.16)	-0.47 * (0.26)	-1.76 *** (0.36)	-2.98 *** (0.53)
$CVCPD^2$	1.33 *** (0.48)	0.13 (0.23)	0.29 (0.21)	0.87 *** (0.31)	2.65 *** (0.43)	4.60 *** (0.80)
Year	-	-	-	-	-	-
FA	0.01 (0.02)	0.00 (0.00)	0.01 * (0.00)	0.02 *** (0.01)	0.02 ** (0.01)	0.02 (0.02)
FS	-0.37 *** (0.06)	-0.14 *** (0.02)	-0.17 *** (0.03)	-0.22 *** (0.04)	-0.27 *** (0.05)	-0.30 *** (0.09)
CE	0.00 (0.03)	0.01 (0.01)	0.02 (0.01)	0.02 (0.02)	0.02 (0.03)	0.03 (0.05)
SG	0.06 (0.07)	-0.01 (0.03)	0.04 (0.04)	0.09 (0.06)	0.15 * (0.08)	0.21 * (0.12)
IAQ	0.20 *** (0.03)	0.08 *** (0.02)	0.10 ** (0.05)	0.21 ** (0.09)	0.49 *** (0.17)	0.95 *** (0.21)
CVCPS	-0.04 *** (0.02)	-0.01 (0.01)	-0.02 ** (0.01)	-0.03 *** (0.01)	-0.08 *** (0.02)	-0.14 *** (0.03)

续表

	GLS	QR_10	QR_25	QR_50	QR_75	QR_90
CVCA	-0.02 (0.02)	0.00 (0.01)	-0.01 (0.01)	0.00 (0.01)	-0.01 (0.02)	-0.02 (0.03)
CVCER	0.00 (0.00)	0.00 (0.00)	0.00 (0.00)	0.00 (0.00)	0.00 (0.00)	0.00* (0.00)
常数	4.31*** (0.64)	2.14*** (0.21)	2.29*** (0.26)	2.41*** (0.40)	2.70*** (0.56)	2.92*** (1.09)
R^2	0.4060	0.1774	0.2024	0.2616	0.3379	0.4274

注：bootstrap 迭代次数为 1000；*表示 P<0.10，**表示 P<0.05，***表示 P<0.01；（）内为标准误差

表 5.6 分位数回归结果显示，CVCPD、$CVCPD^2$的回归系数仅在 0.5、0.75 和 0.9 分位下显著，而在 0.1 和 0.25 分位下均未通过显著性检验。这说明在较低企业价值水平下，CVC 投资组合多元化与企业价值之间的关系不显著，假设 H5 得到证实。控制变量中，公司年龄在 0.25、0.5 和 0.75 分位下通过显著性检验，与企业价值创造显著正相关；公司规模在所有分位数下均与企业价值创造显著负相关；行业平均 Q 值在所有分位数下均与企业价值创造显著正相关；CVC 投资组合规模除 0.1 分位下，均与企业价值创造显著负相关；营收增长率则仅在 0.75 和 0.9 分位下与企业价值创造显著正相关。以上情况说明，控制变量在不同的企业价值分位数下对公司投资者价值创造的影响有着显著性差异。

CVCPD 等不同变量对公司投资者价值创造贡献分位数趋势图，具体如图 5.11 所示。从图 5.11 可以看出，控制变量中，企业规模、CVC 投资组合规模对企业价值创造的贡献总体上随分位数由低到高呈现递减趋势；营收增长率、行业平均 Q 值对企业价值创造的贡献总体上随分位数由低到高呈现递增趋势；CVC 年龄、资本支出、企业年龄和 CVC 项目权益比例则在不同区间分位数下呈现不同的趋势。

从图 5.11 可以看出，自变量 CVCPD 和 $CVCPD^2$对公司投资者价值创造的贡献随分位数由低到高分别呈现递减和递增趋势。在这两种关系的综合作用下，CVCPD 和 CIFV 的“U 形”关系也有所不同，具体如图 5.12 所示。

从图 5.12 可以看出，分位数越低，CVCPD 极值点越大。在 0.5 分位下极值点为 0.7581，在 0.75 分位下极值点为 0.3321，在 0.9 分位下极值

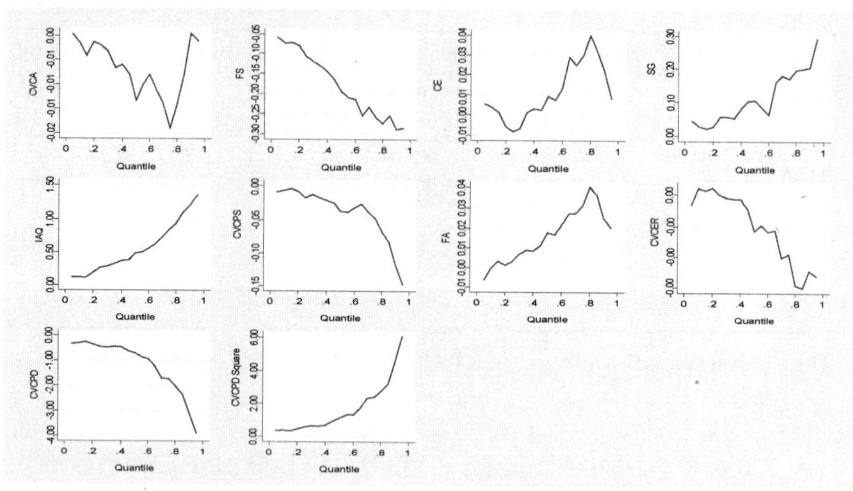

图 5.11　CVCPD 等变量对公司投资者价值创造贡献分位数趋势图

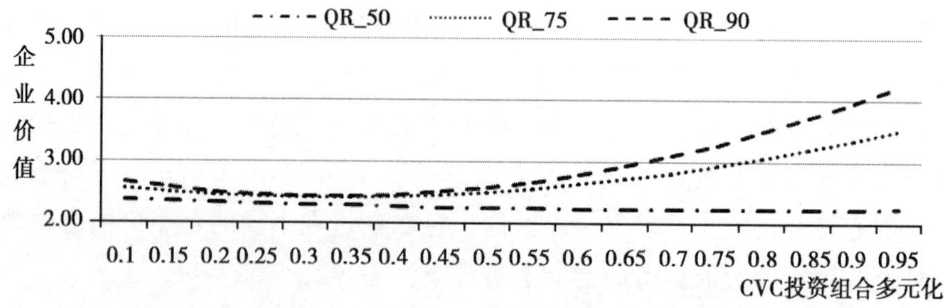

图 5.12　不同分位数下 *CVCPD* 与公司投资者价值创造之间的关系

点为 0.3239。说明企业价值水平较低的公司投资者，CVC 项目必须投资多元化程度更高的创业企业组合才能通过 CVC 投资实现企业价值创造的战略目标；企业价值水平较高的公司投资者，CVC 项目只需要投资较低多元化程度的创业企业组合就能实现其价值创造的战略目的。从图 5.12 “U 形” 关系还可以看出，在 CVCPD 与公司投资者价值创造负相关阶段，增加 CVCPD 对高价值水平公司价值创造的消极影响要大于低价值水平公司；在 CVCPD 与公司投资者价值创造正相关阶段，增加 CVCPD 对高价值水平企业价值创造的贡献要大于低价值水平企业；在同样的 CVC 投资组合多元化水平下，企业价值水平越高，CVC 投资组合多元化对企业价值创造的相对贡献也越大。

（三）组织冗余与 *CVCPD* 交互效应的分位数回归计量估计结果

假设 H6 推断组织冗余（OS）对不同价值水平下的公司投资者，CVC 投资组合多元化与其价值创造之间的"U 形"关系的调节效应不同。为了检验不同价值水平下 OS × CVCPD 交互效应对公司投资者价值创造影响的差异，本书选择 5 个具有代表性的分位点（0.1、0.25、0.5、0.75 和 0.9）来进行实证检验，计量估计结果具体如表 5.7 所示。

表 5.7　*OS × CVCPD* 交互效应的公司投资者价值创造分位数回归模型计量估计结果

	GLS	QR_10	QR_25	QR_50	QR_75	QR_90
CVCPD	-0.90 ** (0.37)	-0.20 (0.17)	-0.21 (0.21)	-0.86 *** (0.26)	-1.71 *** (0.39)	-3.21 *** (0.51)
$CVCPD^2$	1.63 *** (0.48)	0.21 (0.24)	0.37 (0.29)	1.34 *** (0.34)	2.67 *** (0.55)	5.09 *** (0.78)
OS	0.14 ** (0.06)	0.00 (0.02)	0.02 (0.02)	0.07 (0.05)	0.17 ** (0.08)	0.36 *** (0.11)
OS × CVCPD	0.26 *** (0.07)	0.06 (0.03)	0.04 (0.026)	0.19 ** (0.08)	0.34 ** (0.17)	0.77 *** (0.25)
$OS \times CVCPD^2$	0.05 (0.04)	0.04 (0.02)	0.03 (0.03)	0.10 *** (0.04)	0.17 ** (0.08)	0.32 *** (0.11)
Year		–	–	–	–	–
FA	0.01 (0.02)	0.00 (0.00)	0.01 * (0.00)	0.02 ** (0.01)	0.03 ** (0.01)	0.03 (0.02)
FS	-0.33 *** (0.06)	-0.14 *** (0.03)	-0.17 *** (0.03)	-0.21 *** (0.04)	-0.17 *** (0.05)	-0.28 *** (0.07)
CE	0.01 (0.03)	0.00 (0.01)	0.01 (0.01)	0.02 (0.02)	0.01 (0.03)	0.06 (0.04)
SG	0.06 (0.07)	0.00 (0.04)	0.05 (0.04)	0.07 (0.06)	0.17 *** (0.06)	0.18 ** (0.08)
IAQ	0.19 *** (0.03)	0.08 *** (0.02)	0.09 ** (0.05)	0.21 *** (0.08)	0.44 ** (0.17)	0.75 *** (0.19)
CVCPS	-0.04 ** (0.01)	0.00 (0.01)	-0.02 ** (0.01)	-0.03 ** (0.01)	-0.06 *** (0.01)	-0.09 *** (0.03)
CVCA	-0.02 (0.02)	0.00 (0.01)	-0.01 (0.01)	-0.01 (0.01)	-0.02 (0.01)	-0.03 (0.03)
CVCER	0.00 (0.00)	0.00 (0.00)	0.00 (0.00)	0.00 (0.00)	0.00 (0.00)	0.00 * (0.00)
常数	3.98 *** (0.60)	2.09 *** (0.24)	2.28 *** (0.24)	2.40 *** (0.36)	2.10 *** (0.48)	2.80 *** (0.86)
R^2	0.4406	0.1838	0.2092	0.2796	0.3737	0.4817

注：bootstrap 迭代次数为 1000；* 表示 P<0.10，** 表示 P<0.05，*** 表示 P<0.01；（）内为标准误差

从表 5.7 可以看出，组织冗余 OS 的回归系数仅在 0.75 分位点和 0.9 分位点通过显著性检验，说明组织冗余只对高价值水平公司投资的价值创造有贡献；OS × CVCPD 和 OS × $CVCPD^2$ 的回归系数仅在 0.5、0.75 和 0.9 分位下显著正相关，说明 OS 只对较高价值水平的公司投资者，CVCPD 与其价值创造之间的关系具有调节效应；同样的，CVCPD 和 $CVCPD^2$ 只在 0.5、0.75 和 0.9 分位下以相反的方向通过显著性检验，说明 CVCPD 和公司投资者价值创造之间的“U 形”关系同样只在较高的分位数水平下才成立。控制变量中，企业规模、行业平均 Q 在所有分位数水平下以相反的方向通过显著性检验；CVC 投资组合规模除 0.1 分位下，均与企业价值创造显著负相关；营收增长率则仅在 0.75 和 0.9 分位下与企业价值创造显著正相关；企业年龄进展 0.25、0.5 和 0.75 分位下与企业价值创造显著正相关。

OS × CVCPD 等不同变量对公司投资者价值创造贡献分位数趋势图，具体如图 5.13 所示。从图 5.13 可以看出，控制变量中，行业平均 Q 值对公司投资者价值创造的贡献率总体上随分位数由低到高呈现递增趋势，而其他控制变量则随着分位数由低到高呈现不同的上下波动趋势。调节变量中，OS、OS × CVCPD 和 OS × $CVCPD^2$ 对公司投资者价值创造的贡献率总体上均随分位数由低到高呈现递增趋势。

按照 Cohen，Cohen 和 West et al.，(2003) 和 Aiken 和 West (1991) 的方法，可以绘制得出图 5.14、图 5.15、图 5.16、图 5.17、图 5.18 和图 5.19 所示的不同分位数估计下，高组织冗余（= OS 均值 + 标准差）、中等组织冗余（= OS 均值）和低组织冗余（= OS 均值 - 标准差）与 CVCPD 的交互效应图。图 5.14、图 5.15 和图 5.16 从不同组织冗余水平角度比较不同分位数下 CVCPD 对公司投资者价值创造贡献的差异；图 5.17、图 5.18 和图 5.19 从不同分位数角度比较不同组织冗余水平下 CVCPD 对公司投资者价值创造贡献的差异。

从图 5.14 可以看出，在低组织冗余水平下，0.5 分位和 0.9 分位企业价值水平的公司投资者，CVCPD 对企业价值创造的相对贡献大于 0.75 分位企业价值水平的老牌公司；在 [0.0, 0.11] 和 [0.73, 1.0] 区间，0.9 分位企业价值水平的公司投资者，CVCPD 对企业价值创造的相对贡献均大于 0.5 分位企业价值水平的老牌公司，而在 [0.12, 0.74] 区间情况刚好相反。CVCPD 的临界值点，0.5 分位、0.75 分位和 0.9 分位下分

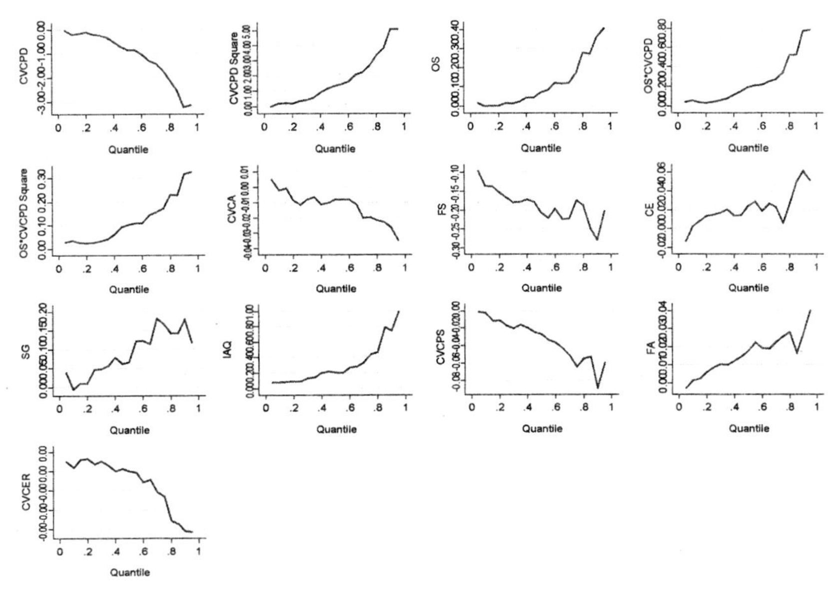

图 5.13 $OS \times CVCPD$ 等变量对公司投资者价值创造贡献分位数趋势图

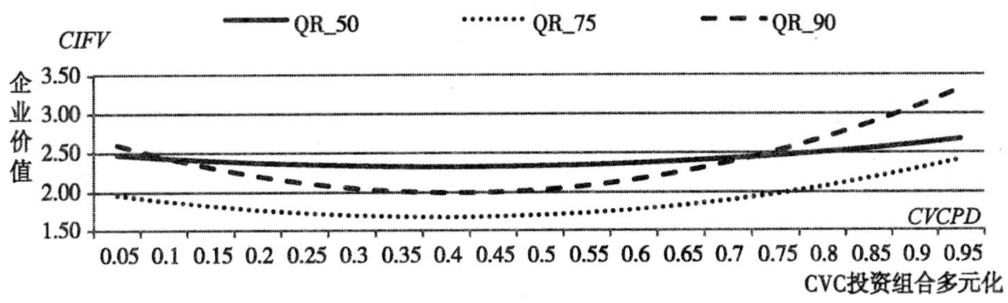

图 5.14 不同分位数下 *OS* 与 *CVCPD* 交互效应（低组织冗余）

别是 0.41、0.40 和 0.415，说明低组织冗余对 0.75 分位企业价值水平下的公司投资者的 CVCPD 与企业价值之间关系的调节效应要大于 0.5 分位和 0.9 分位企业价值水平下的公司投资者。

从图 5.15 可以看出，在中组织冗余水平下，在［0.0，0.9］区间，CVCPD 对公司投资者价值创造的相对贡献在 0.9 分位、0.5 分位和 0.75 分位下依次递减；［0.91，1.0］区间，CVCPD 对公司投资者价值创造的相对贡献大小依次是 0.9 分位、0.75 分位和 0.5 分位企业价值水平下的公司投资者。从 CVCPD 的临界值点来看，0.5 分位、0.75 分位和 0.9 分位下分别是 0.321、0.32 和 0.315，说明企业价值水平越高，中等组织冗

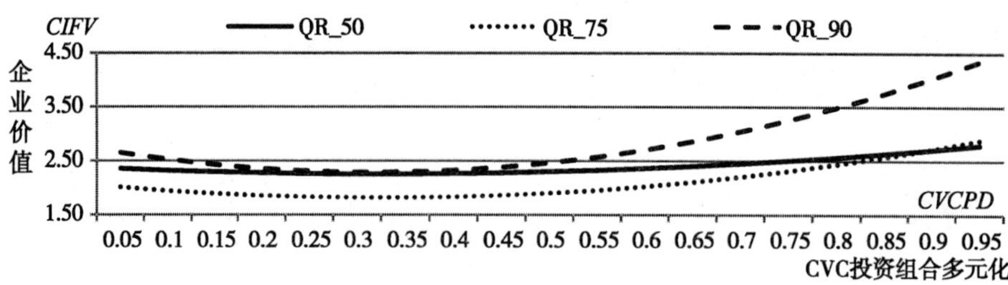

图 5.15　不同分位数下 *OS* 与 *CVCPD* 交互效应（中组织冗余）

余对 CVCPD 与企业价值之间“U 形”关系的调节效应越大。

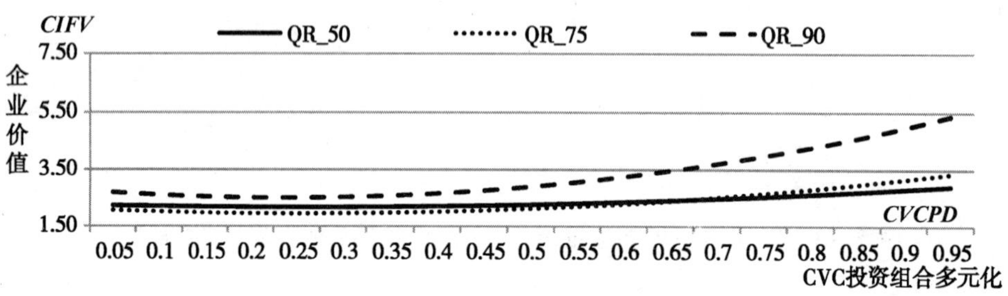

图 5.16　不同分位数下 *OS* 与 *CVCPD* 交互效应（高组织冗余）

从图 5.16 可以看出，在高组织冗余水平下，在［0.0，0.66］区间，CVCPD 对公司投资者价值创造的相对贡献在 0.9 分位、0.5 分位和 0.75 分位下依次递减；［0.67，1.0］区间，CVCPD 对公司投资者价值创造的相对贡献大小依次是 0.9 分位、0.75 分位和 0.5 分位企业价值水平下的公司投资者。从 CVCPD 的临界值点来看，0.5 分位、0.75 分位和 0.9 分位下分别是 0.251、0.26 和 0.23，说明高组织冗余对 0.9 分位企业价值水平下的公司投资者的 CVCPD 与企业价值之间关系的调节效应要大于 0.5 分位和 0.75 分位企业价值水平下的公司投资者。

从图 5.17 可以看出，在 0.5 分位企业价值水平下，［0.0，0.60］区间 CVCPD 对 OS 越大的公司投资者价值创造贡献相对越小；［0.61，1.0］区间 CVCPD 对 OS 越大的公司投资者价值创造贡献相对越大。企业价值的极小值点，低 OS、中 OS、高 OS 下分别为 0.410、0.321 和 0.251，即 OS 越大临界值点越小，说明在 CVCPD 与公司投资者价值创造的负相关阶段，组织冗余有效地减缓了这种不利影响。

从图 5.18 可以看出，在 0.75 分位企业价值水平下，全范围内 CVCPD

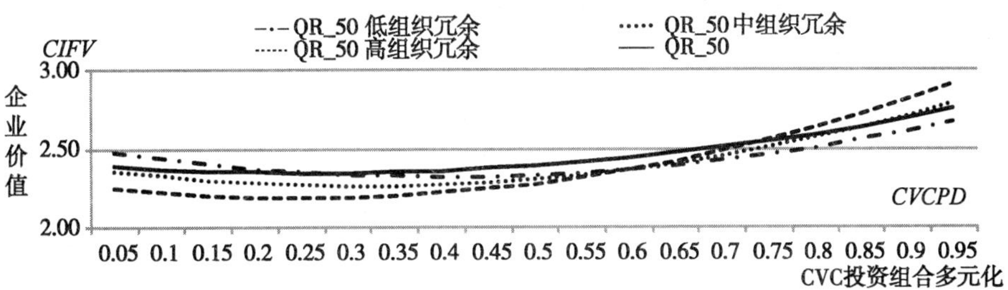

图 5.17 *OS* 与 *CVCPD* 交互效应（QR_50）

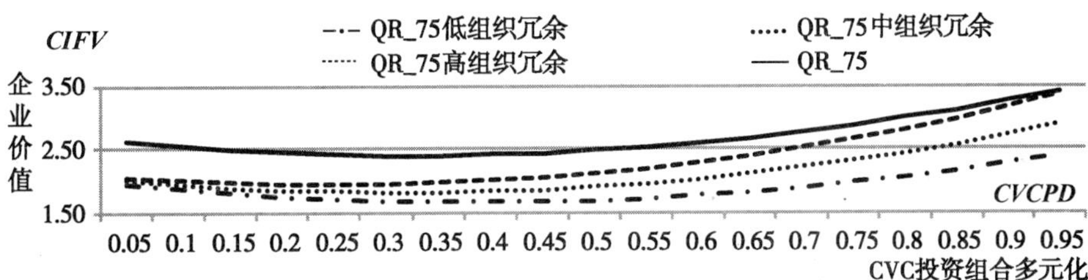

图 5.18 *OS* 与 *CVCPD* 交互效应（QR_75）

对 OS 越大的公司投资者价值创造贡献相对越大。企业价值的极小值点，低 OS、中 OS、高 OS 下分别为 0.40、0.32 和 0.26，即 OS 越大临界值点越小，说明在 CVCPD 与公司投资者价值创造的负相关阶段，组织冗余有效地减缓了这种不利影响。

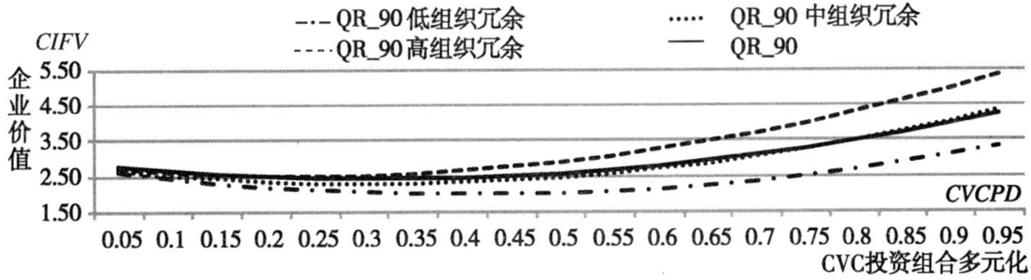

图 5.19 *OS* 与 *CVCPD* 交互效应（QR_90）

从图 5.19 可以看出，在 0.9 分位企业价值水平下，全范围内 CVCPD 对 OS 越大的公司投资者价值创造贡献相对越大。企业价值的极小值点，低 OS、中 OS、高 OS 下分别为 0.415、0.315 和 0.230，即 OS 越大临界值点越小，说明在 CVCPD 与公司投资者价值创造的负相关阶段，组织冗余有效地减缓了这种不利影响。

不同组织冗余下不同企业价值水平的公司投资者，CVCPD 与企业价值创造的极值点具体如表 5.8 所示。

表 5.8　　企业价值极小值点对应的 *CVCPD* 值

	0.5 分位	0.75 分位	0.9 分位
高 OS	0.251	0.260	0.230
中 OS	0.321	0.320	0.315
低 OS	0.410	0.400	0.415
无组织冗余	0.758	0.332	0.324

从表 5.8 可以看出，无论哪种分位数下，低 OS、中 OS、高 OS 下临界值点都依次递减，说明 OS 积极地调节了 CVCPD 与公司投资者价值创造的关系，特别是在 CVCPD 与公司投资者价值创造的负相关阶段，组织冗余能够有效减缓这种不利影响。但低 OS 下临界值点依次 0.9 分位 >0.5 分位 >0.75 分位，中 OS 和高 OS 下临界值点依次 0.75 分位 >0.5 分位 >0.9 分位，说明低 OS 对 0.75 分位价值水平公司 CVCPD 与公司投资者价值创造关系的调节效应大于 0.9 分位企业价值水平或 0.5 分位企业价值水平下的老牌公司；中、高 OS 对高企业价值水平公司的 CVCPD 与公司投资者价值创造关系的调节效应大于低企业价值水平或中等企业价值水平下的老牌公司。综上，组织冗余对不同价值水平下的 CVCPD 与公司投资者价值创造之间的“U 形”关系的调节效应不同，假设 H6 得到支持。

研究问题 2“CVC 投资对公司投资者价值创造的影响机制”的三个子问题假设检验情况结果具体如表 5.9 所示。

表 5.9　　研究问题 2：CVC 投资对公司投资者价值创造影响机制假设检验结果汇总表

问题	假设	假设内容	关注焦点	检验结果
子问题 2 - 1	H1	CVC 投资组合多元化与企业价值之间存在“U 形”曲线关系	CVC 投资组合多元化	支持
	H2	组织冗余对 CVC 投资组合多元化与企业价值之间的“U 形”关系具有积极的调节作用	CVC 投资组合多元化组织冗余	支持

续表

问题	假设	假设内容	关注焦点	检验结果
子问题 2 - 2	H3	CVC 投资组合多元化与企业价值之间的“U 形”关系只有在非控股型 CVC 项目治理结构下才成立	CVC 投资组合多元化 CVC 项目治理结构	支持
	H4	组织冗余对非控股型 CVC 项目治理结构下 CVC 投资组合多元化与企业价值之间的“U 形”关系具有调节作用	CVC 投资组合多元化 CVC 项目治理结构 组织冗余	支持
子问题 2 - 3	H5	只有较高企业价值水平的公司投资者才能通过 CVC 投资实现价值创造	企业价值水平 CVC 投资组合多元化	支持
	H6	不同价值水平下的公司投资者，组织冗余对 CVC 投资组合多元化与企业价值之间的“U 形”关系的调节效应不同	企业价值水平 CVC 投资组合多元化 组织冗余	支持

第五节　结果讨论

一　子问题 2 - 1 实证结果讨论

子问题 2 - 1 实证研究发现，CVC 投资组合多元化与公司投资者价值创造之间存在“U 形”关系，这与 Yang，Narayanan 和 De Carolis（2014）的研究结论一致，与翟丽，鹿溪和宋学明（2010）、林子尧和李新春（2012）、孙健和白全民（2010）的线性积极或消极结论不一致。仔细分析以上三篇国内文献，首先，在分析框架上，均没有考虑被投资的创业企业，以上市公司投资 CVC 项目的金额为主要变量，可能存在潜在的科学性和可靠性问题；其次，在研究样本上，林子尧和李新春（2012）依靠 2006 年一年的数据进行的研究发现，CVC 并没有像预期的那样为企业创造价值，结论可能存在偶然性；孙健和白全民（2010）根据 2006 年 27 家上市公司，依靠托宾 Q 值与企业投资 CVC 项目的金额这两变量线性回归而得出企业参与 CVC 投资会获取巨大战略收益，其结论的可靠性也有待商榷。本书为了确保 CVC 投资组合多元化与公司投资者价值创造之间关系研究结论的可靠性，控制了宏观经济环境的影响及相关的潜在影响因素。回归模型效应的选择严格遵照相应的选择程序（根据 Hausman 检验来选择），对变量进行多种测量手段，并采用多种回归方法模型（GLS 估计、两阶段最小二乘法估计和广义矩估计）来排除研究结果的偏误性和偶然性，结果证明关于 CVC 投资组合多元化与公司投资者价值创造之间的关系是稳健和可靠的。

进一步研究显示，CVC 投资组合多元化与公司投资者价值创造之间的关系受组织冗余（无论是以流动比率衡量的可利用冗余还是以权益负债比衡量的潜在冗余）的调节。高组织冗余下，CVC 投资组合多元化与公司投资者价值创造之间存在更为积极的相关关系：企业价值的极小值点，低流动比率、中等流动比率和高流动比率的 CVC 投资组合多元化分别为 0.35，0.28 和0.20，即流动比率越高，“U 形”临界值点越小；低权益负债比、中等权益负债比和高权益负债比的 CVC 投资组合多元化分别为 0.44，0.27 和0.10，即权益负债比越高，“U 形”临界值点越小。以上结论说明，在 CVC 投资组合多元化与公司投资者价值创造的负相关阶段，组织冗余有效地减缓了这种不利影响。国外大量的文献研究证实组织冗余会对企业的内部研发和外部投资产生影响（Kaplan 和 Zingales，1997；Cleary，2006；Whited 和 Wu，2006；Musso 和 Schiavo，2008），CVC 作为一项投资，必然要占用企业有限的资源。在技术变革与成长迅速的行业中，内部 R 和 D 对 CVC 投资的影响特别显著（Sahaym，Steensma 和 Barden，2009），技术资源与营销资源越强的企业所进行的 CVC 投资也越多（Basu，Phelps 和 Kotha，2011）。这些学者的研究间接支持了本研究结论的合理性。

CVC 投资组合多元化与公司投资者价值创造之间复杂的“U 形”关系暗示公司进行 CVC 投资活动时应该谨慎，不能仅强调投资的数量，还得合理安排投资的创业企业组合的多元化程度。考虑到组织冗余对两者关系积极的调节作用，公司进行 CVC 投资在战略上需要保持一定的可利用冗余和适度的潜在冗余以便确保现在和未来的融资能力。在低组织冗余的情况下，公司投资者更加需要精心选择合适的创业企业组合进行权益投资。

二　子问题 2 -2 实证结果讨论

CVC 项目并不是“黑箱、同质”的，CVC 项目有高度的异质性（Birkinshaw 和 Hill，2005）。根据目标、组织设计和管理风格，不同的 CVC 项目在结构和管理特征方面有着显著性差异（Birkinshaw，Van Basten

Batenburg 和 Murray，2002；Chesbrough，2002；Gompers，2002；Miles 和 Covin，2002；Mackewicz 和 Partner，2003；Weber 和 Weber，2005），也会形成不同的战略逻辑（Hill 和 Birkinshaw，2008）和组织同构焦点（Souitaris，Zerbinati 和 Liu，2012；Souitaris 和 Zerbinati，2014）。不同投资目标需要匹配不同的投资模式（Winters 和 Murfin，1988；Miles 和 Covin，2002），因此不同的 CVC 项目有不同的投资绩效（Hill，Maula 和 Birkinshaw et al.，2009）。子问题 2－2 实证研究显示，CVC 投资组合多元化与公司投资者价值创造之间的“U 形”关系以及组织冗余的调节作用只有在非控股 CVC 项目治理结构下才成立。控股型 CVC 项目治理结构投资易形成高关联度从而落入“紧临陷阱”，无助于公司通过 CVC 投资实现价值创造的目的，间接说明适度关联的必要性，与 Matusik 和 Fitza（2012）和 Schildt，Keil 和 Maula（2012）的研究启示基本一致。在控股型 CVC 项目治理结构下，CVC 投资倾向于按照母公司的意志进行过多的相关多元化。高度相关多元化会使母公司陷入“紧临陷阱”（Ahuja 和 Lampert，2001）从而不利于企业价值创造；非控股型 CVC 项目治理结构下，CVC 项目管理者有更大的管理自由裁决权，利于探索新的行业从事非相关多元化从而维持适度的行业关联度，有利于企业的价值创造。

公司进行 CVC 投资活动时，倾向于控股 CVC 项目。子问题 2－2 的结论发现，控股 CVC 项目未必是最优的，与其他企业联合参股而不是控股 CVC 项目可能是更好的选择。如果企业控股 CVC 项目，也应该给予 CVC 项目一定的自由裁决权，以保证 CVC 投资的创业企业组合与母公司之间形成适度的行业关联度和多元化水平。

三　子问题 2－3 实证结果讨论

通过 CVC 投资来实现价值创造能不能成为所有公司的可行选项？尽管 CVC 投资提供了价值创造的战略平台，但不同企业拥有的不同资源可能会有助于或有碍于其识别、整合 CVC 投资搜寻到的“技术窗口”或“业务窗口”机会。因此，需要考虑公司投资者本身的“异质性”，根据公司投资者高度差异的价值水平和组织冗余等“资源禀赋”条件进一步分析 CVC 投资对公司投资者价值创造的影响差异。

子问题 2－3 采用分位数回归实证检验不同企业价值水平下，CVC 投资组合多元化与公司投资者价值创造之间的关系差异以及组织冗余调节效应的差异。本研究样本中被解释变量是非正态分布的，分位数回归可能是更加合适的计量估计方法。分位数回归结果显示，CVC 投资组合多元化与公司投资者价值创造之间的“U 形”关系仅在 0.5、0.75 和 0.9 分位下成立。从“U 形”关系的极值点来看，0.5、0.75 和 0.9 分位下 CVC 投资组合多元化分别为 0.7581、0.3321 和 0.3239，说明较低企业价值水平的公司投资者，其 CVC 项目必须投资多元化程度更高的创业企业组合才能通过 CVC 投资实现企业价值创造的战略目标，而高企业价值水平的公司投资者，其 CVC 项目只需要投资较低多元化程度的创业企业组合就能实现其价值创造的战略目的，这证实了 CVC 投资中存在“资源依赖性”。

从组织冗余的调节效应来看，组织冗余的调节效应也仅在 0.5、0.75 和 0.9 分位下成立，并且不同的分位数下组织冗余的调节效应有着较大的差异：低组织冗余下，“U 形”临界值 CVC 投资组合多元化依次 0.9 分位 >0.5 分位 >0.75 分位，中等或高组织冗余下“U 形”临界值 CVC 投资组合多元化依次 0.75 分位 >0.5 分位 >0.9 分位。以上结论说明，低组织冗余对 0.75 分位企业价值水平公司投资者 CVC 投资组合多元化与企业价值创造关系的调节效应大于 0.9 分位或 0.5 分位企业价值水平下的公司投资者；中、高组织冗余对高企业价值水平公司投资者 CVC 投资组合多元化与企业价值创造关系的调节效应大于低企业价值水平或中等企业价值水平下的公司投资者。但是，无论哪种分位数下，组织冗余调节效应的“U 形”临界值 CVC 投资组合多元化依次为低组织冗余 > 中等组织冗余 > 高组织冗余，说明组织冗余积极地调节了 CVC 投资组合多元化与公司投资者价值创造之间的关系。

以上研究结论丰富和拓展了 Yang，Narayanan 和 De Carolis（2014）关于 CVC 投资组合多元化与企业价值的“U 形”关系的研究发现，与资源基础观的资源决定理论一致，同时证实了 CVC 投资对公司投资者价值创造中存在“资源依赖性”。从投资实践来看，由于存在“资源依赖性”，通过 CVC 投资来实现价值创造并不能成为所有公司的可行选项，只有具有较高企业价值的公司才可能通过 CVC 投资实现企业价值创造。考虑到组织冗余的调节效应非常复杂，因此在 CVC 投资策略上：低组织冗余条件下，企业价值相对较低或较高的公司应比中等价值水平公司选择更高程度的多元化；中、高组织冗余条件下，中等企业价值水平的公司应比企业价值相对较低或较高的公司选择更高程度的多元化。

第六节　本章小结

本章聚焦于研究问题 2“CVC 投资对公司投资者价值创造的影响机制”。根据研究的视角和关注的焦点不同，细分为三个子问题。子问题 2 - 1基于创业企业异质性视角，关注 CVC 投资组合多元化对公司投资者价值创造的影响以及组织冗余对两者关系的调节效应；子问题2 - 2在子问题2 - 1 的基础上，基于 CVC 项目异质性假设，关注控股与非控股 CVC 项目治理结构下，CVC 投资组合多元化与公司投资者价值创造之间关系的差异以及组织冗余对两者关系的调节效应的差异；子问题 2 - 3 在子问题 2 - 1 的基础上，关注 0. 1、0. 25、0. 5、0. 75 和 0. 9 分位下不同企业价值水平的公司投资者，CVC 投资组合多元化与企业价值创造之间的关系差异以及组织冗余调节效应的差异。

借鉴创新搜寻与组织学习理论和实物期权理论，基于“CVC 投资公司 - CVC 项目 - 创业企业”三元结构逻辑分析框架，根据 2000—2012 年期间沪深主板 78 家上市公司投资的 686 个企业 - 年观察样本组成的非平衡面板数据，以 Tobin's Q 值为因变量，采用广义面板数据随机效应线性回归模型和分位数回归模型的实证研究发现：（1）CVC 投资组合多元化与公司投资者价值创造之间存在“U 形”关系，以流动比率反映的可利用冗余和以权益负债比反映的潜在冗余对两者之间的“U 形”关系有积极的调节作用，特别是在 CVC 投资组合多元化与公司投资者价值创造的负相关阶段，组织冗余能有效地减缓这种不利影响；（2）CVC 投资组合多元化与公司投资者价值创造之间的“U 形”关系以及组织冗余的调节效应仅在非控股型 CVC 项目治理结构下成立；（3）由于存在资源依赖性，通过 CVC 投资来实现价值创造并不能成为所有公司的可行选项。实证研究发现，CVC 投资组合多元化与公司投资者价值创造之间的“U 形”关系以及组织冗余的调节效应仅在 0. 5、0. 75 和 0. 9 分位下成立。分位数越低，“U 形”极值点的 CVC 投资组合多元化值越大。无论哪种分位数下，组织冗余都积极地调节了 CVC 投资组合多元化与公司投资者价值创造之间的关系，但调节效应的大小在不同分位数下有较大的差异。

本书的研究与其他学者的研究既存在一致性又存在差异性。为此，本章最后（具体见第五节结果讨论部分）对以上研究结论与国内外学者的相关实证研究结论或理论进行细致的对比讨论和分析。除此之外，也根据研究结论提供了相应的管理启示：首先，CVC 投资组合多元化与公司投资者价值创造之间复杂的“U 形”关系暗示企业在进行 CVC 投资活动时应该谨慎，不能仅强调投资的数量，还得合理安排投资的创业企业组合的多元化程度；其次，公司最好是参股而不是控股 CVC 项目，即使控股 CVC 项目，也应该赋予 CVC 项目一定的管理决策自主权；再次，组织冗余积极地调节了 CVC 投资组合多元化与公司投资者价值创造的关系，因此，公司进行 CVC 投资在战略上需要保持一定的可利用冗余和适度的潜在冗余以便确保现在和未来的融资能力。在低组织冗余的情况下，公司更加需要精心选择合适的创业企业组合进行权益投资；最后，由于资源依赖性，通过 CVC 投资来实现价值创造并不能成为所有公司的可行选项，只有具有较高企业价值的公司才可能通过 CVC 投资实现企业价值创造。考虑到组织冗余的调节效应非常复杂，因此在 CVC 投资策略上：低组织冗余条件下，企业价值相对较低或较高的公司应比中等价值水平公司选择更高程度的多元化；中、高组织冗余条件下，中等企业价值水平的公司应比企业价值相对较低或较高的公司选择更高程度的多元化。

第六章

结论与展望

CVC 投资是企业开放创新获取外部技术源的重要模式和价值创造的主要工具以及公司创业活动的重要形式，对动态竞争环境下企业如何通过创新与变革以获取竞争优势至关重要，在全球得到了快速的发展和壮大。作为 CVC 投资后起之秀的中国，CVC 投资却存在资本使用效率低下和上市公司 CVC 投资参与不足等问题，致使制约 CVC 投资绩效的提高和影响企业的创新与变革。

CVC 投资是国际学术界近年来关注的热点问题（Dushnitsky 和 Lenox，2006），且主要侧重于对美国 CVC 投资问题的研究，有关中国 CVC 投资问题研究至今尚处于初步的探索阶段，现有研究不仅数量少，而且在研究思路上采用“CVC 投资公司 - CVC 项目”二元分析框架，未考虑被投资的创业企业而存在潜在的科学性和可靠性问题；同时，现有研究大都基于 CVC 项目“黑箱”和创业企业“同质性”假设，忽视现实中 CVC 项目、创业企业等存在的高度异质性（Lööf 和 Heshmati，2002；Birkinshaw 和 Hill，2005），致使有关研究结论出现普适性、科学性和可靠性问题。

本书在全面综述国内外相关文献研究成果和深入分析中国上市公司 CVC 投资现状的基础上，基于创业企业、CVC 项目“异质性”视角，以“CVC 投资公司 - CVC 项目 - 创业企业”三元结构为逻辑分析框架，从 CVC 投资的战略绩效和综合绩效两个维度，根据沪深主板上市公司 2000—2011/2012 年期间投资的观测样本构成的非平衡面板数据，采用计量经济学模型分析方法，通过六个子问题分别实证研究了 CVC 投资对公司投资者技术创新和价值创造的影响机制。本章归纳了本书研究的主要结论，阐述了本书研究的理论贡献及其实践启示，提出了研究不足和未来研究展望。

第一节 主要研究结论

通过全文六个子问题的研究，本书形成了以下主要研究结论：

（1）CVC 投资有助于公司投资者技术创新，但二者之间存在一种非线性关系，并受公司投资者吸收能力和卷入程度的积极调节。通过 CVC 投资，在合适的知识转移机制和有效吸收入站信息的能力基础上，公司投资者利用投资前的尽职调查和投资后的交流互动机制来监控、发现、获取和学习被投资的创业企业的知识和技术。不考虑创业企业之间的异质性，CVC 投资的创业企业数量与公司投资者技术创新（以发明和实用新型专利进行测量）呈现出积极的线性关系，但进一步考虑创业企业知识异质性问题后发现，CVC 投资的创业企业组合知识多元化（基于 GB/T 4754－2011 编码，3 位编码区分知识基础，以熵计算方法来测量多元化）与公司投资者技术创新存在“U 形”关系。这种“U 形”关系意味着 CVC 投资不能仅强调投资的创业企业的“量”，还应考虑创业企业的“质”，重视创业企业之间的异质性，对具有相同知识基础的创业企业的重复性投资无益公司投资者技术创新，只有使投资的创业企业组合形成一定的多元化，才能够通过 CVC 投资实现技术创新。公司投资者的吸收能力（基于专利 IPC 分类，以熵计算方法进行技术多元化测量）、公司投资者卷入创业企业的程度（以 CVC 项目投资创业企业的股权比例与公司投资者持有 CVC 项目的股权比例的乘积来测量）对上述“线性”和“U 形”关系有积极的调节作用。首先，吸收能力越大，公司投资者技术创新效率越高，特别是在创业企业组合知识多元化与公司投资者技术创新的负相关阶段，吸收能力有效地减轻了这种不利影响：吸收能力越低，技术创新“U 形”临界点时的创业企业组合知识多元化值越大（＝1.70）；吸收能力越高，技术创新“U 形”临界点创业企业组合知识多元化值越小（＝1.26）。这表示在高吸收能力下，较低的多元化程度就能够实现技术创新。其次，卷入关系调节效应显著。CVC 投资与公司投资者技术创新之间无论是“线性”还是“U 形”关系，在低卷入程度下都被反转为完全负相关，而在高卷入程度下均被反转为完全正相关。因此，CVC 投资需要超越简单的权益投资关系，形成投资后的互动参与和管理才能实现投资绩效。

（2）CVC 投资组合多元化与公司投资者价值创造呈现“U 形”关系，

并受组织冗余积极的调节。CVC 投资对公司投资者价值创造而言，大多数价值来源于识别新机会、发展新业务关系、刺激需求、塑造或扩张市场、获取资源以及通过初始投资建立实物期权。CVC 投资往往考虑的是一系列战略投资组合，这些投资组合往往是彼此相关，通过潜在的技术或行业交互影响，产生投资组合效应，但投资往往受到公司资源的约束。本书发现，CVC 投资组合多元化（基于 GB/T 4754—2011 编码，2 位编码区分行业，以 HHI 指数测量）与公司投资者价值创造（以托宾 Q 值测量）之间存在一种“U 形”关系，意味着通过 CVC 投资实现价值创造的前提是被投资的创业企业组合要形成一定的多元化，对同类创业企业的重复投资无益公司投资者价值创造。组织冗余（以流动比率测量可利用冗余，权益负债比测量潜在冗余）对“U 形”关系有积极的调节作用：企业价值的极小值点，低流动比率、中等流动比率和高流动比率的创业企业组合多元化分别为 0.35，0.28 和 0.20，即流动比率越高，临界值点越小；低权益负债比、中等权益负债比和高权益负债比的创业企业组合多元化分别为 0.44，0.27 和 0.10，即权益负债比越高，临界值点越小。以上结论意味着组织冗余越大，公司投资者仅需构建较低程度的创业企业组合多元化就能实现价值创造。

（3）不同 CVC 项目治理结构下，CVC 投资对公司投资者技术创新和价值创造具有不同的影响机制。不同的 CVC 项目在结构和管理特征方面有着显著性差异，也会形成不同的战略逻辑和组织同构焦点。CVC 项目一方面在双边组织学习中扮演了重要的角色，关系到知识、信息的收集和传递；另一方面，CVC 项目不同的自治水平决定了在选择被投资的创业企业时会形成特定的投资偏好和投资策略。本书实证研究发现：第一，CVC 投资的创业企业组合知识多元化与公司投资者技术创新之间在控股型 CVC 项目治理结构下（有单个公司投资者持有 CVC 项目权益比例≥50%）呈“倒 U 形”关系而在非控股型 CVC 项目治理结构下呈“U 形”关系，以技术多元化衡量的吸收能力仅对控股型 CVC 项目治理结构下的“倒 U 形”关系有积极的调节作用：吸收能力越低，“倒 U 形”临界点的创业企业组合知识多元化值越小（=0.31）；吸收能力越高，“倒 U 形”临界点的创业企业组合知识多元化值越大（=0.96）。第二，CVC 投资组合多元化与公司投资者价值创造之间的“U 形”关系只有在非控股 CVC 项目治理结构下才成立，组织冗余对此“U 形”关系有积极的调节作用。

因此，在 CVC 投资关系中，建立和设计特定的 CVC 项目，根据 CVC 项目治理结构选择特定的投资策略对实现技术创新和价值创造尤为必要。

（4）具备一定企业价值水平的公司投资者才可以通过 CVC 投资来实现价值创造，并应根据自身资源禀赋（价值水平和组织冗余）来选择差异化 CVC 投资策略。由于资源的发展过程具有耗时和路径依赖特性，因此企业发展会产生路径依赖，通过 CVC 投资来实现价值创造并不能成为所有公司的可行选项。本书通过分位数回归研究发现，CVC 投资组合多元化与公司投资者价值创造之间的“U 形”关系仅在 0.5、0.75 和 0.9 分位企业价值水平下成立，并且企业价值水平越高，“U 形”关系极值点的多元化程度越低。这说明，企业价值水平越低的公司投资者在投资选择上需要建立更高程度的创业企业组合多元化水平。组织冗余的调节效应也仅在 0.5、0.75 和 0.9 分位下成立，并且低组织冗余下，“U 形”关系极值点的多元化程度依次为 0.9 分位 >0.5 分位 >0.75 分位，中等或高组织冗余下依次为 0.75 分位 >0.5 分位 >0.9 分位。但是，无论哪种分位数下，组织冗余调节效应的“U 形”关系极值点的多元化程度依次为低组织冗余 > 中等组织冗余 > 高组织冗余。因此，公司投资者应综合自身价值水平和组织冗余程度来合适的选择创业企业组合的多元化水平。

第二节　理论贡献与实践启示

一　理论贡献

本书以创业企业、CVC 项目“非黑箱、异质性”为视角，基于资源基础观、知识基础观、创新搜寻与组织学习理论和实物期权理论，深入研究了 CVC 投资对公司投资者技术创新和价值创造的影响机制，有关结论具有重要的学术创新意义。

（1）本书揭示的中国 CVC 投资对技术创新和价值创造的影响机制，丰富和拓展了 CVC 投资理论。近年来，除了战略联盟、合资、许可证生产和并购公司之外，大公司纷纷通过 CVC 投资来实现业务拓展和技术创新（Schildt，Maula 和 Keil，2005），CVC 的研究开始获得学术界的广泛关注（Dushnitsky 和 Lenox，2006），但仍存在一定的局限。本研究对 CVC 研究理论文献贡献体现在以下几方面：

第一，本研究把国内“CVC 投资公司 - CVC 项目”二元分析框架拓展到“CVC 投资公司 - CVC 项目 - 创业企业”三元分析框架，有助于揭示 CVC 投资关系中公司投资者、CVC 项目和创业企业之间关系的动态交互影响，突破了国内现有研究采用的“CVC 投资公司 - CVC 项目”二元分析框架的局限性，也为后续研究提供了一个更加完整的理论分析框架。在 CVC 投资关系中，投资 CVC 项目并不一定就能为母公司带来投资绩效，这取决于 CVC 项目投资的创业企业、CVC 项目在母公司与创业企业之间“桥梁作用”、母公司资源利用及资源开发的能力以及母公司能否超越权益投资建立投资后的互动参与机制等。本研究不仅识别了这些因素，还为每个因素提供了相应的理论基础，因此本研究的 CVC 三元结构逻辑分析框架有助于揭示 CVC 投资对公司投资者技术创新和价值创造的影响机制。

第二，本书以创业企业“异质性”为视角，将研究 CVC 投资的创业企业的“量”拓展到研究创业企业的“质”对技术创新和价值创造的影响机制，突破了以往研究中对创业企业“同质性”假设的局限，也为一些争议性观点提供了新的解释。以往的研究中，学者们更关注 CVC 投资的数量和金额（例如 Dushnitsky 和 Lenox，2005b，2006；Wadhwa 和 Kotha，2006；Wadhwa 和 Basu，2013；Kang，2014a；孙健，白全民，2010；翟丽，鹿溪，宋学明，2010；林子尧，李新春，2012；万坤扬，陆文聪，2014b）对公司投资者技术创新和价值创造机制的影响，只重视了 CVC 投资的创业企业的“量”而忽视了创业企业的“质”。本研究借鉴企业异质性观点，重点关注创业企业的知识、行业等异质性特征，重视 CVC 投资的创业企业的“质”对公司投资者技术创新和价值创造的影响，得出了有益的结论。总体而言，CVC 投资组合多元化与公司投资者技术创新和价值创造之间均存在“U 形”关系，区别于类似研究的只重视创业企业“量”而得出的“线性积极、消极”或“倒 U 形”结论。尽管战略管理文献显示由于分享物质资源和效率的协同效应和风险分散，相关多元化比非相关多元化或单一业务表现更好，因此多元化与绩效之间存在“倒 U 形”关系（Palich，Cardinal 和 Miller，2000）。但是，在 CVC 投资情境下，协同效应主要源自于知识资源在挑选、培育创业企业，分享知识、转移知识以刺激母公司创新或发展新业务，并且作为一项战略工具，能够超越组织当前的能力和范围去捕获技术或市场机会。因此，CVC 投资组合多元化显著区别于战略管理的业务多元化，本书的研究结论能够更好地理解公司投资者与创业企业之间的权益投资关系，CVC 投资的金额或创业企业的数量并不足以驱动母公司技术创新和价值创造，还必须满足一定的多元化水平。

第三，本研究识别了 CVC 投资与公司投资者技术创新和价值创造的权变因素，即公司投资者的知识属性（吸收能力）、资源属性（组织冗余）和整合行动（卷入关系），揭开了 CVC 投资对公司投资者技术创新和价值创造的“黑箱”。以往的研究中，学者往往关注公司投资者吸收能力（例如简兆权，吴隆增，黄静，2008；钱锡红，杨永福，徐万里，2010；李贞，杨洪涛，2012；付敬，朱桂龙，2014）、卷入关系（企业联盟、合资等）（例如武志伟，茅宁，陈莹，2005；赵岑，张帏，姜彦福，2012）和组织冗余（例如蒋春燕，赵曙明，2004；陈晓红，王思颖，2012；段海艳，2012；赵亚普，张文红，陈斯蕾，2014）对组织绩效（创新或价值成长）方面的直接效应，较少有学者考虑这些因素在 CVC 投资与公司投资者技术创新和价值创造方面的调节效应。本书提供证据显示，CVC 投资对技术创新的影响受到公司投资者自身的吸收能力的调节；卷入关系会反转 CVC 投资与公司投资者技术创新的关系，说明学习只会在通过知识转移关系产生连接的组织间产生；CVC 投资对价值创造的影响受到自身资源约束的积极调节，与组织冗余会对公司的外部投资产生影响（例如 Musso 和 Schiavo，2008）观点一致。因此，公司在进行 CVC 投资时，要建立、提高自身的吸收能力、与创业企业建立并形成一定的卷入关系、战略上保持一定的可利用冗余和适度的潜在冗余以便确保现在和未来的融资能力。

第四，本研究揭示了 CVC 项目异质性在 CVC 投资与公司投资者技术创新和价值创造中的作用机制，突破了以往研究中对 CVC 项目“黑箱”假设的局限，也为一些争议性观点提供了新的解释。在 CVC 投资关系中，CVC 投资的创业企业之间的关系和母公司与创业企业之间的关系均受 CVC 项目治理结构的影响（Yang，2012）。而 CVC 项目有着显著的异质性（Birkinshaw 和 Hill，2005），会形成不同的战略逻辑（Hill 和 Birkinshaw，2008）和组织同构焦点（Souitaris，Zerbinati 和 Liu，2012；Souitaris 和 Zerbinati，2014）。例如，如果 CVC 项目与母公司战略保持一致并采用整合投资的组织同构，那么其投资的创业企业会与母公司的核心战略领域保持一致，形成创业企业组合的较低多元化和母公司与创业企业之间较大的技术相似性或行业关联度，母公司与创业企业较深的卷入关系。但是，CVC 投资在于获取新技术机会或新的业务机会，与母公司紧密相关的投资降低学习的可能性和促进公司成长的新兴业务的可能性。本研究提供证据显示，就参股、控股或设立 CVC 项目进行投资而言，CVC 投资组合多元化与技术创新在控股型 CVC 项目治理结构下呈“倒 U 形”而在非控股型 CVC 项目治理结构下呈“U 形”，并且 CVC 投资组合多元化对价值创造“U 形”关系仅在非控股型 CVC 项目治理结构下成立。本研究结论也印证了 CVC 项目治理结构对 CVC 投资绩效的影响有着显著性差异（Hill，Maula 和 Birkinshaw et al.，2009），与 Yang（2012）和 Yang，Nomoto 和 Kurokawa（2013）关于组织学习和知识转移受 CVC 项目治理机制影响的研究结论一致。

最后，本研究揭示了公司投资者价值水平对其用 CVC 投资进行价值创造的影响，通过 CVC 投资来实现价值创造并不能成为所有公司的可行选项。不同于以往文献假定所有公司都可通过 CVC 投资实现价值创造，本书实证研究发现，只有具有较高企业价值水平的公司才能够通过 CVC 投资实现价值创造，并且公司价值水平不同，组织冗余调节效应不同，从而造成 CVC 投资策略不同。与资源基础观的观点一致，企业现有的资源会影响企业获取、开发新的资源（Barney，1991）。因此，通过 CVC 投资来实现价值创造并不能成为所有公司的可行选项。要想通过 CVC 投资实现价值创造，必须先通过其他途径使公司具备一定的企业价值水平。

（2）本书揭示的中国上市公司 CVC 投资对技术创新和价值创造的影响机制，丰富和拓展了开放创新理论。开放创新是创新研究的热点，其本质在于超越组织边界，利用组织内外资源进行创新，关键在于如何获取创新所需的外部知识源。传统认为，潜在的外部知识源包括区域网络内的雇员和企业（Almeida 和 Kogut，1999）、大学和政府实验室（Cohen，Nelson 和 Walsh，2002）、联盟伙伴和并购目标（Schildt，Maula 和 Keil，2005）以及客户、开源项目、专利购买等（Muller，Hutchins 和 Pinto，2012），公司必须在与其他组织的相互作用和相互影响中进行创新（陈劲，陈钰芬，2006）。因此，现有开放创新文献也主要聚焦研究整合这些外部知识源从而实现创新。例如不同资源投入的创新绩效（陈劲，陈钰芬，2007），国际化配套模式（刘晓军，2009）、R&D 联盟网络结构（赵红梅，王宏起，2013）、联盟组合的结构特征（江积海，蔡春花，2014）对创新或竞争优势的影响。但是，CVC 与联盟和并购、技术市场等均是开放创新获取外部技术源的重要形式（Wang，Vanhaverbeke 和 Roijakkers，2012）和价值创造的主要工具（Herskovits，Grijalbo 和 Tafur，2013）。本书把 CVC 投资定位于一种搜寻外部知识源的机制。实证发现，CVC 投资有助于公司创新，并且作为一种探索性搜寻工具，CVC 有助于搜寻和获取新的业务机会和技术窗口，并通过组织学习实现公司成长，从而有助于公司价值提升。因此，对公司实践者和学术学者而言，开放创新不能仅仅关注联盟、并购、技术转让等，还应关注 CVC 投资的重要作用，把 CVC 投资作为公司开放创新的一种重要形式加以实践和研究。

（3）本书揭示的中国上市公司 CVC 投资对技术创新和价值创造的影响机制，丰富和拓展了公司创业理论。公司创业能帮助公司获取“技术窗口”（Benson 和 Ziedonis，2009；Anokhin，Örtqvist 和 Thorgren et al.，2011），接近关键新技术（Teng，2007），通过外部获取内部不存在或无法发展的能力（Covin 和 Miles，2007；Williams 和 Lee，2009）。早期公司创业仅指企业内部创业投资（Burgelman，1983）或内部新资源组合（Covin 和 Slevin，1991），随后拓展到包括“创新”和“战略更新”（Guth 和 Ginsberg，1990；Zahra，1993），最后演变为目前主流的观点，认为公司创业包括“创新”、“战略更新”和“公司创业活动，”（Sharma 和 Chrisman，1999）。其中公司创业活动包括内部公司创业活动（ICV）和外部公司创业活动（ECV），而外部公司创业活动包括“合资、过渡性安排和 CVC”（Sharma 和 Chrisman，1999）。创业相关的研究中，国内研究主要集中在“创业导向”的研究上（例如，李乾文，2005；李璟琰，焦豪，2008；马鸿佳，董保宝，葛宝山等，2009；张玉利，李乾文，2009；张宏云，杨乃定，2010；林枫，徐金发，潘奇，2011；张骁，胡丽娜，2013），针对“公司创业”构念的相关研究至今尚未出现（魏江，戴维奇，林巧，2009）。公司创业目前研究主题非常分散，例如环境对创业战略和创业绩效的影响（张映红，2008）、公司创业战略的模式（林嵩，姜彦福，2008）、公司创业与人力资源结构的关系（戚振江，王重鸣，2010）、社会资本角度研究对公司创业的影响机理（王世权，王丹，武立东，2012）、集群企业创业（叶峥，郑健壮，2014），研究公司创业某种具体形式对组织绩效的影响还相当稀缺。本研究把 CVC 定位于公司创业的一种特殊的外部创业活动形式，大公司通过 CVC 投资这种形式搜寻、识别技术、市场和业务机会来刺激、提高公司创新和促进公司价值成长从而获得可持续的竞争优势。通过提出理论框架，识别和实证研究找出何种条件下 CVC 投资会影响公司投资者技术创新和价值创造，丰富和拓展了公司创业研究文献。

（4）本书基于创业企业异质性视角的 CVC 投资问题研究，丰富和拓展了企业异质性理论。尽管古典经济学中关于企业假设是“黑箱”、非异质性，但后来随着科斯把“交易费用”纳入经济分析后，交易费用经济学、企业资源观经济学和创新经济学等大量从企业异质性角度研究企业竞争优势（郭斌，2002）。从《经济研究》、《管理世界》等期刊的文献来看，国内现有研究文献往往基于企业异质性视角来研究国际贸易相关问题（例如钱学锋，2008；易靖韬，2009；钱学锋，熊平，2010；毛其淋，盛斌，2013；钱学锋，王胜，陈勇兵，2013）、国际技术转移对中国企业技术创新影响（王华，赖明勇，柒江艺，2010）、全要素生产率（简泽，段永瑞，2012）、劳动收入（周明海，肖文，姚先国，2010；邵敏，2011）、产业空间布局（陈建军，袁凯，2013）等，很少聚焦企业知识异质性特征对组织学习效应的影响。本研究探讨在 CVC 投资背景下，创业企业的知识异质性对 CVC 投资关系中组织间学习的影响，把企业异质性理论的应用拓展到组织学习文献的研究中，为相关研究提供了新的研究视角。本研究超越以前典型采用组织间学习研究的二元水平视角，本书研究了公司投资者保持和维护的创业企业之间的关系特征（例如创业企业组合多元化），这更有利于理解 CVC 投资是如何影响公司投资者技术创新和价值创造的绩效的［当前战略联盟方面的研究也认识到研究联盟组合的特征而不是形式或管理与产出的二元关系更加重要（Lavie，2007），而 CVC 投资就是企业间的一种正式联盟］。实证研究发现，由于企业知识异质性问题，组织间学习的效应呈现“U 形”关系，与 Matusik 和 Fitza（2012）在 VC 背景下研究的结论——多元化与组织绩效呈“U 形”关系一致，并与学习理论的观点一致，由于存在门槛问题，在一些多元化的临界水平达到前，学习效应不会产生（Haleblian 和 Finkelstein，1999）。

二 实践启示

本书以沪深主板上市公司 CVC 投资作为研究对象，采用理论分析与实证研究相结合的方法，围绕 CVC 投资绩效问题，聚焦 CVC 投资对公司投资者技术创新和价值创造的影响机制研究，在获得一些有理论价值的研究结论的同时，有关研究结论也对提升公司 CVC 投资绩效和促进中国 CVC 发展具有重要的实践意义。

（1）公司战略层面，采用开放创新战略和开展公司创业活动，应重视 CVC 投资这种模式或工具的独特价值。内部 R&D 投入、技术市场、并购是中国企业创新和公司创业活动的主要形式：根据 OECD 的 R&D 统计数据[①]，2011 年、2012 年和 2013 年中国 R&D 经费来源中，企业 R&D 投入占比分别为 75.74%、76.15% 和 76.61%，高于欧盟总体水平（67.32%、67.63% 和 68.14%），也高于美国（68.59%、69.31 和 70.58%）、法国（63.95、64.61% 和 64.75%）和德国（67.65%、67.99% 和 66.91%），企业是我国 R&D 投入的主要主体，但经费来源主要来自于内部。近年来，越来越多的中国企业开始对开放式创新进行探索和实践，以技术合同交易为例，2011 年、2012 年和 2013 年全国技术合同成交额分别为 4763.6 亿元、6437.1 亿元和 7469.1 亿元[②]，呈现快速增长趋势。并购这几年在中国也得到了快速的发展，据投资中国披露的数据，2011 年、2012 年和 2013 年中国并购市场完成交易额分别为 9939.5 亿元、9110.8 亿元和 8291.5 亿元[③]。但是，从中国 CVC 资本来看，2011 年、2012 年和 2013 年仅分别为 1371.9 亿元、1280.8 亿元和 1659.0 亿元[④]，远低于技术市场和并购市场规模，总体上中国企业并不重视 CVC 投资对开放创新和公司创业活动的独特价值。CVC 投资有助于公司开发现有知识和探索新知识，接触创业企业的技术和实践，及时地监控市场与技术的变革，有机会获得行业中的新技术、新产品甚至行业的最新发展方向及市场趋势，塑造或拓展市场，激发额外的企业创新活动，识别和监控不连续的技术变革并提供无实体实验的机会，识别并购机会、建立实物期权以便并购创业企业。本研究实证发现 CVC 投资确实能够对技术创新和价值创

① 数据来源：http://stats.oecd.org。

② 数据来源：科学技术部发展计划司等《全国技术市场统计年度报告》（2012、2013 和 2014）。

③ 数据来源：投资中国，http://research.chinaventure.com.cn/report_813.html［2015-08-07］，按年均汇率折算成人民币金额。

④ 数据来源：《中国创业风险投资发展报告》（2012 年、2013 年和 2014 年）。

造产生复杂的影响，因此，除技术市场、并购等，公司应把 CVC 投资作为开放创新和公司创业活动的重要形式和工具加以实践和应用。

（2）创业企业选择层面，CVC 投资应重视被投创业企业之间的异质性问题，合理选择被投创业企业组合。由于近距离搜寻或局部搜寻倾向，公司倾向于投资与公司核心技术领域一致的或熟悉的创业企业。这种倾向可能造成“学习近视”，知识存量缺乏变异产生“熟悉陷阱、成熟陷阱”从而阻碍创新。本书实证研究发现，总体而言，CVC 投资组合多元化与公司投资者技术创新和价值创造之间均存在“U 形”关系。这意味着，如果 CVC 项目投资的创业企业组合不能形成一定的多元化，那么 CVC 投资就无助于母公司技术创新和价值创造。因此，公司要避免搜寻过程中的“路径依赖”和组织惯例“僵化效应”，CVC 投资不能仅追求投资的创业企业数量，还应正视创业企业之间的异质性，精心选择合理的创业企业组合进行投资。

（3）公司知识属性和资源属性建设层面，公司投资者应提高自身的吸收能力并在战略上保持一定的组织冗余。投资者能否从创业企业获取创新知识很大程度上取决于其自身的吸收能力，并且作为一项投资，必然受到企业自身资源的约束。本书实证研究发现，公司吸收能力对 CVC 投资与公司投资者技术创新之间的关系有积极的调节效应，组织冗余对 CVC 投资与公司投资者价值创造之间的关系有积极的调节效应。因此，公司在进行 CVC 投资的同时要建立和提高企业自身的吸收能力。由于吸收能力的发展是需要积累的并具有路径依赖的特性，故企业一方面可以通过内部 R&D 投入（包括直接 R&D 投入、知识员工招募与培训）提高吸收能力的深度，另一方面通过外部 R&D 合作（例如与其他企业、高校或科研机构联合 R&D 或形成战略联盟）提高吸收能力的广度。除此之外，在战略上需要保持一定的可利用冗余和适度的潜在冗余以便确保现在和未来的融资能力。

（4）CVC 投资后管理层面，公司投资者应超越权益投资关系，建立投资后互动参与式管理机制，形成深度卷入关系以提高投资绩效。组织间的高度嵌入关系造就更好的交流，这反过来导致反馈机制、恰当的程序解释、精确和有效的缄默知识转移机制。本书研究发现，低卷入关系下，CVC 投资与公司投资者技术创新被反转为完全负相关，而在高卷入关系下被反转为完全正相关。因此，公司要避免只重视投资而不重视参与和管理，一方面，可与创业企业达成联盟来强化互动学习机制和深度卷入关系；另一方面，在投资创业企业时，可通过特别契约确保有公司人员占据创业企业董事会或监事会席位，以确保能够及时掌握创业企业的技术发展动态，接触创业企业一线技术人员或研发人员，从而不仅获取外显知识还能获取缄默知识从而实现知识创造。

（5）CVC 项目治理结构层面，应精心设计 CVC 项目并采取相应的管理策略。CVC 项目在 CVC 投资关系中扮演了重要的角色，其不同的战略逻辑和组织同构焦点对 CVC 投资绩效会产生不同的影响。本书实证研究发现，CVC 投资组合多元化与技术创新在控股型 CVC 项目治理结构下（代表 CVC 项目低自治性，较少的管理自由裁决权）呈“倒 U 形”而在非控股型治理结构下（代表 CVC 项目高度自治，较高的管理自由裁决权）呈“U 形”，并且与价值创造的“U 形”关系仅在非控股型 CVC 项目治理结构下成立。因此，在 CVC 投资关系中，建立和设计特定的 CVC 项目、保持 CVC 项目一定的自治权对实现技术创新和价值创造尤为必要。

（6）价值创造“资源禀赋”条件层面，公司投资者要先提高自身的价值水平，并根据组织冗余条件选择合适的创业企业组合。CVC 投资对公司价值创造存在“资源依赖”，通过 CVC 投资来实现价值创造并不能成为所有公司的可行选项。本书实证研究发现，只有具有较高企业价值水平的公司才能够通过 CVC 投资实现价值创造，并且公司价值水平不同，组织冗余调节效应有显著差异：低组织冗余对 0.75 分位企业价值水平公司的创业企业组合多元化与价值创造之间关系的调节效应大于 0.9 分位企业价值水平或 0.5 分位企业价值水平下的公司；中、高组织冗余对高企业价值水平公司的创业企业组合多元化与价值创造之间关系的调节效应大于低企业价值水平或中等企业价值水平下的公司。因此，一方面，低企业价值水平的公司不易采用 CVC 投资来实现价值创造，即使要采用 CVC 投资，也应该先通过内部研发、并购等提升自身的价值水平；另一方面，在投资策略上，低组织冗余条件下，企业价值相对较低或较高的公司应比中等价值水平公司选择更高程度的多元化；中、高组织冗余条件下，中等企业价值水平的公司应比企业价值相对较低或较高的公司选择更高程度的多元化。

第三节　研究局限与展望

基于创业企业异质性视角，考虑不同 CVC 项目治理结构，采用“CVC 投资公司—CVC 项目—创业企业”三元结构逻辑分析框架，本书分别研究 CVC 投资对公司投资者技术创新（战略绩效）和价值创造（综合绩效）的影响机制，总体而言达到了预期的研究目标，得出了一些有意义的发现和结论，对相关理论文献做出了一定的贡献，也为 CVC 投资实践提供了有价值的启示。但是，鉴于本书研究能力和水平的局限性以及研究条件的约束性，本研究不可避免地存在一些不足，有待未来研究中进一步加以改进、完善和深化。

（1）研究样本的局限性。由于 CVC 投资往往是一种非公开投资，国内也缺乏像美国等一些国家那样充足、完备的数据库（例如 VentureXpert 数据库），因此尽管本书尽可能地收集相关信息和多方挖掘数据，最终也只能取得上市公司参股、控股或设立 CVC 项目进行 CVC 投资，不包括采用直接投资和非上市公司进行 CVC 投资的样本数据。这些样本虽能满足研究所需，也是国内同类研究中最大的样本规模，但仍然存在一定的代表性问题，也限制了进一步研究不同行业的公司投资者，CVC 投资对其投资绩效影响的差异性问题。例如，技术变革快、竞争强度高和资产专用性低的行业中的公司更易从事 CVC 投资（Basu，Phelps 和 Kotha，2011），因此不同行业 CVC 投资可能存在显著差异。未来研究中，可整合投中集团的 CVSources 数据库、清科数据库、Wind 数据库和大范围一手调研数据，扩大研究的样本以检验本书结论的一般性，并分行业进行相关研究，提升研究的代表性和对特定行业的启示性。

（2）投资绩效测量的局限性。在实证研究中如何测量 CVC 绩效仍是一个难题（MacMillan，Roberts 和 Livada et al.，2008）。本书根据相关文献（例如李新春，林子尧，2012），将 CVC 投资绩效划分为战略绩效和综合绩效两个维度，分别用技术创新指标和价值创造指标进行测量，但这种界定和测量的科学性和准确性仍有待进一步的检验。同时，将专利作为技术创新的代理变量和托宾 Q 值作为价值创造的代理变量也存在一定的局限：首先，专利并不能捕获一个组织所有的技术创新。一方面，技术创新不仅仅体现在编码知识上，还包括非编码知识，例如工艺、流程、惯例或诀窍；另一方面，公司可能出于多种原因，并不会拿所有新颖的发明或创新去申请专利。因此，用专利作为技术创新的代理变量，这可能造成对CVC投资活动中组织创新绩效的低估。本研究通过控制变量，并同时进行固定效应和随机效应的估计来尽可能地减少结果偏差。未来研究中，除授权专利外，还可以考虑新产品开发或专利引用等进行测量。其次，托宾Q值测量企业价值尽管是一个常用方法而在研究中被广泛采用，但托宾Q值假定资本市场能够理性评估企业的价值。考虑中国资本市场不完善，资本市场中信息的不完全以及非理性因素，价值反映的时滞效应，加上国内企业存在大量的非流通股使得估值困难，会造成托宾Q值测量企业价值存在局限性。未来研究中，如何准确测量企业价值或者企业成长性，需要进一步深化研究。

（3）有关变量缺失的局限性。首先，由于大部分上市公司不披露有关公司R&D支出、并购和联盟的数据资料，致使本书样本数据也缺少这些变量数据，使得本书实证研究无法考虑R&D强度、并购和联盟数量对公司技术创新和价值创造的影响问题。尽管同类研究文献，例如Dushnitsky和Lenox（2006）研究技术创新绩效（发表在*JBV*期刊上）和Yang，Narayanan和De Carolis（2014）研究价值创造绩效（发表在*SMJ*期刊上）均未考虑并购、联盟的影响，国内学者相关研究（例如孙健，白全民，2010；翟丽，鹿溪，宋学明，2010；李新春，林子尧，2012）均未考虑R&D支出、并购和联盟的影响，但这些变量数据的缺失还是使本书的研究结论存在一定的局限性。其次，由于创业企业被投资时绝大部分没有专利，致使本书不能通过专利交叉引用率等变量来观察知识在创业企业与公司投资者之间的流动性问题。未来研究中，在数据可得的情况下可以尝试研究CVC投资中知识在双边组织流动的问题，不仅研究知识如何从创业企业流入CVC投资公司，还可进一步研究知识如何从公司投资者流入创业企业中，基于创业企业视角研究CVC投资的绩效问题。

参考文献

[1] Abernathy, W. J., &Clark, K. B. Innovation: Mapping the winds of creative destruction. *Research policy*, 1985, 14 (1), 3-22.

[2] ACOST. *The enterprise challenge: Overcoming barriers to growth in small firms*. London: HMSO, 1990.

[3] Admati, A. R., &Pfleiderer, P. Robust financial contracting and the role of venture capitalists. *The Journal of Finance*, 1994, 49 (2), 371-402.

[4] Adner, R., &Levinthal, D. A. What is not a real option: Considering boundaries for the application of real options to business strategy. *Academy of Management Review*, 2004, 29 (1), 74-85.

[5] Aernoudt, R., San José, A. Executive forum: Early stage finance and corporate venture - two worlds apart? *Venture Capital*, 2003, 5 (4), 277-286.

[6] Agarwal, R., &Helfat, C. E. Strategic renewal of organizations. *Organization Science*, 2009, 20 (2), 281-293.

[7] Ahuja, G. The duality of collaboration: Inducements and opportunities in the formation of interfirm linkages. *Strategic Management Journal*, 2000a, 21 (3), 317-343.

[8] Ahuja, G. Collaboration networks, structural holes, and innovation: A longitudinal study. *Administrative Science Quarterly*, 2000b, 45 (3), 425-455.

[9] Ahuja, G., &Katila, R. Technological acquisitions and the innovation performance of acquiring firms: A longitudinal study. *Strategic Management Journal*, 2001, 22 (3), 197-220.

[10] Ahuja, G., &Lampert, C. M. Entrepreneurship in the large corporation: A longitudinal study of how established firms create breakthrough inventions. *Strategic Management Journal*, 2001, 22 (6-7), 521-543.

[11] Aiken, L. S., &West, S. G. *Multiple regression: Testing and interpreting interactions.* CA, Sage: Thousand Oaks, 1991.

[12] Allen, S. A., &Hevert, K. T. Venture capital investing by information technology companies: Did it pay? *Journal of Business Venturing*, 2007, 22 (2), 262-282.

[13] Almeida, P., &Kogut, B. Localization of knowledge and the mobility of engineers in regional networks. *Management Science*, 1999, 45 (7), 905-917.

[14] Alvarez, S. A., &Barney, J. B. How entrepreneurial firms can benefit from alliances with large partners. *The Academy of Management Executive*, 2001, 15 (1), 139-148.

[15] Amram, M., &Kulatilaka, N. *Real options: Managing strategic investment in an uncertain world.* Boston, MA: Harvard Business School Press, 1999.

[16] Anokhin, S. *Empirical essays on corporate innovation: Untangling the effects of corporate venture capital.* Doctoral dissertation, Case Western Reserve University, 2006.

[17] Anokhin, S., Örtqvist, D., &Thorgren, S., et al. Corporate venturing deal syndication and innovation: The information exchange paradox. *Long Range Planning*, 2011, 44 (2), 134-151.

[18] Anokhin, S., Schulze, B., &Wuebker, R. Formative experience and organizational performance: Evidence from corporate venture capital. *http://ssrn. com/abstract*=2429785, 2014.

[19] Appleyard, M. M. How does knowledge flow? Interfirm patterns in the semiconductor industry. *Strategic Management Journal*, 1996, 17 (S2), 137-154.

[20] Argote, L., &Ingram, P. Knowledge transfer: A basis for competitive advantage in firms. *Organizational Behavior and Human Decision Processes*, 2000, 82 (1), 150-169.

[21] Argyris, C., &Schön, D. A. *Organizational learning: A theory of action perspective.* Reading, MA: Addison – Wesley, 1978.

[22] Arrow, K. *The limits of organization.* New York: W. W. Norton &Company Inc., 1974.

[23] Backholm, A. Corporate venturing: An overview. *http://tuta. aalto. fi/fi/tutkimus/strateginen_johtaminen/julkaisut/tyopaperit/backholm_wp_1999_1. pdf*, 1999.

[24] Barkema, H. G., &Vermeulen, F. International expansion through start – up or acquisition: A learning perspective. *Academy of Management Journal*, 1998, 41 (1), 7 –26.

[25] Barnett, M. J. An attention based view of real options reasoning. *Academy of Management Review*, 2008, 33 (3), 606 –628.

[26] Barney, J. Firm resources and sustained competitive advantage. *Journal of Management*, 1991, 17 (1), 99 –120.

[27] Baron, D. P., &Myerson, R. B. Regulating a monopolist with unknown costs. *Econometrica: Journal of the Econometric Society*, 1982, 50 (4), 911 –930.

[28] Barringer, B. R., &Bluedorn, A. C. The relationship between corporate entrepreneurship and strategic management. *Strategic Management Journal*, 1999, 20 (5), 421 –444.

[29] Basu, S. *Corporate venture capital: Towards understanding who does it, why and how.* Doctoral dissertation, University of Washington, 2007.

[30] Basu, S., &Wadhwa, A. Growth options and exit decisions: Does external venturing generate discontinuous strategic renewal? *Academy of Management Proceedings*, 2011, (1), 1 –6.

[31] Basu, S., &Wadhwa, A. External venturing and discontinuous strategic renewal: An options perspective. *Journal of Product Innovation Management*, 2013, 30 (5), 956 –975.

[32] Basu, S., Wadhwa, A., &Kotha, S. *Learning objectives and uncertainty resolution: An examination of the structure of corporate venture capital relationships.* In Zahra et al. (Eds.), *Frontiers of Entrepreneurship Research.* MA: Babson College, 2005, 429 –442.

[33] Basu, S., Phelps, C., &Kotha, S. Towards understanding who makes corporate venture capital investments and why. *Journal of Business Venturing*, 2011, 26 (2), 153 – 171.

[34] Baum, J. A. C., Li, S. X., &Usher, J. M. Making the next move: How experiential and vicarious learning shape the locations of chains'acquisitions. *Administrative Science Quarterly*, 2000, 45 (4), 766 – 801.

[35] Baum, J. A. C., & Oliver, C. Institutional embeddedness and the dynamics of organizational populations. *American Sociological Review*, 1992, 57 (4), 540 – 559.

[36] Baysinger, B., &Hoskisson, R. E. Diversification strategy and R&D intensity in multiproduct firms. *Academy of Management Journal*, 1989, 32 (2), 310 – 332.

[37] Benner, M. J., &Tushman, M. Process management and technological innovation: A longitudinal study of the photography and paint industries. *Administrative Science Quarterly*, 2002, 47 (4), 676 – 707.

[38] Benson, D., &Ziedonis, R. H. Corporate venture capital as a window on new technologies: Implications for the performance of corporate investors when acquiring startups. *Organization Science*, 2009, 20 (2), 329 – 351.

[39] Benson, D., &Ziedonis, R. H. Corporate venture capital and the returns to acquiring portfolio companies. *Journal of Financial Economics*, 2010, 98 (3), 478 – 499.

[40] Berger, P. G., &Ofek, E. Diversification's effect on firm value. *Journal of Financial Economics*, 1995, 37 (1), 39 – 65.

[41] Bertoni, F., Colombo, M. G., &Grilli, L. Venture capital investor type and the growth mode of new technology – based firms. *Small Business Economics*, 2013, 40 (3), 527 – 552.

[42] Bettis, R. A., &Hitt, M. A. The new competitive landscape. *Strategic Management Journal*, 1995, 16 (S1), 7 – 19.

[43] Bierly, P. E., &Chakrabarti, A. K. Technological learning, strategic flexibility, and new product development in the pharmaceutical industry. *Engineering Management, IEEE Transactions on*, 1996, 43 (4), 368 – 380.

[44] Birkinshaw, J., &Hill, S. A. Corporate venturing units: Vehicles for strategic success in the new Europe. *Organizational Dynamics*, 2005, 34 (3), 247-257.

[45] Birkinshaw, J., Nobel, R., &Ridderstrale, J. Knowledge as a contingency variable: Do the characteristics of knowledge predict organization structure? *Organization Science*, 2002, 13 (3), 274-289.

[46] Birkinshaw, J., Van BastenBatenburg, R., &Murray, G. *Corporate venturing: The state of the art and the prospects for the future.* London: London Business School, 2002, (390), 64-70.

[47] Black, F., &Scholes, M. The pricing of options and corporate liabilities. *Journal of Political Economy*, 1973, 81 (3), 637-654.

[48] Blau, P. M. *Exchange and power in social life.* New York: Wiley, 1964.

[49] Block, Z., &MacMillan, I. C. *Corporate venturing: Creating new businesses within the firm.* Boston, MA: Harvard Business School Press, 1993.

[50] Blundell, R., Griffith, R., &Van Reenen, J. Dynamic count data models of technological innovation. *The Economic Journal*, 1995, 105 (429), 333-344.

[51] Bottazzi, L., Da Rin, M., &Hellmann, T. The changing face of the European venture capital industry: Facts and analysis. *The Journal of Private Equity*, 2004, 7 (2), 26-53.

[52] Bottazzi, L., Da Rin, M., &Hellmann, T. Who are the active investors? Evidence from venture capital. *Journal of Financial Economics*, 2008, 89 (3), 488-512.

[53] Bourgeois, L. J. On the measurement of organizational slack. *Academy of Management Review*, 1981, 6 (1), 29-39.

[54] Bourgeois, L. J., &Singh, J. V. Organizational slack and political behavior among top management teams. *Academy of Management Proceedings*, 1983, (1), 43-47.

[55] Bowman, E. H., &Hurry, D. Strategy through the options lens: An integrated view of resource investments and the incremental choice decision. *Academy of Management Review*, 1993, 18 (4), 760-782.

[56] Brody, P., &Ehrlich, D. Can big companies become successful venture capitalists? *McKinsey Quarterly*, 1998, (2), 50 - 63.

[57] Bromiley, P. Testing a causal model of corporate risk taking and performance. *Academy of Management Journal*, 1991, 34 (1), 37 - 59.

[58] Brosch, R. *Portfolio of real options*. New York: Springer, 2008.

[59] Brown, S. L., &Eisenhardt, K. M. The art of continuous change: Linking complexity theory and time - paced evolution in relentlessly shifting organizations. *Administrative Science Quarterly*, 1997, 42 (1), 1 - 34.

[60] Burgelman, R. A. A process model of internal corporate venturing in the diversified major firm. *Administrative Science Quarterly*, 1983, 28 (2), 223 - 244.

[61] Burgelman, R. A., &Sayles, L. R. *Inside corporate innovation, strategy, structure and managerial skill*. New York: The Free Press, 1988.

[62] Cameron, A. C., &Trivedi, P. K. *Regression analysis of count data*. Cambridge: Cambridge University Press, 2013.

[63] Campbell, A., &Luchs, K. S. *Strategic synergy*. London: Butterworth - Heinemann, 1992.

[64] Capron, L., Dussauge, P., &Mitchell, W. Resource redeployment following horizontal acquisitions in Europe and North America, 1988 - 1992. *Strategic Management Journal*, 1998, 19 (7), 631 - 661.

[65] Ceccagnoli, M., Higgins, M. J., &Kang, D. H. Corporate venture capital as an ex-ante evaluation mechanism in the market for technology. *http: //ssrn. com/abstract* = 1873957, 2011.

[66] Champenois, C., Engel, D., &Heneric, O. What kind of German biotechnology start-ups do venture capital companies and corporate investors prefer for equity investments? *Applied Economics*, 2006, 38 (5), 505 - 518.

[67] Chatterjee, S., &Wernerfelt, B. The link between resources and type of diversification: Theory and evidence. *Strategic Management Journal*, 1991, 12 (1), 33 - 48.

[68] Chemmanur, T. J., &Loutskina, E. How do corporate venture capitalists create value for entrepreneurial firms. *http: //ssrn. com/abstract* = 1344376, 2008.

[69] Chemmanur, T. J., Loutskina, E., &Tian, X. Corporate venture capital, value creation, and innovation. *http://ssrn.com/abstract* = 1991389, 2013.

[70] Cheng, J. L. C., &Kesner, I. F. Organizational slack and response to environmental shifts: The impact of resource allocation patterns. *Journal of Management*, 1997, 23 (1), 1-18.

[71] Chesbrough, H. W. Designing corporate ventures in the shadow of private venture capital. *California Management Review*, 2000, 42 (3), 31-49.

[72] Chesbrough, H. W. Making sense of corporate venture capital. *Harvard Business Review*, 2002, 80 (3), 90-99.

[73] Chesbrough, H. W. *Open innovation: The new imperative for creating and profiting from technology*. Boston, Mass: Harvard BusinessPress, 2003.

[74] Chesbrough, H. W., &Appleyard, M. M. Open innovation and strategy. *California Management Review*, 2007, 50 (1), 57-76.

[75] Chesbrough, H. W., &Tucci, C. L. *Corporate venture capital in the context of corporate innovation*. Seattle, WA: AOM Annual Meeting, 2003.

[76] Chesbrough, H. W., Vanhaverbeke, W., &West, J. *Open innovation: Researching a new paradigm*. UK, Oxford: Oxford University Press, 2006.

[77] Chi, T. Trading in strategic resources: Necessary conditions, transaction cost problems, and choice of exchange structure. *Strategic Management Journal*, 1994, 15 (4), 271-290.

[78] Chiu, Y. C., Liaw, Y. C., &Tseng, W. K. Firm resources and corporate venturing investment. *Canadian Journal of Administrative Sciences*, 2012, 29 (1), 40-49.

[79] Chung, K. H., &Pruitt, S. W. A simple approximation of Tobin's q. *Financial Management*, 1994, 23 (3), 70-74.

[80] Cleary, S. International corporate investment and the relationships between financial constraint measures. *Journal of Banking and Finance*, 2006, 30 (5), 1559-1580.

[81] Cockburn, I. M., &Henderson, R. M. Absorptive capacity, coau-

thoring behavior, and the organization of research in drug discovery. *The Journal of Industrial Economics*, 1998, 46 (2), 157 - 182.

[82] Cohen, W. M., &Levinthal, D. A. Innovation and learning: The two faces of R&D. *The Economic Journal*, 1989, 99 (397), 569 - 596.

[83] Cohen, W. M., &Levinthal, D. A. Absorptive capacity: A new perspective on learning and innovation. *Administrative Science Quarterly*, 1990, 35 (1), 128 - 152.

[84] Cohen, W. M., &Levinthal, D. A. Fortune favors the prepared firm. *Management Science*, 1994, 40 (2), 227 - 251.

[85] Cohen, W. M., &Levin, R. C. Empirical studies of innovation and market structure. *Handbook of Industrial Organization*, 1989, 2, 1059 - 1107.

[86] Cohen, J., Cohen, P., &West, S., et al. *Applied multiple regression/correlation analysis for the behavioral services.* Mahwah, NJ: Lawrence Erlbaum Associates, 2003.

[87] Cohen, W. M., Nelson, R. R., &Walsh, J. P. Links and impacts: The influence of public research on industrial R&D. *Management Science*, 2002, 48 (1), 1 - 23.

[88] Colombo, M. G., &Murtinu, S. Venture capital investments in Europe and firm productivity: Independent versus corporate investors. *http: //ssrn.com/ abstract* = 2384816, 2014.

[89] Covin, J. G., &Miles, M. P. Strategic use of corporate venturing. *Entrepreneurship Theory and Practice*, 2007, 31 (2), 183 - 207.

[90] Covin, J. G., &Slevin, D. P. A conceptual model of entrepreneurship as firm behavior. *Entrepreneurship Theory and Practice*, 1991, 16 (1), 7 - 25.

[91] Cox, J. C., Ross, S. A., &Rubinstein, M. Option pricing: A simplified approach. *Journal of Financial Economics*, 1979, 7(3), 229 - 263.

[92] Cronbach, L. J. Statistical tests for moderator variables: Flaws in analyses recently proposed. *Psychological Bulletin*, 1987, 102 (3), 414 - 417.

[93] Cyert, R. M., &March, J. *A behavioral theory of the firm.* University of Illinois at Urbana - Champaign's Academy for Entrepreneurial Leadership Historical Research Reference in Entrepreneurship, 1963.

[94] Da Gbadji, L. A. G., Gailly, B., &Schwienbacher, A. International analysis of venture capital programs of large corporations and financial institutions. *Entrepreneurship Theory and Practice*, DOI: 10. 1111/etap. 12105, 2014.

[95] Damanpour, F. Organizational innovation: A meta - analysis of effects of determinants and moderators. *Academy of Management Journal*, 1991, 34 (3), 555 - 590.

[96] David, P. A. Clio and the economics of QWERTY. *The American Economic Review*, 1985, 75 (2), 332 - 337.

[97] De Clercq, D., &Sapienza, H. J. The creation of relational rents in venture capitalist - entrepreneur dyads. *Venture Capital: An International Journal of Entrepreneurial Finance*, 2001, 3 (2), 107 - 127.

[98] De Clercq, D., Fried, V. H., &Lehtonen, O., et al. An entrepreneur's guide to the venture capital galaxy. *The Academy of Management Perspectives*, 2006, 20 (3), 90 - 112.

[99] De Carolis, D. M. & Deeds, D. L., The impact of stocks and flows of organizational knowledge on firm performance: An empirical investigation of the biotechnology industry. *Strategic Management Journal*, 1999, 20 (10), 953 - 968.

[100] Deeds, D. L., &Hill, C. W. L. Strategic alliances and the rate of new product development: An empirical study of entrepreneurial biotechnology firms. *Journal of Business Venturing*, 1996, 11 (1), 41 - 55.

[101] Deeds, D. L., De Carolis, D., &Coombs, J. Dynamic capabilities and new product development in high technology ventures: An empirical analysis of new biotechnology firms. *Journal of Business Venturing*, 2000, 15 (3), 211 - 229.

[102] Dess, G. G., Ireland, R. D., &Zahra, S. A., et al. Emerging issues in corporate entrepreneurship. *Journal of Management*, 2003, 29 (3), 351 - 378.

[103] Dhanaraj, C., Lyles, M. A., &Steensma, H. K., et al. Managing tacit and explicit knowledge transfer in IJVs: The role of relational embeddedness and the impact on performance. *Journal of International Business Studies*,

2004, 35 (5), 428 -442.

[104] Dierickx, I., &Cool, K. Asset stock accumulation and sustainability of competitive advantage. *Management Science*, 1989, 35 (12), 1504 -1511.

[105] DiMaggio, P. J., &Powell, W. W. The iron cage revisited: Institutional isomorphism and collective rationality in organizational fields. *American Sociological Review*, 1983, 48 (2), 147 -160.

[106] Dixit, A. R., &Pindyck, R. S. *Investment under uncertainty*. Princeton, NJ: Princeton University Press, 1994.

[107] Dokko, G., &Gaba, V. Venturing into new territory: Career experiences of corporate venture capital managers and practice variation. *Academy of Management Journal*, 2012, 55 (3), 563 -583.

[108] Dosi, G. Technological paradigms and technological trajectories: A suggested interpretation of the determinants and directions of technical change. *Research Policy*, 1982, 11 (3), 147 -162.

[109] Dosi, G. Sources, procedures, and microeconomic effects of innovation. *Journal of Economic Literature*, 1988, 26 (3), 1120 -1171.

[110] Dushnitsky, G. Exploring the performance implications of different corporate venturing objectives. *http://www. altassets. net/pdfs/NYU _ 1. pdf*, 2002.

[111] Dushnitsky, G. Limitations to inter - organizational knowledge acquisition: The paradox of corporate venture capital. *Academy of Management Proceedings*, 2004, (1), C1 -C6.

[112] Dushnitsky, G. *Corporate venture capital: Past evidence and future directions*. In Casson, M., Yeung, B., Basu, A., &Wadeson, N. (Eds.), *Oxford handbook of entrepreneurship*. UK, Oxford: Oxford University Press, 2006, 387 -431.

[113] Dushnitsky, G., &Lavie, D. How alliance formation shapes corporate venture capital investment in the software industry: A resource - based perspective. *Strategic Entrepreneurship Journal*, 2010, 4 (1), 22 -48.

[114] Dushnitsky, G., &Lenox, M. J. *Corporate venture capital and incumbent firm innovation rates*. Academy of Management Annual Meetings, 2002.

[115] Dushnitsky, G., &Lenox, M. J. *Corporate venture capital as external R&D*. Academy of Management Annual Meetings, 2003.

[116] Dushnitsky, G., &Lenox, M. J. When do firms undertake R&D by investing in new ventures? *Strategic Management Journal*, 2005a, 26 (10), 947 -965.

[117] Dushnitsky, G., &Lenox, M. J. When do incumbents learn from entrepreneurial ventures? Corporate venture capital and investing firm innovation rates. *Research Policy*, 2005b, 34 (5), 615 -639.

[118] Dushnitsky, G., &Lenox, M. J. When does corporate venture capital investment create firm value? *Journal of Business Venturing*, 2006, 21 (6), 753 -772.

[119] Dushnitsky, G., &Shapira, Z. Entrepreneurial finance meets organizational reality: Comparing investment practices and performance of corporate and independent venture capitalists. *Strategic Management Journal*, 2010, 31 (9), 990 -1017.

[120] Dushnitsky, G., &Shaver, J. M. Limitations to interorganizational knowledge acquisition: The paradox of corporate venture capital. *Strategic Management Journal*, 2009, 30 (10), 1045 -1064.

[121] Duysters, G., &Hagedoorn, J. Do company strategies and structures converge in global markets? Evidence from the computer industry. *Journal of International Business Studies*, 2001, 32 (2), 347 -356.

[122] Dyer, J. H. Specialized supplier networks as a source of competitive advantage: Evidence from the auto industry. *Strategic Management Journal*, 1996, 17 (4), 271 -291.

[123] Dyer, J. H., &Nobeoka, K. Creating and managing a high - performance knowledge - sharing network: The Toyota case. *Strategic Management Journal*, 2000, 21 (3), 345 -367.

[124] Dyer, J. H., &Singh, H. The relational view: Cooperative strategy and sources of interorganizational competitive advantage. *Academy of Management Review*, 1998, 23 (4), 660 -679.

[125] Eisenhardt, K. M., &Schoonhoven, C. B. Resource – based view of strategic alliance formation: Strategic and social effects in entrepreneurial

firms. *Organization Science*, 1996, 7 (2), 136 - 150.

[126] Emerson, R. M. Power - dependence relations. *American Sociological Review*, 1962, 27 (1), 31 - 41.

[127] Engel, J. S. Accelerating corporate innovation: Lessons from the venture capital model. *Research - Technology Management*, 2011, 54 (3), 36 - 43.

[128] Ernst, H., Witt, P., &Brachtendorf, G. Corporate venture capital as a strategy for external innovation: An exploratory empirical study. *R&D Management*, 2005, 35 (3), 233 - 242.

[129] Fast, N. D. *The rise and fall of corporate new venture divisions*. Ann Arbor, MI, UMI Research Press, 1978.

[130] Fenn, G. W., Liang, N., &Prowse, S. *The economics of the private equity market*. Washington, DC: Board of Governors of the Federal Reserve System (US), 1995.

[131] Fleming, L. Recombinant uncertainty in technological search. *Management Science*, 2001, 47 (1), 117 - 132.

[132] Fleming, L., &Sorenson, O. Technology as a complex adaptive system: Evidence from patent data. *Research Policy*, 2001, 30 (7), 1019 - 1039.

[133] Folta, T. B. Governance and uncertainty: The tradeoff between administrative control and commitment. *Strategic Management Journal*, 1998, 19 (11), 1007 - 1028.

[134] Folta, T. B., &O'Brien, J. P. Entry in the presence of dueling options. *Strategic Management Journal*, 2004, 25 (2), 121 - 138.

[135] French, J. W., &Michael, W. B. *Standards for educational and psychological tests and manuals*. Washington, DC: American Psychological Association, 1966.

[136] Frost, T. S., Birkinshaw, J. M., &Ensign, P, C. Centers of excellence in multinational corporations. *Strategic Management Journal*, 2002, 23 (11), 997 - 1018.

[137] Fulghieri, P., &Sevilir, M. Organization and financing of innovation, and the choice between corporate and independent venture capital. *Journal*

of Financial and Quantitative Analysis, 2009, 44 (6), 1291 - 1321.

[138] Gaba, V., &Bhattacharya, S. Aspirations, innovation, and corporate venture capital: A behavioral perspective. *Strategic Entrepreneurship Journal*, 2012, 6 (2), 178 - 199.

[139] Gaba, V., &Meyer, A. D. Crossing the organizational species barrier: How venture capital practices infiltrated the information technology sector. *Academy of Management Journal*, 2008, 51 (5), 976 - 998.

[140] Galbraith, J. R. Designing the innovating organization. *Organizational Dynamics*, 1983, 10 (3), 5 - 25.

[141] Galloway, T. L. *The role of governance and legitimacy on inter - organizational relationships: An examination of alliance innovation strategy, network spillover, and firm performance.* Doctoral dissertation, Washington State University, 2013.

[142] Gans, J. S., &Stern, S. The product market and the market for "ideas": Commercialization strategies for technology entrepreneurs. *Research Policy*, 2003, 32 (2), 333 - 350.

[143] Garcia - Vega, M. Does technological diversification promote innovation? An empirical analysis for European firms. *Research Policy*, 2006, 35 (2), 230 - 246.

[144] Gavetti, G., &Levinthal, D. Looking forward and looking backward: Cognitive and experiential search. *Administrative Science Quarterly*, 2000, 45 (1), 113 - 137.

[145] George, G. Slack resources and the performance of privately held firms. *Academy of Management Journal*, 2005, 48 (4), 661 - 676.

[146] Ghoshal, S., &Bartlett, C. A. Creation, adoption, and diffusion of innovations by subsidiaries of multinational corporations. *Journal of International Business Studies*, 1988, 19 (3), 365 - 388.

[147] Ghoshal, S., Korine, H., &Szulanski, G. Interunit communication in multinational corporations. *Management Science*, 1994, 40 (1), 96 - 110.

[148] Ginsberg, A., Hasan, I., &Tucci, C. L. *The endorsement effects of corporate venture capital in the creation of public companies.* CSI - REPORT -

2005 - 004, 2005.

[149] Ginsberg, A., Hasan, I., &Tucci, C. L. *The influence of corporate venture capital investment on the likelihood of attracting a prestigious underwriter*. In Kose, J., Anil, K. M. (Eds.) *International Corporate Governance (Advances in Financial Economics)*, Emerald Group Publishing Limited, 2011, 14, 165 - 201.

[150] Gladstone, D., &Gladstone, L. *Venture capital investing: The complete handbook for investing in private business for outstanding profits*. Upper Saddle River, NJ: Financial Times Prentice Hall, 2003.

[151] Glynn, M. A., Lant, T. K., &Milliken, F. J. *Mapping learning processes in organizations: A multi - level framework linking learning and organizing*. In Stubbart, C., Meindl, J. R., &Porac, J. F. (Eds.), *Advances In Managerial Cognition and Organizational Information Processing*, Greenwich, CT: JAI Press, 1994, 43 - 83.

[152] Gompers, P. A. Optimal investment; monitoring, and the staging of venture capital. *The Journal of Finance*, 1995, 50 (5), 1461 - 1489.

[153] Gompers, P. A. Corporations and the financing of innovation: The corporate venturing experience. *Economic Review - Federal Reserve Bank of Atlanta*, 2002, 87 (4), 1 - 18.

[154] Gompers, P. A. &Lerner, J. *The determinants of corporate venture capital success: Organizational structure, incentives, and complementarities*. National Bureau of Economic Research Working Paper, #6725, 1998.

[155] Gompers, P. A., &Lerner, J. *The money of invention: How venture capital creates new wealth*. Cambridge, MA: Harvard Business Press, 2001.

[156] Gompers, P. A., &Lerner, J. *The venture capital cycle*. Cambridge, MA, MIT press, 2004.

[157] Granovetter, M. Economic action and social structure: The problem of embeddedness. *American Journal of Sociology*, 1985, 91 (3), 481 - 510.

[158] Granovetter, M. *Problems of explanation in economic sociology*. In Nohria, N., Eccles, R. (Eds.), *Networks and Organizations: Structure, Form, and Action*. Boston: Harvard Business School Press, 1992, 25 - 56.

[159] Grant, R. M. The resource - based theory of competitive advantage: Implications for strategy formulation. *California Management Review*, 1991, 33 (3), 114 - 135.

[160] Grant, R. M. Toward a knowledge - based theory of the firm. *Strategic Management Journal*, 1996, 17 (S2), 109 - 122.

[161] Greenwood, R., Oliver, C., &Sahlin, K., et al. *The sage handbook of organizational institutionalism*. London: Sage, 2008.

[162] Griliches, Z. Issues in assessing the contribution of research and development to productivity growth. *Bell Journal of Economics*, 1979, 10 (1), 92 - 116.

[163] Griliches, Z. Patent statistics as economic indicators: A survey. *Journal of Economic Literature*, 1990, 28 (4), 1661 - 1707.

[164] Griliches, Z. *R&D and productivity: The econometric evidence*. Chicago: The University of Chicago Press, 1998.

[165] Gulati, R. Social structure and alliance formation patterns: A longitudinal analysis. *Administrative Science Quarterly*, 1995, 40 (4), 619 - 652.

[166] Gulati, R. Alliances and networks. *Strategic Management Journal*, 1998, 19 (4), 293 - 317.

[167] Guler, I. Throwing good money after bad? Political and institutional influences on sequential decision making in the venture capital industry. *Administrative Science Quarterly*, 2007, 52 (2), 248 - 285.

[168] Guo, B., Lou, Y., &Perez - Castrillo, D. *Investment, duration, and exit strategies for corporate and independent venture capital - backed start - ups*. Barcelona Graduate School of Economics, No. 602, 2012.

[169] Gupta, A. K., &Govindarajan, V. Knowledge flows within multinational corporations. *Strategic Management Journal*, 2000, 21 (4), 473 - 496.

[170] Gupta, A. K., &Sapienza, H. J. Determinants of venture capital firms' preferences regarding the industry diversity and geographic scope of their investments. *Journal of Business Venturing*, 1992, 7 (5), 347 - 362.

[171] Guth, W. D., &Ginsberg, A. Guest editor's introduction: Corpo-

rate entrepreneurship. *Strategic Management Journal*, 1990, 11 (5), 5 - 15.

[172] Hagedoorn, J., &Cloodt, M. Measuring innovative performance: Is there an advantage in using multiple indicators? *Research Policy*, 2003, 32 (8), 1365 - 1379.

[173] Hagedoorn, J., &Sadowski, B. The transition from strategic technology alliances to mergers and acquisitions: An exploratory study. *Journal of Management Studies*, 1999, 36 (1), 87 - 107.

[174] Hagenmuller, M., &Schmohl, J. Corporate venture capital: Organizational structure and the case of T - Venture. *http://www.item.unisg.ch/org/item/web2.nsf/SysWebRessources/InnoManG15Paper*, 2003.

[175] Haleblian, J., &Finkelstein, S. The influence of organizational acquisition experience on acquisition performance: A behavioral learning perspective. *Administrative Science Quarterly*, 1999, 44 (1), 29 - 56.

[176] Hall, A. R. *Generalized method of moments*. UK, Oxford: Oxford University Press, 2005.

[177] Hall, B. H., Jaffe, A. B., &Trajtenberg, M. The NBER patent citation data file: Lessons, insights and methodological tools. *http://www.nber.org/papers/w8498*, 2001.

[178] Hamel, G. Competition for competence and interpartner learning within international strategic alliances. *Strategic Management Journal*, 1991, 12 (S1), 83 - 103.

[179] Hann, R. N., Ogneva, M., &Ozbas, O. Corporate diversification and the cost of capital. *Journal of Finance*, 2013, 68 (5), 1961 - 1999.

[180] Hansen, L. P. Large sample properties of generalized method of moment's estimators. *Econometrica*, 1982, 50 (4), 1029 - 1054.

[181] Hansen, M. T. The search - transfer problem: The role of weak ties in sharing knowledge across organization subunits. *Administrative Science Quarterly*, 1999, 44 (1), 82 - 111.

[182] Harris, M., Kriebel, C. H., &Raviv A. Asymmetric information, incentives and intrafirm resource allocation. *Management Science*, 1982, 28 (6), 604 - 620.

[183] Haspeslagh, P. C., &Jemison, D. B. *Managing acquisitions: Cre-*

ating value through corporate renewal. New York: Free Press, 1991.

[184] Hausman, J. A. Specification tests in econometrics. *Econometrica*, 1978, 46 (6), 1251 -1271.

[185] Hausman, J., Hall, B. H., &Griliches, Z. Econometric models for count data with an application to the patents - R&D relationship. *Econometrica*, 1984, 52 (4), 909 -938.

[186] Hax, A. C., &Wilde, D. L. The Delta model: A new framework of strategy. *Journal of Strategic Management Education*, 2003, 1 (1), 1 -21.

[187] Helfat, C. E. Evolutionary trajectories in petroleum firm R&D. *Management Science*, 1994, 40 (12), 1720 -1747.

[188] Helfat, C. E. Guest editor's introduction to the special issue, the evolution of firm capabilities. *Strategic Management Journal*, 2001, 22 (6 -7), 479 -491.

[189] Hellmann, T. A theory of strategic venture investing. *Journal of Financial Economics*, 2002, 64 (2), 285 -314.

[190] Henderson, J., &Leleux, B. Corporate venture capital: Effecting resource combinations and transfers. *Babson Entrepreneurial Review*, 2002, (2), 31 -46.

[191] Henderson, R. Underinvestment and incompetence as responses to radical innovation, evidence from the photolithographic alignment equipment industry. *RAND Journal of Economics*, 1993, 24 (2), 248 -270.

[192] Henderson, R., &Cockburn, I. Measuring competence? Exploring firm effects in pharmaceutical research. *Strategic Management Journal*, 1994, 15 (S1), 63 -84.

[193] Henderson, R., &Cockburn, I. Scale, scope, and spillovers: The determinants of research productivity in drug discovery. *RAND Journal of Economics*, 1996, 27 (1), 32 -59.

[194] Henley, L. G. Extending innovation boundaries, corporate venture capital gives large firms a strategic option. *Journal of Business Strategy*, 2007, 28 (5), 36 -43.

[195] Herskovits, R., Grijalbo, M., &Tafur, J. Understanding the main drivers of value creation in an open innovation program. *International Entre-*

preneurship and Management Journal, 2013, 9 (4), 631 -640.

[196] Hill, S. A., &Birkinshaw, J. Strategy - organization configurations in corporate venture units: Impact on performance and survival. *Journal of Business Venturing*, 2008, 23 (4), 423 -444.

[197] Hill, S. A., Maula, M. V. J., &Birkinshaw, J. M., et al. Transferability of the venture capital model to the corporate context: Implications for the performance of corporate venture units. *Strategic Entrepreneurship Journal*, 2009, 3 (1), 3 -27.

[198] Hillman, A. J., Withers, M. C., &Collins, B. J. Resource dependence theory: A review. *Journal of Management*, 2009, 35 (6), 1404 -1427.

[199] Hitt, M. A., Hoskisson, R. E., &Johnson, R. A., et al. The market for corporate control and firm innovation. *Academy of Management Journal*, 1996, 39 (5), 1084 -1119.

[200] Hitt, M. A., Hoskisson, R. E., &Kim H. International diversification: Effects on innovation and firm performance in product - diversified firms. *Academy of Management Journal*, 1997, 40 (4), 767 -798.

[201] Hitt, M. A., &Ireland, R. D. *The intersection of entrepreneurship and strategic management research.* In Sexton, D. L., &Landström, H. (Eds.), *Handbook of Entrepreneurship*, Oxford: Blackwell, 2000, 45 -63.

[202] Hitt, M. A., Ireland, R. D., & Camp, S. M., et al. Strategic entrepreneurship: Entrepreneurial strategies for wealth creation. *Strategic Management Journal*, 2001, 22 (6 -7), 479 -491.

[203] Holbrook, D., Cohen, W. M., &Hounshell, D. A., et al. The nature, sources, and consequences of firm differences in the early history of the semiconductor industry. *Strategic Management Journal*, 2000, 21 (10 - 11), 1017 -1041.

[204] Hoskisson, R. E., &Busenitz, L. W. *Market uncertainty and learning distance in corporate entrepreneurship entry mode choice.* In Hitt, M. A., Ireland, R. D. &Camp, S. M., et al. (Eds.), *Strategic entrepreneurship: Creating a new mindset*, Malden, MA: Blackwell Publishers, 2002, 51 -172.

[205] Hsiao, C. *Analysis of panel data.* Cambridge: Cambridge University Press, 2003.

[206] Huber, G. P. Organizational learning: The contributing processes and the literatures. *Organization Science*, 1991, 2 (1), 88 - 115.

[207] Hurry, D., Miller, A. T., & Bowman, E. H. Calls on high - technology: Japanese exploration of venture capital investments in the United States. *Strategic Management Journal*, 1992, 13 (2), 85 - 101.

[208] Ireland, R. D., Hitt, M. A., &Sirmon, D. G. A model of strategic entrepreneurship: The construct and its dimensions. *Journal of Management*, 2003, 29 (6), 963 - 989.

[209] Ivanov, V. I., &Masulis, R. W. Strategic alliances and corporate governance in newly public firms, evidence from corporate venture. *http: //ssrn. com/abstract* = 972152, 2008.

[210] Ivanov, V. I., &Xie, F. Do corporate venture capitalists add value to start - up firms? Evidence from IPOs and acquisitions of VC-backed companies. *Financial Management*, 2010, 39 (1), 129 - 152.

[211] Iyer, D. N., &Miller, K. D. Performance feedback, slack, and the timing of acquisitions. *Academy of Management Journal*, 2008, 51 (4), 808 - 822.

[212] Jaccard, J., & Turrisi, R. *Interaction effects in multiple regression.* Thousand Oaks, CA: Sage, 2003.

[213] Jacobs, D. Dependency and vulnerability: An exchange approach to the control of organizations. *Administrative Science Quarterly*, 1974, 19 (1), 45 - 59.

[214] Jensen, M. C. Agency costs of free cash flow, corporate finance, and takeovers. *The American Economic Review*, 1986, 76 (2), 323 - 329.

[215] Johnson, H. Options on the maximum or the minimum of several assets. *Journal of Financial and Quantitative Analysis*, 1987, 22 (3), 277 - 283.

[216] Judd, C. M., Smith, E R., &Kidder, L. H. *Research methods in social relations.* Fort Worth: Holt, Rinehart & Winston, 1991.

[217] Kang, H. D. *Essays on entrepreneurial finance: The role of corporate*

venture capital and its performance implications. Doctoral dissertation, Georgia Institute of Technology, 2012.

[218] Kang, H. D. A dyadic analysis of technological benefits attributable to corporate venture capital ties, Evidence from the biopharmaceutical industry. *http*: *//ssrn. com/ abstract* = 2429505, 2014*a*.

[219] Kang, H. D. A start – up's financing choice between corporate investors and independent venture capitalists and its performance implications. *http*: *//ssrn. com/ abstract* = 2429497, 2014*b*.

[220] Kang, D. H., &Vikram, N. Complements or substitutes? Technological and financial returns created by corporate venture capital investments. *http*: *//ssrn. com/abstract* = 1893710, 2011.

[221] Kang, H. D., &Nanda, V. K. Technology spillovers and capital gains in corporate venture capital: Evidence from the biopharmaceutical industry. *http*: *//ssrn. com/ abstract* = 2429504, 2014.

[222] Kann, A. *Strategic venture capital investing by corporations*: *A framework for structuring and valuing corporate venture programs*. Doctoral dissertation, Stanford University, 2000.

[223] Kanter, R. M., North, J., &Bernstein, A. P., et al. Engines of progress, designing and running entrepreneurial vehicles in established companies. *Journal of Business Venturing*, 1990, 5 (6), 415 – 430.

[224] Kaplan, S. N., & Strömberg, P. Financial contracting theory meets the real world: An empirical analysis of venture capital contracts. *The Review of Economic Studies*, 2003, 70 (2), 281 – 315.

[225] Kaplan, S. N., &Zingales, L. Do investment – cash flow sensitivities provide useful measures of financing constraints? *The Quarterly Journal of Economics*, 1997, 112 (1), 169 – 215.

[226] Katila, R. *In search ofinnovation*: *Search determinants ofnew product introductions*. Doctoral dissertation, University of Texas, Austin, 2000.

[227] Katila, R. New product search over time, past ideas in their prime? *Academy of Management Journal*, 2002, 45 (5), 995 – 1010.

[228] Katila, R., &Ahuja, G. Something old, something new: A longitudinal study of search behavior and new product introduction. *Academy of Man-*

agement Journal, 2002, 45 (6), 1183 - 1194.

[229] Katila, R., Rosenberger, J. D., &Eisenhardt, K. M. Swimming with sharks: Technology ventures, defense mechanisms and corporate relationships. *Administrative Science Quarterly*, 2008, 53 (2), 295 - 332.

[230] Kauffman, S., Lobo, J., &Macready, W. G. Optimal search on a technology landscape. *Journal of Economic Behavior & Organization*, 2000, 43 (2), 141 - 166.

[231] Keil, T. *External corporate venturing: Cognition, speed and capability development.* Doctoral dissertation, Helsinki University of Technology, 2000.

[232] Keil, T. *External corporate venturing: Strategic renewal in rapidly changing industries.* Praeger Pub Text, 2002.

[233] Keil, T. Building external corporate venturing capability: Initial conditions, learning processes, and knowledge management. *Journal of Management Studies*, 2004, 41 (5), 799 - 825.

[234] Keil, T., Autio, E., &George, G. Corporate venture capital, disembodied experimentation and capability development. *Journal of Management Studies*, 2008, 45 (8), 1475 - 1505.

[235] Keil, T., Maula, M. V. J., &Schildt, H., et al. The effect of governance modes and relatedness of external business development activities on innovative performance. *Strategic Management Journal*, 2008, 29 (8), 895 - 907.

[236] Keil, T., Maula, M. V. J., &Wilson, C. Unique resources of corporate venture capitalists as a key to entry into rigid venture capital syndication networks. *Entrepreneurship Theory and Practice*, 2010, 34 (1), 83 - 103.

[237] Keil, T., Zahra, S. A., &Maula, M. V. J. Explorative and exploitative learning from corporate venture capital, a model of program level determinants. *Academy of Management Proceedings*, 2004, (1), L1 - L6.

[238] Kelley, D., &Spinelli, S. *The role of corporate investor relationships in the formation of alliances for corporate venture capital funded start - ups.* Babson College - Kauffman Foundation Entrepreneurship Research Conference. 2001.

[239] Kerlinger, F. N. *Foundations of behavioral research.* NY: Holt, Rinehart and Winston, 1986.

[240] Kim, K., Gopal, A., &Hoberg, G. Product market competition and corporate venture capital investment in the IT industry, an empirical analysis. *http: //ssrn. com/abstract* = 2259967, 2013.

[241] Kim, T. *Interorganizational knowledge transfer through corporate venture investment.* Doctoral Dissertation, University of Nebraska, 2011.

[242] Kim, Y., Kim, Y., &Lee, J. D. Corporate venture capital and its contribution to intermediate goods firms in South Korea. *Asian Economic Journal*, 2011, 25 (3), 309 - 329.

[243] Kirschbaum, R. Open innovation in practice. *Research - Technology Management*, 2005, 48 (4), 24 - 28.

[244] Kleinknecht, A., &Reijnen, J. O. N. Why do firms cooperate on R&D? An empirical study. *Research Policy*, 1992, 21 (4), 347 - 360.

[245] Kochhar, R., &David, P. Institutional investors and firm innovation: A test of competing hypotheses. *Strategic Management Journal*, 1996, 17 (1), 73 - 84.

[246] Koenker, R. W., &Bassett, G. W. Regression quantiles. *Econometrica*, 1978, 46 (1), 33 - 50.

[247] Koenker, R. W., &Zhao, Q. Conditional quantile estimation and inference for ARCH models. *Econometric Theory*, 1996, 12 (5), 793 - 813.

[248] Kogut, B. Joint ventures: Theoretical and empirical perspectives. *Strategic Management Journal*, 1988, 9 (4), 319 - 332.

[249] Kogut, B. Joint ventures and the option to expand and acquire. *Management Science*, 1991, 37 (1), 19 - 33.

[250] Kogut, B., &Kulatilaka, N. Options thinking and platform investment: Investing in opportunity. *California Management Review*, 1994, 36 (2), 52 - 71.

[251] Kogut, B., &Kulatilaka, N. Capabilities as real options. *Organization Science*, 2001, 12 (6), 744 - 758.

[252] Kogut, B., &Zander, U. Knowledge of the firm, combinative capabilities, and the replication of technology. *Organization Science*, 1992, 3

(3), 383 -397.

[253] Kogut, B., &Zander, U. What firms do? Coordination, identity, and learning. *Organization Science*, 1996, 7 (5), 502 -518.

[254] Kortum, S., &Lerner, J. Assessing the contribution of venture capital to innovation. *The RAND Journal of Economics*, 2000, 31 (4), 674 -692.

[255] Koza, M. P., &Lewin, A. Y. The co - evolution of strategic alliances. *Organization Science*, 1998, 9 (3), 255 -264.

[256] Kulatilaka, N., &Perotti, E. C. Strategic growth options. *Management Science*, 1998, 44 (8), 1021 -1031.

[257] Kuratko, D. F., &Audretsch, D. B. Clarifying the domains of corporate entrepreneurship. *International Entrepreneurship and Management Journal*, 2013, 9 (3), 323 -335.

[258] Lane, C. *Organizational learning in supplier networks*. InDierkes, M., BerthoinAntal, A., &Child, J., et al., (Eds.), *Handbook of Organizational Learning and Knowledge*, 2001, 699 -715.

[259] Lane, P. J., Koka, B. R., &Pathak, S. The reification of absorptive capacity: A critical review and rejuvenation of the construct. *Academy of Management Review*, 2006, 31 (4), 833 -863.

[260] Lane, P. J., &Lubatkin, M. Relative absorptive capacity and interorganizational learning. *Strategic Management Journal*, 1998, 19 (5), 461 -477.

[261] Lantz, J. S., Sahut, J. M., &Teulon, F. What is the real role of corporate venture capital? *International Journal of Business*, 2011, 16 (4), 367 -382.

[262] Laursen, K., &Salter, A. Open for innovation: The role of openness in explaining innovation performance among UK manufacturing firms. *Strategic Management Journal*, 2006, 27 (2), 131 -150.

[263] Lavie, D. Alliance portfolios and firm performance: A study of value creation and appropriation in the US software industry. *Strategic Management Journal*, 2007, 28 (12), 1187 -1212.

[264] Lee, C., Lee, K., &Pennings, J. M. Internal capabilities, ex-

ternal networks, and performance, a study on technology - based ventures. *Strategic Management Journal*, 2001, 22 (6 – 7), 615 – 640.

[265] Leiblein, M. J., &Miller, D. J. An empirical examination of transaction and firm – level influences on the vertical boundaries of the firm. *Strategic Management Journal*, 2003, 24 (9), 839 – 859.

[266] Leonard – Barton, D. Core capabilities and core rigidities: A paradox in managing new product development. *Strategic Management Journal*, 1992, 13 (S1), 111 – 125.

[267] Leonard-Barton, D. *Wellsprings of knowledge: Building and sustaining the sources of innovation.* Boston: Harvard Business School Press, 1995.

[268] Lerner, J. The syndication of venture capital investments. *Financial Management*, 1994, 23 (3), 16 – 27.

[269] Lerner, J. Venture capitalists and the oversight of private firms. *The Journal of Finance*, 1995, 50 (1), 301 – 318.

[270] Leslie, E. P., Laura, B. C., &Chet, M. Curvilinearity in the diversification – performance linkage: An examination of over three decades of research. *Strategic Management Journal*, 2000, 21 (2), 155 – 174.

[271] Levinthal, D. A. Adaptation on rugged landscapes. *Management Science*, 1997, 43 (7), 934 – 950.

[272] Levinthal, D. A., &March, J. G. A model of adaptive organizational search. *Journal of Economic Behavior & Organization*, 1981, 2 (4), 307 – 333.

[273] Levinthal, D. A., &March, J. G. The myopia of learning. *Strategic Management Journal*, 1993, 14 (S2), 95 – 112.

[274] Levitt, B., &March, J. G. Organizational learning. *Annual Review of Sociology*, 1988, 14 (1), 319 – 338.

[275] Li, Y., &Mahoney, J. T. *A real options view of corporate venture capital investment decisions, an empirical examination.* The Annual Meeting of the Academy of Management, Atlanta, 2006.

[276] Li, Y., &Mahoney, J. T. When are venture capital projects initiated? *Journal of Business Venturing*, 2011, 26 (2), 239 – 254.

[277] Lichtenthaler, U., &Ernst, H. Innovation intermediaries: Why internet marketplaces for technology have not yet met the expectations. *Creativity and Innovation Management*, 2008, 17 (1), 14 -25.

[278] Lin, S. J., &Lee, J. R. Configuring a corporate venturing portfolio to create growth value: Within - portfolio diversity and strategic linkage. *Journal of Business Venturing*, 2011, 26 (4), 489 -503.

[279] Lindenberg, E. B., &Ross, S. A. Tobin's q ratio and industrial organization. *The Journal of Business*, 1981, 54 (1), 1 -32.

[280] Lippman, S. A., &Rumelt, R. P. Uncertain imitability: An analysis of interfirm differences in efficiency under competition. *The Bell Journal of Economics*, 1982, 13 (2), 418 -438.

[281] LiPuma, J. A. Independent venture capital, corporate venture capital, and the internationalisation intensity of technology - based portfolio firms. *International Entrepreneurship and Management Journal*, 2006, 2 (2), 245 -260.

[282] Litwin, M. S. *How to measure survey reliability and validity*. Thousand Oaks, CA: Sage Publications, 1995.

[283] Lockett, A., &Wright, M. The syndication of venture capital investments. *Omega*, 2001, 29 (5), 375 -390.

[284] Lööf, H., &Heshmati, A. Knowledge capital and performance heterogeneity: A firm - level innovation study. *International Journal of Production Economics*, 2002, 76 (1), 61 -85.

[285] Mackewicz, & Partner. *Corporate venture capital - window on the world*. Munich: Company Publication by Mackewicz& Partner, 2003.

[286] Macmillan, I., Roberts, E., &Livada, V., et al. *Corporate venture capital (CVC) seeking innovation and strategic growth: Recent patterns in CVC mission, structure, and investment*. NIST reports, NIST GCR, 2008, 08 -96.

[287] Madhok, A. Cost, value and foreign market entry mode: The transaction and the firm. *Strategic Management Journal*, 1997, 18 (1), 39 -61.

[288] Majd, S., &Pindyck, R. S. Time to build, option value, and in-

vestment decisions. *Journal of financial Economics*, 1987, 18 (1), 7 -27.

[289] Makadok, R., &Walker, G. Search and selection in the money market fund industry. *Strategic Management Journal*, 1996, 17 (S1), 39 -54.

[290] Makino, S., &Delios, A. Local knowledge transfer and performance: Implications for alliance formation in Asia. *Journal of international business studies*, 1996, 27 (5), 905 -927.

[291] Manigart, S., Lockett, A., &Meuleman, M., et al. *Why do European venture capital companies syndicate?* ERIM Report Series Reference No. RS -2002 -98 -ORG, 2002.

[292] March, J. G. Exploration and exploitation in organizational learning. *Organization Science*, 1991, 2 (1), 71 -87.

[293] March, J. G., &Simon, H. A. *Organizations*. New York: Wiley, 1958.

[294] Markowitz, H. Portfolio selection. *Journal of Finance*, 1952, 7 (1), 77 -91.

[295] Masulis, R. W., &Nahata, R. Financial contracting with strategic investors, Evidence from corporate venture capital backed IPOs. *Journal of Financial Intermediation*, 2009, 18 (4), 599 -631.

[296] Matusik, S. F., &Fitza, M. A. Diversification in the venture capital industry: Leveraging knowledge under uncertainty. *Strategic Management Journal*, 2012, 33 (4), 407 -426.

[297] Maula, M. V. J. *Corporate venture capital and the value - added for technology - based new firms*. Doctoral dissertation, Helsinki University of Technology, 2001.

[298] Maula, M. V. J. *Corporate venture capital as a strategic tool for corporations*. InLandström, H. (Eds.), *Handbook of Venture Capital*. Edward Elgar Publishing Ltd., 2007, 371 -392.

[299] Maula, M. V. J., & Murray, G. Corporate venture capital and the exercise of the options to acquire, *Proceedings of the R&D Management Conference*. Manchester, UK, 2000.

[300] Maula, M. V. J., &Murray, G. *Corporate venture capital and the*

creation of US public companies: *The impact of sources of venture capital on the performance of portfolio companies*. InHitt, M. et al., (Eds.) *Creating value*: *Winners in the new business environment*, Oxford: Blackwell Publishers, 2002, 164-187.

[301] Maula, M. V. J., Autio, E., &Murray, G. Prerequisites for the creation of social capital and subsequent knowledge acquisition in corporate venture capital. *Venture Capital*: *An International Journal of Entrepreneurial Finance*, 2003, 5 (2), 117-134.

[302] Maula, M. V. J., Autio, E., &Murray, G. Corporate venture capitalists and independent venture capitalists: What do they know, who do they know and should entrepreneurs care? *Venture Capital*: *An International Journal of Entrepreneurial Finance*, 2005, 7 (1), 3-21.

[303] Maula, M. V. J., Autio, E., &Murray, G. Corporate venture capital and the balance of risks and rewards for portfolio companies. *Journal of Business Venturing*, 2009, 24 (3), 274-286.

[304] Maula, M. J., Keil, T., &Zahra, S. A. *Corporate venture capital and recognition of technological discontinuities*: *Position in syndication networks and absorptive capacity*. The 2003 AOM Conference, Seattle, WA, 2003.

[305] Maula, M. V. J., Keil, T., &Zahra, S. A. Top management's attention to discontinuous technological change: Corporate venture capital as an alert mechanism. *Organization Science*, 2013, 24 (3), 926-947.

[306] McGrath, J. E. Dilemmatics: The study of research choices and dilemmas. *American Behavioral Scientist*, 1981, 25 (2), 179-210.

[307] McGrath, R. G. Areal options logic for initiating technology positioning investments. *Academy of Management Journal*, 1997, 22 (4), 974-996.

[308] McGrath, R. G. Exploratory learning, innovative capacity, and managerial oversight. *Academy of Management Journal*, 2001, 44 (1), 118-131.

[309] McGrath, R. G., &Ferrier, W. J. Real options as engines of choice and heterogeneity. *Academy of Management*, 2004, 29 (1),

86 - 101.

[310] McGrath, R. G., &Nerkar, A. Real options reasoning and a new look at the R&D investment strategies of pharmaceutical firms. *Strategic Management Journal*, 2004, 25 (1), 1 - 21.

[311] McNally, K. *Corporate venture capital investment in the United Kingdom: Objectives, strategies and future prospects*. Department of Geography, University of Southampton, Venture Finance Working Paper, No. 9, 1994.

[312] McNally, K. Corporate venture capital: The financing of technology businesses. *International Journal of Entrepreneurial Behaviors & Research*, 1995, 1 (3), 9 - 43.

[313] McNally, K. *Corporate venture capital: Bridging the equity gap in the small business sector*. London: Routledge, 2002.

[314] Meyer, A., &Gaba, V. *Corporate venture capital: Innovation through equity investing*. National Science Foundation Project #0120188, 2003.

[315] Meyer, M., Milgrom, P., &Roberts, J. Organizational prospects, influence costs, and ownership changes. *Journal of Economics and Management Strategy*, 1992, 1 (1), 9 - 35.

[316] Mezias, S. J., &Glynn, M. A. The three faces of corporate renewal, institution, revolution, and evolution. *Strategic Management Journal*, 1993, 14 (2), 77 - 101.

[317] Miles, M. P., &Covin, J, G. Exploring the practice of corporate venturing: Some common forms and their organizational implications. *Entrepreneurship Theory and Practice*, 2002, 26 (3), 21 - 40.

[318] Milgrom, P., &Roberts, J. Complementarities and fit: Strategy, structure, and organizational change in manufacturing. *Journal of Accounting and Economics*, 1995, 19 (2), 179 - 208.

[319] Miller, D. The correlates of entrepreneurship in three types of firms. *Management Science*, 1983, 29 (7), 770 - 791.

[320] Miller, K., &Folta, T. Option value and entry timing. *Strategic Management Journal*, 2002, 23 (7), 655 - 665.

[321] Mitchell, W., &Singh, K. Incumbents' use of pre - entry alliances before expansion into new technical subfields of an industry. *Journal of Eco-*

nomic Behavior & Organization, 1992, 18 (3), 347 -372.

[322] Modigliani, F. , &Miller, M. The cost of capital, corporation finance and the theory of investment. *American Economic Review*, 1958, 48 (3), 261 -297.

[323] Mohamed, A. , &Schwienbacher, A. Voluntary disclosure of corporate venture capital investments. *http: //ssrn. com/ abstract* = 2305061, 2013.

[324] Morgan, M. , &Jeffrey, G. C. Exploring the practice of corporate venturing: Some common forms and their organizational implications. *Entrepreneurship, Theory and Practice*, 2002, 26 (3), 21 -40.

[325] Mowery, D. C. , Oxley, J. E. , &Silverman, B. S. Strategic alliances and interfirm knowledge transfer. *Strategic Management Journal*, 1996, 17 (S2), 77 -91.

[326] Mowery, D. C. , Oxley, J. E. , &Silverman, B. S. *The two faces of partner - specific absorptive capacity.* In Contractor, F. J. , &Lorange, P. (Eds.) . Elsevier Science: Amsterdam, the Netherlands, 2002, 291 -319.

[327] Muller, A. , Hutchins, N. , &Pinto, M. C. Applying open innovation where your company needs it most. *Strategy & Leadership*, 2012, 40 (2), 35 -42.

[328] Musso, P. , &Schiavo, S. The impact of financial constraints on firm survival and growth. *Journal of Evolutionary Economics*, 2008, 18 (2), 135 -149.

[329] Nahapiet, J. , &Ghoshal, S. Social capital, intellectual capital, and the organizational advantage. *Academy of Management Review*, 1998, 23 (2), 242 -266.

[330] Napp, J. J. , Minshall, T. , &Probert, D. *External corporate venture capital investment, towards a framework for capturing and measuring strategic value.* Portland International Conference on Management of Engineering & Technology, PICMET, 2009, 1831 -1842.

[331] Narayanan, V. K. , Yang, Y. , &Zahra, S. A. Corporate venturing and value creation: A review and proposed framework. *Research Policy*, 2009, 38 (1), 58 -76.

[332] Nelson, R. Why do firms differ, and how does it matter? *Strategic Management Journal*, 1991, 12 (S2), 61 -74.

[333] Nelson, R., &Winter, S. *An evolutionary theory ofeconomic change*. Cambridge, MA: Belknap Press, 1982.

[334] Nohria, N., &Gulati, R. Is slack good or bad for innovation? *Academy of Management Journal*, 1996, 39 (5), 1245 -1264.

[335] Nonaka, I., &Takeuchi, H. *The knowledge - creating company: How Japanese companies create the dynamics of innovation*. New York: Oxford University Press, 1995.

[336] Noyes, E., Brush, C., &Hatten, K., et al. Firm network position and corporate venture capital investment. *Journal of Small Business Management*, DOI: 10. 1111/jsbm. 12051, 2013.

[337] Osborn, R. N., &Hagedoorn, J. The institutionalization and evolutionary dynamics of inter - organizational alliances and networks. *Academy of Management Journal*, 1997, 40 (2), 261 -278.

[338] Paik, Y., &Woo, H. Corporate governance in entrepreneurial firms: Effects of corporate venture capital and founder incumbency on entrepreneurial R&D strategy. *http: //ssrn. com/ abstract* =2340900, 2013.

[339] Palich, L. E., Cardinal, L. B., &Miller, C. C. Curvilinearity in the diversification - performance linkage: An examination of over three decades of research. *Strategic Management Journal*, 2000, 21 (2), 155 -174.

[340] Park, H. D. *The influence of corporate investors the development and performance of new ventures*. Doctoral dissertation, University of Washington, 2010.

[341] Park, H. D., &Steensma, H. K. When does corporate venture capital add value for new ventures? *Strategic Management Journal*, 2012, 33 (1), 1 -22.

[342] Park, H. D., &Steensma, H. K. The selection and nurturing effects of corporate investors on new venture innovativeness. *Strategic Entrepreneurship Journal*, 2013, 7 (4), 311 -330.

[343] Patel, P., &Pavitt, K. The technological competencies of the world's largest firms: Complex and path - dependent, but not much variety.

Research Policy, 1997, 26 (2), 141 - 156.

[344] Penrose, E. T. *The theory of the growth of the firm.* UK, Oxford: Oxford University Press, 1995.

[345] Peteraf, M. A. The cornerstones of competitive advantage: A resource based view. *Strategic Management Journal*, 1993, 14 (3), 179 - 191.

[346] Pfeffer, J., &Salancik, G. R. *The external control of organizations: A resource dependence perspective.* Stanford, CA: Stanford University Press, 2003.

[347] Phan, P. H., &Peridis, T. Knowledge creation in strategic alliances: Another look at organizational learning. *Asia Pacific Journal of Management*, 2000, 17 (2), 201 - 222.

[348] Pisano, G. P. Using equity participation to support exchange: Evidence from the biotechnology industry. *Journal of Law, Economics and Organization*, 1989, 5 (1), 109 - 126.

[349] Pisano, G. P. The R&D boundaries of the firm, an empirical analysis. *Administrative Science Quarterly*, 1990, 35 (1), 153 - 176.

[350] Pisano, G. P. The governance of innovation: Vertical integration and collaborative arrangements in the biotechnology industry. *Research Policy*, 1991, 20 (3), 237 - 249.

[351] Pisano, G. P. Knowledge, integration, and the locus of learning: An empirical analysis of process development. *Strategic Management Journal*, 1994, 15 (S1), 85 - 100.

[352] Powell, W. W., Koput, K. W., &Smith - Doerr, L. Interorganizational collaboration and the locus of innovation: Networks of learning in biotechnology. *Administrative Science Quarterly*, 1996, 41 (1), 116 - 145.

[353] Prahalad, C. K., &Hamel, G. The core competence of the corporation. *Harvard Business Review*, 1990, 68 (3), 79 - 91.

[354] Priem, R. L., &Butler, J. E. Is the resource - based "view" a useful perspective for strategic management research? *Academy of Management Review*, 2001, 26 (1), 22 - 40.

[355] Rajan, R., Servaes, H., &Zingales, L. The cost of diversity: The diversification discount and inefficient investment. *The Journal of Finance*,

2000, 55 (1), 35 - 80.

[356] Reaume, A. Is corporate venture capital a prescription for success in the pharmaceutical industry? *The Journal of Private Equity*, 2003, 6 (4), 77 - 87.

[357] Reichardt, B., &Weber, C. Corporate venture capital in Germany: A comparative analysis of 2000 and 2003. *Technological Forecasting and Social Change*, 2006, 73 (7), 813 - 834.

[358] Reimsbach, D., &Hauschild, B. Corporate venturing: An extended typology. *Journal of Management Control*, 2012, 23 (1), 71 - 80.

[359] Rice, M. P., O'Connor, G. C., &Leifer, R., et al. Corporate venture capital models for promoting radical innovation. *Journal of Marketing Theory and Practice*, 2000, 8 (3), 1 - 10.

[360] Rind, K. W. The role of venture capital in corporate development. *Strategic Management Journal*, 1981, 2 (2), 169 - 180.

[361] Rindova, V. P., &Kotha, S. Continuous "morphing": Competing through dynamic capabilities, form, and function. *Academy of Management Journal*, 2001, 44 (6), 1263 - 1280.

[362] Riyanto, Y. E., &Schwienbacher, A. The strategic use of corporate venture financing for securing demand. *Journal of Banking & Finance*, 2006, 30 (10), 2809 - 2833.

[363] Roberts, E. B. New ventures for corporate growth. *Harvard Business Review*, 1980, 58 (4), 13 - 142.

[364] Roberts, E. B., &Berry, C. A. Entering new businesses: Selecting strategies for success. *Sloan Management Review*, 1985, 26 (3), 3 - 17.

[365] Roberts, E. B., &Liu, W. K. Ally or Acquire? How Technology Leaders Decide. *MIT Sloan Management Review*, 2001, 43 (1), 26 - 34.

[366] Roberts, K., &Weitzman, M. L. Funding criteria for research, development, and exploration projects. *Econometrica*, 1981, 49 (5), 1261 - 1288.

[367] Robins, J., & Wiersema, M. F. A resource - based approach to the multibusiness firm: Empirical analysis of portfolio interrelationships and corporate financial performance. *Strategic Management Journal*, 1995, 16 (4),

277 – 299.

[368] Rosenberger, J. D. *The flip side of the coin: Nascent technology ventures and corporate venture funding*. Doctoral dissertation, Stanford University, 2005.

[369] Rosenkopf, L., &Almeida, P. Overcoming local search through alliances and mobility. *Management Science*, 2003, 49 (6), 751 – 766.

[370] Rosenkopf, L., &Nerkar, A. Beyond local search, boundary - spanning, exploration, and impact in the optical disk industry. *Strategic Management Journal*, 2001, 22 (4), 287 – 306.

[371] Rothaermel, F. T., &Deeds, D. L. Exploration and exploitation alliances in biotechnology: A system of new product development. *Strategic Management Journal*, 2004, 25 (3), 201 – 221.

[372] Rothwell, R. Some problems of technology transfer into industry: Examples from the textile machinery sector. *Engineering Management, IEEE Transactions on*, 1978 (1), 15 – 20.

[373] Rulke, D. L., Zaheer, S., &Anderson, M. H. Sources of managers'knowledge of organizational capabilities. *Organizational Behavior and Human Decision Processes*, 2000, 82 (1), 134 – 149.

[374] Rumelt, R. P. *Toward a strategic theory of the firm.* In Lamb, R. B. (Eds.), *Competitive Strategic Management*, Englewood Cliffs, NJ: Prentice – Hall, 1984, 556 – 570.

[375] Sahaym, A., Steensma, H. K., &Barden, J. Q. The influence of R&D investment on the use of corporate venture capital: An industry – level analysis. *Journal of Business Venturing*, 2010, 25 (4), 376 – 388.

[376] Sahlman, W. A. The structure and governance of venture – capital organizations. *Journal of Financial Economics*, 1990, 27 (2), 473 – 521.

[377] Sakakibara, M. Formation of R&D consortia: Industry and company effects. *Strategic Management Journal*, 2002, 23 (11), 1033 – 1050.

[378] Salomo, S., Talke, K., &Strecker, N. Innovation field orientation and its effect on innovativeness and firm performance. *Journal of Product Innovation Management*, 2008, 25 (6), 560 – 576.

[379] Sampson, R. C. R&D alliances and firm performance: The impact

of technological diversity and alliance organization on innovation. *Academy of Management Journal*, 2007, 50 (2), 364 – 386.

[380] Sanchez, R. *Strategic flexibility, firm organization, and managerial work in dynamic markets: A strategic options perspective*. In Shrivastava, P., Huff, A., &Dutton, J., (Eds.), *Advances in strategic management*. Greenwich, CT: JAI Press, 1993, 9 (1), 251 – 291.

[381] Sanchez, R. Strategic flexibility in product competition. *Strategic Management Journal*, 1995, 16 (S1), 135 – 159.

[382] Sandulli, F. D., Fernandez – Menendez, J., &Rodriguez – Duarte, A., et al. Testing the Schumpeterian hypotheses on an open innovation framework. *Management Decision*, 2012, 50 (7), 1222 – 1232.

[383] Santoro, M. D., & McGill, J. P. The effect of uncertainty and asset co – specialization on governance in biotechnology alliances. *Strategic Management Journal*, 2005, 26 (13), 1261 – 1269.

[384] Saxenian, A. L. Regional networks and the resurgence of Silicon Valley. *California Management Review*, 1990, 33 (1), 89 – 113.

[385] Scandura, T. A., &Williams, E. A. Research methodology in management: Current practices, trends, and implications for future research. *Academy of Management Journal*, 2000, 43 (6), 1248 – 1264.

[386] Scharfstein, D. S. *The dark side of internal capital markets II: Evidence from diversified conglomerates*. National Bureau of Economic Research, 1998.

[387] Scharfstein, D. S., &Stein, J. C. The dark side of internal capital markets: Divisional rent seeking and inefficient investment. *The Journal of Finance*, 2000, 55 (6), 2537 – 2564.

[388] Schildt, H. A., Keil, T., &Maula, M. V. J. The temporal effects of relative and firm-level absorptive capacity on interorganizational learning. *Strategic Management Journal*, 2012, 33 (10), 1154 – 1173.

[389] Schildt, H. A., Maula, M. V. J., &Keil, T. Explorative and exploitative learning from external corporate ventures. *Entrepreneurship Theory and Practice*, 2005, 29 (4), 493 – 515.

[390] Schroll, A., & Mild, A. Open innovation modes and the role of

internal R&D: An empirical study on open innovation adoption in Europe. *European Journal of Innovation Management*, 2011, 14 (4), 475-495.

[391] Schulz, M. Pathways of relevance, Exploring inflows of knowledge into subunits of multinational corporations. *Organization Science*, 2003, 14 (4), 440-459.

[392] Schumpeter, J. A. *The theory of economic development: An inquiry into profits, capital, credit, interest, and the business cycle.* New Jersey: Transaction Publishers, 1934.

[393] Sears, J., &Hoetker, G. Technological overlap, technological capabilities, and resource recombination in technological acquisitions. *Strategic Management Journal*, 2014, 35 (1), 48-67.

[394] Shane, S. Technological opportunities and new firm creation. *Management Science*, 2001a, 47 (2), 205-220.

[395] Shane, S. Technology regimes and new firm formation. *Management Science*, 2001b, 47 (9), 1173-1190.

[396] Sharma, P., &Chrisman, J. J. Toward a reconciliation of the definitional issues in the field of corporate entrepreneurship. *Entrepreneurship Theory and Practice*, 1999, 23 (3), 11-27.

[397] Sharpe, W. F. Capital assets prices: A theory of market equilibrium under conditions of risk. *Journal of Finance*, 1964, 19 (3), 425-442.

[398] Shin, H. H., &Stulz, R. M. Are internal capital markets efficient? *The Quarterly Journal of Economics*, 1998, 113 (2), 531-552.

[399] Siegel, R., Siegel, E., &MacMillan, I. C. Corporate venture capitalists: Autonomy, obstacles, and performance. *Journal of Business Venturing*, 1988, 3 (3), 233-247.

[400] Silverman, B. S. Technological resources and the direction of corporate diversification: Toward an integration of the resource-based view and transaction cost economics. *Management Science*, 1999, 45 (8), 1109-1124.

[401] Simon, H. A. Rationality as process and as product of thought. *American Economic Review*, 1978, 68 (2), 1-16.

[402] Singh, J. V. Performance, slack, and risk taking in organizational

decision making. *Academy of Management Journal*, 1986, 29 (3), 562 - 585.

[403] Smith, J., &Thompson, R. Managing a portfolio of real options, Sequential exploration of dependent prospect. *The Energy Journal*, 2008, (29), 43 - 61.

[404] Smith, S. W., &Shah, S. K. Do innovative users generate more useful insights? An analysis of corporate venture capital investments in the medical device industry. *Strategic Entrepreneurship Journal*, 2013, 7 (2), 151 - 167.

[405] Smith - Doerr, L., Owen - Smith, J., &Koput, K. W., et al. *Networks and knowledge production, collaboration and patenting in biotechnolo gy*, In Gabbay, R. T. (Eds.), *Corporate social capital and liability*. New York: Springer, 1999, 390 - 408.

[406] Sørensen, J. B., &Stuart, T. E. Aging, obsolescence, and organizational innovation. *Administrative Science Quarterly*, 2000, 45 (1), 81 - 112.

[407] Souitaris, V., &Zerbinati, S. How do corporate venture capitalists do deals? An exploration of corporate investment practices. *Strategic Entrepreneurship Journal*, DOI: 10. 1002/sej. 1178, 2014.

[408] Souitaris, V., Zerbinati, S., &Liu, G. Which iron cage? Endo - and exoisomorphism in corporate venture capital programs. *Academy of Management Journal*, 2012, 55 (2), 477 - 505.

[409] Spender, J. C. Making knowledge the basis of a dynamic theory of the firm. *Strategic Management Journal*, 1996, 17 (S2), 45 - 62.

[410] Steensma, H. K., & Lyles, M. A. Explaining IJV survival in a transitional economy through social exchange and knowledge - based perspectives. *Strategic Management Journal*, 2000, 21 (8), 831 - 851.

[411] Stock, J. H., Wright, J. H., &Yogo, M. A survey of weak instruments and weak identification in generalized method of moments. *Journal of Business and Economic Statistics*, 2002, 20 (4), 518 - 529.

[412] Stuart, T. E. Interorganizational alliances and the performance of firms: A study of growth and innovation rates in a high - technology industry.

Strategic Management Journal, 2000, 21 (8), 791 -811.

[413] Stuart, T. E., &Podolny, J. M. Local search and the evolution of technological capabilities. *Strategic Management Journal*, 1996, 17 (S1), 21 -38.

[414] Stulz, R. M. Options on the minimum or the maximum of two risky assets. *Journal of Financial Economics*, 1982, 10 (2), 161 -185.

[415] Stulz, R. M. Managerial discretion and optimal financing policies. *Journal of Financial Economics*, 1990, 26 (1), 3 -27.

[416] Sykes, H. B. Corporate venture capital: Strategies for success. *Journal of Business Venturing*, 1990, 5 (1), 37 -47.

[417] Sykes, H. B. Business research: A new corporate function. *Journal of Business Venturing*, 1993, 8 (1), 1 -8.

[418] Szulanski, G. Exploring internal stickiness: Impediments to the transfer of best practice within the firm. *Strategic Management Journal*, 1996, 17 (S2), 27 -43.

[419] Tanriverdi, H., &Venkateraman, N. Knowledge relatedness and the performance of multibusiness firms. *Strategic Management Journal*, 2005, 26 (2), 97 -119.

[420] Teece, D. J. Towards an economic theory of the multiproduct firm. *Journal of Economic Behavior&Organization*, 1982, 3 (1), 39 -63.

[421] Teece, D. J. Profiting from technological innovation: Implications for integration, collaboration, licensing and public policy. *Research Policy*, 1986, 15 (6), 285 -305.

[422] Teece, D. J. Competition, cooperation, and innovation: Organizational arrangements for regimes of rapid technological progress. *Journal of Economic Behavior & Organization*, 1992, 18 (1), 1 -25.

[423] Teece, D. J., Pisano, G., &Shuen, A. Dynamic capabilities and strategic management. *Strategic Management Journal*, 1997, 18 (7), 509 -533.

[424] Teng, B. S. Corporate entrepreneurship activities through strategic alliances: A resource - based approach toward competitive advantage. *Journal of Management Studies*, 2007, 44 (1), 119 -142.

[425] Teppo, T., &Wustenhagen, R. Why corporate venture capital funds fail - evidence from the European energy industry. *World Review of Entrepreneurship, Management and Sustainable Development*, 2009, 5 (4), 353 - 375.

[426] Thompson, L., Gentner, D., &Loewenstein, J. Avoiding missed opportunities in managerial life: Analogical training more powerful than individual case training. *Organizational Behavior and Human Decision Processes*, 2000, 82 (1), 60 - 75.

[427] Todorova, G., & Durisin, B. Absorptive capacity: Valuing a reconceptualization. *Academy of Management Review*, 2007, 32 (3), 774 - 786.

[428] Tong, T. W., &Li, Y. Real options and investment mode: Evidence from corporate venture capital and acquisition. *Organization Science*, 2011, 22 (3), 659 - 674.

[429] Triantis, G. G. Financial contract design in the world of venture capital. *The University of Chicago Law Review*, 2001, 68 (1), 305 - 322.

[430] Trigeorgis, L. The nature of option interactions and the valuation of investment with multiple real options. *Journal of Financial and Quantitative Analysis*, 1993, 28 (1), 1 - 20.

[431] Trigeorgis, L. *Real options: Managerial flexibility and strategy in resource allocation.* Cambridge, MA: MIT Press, 1996.

[432] Tripsas, M. Unraveling the process of creative destruction: Complementary assets and incumbent survival in the typesetter industry. *Strategic Management Journal*, 1997, 18 (s1), 119 - 142.

[433] Tsai, W. Social capital, strategic relatedness and the formation of intra - organizational linkages. *Strategic Management Journal*, 2000, 21 (9), 925 - 939.

[434] Tsai, W. Knowledge transfer in intraorganizational networks, Effects of network position and absorptive capacity on business unit innovation and performance. *Academy of Management Journal*, 2001, 44 (5), 996 - 1004.

[435] Tsai, W., &Ghoshal, S. Social capital and value creation: The

role of intrafirm networks. *Academy of Management Journal*, 1998, 41 (4), 464 -476.

[436] Tushman, M. L., &Anderson, P. Technological discontinuities and organizational environments. *Administrative Science Quarterly*, 1986, 31 (3), 439 -465.

[437] Ulrich, D., &Barney, J. B. Perspectives in organizations: Resource dependence, efficiency, and population. *Academy of Management Review*, 1984, 9 (3), 471 -481.

[438] Uotila, J., Maula, M., &Keil, T., et al. Exploration, exploitation, and financial performance: Analysis of S&P 500 corporations. *Strategic Management Journal*, 2009, 30 (2), 221 -231.

[439] Uzuegbunam, I. S., Ofem, B., &Nambisan, S. The impact of corporate venture capital on the branding efforts of new technology firms. *http: // ssrn. com/ abstract* =2296402, 2013.

[440] Uzzi, B. The sources and consequences of embeddedness for the economic performance of organizations, the network effect. *American Sociological Review*, 1996, 6 (4), 674 -698.

[441] Uzzi, B. Social structure and competition in interfirm networks: The paradox of embeddedness. *Administrative Science Quarterly*, 1997, 42 (1), 35 -67.

[442] Van de Vrande, V., &Vanhaverbeke, W. *Corporate venture capital and the sequencing of inter - organizational ties over time.* Ecole Polytechnique Working Paper, 2009.

[443] Van de Vrande, V., &Vanhaverbeke, W. How prior corporate venture capital investments shape technological alliances: A real options approach. *Entrepreneurship Theory and Practice*, 2013, 37 (5), 1019 -1043.

[444] Van de Vrande, V., Lemmens, C., & Vanhaverbeke, W. Choosing governance modes for external technology sourcing. *R&D Management*, 2006, 36 (3), 347 -363.

[445] Van de Vrande, V., Vanhaverbeke, W., &Duysters, G. Additivity and complementarity in external technology sourcing: The added value of corporate venture capital investments. *Engineering Management*, *IEEE Transac-*

tions on, 2011a, 58 (3), 483 -496.

[446] Van de Vrande, V., Vanhaverbeke, W., &Duysters, G. Technology In - Sourcing and the Creation of Pioneering Technologies. *Journal of Product Innovation Management*, 2011b, 28 (6), 974 -987.

[447] Van Wijk, R., Van Den Bosch, F., &Volberda, H. *The impact of knowledge depth and breadth of absorbed knowledge on levels of exploration and exploitation.* Academy of Management Annual Meeting, Annual Reviews, Washington, DC. 2001.

[448] Vanhaverbeke, W., Duysters, G., &Noorderhaven, N. External technology sourcing through alliances or acquisitions: An analysis of the application - specific integrated circuits industry. *Organization Science*, 2002, 13 (6), 714 -733.

[449] Vassolo, R. S., Anand, J., &Folta, T. B. Non - additivity in portfolios of exploration activities: A real options - based analysis of equity alliances in biotechnology. *Strategic Management Journal*, 2004, 25 (11), 1045 -1061.

[450] Veugelers, R. Internal R&D expenditures and external technology sourcing. *Research Policy*, 1997, 26 (3), 303 -315.

[451] Volberda, H. W. Toward the flexible form: How to remain vital in hypercompetitive environments. *Organization Science*, 1996, 7 (4), 359 -374.

[452] Von Hippel, E. A. "Sticky information" and the locus of problem solving: Implications for innovation. *Management Science*, 1994, 40 (4), 429 -439.

[453] Wadhwa, A. *Impact of corporate venture capital on knowledge creation in corporate investors.* Doctoral dissertation, University of Washington, 2005.

[454] Wadhwa, A., &Basu, S. Exploration and resource commitments in unequal partnerships: An examination of corporate venture capital investments. *Journal of Product Innovation Management*, 2013, 30 (5), 916 -936.

[455] Wadhwa, A., &Kotha, S. Knowledge creation through external

venturing: Evidence from the telecommunications equipment manufacturing industry. *Academy of Management Journal*, 2006, 49 (4), 819 - 835.

[456] Wadhwa, A., &Phelps, C. *An option to ally: A dyadic analysis of corporate venture capital relationships*. Atlanta Competitive Advantage Conference, 2010.

[457] Wadhwa, A., Basu, S., &Kotha, S. *Learning objectives and uncertainty resolution: An examination of the structure of corporate venture capital relationships*. In Zahra, S. A., et al., (*Eds.*) *Frontiers of Entrepreneurship Research*. Babson College, MA, 2005, 429 - 442.

[458] Wadhwa, A., Phelps, C., &Kotha, S. *Creating exploratory innovations by learning from entrepreneurial ventures*. New Frontiers in Entrepreneurship, New York: Springer, 2010, 147 - 173.

[459] Wally, S., &Fong, C. M. Effects of firm performance, organizational slack, and debt on entry timing: A study of ten emerging product markets in USA. *Industry and Innovation*, 2000, 7 (2), 169 - 183.

[460] Wang, X. A., &Wan, W. P. Explaining the variance in underpricing among venture capital - backed IPOs: A comparison between private and corporate VC firms. *Strategic Entrepreneurship Journal*, 2013, 7 (4), 331 - 342.

[461] Wang, Y., Vanhaverbeke, W., &Roijakkers, N. Exploring the impact of open innovation on national systems of innovation, A theoretical analysis. *Technological Forecasting and Social Change*, 2012, 79 (3), 419 - 428.

[462] Weber, B., &Weber, C. Corporate venture capital as a means of radical innovation: Relational fit, social capital, and knowledge trans fer. *Journal of Engineering and Technology Management*, 2007, 24 (1), 11 - 35.

[463] Weber, C. Corporate venture capitalists with a Bird's - Eye View' - A dynamic social network perspective. *Schmalenbach Business Review*, 2009, 61 (2), 195 - 224.

[464] Weber, C., &Weber, B. Corporate venture capital organizations in Germany. *Venture Capital: An International Journal of Entrepreneurial Finance*, 2005, 7 (1), 51 - 73.

[465] Weber, C., &Weber, B. Social capital and knowledge relatedness as promoters of organizational performance. *International Studies of Management and Organization*, 2010, 40 (3), 23-49.

[466] Weber, C., &Weber, B. Exploring the antecedents of social liabilities in CVC triads: A dynamic social network perspective. *Journal of Business Venturing*, 2011, 26 (2), 255-272.

[467] Wernerfelt, B. A resource - based view of the firm. *Strategic Management Journal*, 1984, 5 (2), 171-180.

[468] Wernerfelt, B., &Montgomery, C. A. Tobin's q and the importance of focus in firm performance. *American Economic Review*, 1988, 78 (1), 246- 250.

[469] Whited, T. M., &Wu, G. Financial constraints risk. *Review of Financial Studies*, 2006, 19 (2), 531-559.

[470] Williams, C., &Lee, S. H. Exploring the internal and external venturing of large R&D intensive firms. *R&D Management*, 2009, 39 (3), 231-246.

[471] Williamson, O. E. *Market and hierarchies: Analysis and antitrust implications*. New York: Free Press, 1975.

[472] Williamson, O. E. *The economic institutions of capitalism*. New York: Free Press, 1985.

[473] Winter, S. G. *Knowledge and competence as strategic assets*. In Teece, D. J. (Eds.), *The competitive challenge: Strategies for industrial innovation and renewal*. Cambridge, MA: Ballinger, 1987, 156-184.

[474] Winter, S. G. *Survival, selection, and inheritance in evolutionary theories of organization*. In Singh, J. V. (Eds.), *Organizational evolution: New directions*. Newbury Park, CA: Sage, 1990, 269-297.

[475] Winters, T. E., &Murfin, D. L. Venture capital investing for corporate development objectives. *Journal of Business Venturing*, 1988, 3 (3), 207-222.

[476] Wright, M., &Lockett, A. The structure and management of alliances: Syndication in the venture capital industry. *Journal of Management Studies*, 2003, 40 (8), 2073-2102.

[477] Yang, Y. *A multi – theoretic analysis of financial and strategic consequences of corporate venture capital*. Doctoral dissertation, Drexel University, 2006.

[478] Yang, Y. Bilateral inter – organizational learning in corporate venture capital activity: Governance characteristics, knowledge transfer, and performance. *Management Research Review*, 2012, 35 (5), 352 – 378.

[479] Yang, Y., Narayanan, V. K., &De Carolis, D. M. The relationship between portfolio diversification and firm value: The evidence from corporate venture capital activity. *Strategic Management Journal*, 2014, 35 (13): 1993 – 2011.

[480] Yang, Y., Narayanan, V. K., &Zahra, S. A. Developing the selection and valuation capabilities through learning: The case of corporate venture capital. *Journal of Business Venturing*, 2009, 24 (3), 261 – 273.

[481] Yang, Y., Nomoto, S., &Kurokawa, S. Knowledge transfer in corporate venturing activity and impact of control mechanisms. *International Entrepreneurship and Management Journal*, 2013, 9 (1), 21 – 43.

[482] Yli – Renko, H., Autio, E., &Sapienza, H. J. Social capital, knowledge acquisition, and knowledge exploitation in young technology – based firms. *Strategic Management Journal*, 2001, 22 (6 – 7), 587 – 613.

[483] Zacharakis, A. *Entrepreneurs' relationships with venture capitalists, the development of trust and confidence in cooperative behavior*. Babson Entrepreneurship Research Conference, 2002.

[484] Zaheer, A., &McEvily, B. Bridging ties: A source of firm heterogeneity in competitive capabilities. *Strategic management journal*, 1999, 20 (12), 1133.

[485] Zahra, S. A. Environment, corporate entrepreneurship, and financial performance: A taxonomic approach. *Journal of Business Venturing*, 1993, 8 (4), 319 – 340.

[486] Zahra, S. A., &Covin, J. G. Contextual influences on the corporate entrepreneurshipperformance relationship, a longitudinal analysis. *Journal of Business Venturing*, 1995, 10 (1): 43 – 58.

[487] Zahra, S. A., &George, G. Absorptive capacity: A review, re-

conceptualization, and extension. *Academy of Management Review*, 2002, 27 (2), 185 -203.

[488] Zahra, S. A., Ireland, R. D., &Hitt, M. A. International expansion by new venture firms: International diversity, mode of market entry, technological learning, and performance. *Academy of Management Journal*, 2000, 43 (5), 925 -950.

[489] Zahra, S. A., Nielsen, A. P., &Bogner, W. C. Corporate entrepreneurship, knowledge, and competence development. *Entrepreneurial Theory & Practice*, 1999, 23 (3), 169 -189.

[490] Zalewski, D. A. Corporate objectives: Maximizing social versus private equity. *Journal of Economic Issues*, 2003, 37 (2), 503 -509.

[491] Zingales, L. In search of new foundations. *Journal of Finance*, 2000, 55 (4), 1623 -1653.

[492] ZuKnyphausen - Aufieβ, D. Corporate venture capital, who adds value? *Venture Capital: An International Journal of Entrepreneurial Finance*, 2005, 7 (1), 23 -49.

[493] 蔡莉、熊文、高山:《大企业集团风险投资的模式选择及风险效用决策模型分析》,《吉林大学学报》(工学版)2003 年第 31 期。

[494] 陈工孟、俞欣、寇祥河:《风险投资参与对中资企业首次公开发行折价的影响——不同证券市场的比较》,《经济研究》2011 年第 5 期。

[495] 陈劲、陈钰芬:《开放创新体系与企业技术创新资源配置》,《科研管理》2006 年第 3 期。

[496] 陈劲、陈钰芬:《开放创新条件下的资源投入测度及政策含义》,《科学学研究》2007 年第 2 期。

[497] 陈军:《美国公司风险投资分析:发展、特点及运作机理》,《改革》2001 年第 1 期。

[498] 陈敏灵、薛静:《基于组织间关系视角的国外公司风险投资研究》,《科技管理研究》2012 年第 24 期。

[499] 陈晓红、王思颖:《组织冗余与公司绩效关系研究——治理制度的调节作用》,《科研管理》2012 年第 9 期。

[500] 丛海涛、唐元虎:《公司风险投资对核心竞争力的作用机理研究》,《研究与发展管理》2003 年第 4 期。

[501] 崔远淼、陈可庭:《公司风险投资动机及模式分析》,《江西财经大学学报》2004 年第 4 期。

[502] 崔远淼、吴国新:《美国公司风险投资分析及对我国的启示》,《生产力研究》2005 年第 5 期。

[503] 达庆利、潘庆华:《大型老牌企业介入创业投资的模式及其选择》,《东南大学学报》(哲学社会科学版) 2007 年第 6 期。

[504] 戴维奇、魏江、余纯国:《过往绩效与公司风险投资——高管政治网络的调节效应》,《科研管理》2012 年第 1 期。

[505] 段海艳:《连锁董事,组织冗余与企业创新绩效关系研究》,《科学学研究》2012 年第 4 期。

[506] 付敬、朱桂龙:《知识源化战略、吸收能力对企业创新绩效产出的影响研究》,《科研管理》2014 年第 3 期。

[507] 苟燕楠、董静:《风险投资进入时机对企业技术创新的影响研究》,《中国软科学》2013 年第 3 期。

[508] 苟燕楠、董静:《风险投资背景对企业技术创新的影响研究》,《科研管理》2014 年第 2 期。

[509] 郭鲁伟、张健:《公司创业的模式探讨》,《科学学与科学技术管理》2002 年第 12 期。

[510] 何涛:《企业创业投资动机和策略研究》,复旦大学硕士学位论文,2007 年。

[511] 胡金玉、夏若江:《公司风险投资——培育企业核心竞争力的新途径》,《科技管理研究》2007 年第 7 期。

[512] 简泽、段永瑞:《企业异质性,竞争与全要素生产率的收敛》,《管理世界》2012 年第 8 期。

[513] 简兆权、吴隆增、黄静:《吸收能力、知识整合对组织创新和组织绩效的影响研究》,《科研管理》2008 年第 1 期。

[514] 蒋春燕:《中国新兴企业自主创新陷阱的突破路径》,《中国工业经济》2006 年第 4 期。

[515] 蒋春燕、赵曙明:《组织冗余与绩效的关系——中国上市公司的时间序列实证研究》,《管理世界》2004 年第 5 期。

[516] 蒋春燕、赵曙明:《社会资本和公司企业家精神与绩效的关系,组织学习的中介作用——江苏与广东新兴企业的实证研究》,《管理

世界》2006 年第 10 期。

[517] 江积海、蔡春花：《联盟组合的结构特征对开放式创新的影响机理——瑞丰光电的案例研究》，《科学学研究》2014 年第 9 期。

[518] 李璟琰、焦豪：《创业导向与组织绩效间关系实证研究——基于组织学习的中介效应》，《科研管理》2008 年第 5 期。

[519] 李乾文：《公司创业导向与绩效关系测度体系评介》，《外国经济与管理》2005 年第 2 期。

[520] 李欣：《公司创业投资动机及其模式探析》，《特区经济》2005 年第 5 期。

[521] 李新春、林子尧：《公司创业投资研究的前沿探析与未来展望》，《中大管理研究》2012 年第 2 期。

[522] 李贞、杨洪涛：《吸收能力、关系学习及知识整合对企业创新绩效的影响研究：来自科技型中小企业的实证研究》，《科研管理》2012 年第 1 期。

[523] 梁晓艳：《公司创业投资（CVC）的价值创造机制与信息困境问题研究》，中国科学技术大学博士学位论文，2007 年。

[524] 梁晓艳、糜仲春、王宏宇、叶跃祥：《公司创业投资者与创业企业家之间的信息困境及进化博弈分析》，《科学学与科学技术管理》2006 年第 9 期。

[525] 梁晓艳、糜仲春、叶跃祥、王宏宇：《国外公司创业投资理论研究及其启示》，《外国经济与管理》2007 年第 5 期。

[526] 林春培、张振刚：《过程视角下企业吸收能力组成与结构的实证研究》，《科研管理》2014 年第 2 期。

[527] 林枫、徐金发、潘奇：《企业创业导向与组织绩效关系的元分析》，《科研管理》2011 年第 8 期。

[528] 林明、颜光华：《企业战略性风险投资中的混合组织控制》，《上海管理科学》2004 年第 6 期。

[529] 林嵩、姜彦福：《公司创业战略模式及应用：一个系统化过程模型》，《中国工业经济》2008 年第 9 期。

[530] 林子尧、李新春：《公司创业投资与上市公司绩效——基于中国数据的实证研究》，《南方经济》2012 年第 6 期。

[531] 刘建香：《公司创业投资的概念、内涵及模式》，《现代管理科

学》2008 年第 3 期。

[532] 刘建香:《技术购买与公司风险投资——大企业从外部获取技术创新源的两种方式之比较》,《科技管理研究》2008 年第 9 期。

[533] 刘健钧:《正确认识创业资本,努力推进创业投资体制建设》,《管理世界》1999 年第 4 期。

[534] 刘健钧:《创业投资原理与方略:对“风险投资”范式的反思与超越》,北京:中国经济出版社,2003 年。

[535] 刘健钧:《创业投资制度创新论:对“风险投资”范式的检讨》,北京:经济科学出版社,2004 年。

[536] 刘松:《公司风险投资中的双边道德风险及治理研究》,中国科学技术大学硕士学位论文,2009 年。

[537] 刘晓军:《基于开放创新理论的装备制造业国际化配套模式》,《科学学研究》2009 年第 4 期。

[538] 陆方舟、陈德棉、乔明哲:《公司创业投资目标、模式与投资企业价值的关系:基于沪深上市公司的实证研究》,《投资研究》2014 年第 1 期。

[539] 鹿溪:《上市公司参与公司风险投资对企业技术创新能力影响的实证分析》,复旦大学硕士学位论文,2010 年。

[540] 马鸿佳、董保宝、葛宝山等:《创业导向,小企业导向与企业绩效关系研究》,《管理世界》2009 年第 9 期。

[541] 毛其淋、盛斌:《贸易自由化,企业异质性与出口动态——来自中国微观企业数据的证据》,《管理世界》2013 年第 3 期。

[542] 倪宁、王重鸣:《从“资源配置”到“知识创造”》,《科学学研究》2005 年第 5 期。

[543] 潘庆华:《基于技术创新的企业主导型创业投资研究》,东南大学博士学位论,2009 年。

[544] 潘庆华、达庆利:《创业投资公司联合投资的动因及合作策略的选择》,《经济问题探索》2006 年第 4 期。

[545] 彭学兵、胡剑锋:《初创企业与成熟企业技术创业的组织方式比较研究》,《科研管理》2011 年第 7 期。

[546] 戚振江、王重鸣:《公司创业战略,人力资源结构与人力资源策略研究》,《科研管理》2010 年第 4 期。

［547］钱苹、张帏：《我国创业投资的回报率及其影响因素》，《经济研究》2007 年第 5 期。

［548］钱锡红、杨永福、徐万里等：《企业网络位置、吸收能力与创新绩效：一个交互效应模型》，《管理世界》2010 年第 5 期。

［549］钱学锋：《企业异质性，贸易成本与中国出口增长的二元边际》，《管理世界》2008 年第 9 期。

［550］钱学锋、王胜、陈勇兵：《中国的多产品出口企业及其产品范围：事实与解释》，《管理世界》2013 年第 1 期。

［551］钱学锋、熊平：《中国出口增长的二元边际及其因素决定》，《经济研究》2010 年第 1 期。

［552］乔明哲：《沪深上市公司创业投资概况分析——基于 1999 至 2010 年数据》，2013 中国管理学年会论文集。

［553］乔明哲、陈德棉、李金良：《公司创业投资的薪酬激励问题分析》，《运筹与管理》2012 年第 2 期。

［554］乔明哲、陈忠卫、杜运周、陈德棉：《国外公司创业投资中组织间学习研究述评》，《管理学报》2012 年第 10 期。

［555］乔明哲、杜运周、吴为民：《国外公司创业投资的研究现状与未来展望：基于英文期刊文献的分析》，《北京工商大学学报》（社会科学版）2014 年第 6 期。

［556］裘炜：《一种独特的风险投资——公司风险投资》，《经济导刊》2002 年第 1 期。

［557］邵敏：《我国企业出口对员工收入的影响——基于企业异质性视角的经验研究》，《中国工业经济》2011 年第 9 期。

［558］宋效中、程玮：《上市公司风险投资对经营绩效的影响》，《会计之友》2014 年第 11 期。

［559］宋学明：《上市公司参与公司风险投资的收益及其影响因素实证研究》，复旦大学硕士学位论文，2008 年。

［560］孙健、白全民：《我国公司创业投资（CVC）对企业价值影响的实证研究：基于 CVC 投资者的视角》，《中央财经大学学报》2010 年第 9 期。

［561］谈毅、仝允桓：《公司开展风险投资的战略意图和组织设计》，《预测》2005 年第 1 期。

［562］谈毅、叶岑：《产业资本参与创业投资的动因、绩效与启示》，《科研管理》2003 年第 1 期。

［563］童敏：《基于公司风险投资的外部创新战略研究》，《科技进步与对策》2009 年第 8 期。

［564］万坤扬：《公司创业投资对企业价值创造的影响机制——基于 CVC 项目异质性视角》，《工业技术经济》2015 年第 2 期。

［565］万坤扬：《公司风险投资组合多元化与公司投资者价值创造——基于分位数回归的实证分析》，《商业经济与管理》2015 年第 10 期。

［566］万坤扬、陆文聪：《中国技术创新区域变化及其成因分析——基于面板数据的空间计量经济学模型》，《科学学研究》2010 年第 10 期。

［567］万坤扬、陆文聪：《公司创业投资组合多元化与企业价值——组织冗余的调节作用》，《经济管理》2014 年第 9 期。

［568］万坤扬、陆文聪：《公司创业投资与企业技术创新——吸收能力、卷入强度和治理结构的调节作用》，《科学学与科学技术管理》2014 年第 11 期。

［569］万坤扬、陆文聪：《创业企业知识异质性与公司投资者知识创造》，《科研管理》2016 年第 2 期。

［570］万坤扬、袁利金：《创业投资与技术创新关系的实证分析》，《工业工程与管理》2006 年第 1 期。

［571］王婵：《上市公司参与大企业创业投资对股价影响的研究》，东华大学硕士学位论文，2013 年。

［572］王华、赖明勇、柒江艺：《国际技术转移，异质性与中国企业技术创新研究》，《管理世界》2010 年第 12 期。

［573］王雎、罗珉：《基于关系性吸收能力的合作创新研究》，《科研管理》2008 年第 1 期。

［574］王世权、王丹、武立东：《母子公司关系网络影响子公司创业的内在机理——基于海信集团的案例研究》，《管理世界》2012 年第 6 期。

［575］王重鸣、刘帮成：《技术能力与创业绩效——基于战略导向的解释》，《科学学研究》2005 年第 6 期。

［576］魏江、戴维奇：《高管政治网络，组织冗余与公司风险投资——基于中国电子产业上市公司面板数据的经验研究》，第五届（2010）

中国管理学年会，2010 年。

[577] 魏江、戴维奇、林巧：《公司创业研究领域两个关键构念：创业导向与公司创业的比较》，《外国经济与管理》2009 年第 1 期。

[578] 翁京华、韩玉启、苗成林：《企业创业投资风险度量方法及其参数设定》，《技术经济》2012 年第 3 期。

[579] 吴超鹏、吴世农、程静雅、王璐：《风险投资对上市公司投融资行为影响的实证研究》，《经济研究》2012 年第 1 期。

[580] 武志伟、茅宁、陈莹：《企业间合作绩效影响机制的实证研究——基于 148 家国内企业的分析》，《管理世界》2005 年第 9 期。

[581] 吴月瑞、崔毅：《财务冗余程度对企业创新模式的影响研究》，《华南理工大学学报》（社会科学版）2009 年第 5 期。

[582] 辛燕飞：《上市公司参与 CVC 对企业创新绩效的作用及相关影响因素分析》，复旦大学硕士学位论文，2009 年。

[583] 熊飞、邱菀华：《美国创业学发展及其对中国的借鉴》，《科学研究》2006 年第 8 期。

[584] 熊文、蔡莉、高山：《中国上市公司风险投资行为的系统分析》，《工业技术经济》2003 年第 1 期。

[585] 徐震、陈衍泰、柯伟：《大企业创业投资在外部创新战略中的作用机制研究》，《科学学与科学技术管理》2007 年第 4 期。

[586] 晏钢：《关于大企业参与风险投资的思考》，《经济体制改革》2002 年第 1 期。

[587] 杨晔：《国际大企业集团开展风险投资的经验借鉴》，《财政研究》2010 年第 3 期。

[588] 姚先国、温伟祥、任洲麒：《企业集群环境下的公司创业研究》，《中国工业经济》2008 年第 3 期。

[589] 叶峥、郑健壮：《集群企业网络特征与创业行为，基于创业能力的实证研究》，《科研管理》2014 年第 1 期。

[590] 易靖韬：《企业异质性、市场进入成本、技术溢出效应与出口参与决定》，《经济研究》2009 年第 9 期。

[591] 尹志超、甘犁：《信息不对称，企业异质性与信贷风险》，《经济研究》2011 年第 9 期。

[592] 于晓华：《如何正确运用计量经济模型进行实证分析——实证

分析中的数据、模型与参数》，《农业技术经济》2014 年第 7 期。

［593］翟丽、鹿溪、宋学明：《上市公司参与公司风险投资的收益及其影响因素实证研究》，《研究与发展管理》2010 年第 5 期。

［594］张晨：《CVC 下企业知识探索与知识挖掘的平衡关系研究》，华南理工大学硕士学位论文，2011 年。

［595］张刚、彭学兵：《创业政策对技术创新影响的实证研究》，《科研管理》2008 年第 3 期。

［596］张宏云、杨乃定：《创业导向构念辨析及对维度之争的评述》，《科学学研究》2010 年第 2 期。

［597］张识宇、徐济超、李大建：《基于 Theil 指数的公司风险投资项目灰色评价方法》，《系统工程理论与实践》2011 年第 11 期。

［598］张骁、胡丽娜：《创业导向对企业绩效影响关系的边界条件研究——基于元分析技术的探索》，《管理世界》2013 年第 6 期。

［599］张学勇、廖理：《风险投资背景与公司 IPO——市场表现与内在机理》，《经济研究》2011 年第 6 期。

［600］张映红：《动态环境对公司创业战略与绩效关系的调节效应研究》，《中国工业经济》2008 年第 1 期。

［601］张玉利：《新经济时代的创业与管理变革》，《外国经济与管理》2005 年第 1 期。

［602］张玉利、李乾文：《公司创业导向，双元能力与组织绩效》，《管理科学学报》2009 年第 1 期。

［603］赵红梅、王宏起：《R&D 联盟网络结构对高新技术企业竞争优势影响研究》，《科研管理》2013 年第 12 期。

［604］赵岑、张帏、姜彦福：《基于与大企业联盟的技术创业企业成长机制》，《科研管理》2012 年第 2 期。

［605］赵天强：《公司创业投资（CVC）的投资绩效研究》，东华大学硕士学位论文，2014 年。

［606］赵亚普、张文红、陈斯蕾：《动态环境下组织冗余对企业探索的影响研究》，《科研管理》2014 年第 2 期。

［607］郑丹辉、韩晓燕、李新春：《组织冗余与我国民营上市企业风险投资：创始人控制的调节作用》，《财经研究》2013 年第 5 期。

［608］周明海、肖文、姚先国：《企业异质性，所有制结构与劳动收

入份额》，《管理世界》2010 年第 10 期。

［609］朱孝忠：《风险投资对技术创新的作用研究》，中国社会科学院博士学位论文，2008 年。

附表 1

国外学者基于 CVC 投资公司视角的实证研究文献

附表 1　　　　国外学者基于 CVC 投资公司视角的实证研究文献

论文	研究问题	研究设计	研究结论
Da Gbadji, Gailly & Schwienbacher (2014)	驱动老牌公司建立 CVC 项目的因素	企业层面 纵向数据 档案研究	较低的资产回报率、创新和创业环境等影响大公司是否投资 CVC，以 CEO 任期衡量的管理稳定性对是否投资无影响
Kang (2014a)	CVC 投资关系对母公司和创业企业技术效益的影响	企业层面 纵向数据 档案研究	CVC 投资关系积极地影响了母公司与创业企业的技术收益，母公司与创业企业之间的技术关联度对这种积极关系有消极影响，但技术成熟度能够增强这种积极关系
Kang & Nanda (2014)	CVC 投资中技术溢出和资本收益的关系及其影响因素	企业层面 纵向数据 档案研究	技术溢出与资本收益彼此正相关，特别是如果 CVC 投资发生在创业企业 IPO 之后，或者创业企业组合技术多元化情况下，这种正相关关系更为显著
Souitaris & Zerbinati (2014)	大公司如何进行 CVC 投资实践	企业层面 访谈	在战略匹配、母公司参与以及使用母公司资源与能力的机会的压力下，CVC 投资实践可以分化为两种截然不同的投资逻辑：整合投资和保持距离投资
Yang, Narayanan & De Carolis (2014)	CVC 投资组合多元化与企业价值的关系	企业层面 纵向数据 档案研究	投资组合多元化与企业价值（Tobin's Q）之间存在“U 形”关系，资金约束积极地调节两者的关系
Basu & Wadhwa (2013)	CVC 投资活动与企业突破性战略更新的关系	企业层面 纵向数据 档案研究	CVC 投资的次数与企业突破性战略更新负相关，并在高技术密度、高竞争强度和企业有强劲技术能力和市场能力的情况下，负相关效应更为显著
Kim, Gopal & Hoberg (2013)	产品市场竞争对企业采用 CVC 作为创新战略的影响	企业层面 纵向数据 档案研究	处于产品竞争激烈市场中的企业更倾向于采用 CVC 投资，并且 CVC 投资往往伴随着内部研发投资的减少。利用 CVC 投资探索外部知识仅对技术领袖企业有效，并且 CVC 投资确实能增加事后的创新

续表

论文	研究问题	研究设计	研究结论
Maula, Keil & Zahra (2013)	组织间关系是否会影响以及如何影响高层经理注意或忽视技术间断（突破）	企业层面 纵向数据 历史事件研究法	同质性关系（例如与行业先锋联盟）会有碍于老牌公司高层经理及时注意到技术间断；异质性关系（例如 CVC 与风险投资家共同投资）有助于高层经理及时注意到技术间断。共同投资的伙伴地位（例如声名显赫的 IVC）会加强同质性和异质性关系对高层经理及时注意到技术间断的作用
Mohamed & Schwienbacher (2013)	什么条件下公司 会自愿披露 CVC 投资信息	企业层面 纵向数据 档案研究	创业企业如果处于种子阶段则很少会自愿披露投资信息；当公司规模大、内部研发和资本支出大，财务杠杆率高、信息不对称问题严重时，更愿意主动披露 CVC 投资信息
Noyes, Brush & Hatten *et al.*, (2013)	连锁董事网络连接对企业采用 CVC 投资的影响	企业层面 纵向数据 档案研究	连锁董事直接网络连接和三级网络连接增加了企业采用 CVC 投资的可能性
Smith & Shah (2013)	CVC 投资中创新用户知识源和其他外部知识源对老牌公司创造新技术和产品商业化的贡献	企业层面 纵向数据 档案研究	老牌公司常常把从用户而不是非用户得到的知识合并到自己的新技术中和新产品中
Van de Vrande & Vanhaverbeke (2013)	先前的 CVC 投资关系是否有利于后来形成战略联盟关系	企业层面 纵向数据 档案研究	先前 CVC 投资增加了后期形成战略联盟的可能性，并且老牌公司与创业企业的技术相似性越大、最后投资时创业企业发展阶段越后等越有利于形成战略联盟
Wadhwa & Basu (2013)	企业战略目标与初始资源投入之间的关系	企业层面 纵向数据 档案研究	探索性程度与老牌公司初始资源投入呈“U 形”关系，投资者经验多元化、与杰出风险资本家共同投资会调节两者的关系
Yang, Nomoto & Kurokawa (2013)	控制机制、公司创业目标对组织间知识转移的影响	企业层面 截面数据 调查问卷	自主性与知识流动负相关，基于财务绩效的激励计划与知识流动和从母公司的知识流出负相关，基于战略绩效的激励计划与知识流动正相关并有助于知识流入创业企业或流入母公司。根据公司创业目标的不同，自主性和激励计划对组织间知识转移会产生不同的影响

续表

论文	研究问题	研究设计	研究结论
Dokko & Gaba (2012)	CVC单元执行经理职业生涯经历对CVC单元的投资目标和经营策略的影响	企业层面纵向数据档案研究	CVC单元管理人员中IVC实践经验人员比例越大，CVC单元投资目标与经营策略越倾向于IVC投资实践；组织匹配经验或技术匹配经验人员比例越多，CVC单元投资目标与经营策略越偏离于IVC
Gaba & Bhattacharya (2012)	大公司何时会采用CVC单元作为外部研发机制	企业层面纵向数据档案研究	创新绩效高于期望水平时，企业较不可能采用CVC单元；在采用CVC单元的情况下，创新绩效增加越高于期望水平，越可能终止CVC项目；减少越低于期望越有可能终止CVC单元
Schildt, Keil & Maula (2012)	吸收能力的决定因素如何随时间影响到联盟中的组织学习	企业层面纵向数据档案研究	学习随时间变化成“倒U形”关系。技术相似性在最初阶段仅略微促进学习，但中等水平的技术相似性在后期实质上增加了知识的流动；高技术多元化在联盟初期导致高学习效率，但这种积极效应随着时间逐渐消失；研发强度不利于初始阶段的学习效率，但在后期非常有利于学习效率。联盟中初始学习效率受吸收能力限制，但后期的学习受开发能力制约
Souitaris, Zerbinati & Liu (2012)	CVC单元组织如何进行组织同构	企业层面访谈	寻求与母公司的组织合法性、高层管理团队公司管理方面的专业知识会分别通过强制机制和规范机制促使CVC单元按照母公司标准内向同构；寻求与创业企业或VC行业组织合法性以及高层管理团队VC方面的专业知识会分别通过模仿机制和规范机制促使CVC单元按照VC标准外向同构
Yang (2012)	组织特征“激励方案、自主性、监控模式、知识流动”等对老牌公司创新绩效的影响	企业层面纵向数据调查问卷	激励方案、自主性会促进从创业企业向老牌公司的知识流动，从而影响老牌公司和创业企业的绩效
Basu, Phelps & Kotha (2011)	什么样的企业会采用CVC投资	企业层面纵向数据档案研究	技术变革快、竞争强度高和资产专用性低的行业中的老牌公司更易从事CVC投资
Basu & Wadhwa (2011)	CVC投资与老牌公司战略更新的关系	企业层面纵向数据档案研究	CVC投资与老牌公司战略更新负相关，与技术密度负相关，竞争强度、技术能力和市场能力加剧了CVC投资与老牌公司战略更新负相关的关系
Ceccagnoli, Higgins & Kang (2011)	企业CVC投资决策的影响因素	企业层面纵向数据档案研究	吸收能力、内部生产力和技术多元化影响企业CVC投资决策

续表

论文	研究问题	研究设计	研究结论
Kang & Vikram (2011)	CVC 投资的财务收益和战略收益之间的关系	企业层面 纵向数据 档案研究	财务收益与战略回报存在互补性，并且如果投资发生在IPO后或技术多元化的创业企业，这种互补关系更加明显
Tong & Li (2011)	企业在CVC投资与并购这两种投资模式中如何进行选择	企业层面 纵向数据 档案研究 现场访谈	市场不确定性越大，企业越倾向采用CVC投资。不确定性大的情况下，投资不可逆越大，企业越倾向于采用CVC投资，增长机会、竞争强度会减缓不确定性与CVC投资偏好的正相关关系
Van de Vrande, Vanhaverbeke & Duysters (2011a)	CVC投资对企业技术搜寻的特别作用	企业层面 纵向数据 档案研究	CVC投资与其他技术搜寻模式（非权益联盟、权益联盟、并购等）组合使用时会对组织创新绩效产生积极影响
Van de Vrande, Vanhaverbeke & Duysters (2011b)	不同技术搜寻渠道对企业开创性技术创新的影响	企业层面 纵向数据 档案研究	战略联盟和CVC投资与企业开创性技术创新存在积极的相关关系，但并购会消极影响企业开创性技术的创造；技术新奇度弱化了CVC投资、非权益联盟对企业开创性技术创新的影响，技术距离增加了战略联盟对企业开创性技术创新的影响
Benson & Ziedonis (2010)	CVC投资与收购回报的关系及影响因素	企业层面 纵向数据 档案研究	收购创业企业显著破坏了贪得无厌的CVC投资者的股东价值，其根本原因在于管理层过分自信或项目水平的委托代理问题
Dushnitsky & Lavie (2010)	联盟加强还是阻碍老牌公司对创业企业进行投资	企业层面 纵向数据 档案研究	CVC投资与形成联盟的关系呈“倒U形”：一开始CVC投资增加，但随着联盟的形成，CVC投资开始下降
Dushnitsky & Shapira (2010)	不同薪酬方案对CVC和IVC投资经理投资行为和投资绩效的影响	行业层面 纵向数据 档案研究	CVC比IVC更倾向于投资企业发展阶段的后期，但有绩效激励下，两者的差距会缩小；CVC比IVC更倾向于大的联合投资规模，但有绩效激励下，这种差距也会发生变化；绩效激励方案不仅影响投资经理的投资行为，最终还会影响到其投资绩效。在有绩效激励方案的薪酬方案中，CVC与IVC的投资绩效差异更大
Keil, Maula & Wilson (2010)	CVC投资者如何快速获得风险资本联合网络的中心位置	企业层面 纵向数据 档案研究	先前处于联合投资网络中心位置意味着未来也将处于网络中心位置，但过去中心位置与公司资源存在负相关关系，意味着CVC投资者的资源能够替代缺乏先前网络中心位置的不足，在刚性联合投资网络中快速获得网络中心位置

续表

论文	研究问题	研究设计	研究结论
Sahaym，Steensma & Barden（2010）	R&D 投资对 CVC 投资的影响	行业层面 纵向数据 档案研究	R&D 投资增加了行业 CVC 投资的交易数量，特别是在销售增长迅速和技术变革快的行业
Wadhwa，Phelps & Kotha（2010）	CVC 投资在什么条件下有助于老牌公司探索性创新	企业层面 纵向数据 档案研究	创业企业组合适度多元化、成熟度适中和拥有编码的技术知识的时候，老牌公司更可能进行探索性知识创造
Wadhwa & Phelps（2010）	CVC 投资关系中未来形成战略联盟关系的影响因素	企业层面 纵向数据 档案研究	创业企业生命周期不确定性、创业企业技术不确定性降低形成战略联盟的可能性但 CVC 投资公司的技术资源会减弱这种负相关关系；竞争不确定性增加了形成战略联盟的可能性
Benson & Ziedonis（2009）	CVC 投资对老牌公司收购技术型创业企业的收购绩效的效应	企业层面 纵向数据 档案研究	CVC 投资对收购绩效的影响主要取决于收购方内部知识基础的实力
Fulghieri & Sevilir（2009）	创新密集型行业竞争对组织优化和融资结构的影响	定性分析 理论模型	随着竞争加剧，企业会转向外部（例如战略联盟、CVC 投资）组织 R&D 活动
Hill，Maula & Birkinshaw et al.，（2009）	CV 单元采用风险投资（VC）模式对 CV 单元的绩效（战略绩效、财务绩效）和幸存率的影响	企业层面 截面数据 调查问卷 档案研究	CV 单元采用 VC 模式比如高效激励方案、组织自治、联合投资、分期投资、关联投资等与 CV 单元绩效正相关。CV 单元采用 VC 模式有助于 CV 单元的生存，并部分受 CV 单元绩效调节
Teppo & Wustenhagen（2009）	CVC 投资“猝死综合症”现象的原因	调查问卷 定性研究	母公司组织文化会影响 CVC 幸存，母公司决策实践、管理和评估成功技能会调节两者的关系
Uotila，Maula & Keil et al.，（2009）	老牌公司探索性活动和开发性活动与财务绩效的关系	企业层面 纵向数据 档案研究	探索性活动的相对份额与财务绩效之间呈“倒 U 形”关系，研发强度对两者关系有积极的调节作用
Yang，Narayanan & Zahra（2009）	经验强度、经验多元化和习得经验对发展老牌公司选择和评估创业企业能力的影响	企业层面 纵向数据 档案研究	行业多元化方面的经验有助于选择相对财务回报潜力高的创业企业；CVC 项目的经验强度、投资阶段多元化方面的经验、联合投资等有助于选择更高战略回报的创业企业，投资阶段多元化方面的经验有助于增强评估能力。CVC 投资创业企业后期阶段比投资早期阶段对经验积累更为有效

续表

论文	研究问题	研究设计	研究结论
Hill &Birkinshaw (2008)	CVC 单元的类型如何影响其投资绩效和生存率	企业层面 截面数据 调查问卷	根据 CVC 单元是寻求开发还是探索、内部搜寻还是外部搜寻可以划分为不同的类型。每种类型都有理想的组织架构，按照理想组织架构确保 CVC 单元更好的短期绩效和更长的生存期
Gaba & Meyer (2008)	影响 IT 企业采用 CVC 项目的因素	企业层面 纵向数据 档案研究	地理上接近 VC 发达地区的 IT 企业更可能采用 CVC 项目，VC 发达地区投资效果、IT 行业已经采用 CVC 项目的数量、杰出企业采用 CVC 项目的程度、先前采用 CVC 项目的产出效果等都会影响到采用 CVC 项目的可能性
Keil, Autio & George (2008)	高度不确定性决策条件下企业如何发展未来所需的能力	企业层面 纵向数据 案例研究	无实体实验有助于老牌公司在现有能力基础上创造空洞认知和克服影响能力发展方面的投资决策的惯性约束。从无实体实验学习和能力发展决策受知识中介和适应复杂性的调节
Keil, Maula & Schildt et al., (2008)	外部 CV 模式和创业关联度对创新绩效的影响	企业层面 纵向数据 档案研究	联盟、合资和 CVC 投资在重大关联度情况下能显著促进企业创新绩效
Allen & Hevert (2007)	CVC 投资的财务收益问题	企业层面 纵向数据 档案研究	平均而言，CVC 项目的投资回报率低于母公司的资金成本，仅 39% 的 CVC 项目投资回报率超过母公司资金成本
Dushnitsky & Lenox (2006)	不同 CVC 投资目标对老牌公司绩效的影响	企业层面 纵向数据 档案研究	财务目标和创新相关的目标积极的影响股东价值，而刺激销售的投资目标对股东价值产生消极影响
Li & Mahony (2006)	什么行业更青睐 CVC 投资	企业层面 纵向数据 档案研究	市场不确定性高的行业较少进行 CVC 投资。在资产能被灵活应用、高增长潜力、高竞争的行业更易进行 CVC 投资
Reichardt & Weber (2006)	2000—2003 德国 “幸存者、失败者和新进者” 三类 CVC 项目的战略、投资和组织比较	行业层面 截面数据	三种类别的 CVC 项目在组织方面存在显著差异；主要追求财务收益的 CVC 项目比例 2000 年为 21%，2003 年为 9%，呈下降趋势；追求财务收益和战略平衡的比例从 37% 降到 30%；追求战略目标的从 42% 增加到 61%
Riyanto & Schwienbacher (2006)	CVC 投资对产品需求的影响	定性分析	CVC 能增加母公司与创业企业产品的互补性，互补性增加效应对与竞争对手产品的市场竞争有缓和作用
Wadhwa & Kotha (2006)	CVC 投资数量对母公司知识创造的影响	企业层面 纵向数据 档案研究	CVC 投资数量与老牌公司知识创造率之间存在“倒 U 形”关系，联盟、董事会席位等卷入关系积极地影响两者的关系

续表

论文	研究问题	研究设计	研究结论
Yang (2006)	何种条件下CVC投资公司能从CVC投资中获益	企业层面 纵向数据 档案研究	协同效应帮助CVC项目建立多元化的投资组合，并且多元化的投资组合积极地影响企业价值增长。董事会席位积极地影响创业企业向老牌公司的知识流动，但类似VC的经理激励方案对知识流动产生消极影响
Basu, Wadhwa & Kotha (2005)	什么因素决定了CVC投资公司投资创业企业的水平	企业层面 截面数据 档案研究	进行探索性投资时，老牌公司对年轻的创业企业进行较低水平的投资（与所有投资回合相比），并且探索性目标反转了年龄和投资水平的关系
Dushnitsky & Lenox (2005a)	CVC倾向于投资什么样的创业企业	企业层面 纵向数据 档案研究	有极大资金流和吸收能力的老牌公司倾向于投资行业技术机会多、知识产权保护弱和需要互补性资产的创业企业
Dushnitsky & Lenox (2005b)	CVC投资如何影响老牌公司技术创新	企业层面 纵向数据 档案研究	CVC投资积极的影响老牌公司的专利引用率，特别是当创业企业知识产权保护较弱、老牌公司吸收能力强的时候
Ernst, Witt & Brachtendorf (2005)	投资目标与外部创新战略回报的关系	企业层面 截面数据 调查问卷	聚焦短期财务收益投资目标的往往会阻碍从外部创新获取的长期战略收益的实现
Schildt, Maula & Keil (2005)	外部创业对组织学习随着时间变化的影响	企业层面 纵向数据 档案研究	外部创业的学习效应随时间变化成曲线关系。从相同行业的创业企业的初始学习效率高，更加整合的模式（并购和合资）并不会比非整合模式（联盟和CVC）导致更高的学习效应，并且后者会导致更多的探索性学习
Weber & Weber (2005)	组织结构、决策过程、投资目标对CVC投资绩效的影响	企业层面 截面数据 调查问卷	在财务收益或战略收益中仅聚焦其一的要比同时追求财务收益和战略收益的表现更为成功。并且强调财务收益目标的CVC投资在经济上和战略上比强调战略目标的CVC投资表现更为成功
Keil (2004)	老牌公司如何建立外部创业能力	定性研究 案例研究	企业不仅学习新技术领域的内容还学习创业的流程。企业通过体验式学习和探究式学习来实现。组织结构和资源禀赋的初始条件对学习过程有重要影响；知识清晰度、知识编码和交换网络影响学习的方向和学习过程的有效性
Aernoudt & San (2003)	如何促进大公司进行种子期的投资	定性研究	亲自动手管理的商业天使与寻求战略收益的CVC投资一起共同投资具有科学背景和管理技能的年轻的创业企业是最有效的
Dushnitsky & Lenox (2003)	CVC投资对老牌公司企业价值的影响	企业层面 纵向数据	CVC投资对母公司无形资产价值有积极的影响，特别是在老牌公司进行CVC投资时追求战略目标而不是财务收益的情况下，影响更为显著

续表

论文	研究问题	研究设计	研究结论
Dushnitsky (2002)	不同 CVC 投资战略目标对企业绩效的影响	企业层面 纵向数据 档案研究	财务目标和创新相关目标积极影响公司绩效（股东价值）；刺激销售的目标消极影响公司绩效
Dushnitsky & Lenox（2002）	CVC 投资对老牌公司创新的影响效应	企业层面 纵向数据 档案研究	CVC 投资积极影响 CVC 投资公司专利授权率；知识产权保护越弱，CVC 投资对老牌公司专利授权率影响越大
Maula，Keil & Zahra (2002)	影响老牌公司快速获得技术突破能力的因素	企业层面 纵向数据 档案研究	与 VC 网络紧密合作，处于 VC 网络中心位置使企业快速获得技术突破
Kann（2000）	老牌公司如何构建 CVC 项目以更好实现战略目标	项目水平 截面数据 档案研究	如果追求进取性目标和在知识产权保护弱的情况下，会选择创业企业发展后期进行投资；在直接投资模式下，老牌公司与创业企业会形成更深的卷入关系；在行业有严格标准或技术平台下，老牌公司会投资这些行业中的创业企业以刺激销售；对新兴产业中的创业企业投资主要是想进入新市场
Keil（2000）	外部创业如何有助于企业创造新业务	案例研究	CVC 有助于获得新市场的更多的有关造成与现有业务逻辑认知冲突的信息。紧密的交互关系有助于学习并在企业内模仿创业流程。并购和合资增加在现有业务范围内进行扩张的倾向
Rice，O'Connor & Leifer et al.，(2000)	什么时候公司会采用 CVC 模式帮助团队从事关键创新项目	定性研究	无效力或无效率的项目融资机制占用项目团队大量的时间和精力从而减少项目团队聚焦于解决技术和市场不确定性的能力迫使组织努力获取资源，采取 CVC 模式
Kanter，North & Bernstein et al.，(1990)	什么因素影响 CVC 的增减	案例研究	获取协同效应要求母公司与创业企业在互动中实施主动管理。创业企业自治权往往不稳定并可能导致与主要发展方向背离。这样的情况下，母公司会优先考虑财务目标并且在其他机会充满吸引力的时候，不进行 VC 投资
Sykes (1990)	什么因素影响 CVC 项目的价值创造	企业层面 截面数据 调查问卷	大多数价值来源于识别新机会和发展新业务关系；母公司与创业企业沟通越好，价值创造越大
Siegel，Siegel & MacMillan (1988)	老牌公司投资目标选择标准、面临挑战和投资绩效	企业层面 截面数据 调查问卷	最重要的战略目标是接触新技术和新市场。有更多经验的老牌公司会学习克服面临的障碍

注：在 Wadhwa（2005）和 Basu（2007）的基础上，作者收集、分析、归纳整理而成。

附表 2

国外学者基于 CVC 投资的创业企业视角的实证研究文献

附表 2　　国外学者基于 CVC 投资的创业企业视角的实证研究文献

论文	研究问题	研究设计	研究结论
Anokhin, Schulze & Wuebker (2014)	发展经历对组织行为的影响	企业层面纵向数据档案研究	发展经历中向 CVC 融资过的企业比没有向 CVC 融资过的企业更有可能从事 CVC 投资
Colombo & Murtinu (2014)	CVC 与 IVC 对欧洲高科技创业企业全要素生产率 (TFP) 的影响	企业层面纵向数据档案研究	CVC 和 IVC 均能促进创业企业的全要素生产率，但 CVC 与 IVC 联合投资无助于创业企业的全要素生产率的提高
Kang (2014b)	创业企业融资选择 (CVC 融资或 IVC 融资) 及对绩效的影响	企业层面纵向数据档案研究	拥有高技术的创业企业更倾向于向 IVC 进行融资而不是向 CVC 进行融资；创业企业研究管道包含多种产品时，更倾向于向 CVC 进行融资；IVC 有助于创业企业的融资能力，CVC 有助于创业企业技术扩散
Bertoni, Colombo & Grilli (2013)	IVC 与 CVC 对新技术型创业企业增长模式的影响效应	企业层面纵向数据档案研究	短期内 IVC 投资比 CVC 投资对创业企业销售增长的影响效应要大；短期内 IVC 与 CVC 对创业企业就业增长的影响效应没有显著性差异
Chemmanur, Loutskina & Tian (2013)	CVC 与 IVC 在培育创业企业创新方面的差异	企业层面纵向数据档案研究	CVC 比 IVC 更有助于创业企业创新。CVC 母公司与创业企业之间技术匹配和 CVC 比 IVC 更加能容忍创新失败促使 CVC 比 IVC 在培育创新方面表现得更好
Galloway (2013)	组织间关系的收益和风险，企业治理结构对企业间战略联盟形成和绩效的影响	企业层面纵向数据档案研究	CVC 投资公司能够帮助被投资的创业企业管理和发展更加多元化的联盟组合；创始人和 CVC 投资公司支配时，IPO 企业倾向于追求更多的探索性联盟战略
Park & Steensma (2013)	创业企业向 CVC 与 IVC 融资对其创新绩效的作用异同	企业层面纵向数据档案研究	与 IVC 相比，CVC 投资更倾向投资融资前创新率高的创业企业；向 CVC 融资与向 IVC 融资相比，接受 CVC 投资的创业企业融资后创新率更高，特别是 CVC 项目声誉高的时候更是如此

续表

论文	研究问题	研究设计	研究结论
Paik & Woo (2013)	主要利益相关者对创业企业研发战略的影响	企业层面纵向数据档案研究	CVC 所有权和创始人义务积极地影响创业企业研发战略
Uzuegbunam, Ofem & Nambisan (2013)	CVC 融资对创业企业市场战略-品牌建设的影响	企业层面纵向数据档案研究	CVC 融资会使创业企业减少建立自主品牌的努力，拥有高度无形资产投入比低程度无形资产投入的创业企业更少依赖于 CVC 母公司的品牌
Wang & Wan (2013)	不同 VC 类型对企业 IPO 抑价的影响	企业层面截面数据档案研究	IVC 对 IPO 抑价有积极影响，CVC 对 IPO 抑价有消极影响
Guo, Lou & Perez-Castrillo (2012)	不同 VC 类型对创业企业融资规模、持续期和退出战略的影响	企业层面纵向数据档案研究	CVC 支持的创业企业比 IVC 支持的创业企业融资规模更大，持续时间更长，融资轮次更多，但在退出路径没有显著性差异
Matusik & Fitza (2012)	VC 投资组合多元化与组织绩效的关系	企业层面纵向数据档案研究	VC 投资组合多元化与 IPO 比例呈"U形"关系，投资阶段、共同投资对两者关系有调节作用
Yang (2012)	组织特征"激励方案、自主性、监控模式、知识流动"等对创业企业组织绩效的影响	企业层面纵向数据调查问卷	从老牌公司的知识流出有助于创业企业组织绩效。激励方案、自主性会促进从创业企业向老牌公司的知识流动从而影响老牌公司和创业企业的绩效
Ginsberg, Hasan & Tucci (2011)	CVC 投资对 IPO 企业吸引著名承销商的影响	企业层面纵向数据档案研究	CVC 比单独 IVC 更能够提供更多的组织合法性价值；著名承销商更多关注背书方面的组织合法性信号。就背书合法性而言，关注更多放在投资筛查上而不是业务管理上
Kim, Kim & Lee (2011)	不同融资来源对韩国中间产品生产企业绩效的影响	企业层面纵向数据档案研究	不同融资来源中，仅 CVC 融资来源对中间产品生产企业绩效有积极影响
Park & Steensma (2011)	什么条件下 CVC 投资对创业企业创造价值	企业层面纵向数据档案研究	创业企业需求专门互补性资产或者在不确定性环境下营运时，接受 CVC 投资更为有利

续表

论文	研究问题	研究设计	研究结论
Weber & Weber (2011)	组织内和组织间社会责任对组织间知识转移和创造的影响	企业层面 截面数据 调查问卷	CVC项目、老牌公司业务单元和被投资的创业企业三者之间组织内和组织间社会责任对组织间知识转移和创造产生影响。社会资本最初能有效促进知识转移和创造，但结构锁定和个人锁定最终会使社会资本变成社会责任
Ivanov & Xie (2010)	CVC对创业企业IPO估价或收购溢价的影响	企业层面 纵向数据 档案研究	CVC支持的企业与非CVC支持的企业相比，IPO时能获得更高的市场估价，并且这种价值创造是在CVC母公司与创业企业有战略重叠的时候；有战略CVC支持的创业企业成为收购对象时，能够获得更高的收购溢价
Weber & Weber (2010)	关系匹配与创业企业组织绩效的关系	企业层面 截面数据 调查问卷	关系匹配（社会资本，包括认知匹配及情感匹配和知识关联）促进知识的转移和创造并积极地影响组织绩效
Dushnitsky & Shaver (2009)	老牌公司与创业企业在什么条件下会建立CVC投资关系	企业层面 纵向数据 档案研究	在较弱的知识产权保护地区，如果创业企业的技术发明与老牌公司产品是互补的而不是潜在替代关系，这种情况下更有可能建立CVC投资关系；但在知识产权保护强的地区，行业重叠更有可能形成CVC投资关系
Maula, Autio & Murray (2009)	创业企业如何权衡社会互动和关系防护及其对学习效益和关系风险的影响	人员层面 截面数据 调查文具	老牌公司与创业企业的互补性对社会互动有积极的影响，但对创业企业使用不同类型的防护措施有消极影响；使用保护措施对关系的风险和社会互动都产生消极影响；社会互动积极影响学习效益
Masulis & Nahata (2009)	不同CVC战略目标对创业企业控制权分配的影响	企业层面 纵向数据 档案研究	互补性战略投资者比竞争性战略投资者能够获得更多的董事会代表权和股权
Weber (2009)	CVC社会网络和社会资本的演进及对知识转移和创新的影响	企业层面 截面数据 调查问卷	CVC社会网络和社会资本结构能使知识转移和创新更为容易，但随着时间的变化可能会变成阻碍，社会资本会变成一种责任
Chemmanur & Loutskina (2008)	CVC与IVC对创业企业创造的价值有何不同	企业层面 纵向数据 档案研究	CVC比IVC投资了更多拥有开创性技术的、年轻的、高风险创业企业；CVC支持的创业企业IPO估价更高

续表

论文	研究问题	研究设计	研究结论
Katila, Rosenberger & Eisenhardt (2008)	创业企业什么时候会选择有高潜在可能不当占用其资源的CVC投资公司进行融资	企业层面纵向数据档案研究	如果创业企业需要的资源只有那家老牌公司能提供时（例如资金、制造和销售等）或者创业企业有自己的防御机制（例如秘密和时间）来保护自己的资源时，创业企业会冒险选择有高潜在可能不当占用其资源的CVC投资公司作为伙伴
Ivanov & Masulis (2008)	CVC与IVC对IPO企业公司治理结构的影响	企业层面纵向数据档案研究	战略CVC支持的IPO企业与IVC支持的IPO企业在CEO、董事会中独立董事比例、平均持有IPO股权比例等有着显著性差异
Weber & Weber (2007)	关系匹配对创业企业知识转移和知识创造的影响	企业层面截面数据调查问卷	老牌公司与创业企业关系匹配（社会资本，包括认知匹配和情感匹配；知识关联度）促进知识转移和创造，提升创业企业组织绩效
Champenois, Engel & Heneric (2006)	IVC与CVC的投资选择差异	企业层面界面数据档案研究	IVC比CVC更可能投资于早期阶段的高风险项目
LiPuma (2006)	VC对创业企业国际化的影响	企业层面截面数据档案研究	有VC支持的创业企业比无VC支持的创业企业国际化强度更高，但VC的不同类型对创业企业国际化强度的影响没有差异
Ginsberg, Hasan & Tucci (2005)	不同VC类型对企业IPO抑价的影响	企业层面纵向数据档案研究	CVC支持的企业IPO抑价要高于IVC支持的企业
Knyphausen-Aufseß (2005)	不同类型CVC投资公司对创业企业的价值差异	案例分析	技术型CVC投资公司更有助于增强创业企业的技术能力；创业企业型CVC投资公司更有助于提升创业企业的创业导向能力；管理咨询类CVC投资公司更有助于培养创业企业的发展和实施战略的能力；技术或非技术型CVC投资公司都有助于提高创业企业的社会资本
Maula, Autio & Murray (2005)	CVC与IVC对创业企业提供的价值异同	企业层面纵向数据调查问卷	CVC比IVC更能帮助创业企业吸引新的国内外客户并提供客户需求的信息和新技术、建立商业信誉和商业能力、提供技术支持等“商业构建”方面。但IVC比CVC更有助于帮助创业企业获得充足的资金、招聘新雇员、提供有关竞争的信息和筹办早期的增长等“企业培育”方面

续表

论文	研究问题	研究设计	研究结论
Rosenberger (2005)	何种条件下技术型创业企业会向 CVC 进行融资	企业层面 纵向数据 档案研究	创业企业在拥有更多专用性技术，需要更多资金和互补性资源情况下，更可能向 CVC 进行融资。如果已经向杰出的 VC 企业融资的和位于创业企业比较发达的地区的创业企业更可能向 CVC 进行融资
Gompers (2002)	CVC 与 IVC 对创业企业影响差异	企业层面 纵向数据 档案研究	CVC 较少投资于初创企业和成熟的私营企业，更倾向于投资后期的和大的创业融资。当母公司与创业企业存在战略匹配（行业或技术）时，CVC 融资绩效比 IVC 融资绩效要好
Maula & Murray (2002)	CVC 与 IVC 对创业企业绩效影响差异	企业层面 纵向数据 档案研究	卷入由一家或多家企业投资的 CVC 融资的创业企业与市值正相关；从大公司融资的小企业的 IPO 率在统计上有显著性提高
Maula (2001)	CVC 投资对新技术型企业价值创造的核心机制是什么	企业层面 截面数据 调查问卷	新创企业从老牌公司获取重要知识、背书和其他资源
Gompers & Lerner (1998)	CVC 投资如何影响创业企业的成功率	企业层面 纵向数据 档案研究	在战略匹配情况下，CVC 比 IVC 表现更好
McNally (1997)	小企业如何从 CVC 融资中获益	定性研究	小企业能从 CVC 融资中获得一些可感知优势：提高信誉、帮助解决短期问题、接近公司管理团队和技术专家

注：在 Wadhwa（2005）和 Basu（2007）的基础上，作者收集、分析、归纳整理而成。

附表 3

外文作者姓中译对照表

序号	外文作者姓	中译姓
[1]	Abernathy & Clark	阿伯内西和克拉克
[2]	ACOST	阿科斯塔
[3]	Admati & Pfleiderer	阿德玛蒂和弗莱德尔
[4]	Adner & Levinthal	阿德纳和利文索尔
[5]	Aernoudt & San José	埃努特和圣何塞
[6]	Agarwal & Helfat	阿加瓦尔和海尔法
[7]	Ahuja	阿胡加
[8]	Ahuja& Katila	阿胡加和凯蒂娅
[9]	Ahuja& Lampert	阿胡加和兰伯特
[10]	Aiken & West	艾肯和韦斯特
[11]	Allen & Hevert	艾伦和黑沃特
[12]	Almeida & Kogut	阿尔梅达和科格特
[13]	Alvarez & Barney	阿尔瓦雷斯和巴尼
[14]	Amram & Kulatilaka	阿姆拉姆和库勒提拉卡
[15]	Anokhin	安克英
[16]	Anokhin，Örtqvist & Thorgren et al	安克英，厄尔特韦斯特和索格伦等
[17]	Anokhin，Schulze & Wuebker	安克英，舒尔茨和维贝克
[18]	Appleyard	阿普尔亚德
[19]	Argote & Ingram	阿戈特和英格拉姆
[20]	Argyris & Schön	阿吉里斯和舍恩
[21]	Arrow	阿罗
[22]	Backholm	巴克霍尔姆
[23]	Barkema & Vermeulen	巴克马和韦尔默朗

续表

序号	外文作者姓	中译姓
[24]	Barnett	巴尼特
[25]	Barney	巴尼
[26]	Baron & Myerson	巴伦和迈尔森
[27]	Barringer & Bluedorn	巴林杰和布鲁德
[28]	Basu	巴苏
[29]	Basu & Wadhwa	巴苏和瓦德瓦
[30]	Basu, Wadhwa & Kotha	巴苏，瓦德瓦和科塔
[31]	Basu, Phelps & Kotha	巴苏，菲尔普斯和科塔
[32]	Baum, Li & Usher	鲍姆，李和乌谢尔
[33]	Baum & Oliver	鲍姆和奥利弗
[34]	Baysinger & Hoskisson	贝辛格尔和霍斯金森
[35]	Benner & Tushman	本纳和塔什曼
[36]	Benson & Ziedonis	本森和济耶多尼斯
[37]	Berger & Ofek	伯杰和奥菲克
[38]	Bertoni, Colombo & Grilli	伯托尼，科伦坡和格雷利
[39]	Bettis & Hitt	贝蒂斯和希特
[40]	Bierly & Chakrabarti	比尔利和查克拉巴蒂
[41]	Birkinshaw & Hill	伯金肖和希尔
[42]	Birkinshaw, Nobel & Ridderstrale	伯金肖，诺贝尔和理德斯塔利
[43]	Birkinshaw, van Basten Batenburg & Murray	伯金肖，范巴斯腾巴腾伯格和默里
[44]	Black & Scholes	布莱克和斯科尔斯
[45]	Blau	布劳
[46]	Block & MacMillan	布洛克和麦克米伦
[47]	Blundell, Griffith & Van Reenen	布伦德尔，格里菲斯和范雷南
[48]	Bottazzi, Da Rin & Hellmann	博塔齐，达凛和赫尔曼
[49]	Bourgeois	布儒瓦
[50]	Bourgeois & Singh	布儒瓦和辛格
[51]	Bowman & Hurry	鲍曼和赫里
[52]	Brody & Ehrlich	布罗迪和埃利希
[53]	Bromiley	布罗米立
[54]	Brosch	布勒施
[55]	Brown & Eisenhardt	布朗和艾森哈特

续表

序号	外文作者姓	中译姓
[56]	Burgelman	伯格曼
[57]	Burgelman & Sayles	伯格曼和塞尔斯
[58]	Cameron & Trivedi	卡梅伦和特里维迪
[59]	Campbell & Luchs	坎贝尔和卢克斯
[60]	Capron, Dussauge & Mitchell	凯普伦，迪索热和米切尔
[61]	Ceccagnoli, Higgins & Kang	切卡尼奥利，希金斯和康
[62]	Champenois, Engel & Heneric	尚普努瓦，恩格尔和亨尼瑞克
[63]	Chatterjee & Wernerfelt	查特吉和沃纳菲尔特
[64]	Chemmanur & Loutskina	舍米曼努尔和洛蒂斯琦娜
[65]	Chemmanur, Loutskina & Tian	舍米曼努尔，洛蒂斯琦娜和田
[66]	Cheng & Kesner	程和克斯纳
[67]	Chesbrough	切萨布鲁夫
[68]	Chesbrough & Appleyard	切萨布鲁夫和阿普尔亚德
[69]	Chesbrough & Tucci	切萨布鲁夫和图斯
[70]	Chesbrough, Vanhaverbeke & West	切萨布鲁夫，范哈佛贝克和韦斯特
[71]	Chi	池
[72]	Chiu, Liaw & Tseng	裘，廖和曾
[73]	Chung & Pruitt	钟和普鲁伊特
[74]	Cleary	克利里
[75]	Cockburn & Henderson	科伯恩和亨德森
[76]	Cohen & Levinthal	科恩和利文索尔
[77]	Cohen & Levin	科恩和莱文
[78]	Cohen, Cohen & Westet al	科恩，科恩和韦斯特等
[79]	Cohen, Nelson & Walsh	科恩，尼尔森和沃尔什
[80]	Colombo & Murtinu	科隆博和马丁怒
[81]	Covin & Miles	科温和迈尔斯
[82]	Covin & Slevin	科温和史莱文
[83]	Cox, Ross & Rubinstein	考克斯，罗斯和卢宾斯坦
[84]	Cronbach	克龙巴赫
[85]	Cyert & March	西尔特和马奇
[86]	Da Gbadji, Gailly & Schwienbacher	达巴吉，加伊和施维恩巴切尔
[87]	Damanpour	达曼普尔

续表

序号	外文作者姓	中译姓
[88]	David	戴维
[89]	De Clercq & Sapienza	德克拉克和萨皮恩泽尔
[90]	De Clercq, Fried & Lehtonen	德克拉克，弗雷德和莱赫托宁
[91]	Deeds & Decarolis	迪兹和德卡欧里斯
[92]	Deeds & Hill	迪兹和希尔
[93]	Deeds, De Carolis & Coombs	迪兹，德卡欧里斯和库姆斯
[94]	Dess, Ireland & Zahra et al	戴斯，爱尔兰和扎赫拉等
[95]	Dhanaraj, Lyles & Steensma et al	德哈纳拉，莱尔斯和斯廷斯马等
[96]	Dierickx & Cool	德瑞克斯和库尔
[97]	DiMaggio & Powell	迪·玛吉欧和鲍威尔
[98]	Dixit & Pindyck	迪克西特和平狄克
[99]	Dokko & Gaba	多科和加巴
[100]	Dosi	多西
[101]	Dushnitsky	杜希尼茨基
[102]	Dushnitsky & Lavie	杜希尼茨基和拉维尔
[103]	Dushnitsky & Lenox	杜希尼茨基和雷诺
[104]	Dushnitsky & Shapira	杜希尼茨基和夏皮拉
[105]	Dushnitsky & Shaver	杜希尼茨基和谢弗
[106]	Duysters & Hagedoorn	戴斯特和哈格多恩
[107]	Dyer	戴尔
[108]	Dyer & Nobeoka	戴尔和延冈
[109]	Dyer & Singh	戴尔和辛格
[110]	Eisenhardt & Schoonhoven	艾森哈特和斯洪霍芬
[111]	Emerson	埃默森
[112]	Engel	恩格尔
[113]	Ernst, Witt & Brachtendorf	厄恩斯特，维特和布拉赫滕多夫
[114]	Fast	法斯特
[115]	Fenn, Liang & Prowse	芬恩，梁和普劳斯
[116]	Fleming	弗莱明
[117]	Fleming & Sorenson	弗莱明和索伦森
[118]	Folta	福尔塔
[119]	Folta & O'Brien	福尔塔和奥布赖恩

续表

序号	外文作者姓	中译姓
[120]	French & Michael	弗伦奇和迈克尔
[121]	Frost, Birkinshaw & Ensign	弗罗斯特，伯金肖和恩赛因
[122]	Fulghieri & Sevilir	富尔吉耶里和塞维利
[123]	Gaba & Bhattacharya	加巴和巴达查里亚
[124]	Gaba & Meyer	加巴和迈耶
[125]	Galbraith	加尔布雷思
[126]	Galloway	加洛韦
[127]	Gans & Stern	甘斯和斯特恩
[128]	Garcia - Vega	加西亚 - 维加
[129]	Gavetti & Levinthal	加韦蒂和利文索尔
[130]	George	乔治
[131]	Ghoshal & Bartlett	戈沙尔和巴特利特
[132]	Ghoshal, Korine & Szulanski	戈沙尔，柯琳和休蓝斯奇
[133]	Ginsberg, Hasan & Tucci	金斯伯格，哈桑和图斯
[134]	Gladstone & Gladstone	格拉德斯通和格拉德斯通
[135]	Glynn, Lant & Milliken	格林，兰特和美利肯
[136]	Gompers	冈珀斯
[137]	Gompers & Lerner	冈珀斯和勒纳
[138]	Granovetter	格兰诺维特
[139]	Grant	格兰特
[140]	Greenwood, Oliver & Sahlin et al	格林伍德，奥利弗和萨林等
[141]	Griliches	格里利谢斯
[142]	Gulati	古拉蒂
[143]	Guler	居莱尔
[144]	Guo, Lou & Perez - Castrillo	郭，楼和佩雷斯 - 卡斯特罗
[145]	Gupta & Govindarajan	古普塔和戈文达拉扬
[146]	Gupta & Sapienza	古普塔和萨皮恩泽尔
[147]	Guth & Ginsberg	古思和金斯伯格
[148]	Hagedoorn & Cloodt	哈格多恩和克洛特
[149]	Hagedoorn & Sadowski	哈格多恩和萨道斯基
[150]	Hagenmuller & Schmohl	哈格穆勒和施摩尔
[151]	Haleblian & Finkelstein	哈勒布利恩和芬克尔斯坦

续表

序号	外文作者姓	中译姓
[152]	Hall	霍尔
[153]	Hall, Jaffe & Trajtenberg	霍尔，贾菲和特拉坦伯格
[154]	Hamel	哈梅尔
[155]	Hann, Ogneva & Ozbas	汉恩，奥格内华和厄兹巴什
[156]	Hansen	汉森
[157]	Harris, Kriebel & Raviv	哈里斯，克利伯和拉维夫
[158]	Haspeslagh & Jemison	哈斯帕拉夫和杰米森
[159]	Hausman	豪斯曼
[160]	Hausman, Hall & Griliches	豪斯曼，霍尔和格里利谢斯
[161]	Hax & Wilde	哈克斯和王尔德
[162]	Helfat	海尔法
[163]	Hellmann	赫尔曼
[164]	Henderson & Leleux	亨德森和勒勒
[165]	Henderson	亨德森
[166]	Henderson & Cockburn	亨德森和科伯恩
[167]	Henley	亨利
[168]	Herskovits, Grijalbo & Tafur	赫斯科维茨，格里哈尔瓦和塔富尔
[169]	Hill & Birkinshaw	希尔和伯金肖
[170]	Hill, Maula & Birkinshaw et al	希尔，毛拉和伯金肖等
[171]	Hillman, Withers & Collins	希尔曼，威瑟斯和柯林斯
[172]	Hitt, Hoskisson & Johnson et al	希特，霍斯基森和约翰逊等
[173]	Hitt, Hoskisson & Kim	希特，霍斯基森和金
[174]	Hitt & Ireland	希特和爱尔兰
[175]	Hitt, Ireland & Campet al	希特，爱尔兰和坎普等
[176]	Holbrook, Cohen & Hounshell et al	霍尔布鲁克，科恩和霍恩谢尔等
[177]	Hoskisson & Busenitz	霍斯基森和布森尼兹
[178]	Hsiao	萧
[179]	Huber	休伯
[180]	Hurry, Miller & Bowman	赫里，米勒和鲍曼
[181]	Ireland, Hitt & Sirmon	爱尔兰，希特和瑟蒙
[182]	Ivanov & Masulis	伊万诺夫和马苏里斯
[183]	Ivanov & Xie	伊万诺夫和谢

续表

序号	外文作者姓	中译姓
[184]	Iyer & Miller	艾耶和米勒
[185]	Jaccard & Turrisi	杰卡德和图里西
[186]	Jacobs	雅各布斯
[187]	Jensen	詹森
[188]	Johnson	约翰逊
[189]	Judd, Smith & Kidder	贾德，史密斯和基德
[190]	Kang	康
[191]	Kang & Vikram	康和维克拉姆
[192]	Kang & Nanda	康和南达
[193]	Kann	卡恩
[194]	Kanter, North & Bernstein et al	坎特，诺思和伯恩斯坦等
[195]	Kaplan & Str? mberg	卡普兰和施特伦贝格
[196]	Kaplan & Zingales	卡普兰和津加莱斯
[197]	Katila	凯蒂娅
[198]	Katila & Ahuja	凯蒂娅和阿胡加
[199]	Katila, Rosenberger & Eisenhardt	凯蒂娅，罗森伯格和艾森哈特
[200]	Kauffman, Lobo & Macready	考夫曼，洛博和麦克雷迪
[201]	Keil	凯尔
[202]	Keil, Autio & George	凯尔，奥蒂奥和乔治
[203]	Keil, Maula & Schildt et al	凯尔，毛拉和希尔特等
[204]	Keil, Maula & Wilson	凯尔，毛拉和威尔逊
[205]	Keil, Zahra & Maula	凯尔，扎赫拉和毛拉
[206]	Kelley & Spinelli	凯莉和斯皮内利
[207]	Kerlinger	科林格尔
[208]	Kim, Gopal & Hoberg	金，戈帕尔和霍贝格
[209]	Kim	金
[210]	Kim, Kim & Lee	金，金和李
[211]	Kirschbaum	基施鲍姆
[212]	Kleinknecht & Reijnen	克莱因克内希特和雷伊宁
[213]	Kochhar & David	科赫哈和戴维
[214]	Koenker & Bassett	科恩克尔和巴塞特
[215]	Koenker& Zhao	科恩克尔和赵

续表

序号	外文作者姓	中译姓
[216]	Kogut	科格特
[217]	Kogut & Kulatilaka	科格特和库勒提拉卡
[218]	Kogut & Zander	科格特和赞德
[219]	Kortum & Lerner	科图姆和勒纳
[220]	Koza & Lewin	科扎和勒温
[221]	Kulatilaka & Perotti	库勒提拉卡和佩罗蒂
[222]	Kuratko & Audretsch	库洛特克和奥德斯
[223]	Lane	莱恩
[224]	Lane, Koka & Pathak	莱恩，可佳和帕沙克
[225]	Lane & Lubatkin	莱恩和卢巴金
[226]	Lantz, Sahut & Teulon	兰茨，萨哈特和特隆
[227]	Laursen & Salter	劳尔森和索尔特
[228]	Lavie	拉维尔
[229]	Lee, Lee & Pennings	李，李和彭宁斯
[230]	Leiblein & Miller	利布林和米勒
[231]	Leonard – Barton	伦纳德 – 巴顿
[232]	Lerner	勒纳
[233]	Leslie, Laura & Chet	莱斯莉，萝拉和切特
[234]	Levinthal	利文索尔
[235]	Levinthal & March	利文索尔和马奇
[236]	Levitt & March	莱维特和马奇
[237]	Li & Mahoney	李和马奥尼
[238]	Lichtenthaler & Ernst	利兹坦赛尔和厄恩斯特
[239]	Lin & Lee	林和李
[240]	Lindenberg & Ross	林登堡和罗斯
[241]	Lippman & Rumelt	李普曼和鲁梅尔特
[242]	LiPuma	利普玛
[243]	Litwin	利特温
[244]	Lockett & Wright	洛基特和赖特
[245]	Lööf & Heshmati	卢夫和赫什马提
[246]	Mackewicz & Partner	马克凯维奇和帕特纳
[247]	Macmillan, Roberts & Livada et al	麦克米伦，罗伯茨和莱瓦达等

续表

序号	外文作者姓	中译姓
[248]	Madhok	玛德虎克
[249]	Majd & Pindyck	麦吉德和平狄克
[250]	Makadok & Walker	马卡多克和沃克
[251]	Makino & Delios	牧野和德里奥斯
[252]	Manigart, Lockett & Meuleman et al	马尼加特，洛基特和慕利门等
[253]	March	马奇
[254]	March & Simon	马奇和西蒙
[255]	Markowitz	马科维茨
[256]	Masulis & Nahata	马苏里斯和拿哈塔
[257]	Matusik & Fitza	马图希克和菲茨
[258]	Maula	毛拉
[259]	Maula & Murray	毛拉和默里
[260]	Maula, Autio & Murray	毛拉，奥蒂奥和默里
[261]	Maula, Keil & Zahra	毛拉，凯尔和扎赫拉
[262]	McGrath	麦格拉思
[263]	McGrath & Ferrier	麦格拉思和费里尔
[264]	McGrath & Nerkar	麦格拉思和内卡
[265]	McNally	麦克纳利
[266]	Meyer & Gaba	迈耶和加巴
[267]	Meyer, Milgrom & Roberts	迈耶，米尔格罗姆和罗伯茨
[268]	Mezias & Glynn	梅茨亚斯和格林
[269]	Miles & Covin	迈尔斯和科温
[270]	Milgrom & Roberts	米尔格罗姆和罗伯茨
[271]	Miller	米勒
[272]	Miller & Folta	米勒和福尔塔
[273]	Mitchell & Singh	米切尔和辛格
[274]	Modigliani & Miller	莫迪利亚尼和米勒
[275]	Mohamed & Schwienbacher	穆罕默德和施维恩巴切尔
[276]	Morgan & Jeffrey	摩根和杰弗里
[277]	Mowery, Oxley & Silverman	莫厄里，奥克斯利和西尔弗曼
[278]	Muller, Hutchins & Pinto	马勒，哈钦斯和平托
[279]	Musso & Schiavo	墨索和夏沃

续表

序号	外文作者姓	中译姓
[280]	Nahapiet & Ghoshal	那哈皮特和戈沙尔
[281]	Napp, Minshall & Probert	纳普，明歇尔和普罗波特
[282]	Narayanan, Yang & Zahra	纳拉亚南，杨和扎赫拉
[283]	Nelson	纳尔逊
[284]	Nelson & Winter	纳尔逊和温特
[285]	Nohria & Gulati	诺瑞亚和古拉蒂
[286]	Nonaka & Takeuchi	野中郁次郎和竹内
[287]	Noyes, Brush & Hatten et al	诺伊斯，布拉什和哈滕等
[288]	Osborn & Hagedoorn	奥斯本和哈格多恩
[289]	Paik & Woo	帕伊克和胡
[290]	Palich, Cardinal & Miller	帕利希，卡迪纳尔和米勒
[291]	Park	帕克
[292]	Park & Steensma	帕克和斯廷斯马
[293]	Patel & Pavitt	帕特尔和帕维特
[294]	Penrose	彭罗斯
[295]	Peteraf	彼得瑞夫
[296]	Pfeffer & Salancik	普费弗和萨兰西克
[297]	Phan & Peridis	潘和培立迪斯
[298]	Pisano	皮萨诺
[299]	Powell, Koput & Smith - Doerr	鲍威尔，科帕特和史密斯 - 杜尒
[300]	Prahalad & Hamel	普拉哈拉德和哈梅尔
[301]	Priem & Butler	普里姆和巴特勒
[302]	Rajan, Servaes & Zingales	拉詹，塞维斯和津加莱斯
[303]	Reaume	雷奥姆
[304]	Reichardt & Weber	赖卡特和韦伯
[305]	Reimsbach & Hauschild	赖姆斯巴赫和豪施尔特
[306]	Rice, O'Connor & Leifer et al	赖斯，奥康纳和雷弗等
[307]	Rind	林德
[308]	Rindova & Kotha	闰多瓦和科塔
[309]	Riyanto & Schwienbacher	利安托和施维恩巴切尔
[310]	Roberts	罗伯茨
[311]	Roberts & Berry	罗伯茨和贝里

续表

序号	外文作者姓	中译姓
[312]	Roberts & Liu	罗伯茨和刘
[313]	Roberts & Weitzman	罗伯茨和韦茨曼
[314]	Robins & Wiersema	罗宾斯和威尔瑟玛
[315]	Rosenberger	罗森伯格
[316]	Rosenkopf & Almeida	罗森科普夫和阿尔梅达
[317]	Rosenkopf & Nerkar	罗森科普夫和勒卡尔
[318]	Rothaermel & Deeds	罗特尔梅尔和迪兹
[319]	Rothwell	罗思韦尔
[320]	Rulke, Zaheer & Anderson	吕尔克，查希尔和安德逊
[321]	Rumelt	鲁梅尔特
[322]	Sahaym, Steensma & Barden	萨海，斯廷斯马和巴顿
[323]	Sahlman	萨尔曼
[324]	Sakakibara	榊原
[325]	Salomo, Talke & Strecker	萨洛蒙，塔尔克和斯特勒克
[326]	Sampson	桑普森
[327]	Sanchez	桑切斯
[328]	Sandulli, Fernandez - Menendez & Rodriguez - Duarte et al	桑杜利，费尔南德斯 - 梅内德斯和罗德里格斯 - 杜阿尔特等
[329]	Santoro & McGill	桑托罗和麦吉尔
[330]	Saxenian	萨克瑟尼安
[331]	Scandura & Williams	斯坎杜拉和威廉姆斯
[332]	Scharfstein	沙尔夫斯坦
[333]	Scharfstein & Stein	沙尔夫斯坦和斯坦
[334]	Schildt, Keil & Maula	希尔特，凯尔和毛拉
[335]	Schildt, Maula & Keil	希尔特，毛拉和凯尔
[336]	Schroll & Mild	施罗尔和米尔登
[337]	Schulz	舒尔茨
[338]	Schumpeter	熊彼特
[339]	Sears & Hoetker	西尔斯和霍特克
[340]	Shane	沙恩
[341]	Sharma & Chrisman	夏尔马和克里斯曼
[342]	Sharpe	夏普

续表

序号	外文作者姓	中译姓
[343]	Shin & Stulz	信和斯图尔兹
[344]	Siegel, Siegel & MacMillan	西格尔，西格尔和麦克米伦
[345]	Silverman	西尔弗曼
[346]	Simon	西蒙
[347]	Singh	辛格
[348]	Smith & Thompson	史密斯和汤普森
[349]	Smith & Shah	史密斯和沙阿
[350]	Smith-Doerr, Owen-Smith & Koput et al	史密斯－杜尔，欧文－史密斯和科帕特等
[351]	Sφrensen & Stuart	索仁森和斯图尔特
[352]	Souitaris & Zerbinati	苏塔瑞斯和泽尔比纳蒂
[353]	Souitaris, Zerbinati & Liu	苏塔瑞斯，泽尔比纳蒂和刘
[354]	Spender	斯彭德
[355]	Steensma & Lyles	斯廷斯马和莱尔斯
[356]	Stock, Wright & Yogo	斯托克，赖特和尤格
[357]	Stuart	斯图尔特
[358]	Stuart & Podolny	斯图尔特和波多尼
[359]	Stulz	斯图尔兹
[360]	Sykes	赛克斯
[361]	Szulanski	休蓝斯奇
[362]	Tanriverdi & Venkateraman	坦勒韦尔迪和文卡塔拉曼
[363]	Teece	蒂斯
[364]	Teece, Pisano & Shuen	蒂斯，皮萨诺和孙
[365]	Teng	滕
[366]	Teppo & Wustenhagen	泰波和威斯汀哈根
[367]	Thompson, Gentner & Loewenstein	汤普森，根特纳和勒文施泰因
[368]	Todorova & Durisin	托多洛娃和杜里申
[369]	Tong & Li	唐和李
[370]	Triantis	特里安蒂斯
[371]	Trigeorgis	特里杰奥吉斯
[372]	Tripsas	特里普萨斯
[373]	Tsai	蔡
[374]	Tsai & Ghoshal	蔡和戈沙尔

续表

序号	外文作者姓	中译姓
[375]	Tushman & Anderson	塔什曼和安德逊
[376]	Ulrich & Barney	乌尔里克和巴尼
[377]	Uotila, Maula & Keil et al	乌奥迪达，毛拉和凯尔等
[378]	Uzuegbunam, Ofem & Nambisan	乌兹冈布纳，欧芬和南比桑
[379]	Uzzi	乌西
[380]	Van de Vrande & Vanhaverbeke	范德弗兰德和范哈佛贝克
[381]	Van de Vrande, Lemmens & Vanhaverbeke	范德弗兰德，莱蒙斯和范哈佛贝克
[382]	Van de Vrande, Vanhaverbeke & Duysters	范德弗兰德，范哈佛贝克和戴斯特
[383]	Van Wijk, Van Den Bosch & Volberda	范维科，凡登布希和沃尔伯达
[384]	Vanhaverbeke, Duysters & Noorderhaven	范哈佛贝克，戴斯特和诺德海文
[385]	Vassolo, Anand & Folta	瓦索洛，阿南德和福尔塔
[386]	Veugelers	沃格勒
[387]	Volberda	傅博达
[388]	Von Hippel	冯希普尔
[389]	Wadhwa	瓦德瓦
[390]	Wadhwa & Basu	瓦德瓦和巴苏
[391]	Wadhwa & Kotha	瓦德瓦和科塔
[392]	Wadhwa & Phelps	瓦德瓦和菲尔普斯
[393]	Wadhwa, Basu & Kotha	瓦德瓦，巴苏和科塔
[394]	Wadhwa, Phelps & Kotha	瓦德瓦，菲尔普斯和科塔
[395]	Wally & Fong	沃利和方
[396]	Wang & Wan	王和万
[397]	Wang, Vanhaverbeke & Roijakkers	王，范哈佛贝克和诺伊蒋克
[398]	Weber & Weber	韦伯和韦伯
[399]	Weber	韦伯
[400]	Wernerfelt	沃纳菲尔特
[401]	Wernerfelt & Montgomery	沃纳菲尔特和蒙哥马利
[402]	Whited & Wu	维德和吴
[403]	Williams & Lee	威廉斯和李
[404]	Williamson	威廉森
[405]	Winter	温特
[406]	Winters & Murfin	温特斯和玛芬

续表

序号	外文作者姓	中译姓
[407]	Wright & Lockett	赖特和洛基特
[408]	Yang	杨
[409]	Yang, Narayanan & De Carolis	杨，纳拉亚南和德卡欧里斯
[410]	Yang, Narayanan & Zahra	杨，纳拉亚南和扎赫拉
[411]	Yang, Nomoto & Kurokawa	杨，野本和黑川
[412]	Yli - Renko, Autio & Sapienza	伊利 - 伦科，奥蒂奥和萨皮恩泽尔
[413]	Zacharakis	扎哈拉基斯
[414]	Zaheer & McEvily	查希尔和麦克维利
[415]	Zahra	扎赫拉
[416]	Zahra & Covin	扎赫拉和科温
[417]	Zahra & George	扎赫拉和乔治
[418]	Zahra, Ireland & Hitt	扎赫拉，爱尔兰和希特
[419]	Zahra, Nielsen & Bogner	扎赫拉，尼尔森和博格纳
[420]	Zalewski	扎勒斯基
[421]	Zingales	津加莱斯
[422]	Zu Knyphausen-Aufseβ	齐克尼弗豪森 - 奥夫塞斯